高职高专通信技术专业"十三五"规划教材

# 通信市场营销

主　编　叶　伟

副主编　任　滨

西安电子科技大学出版社

# 内 容 简 介

"通信市场营销"是一门实用的应用学科,也是高职市场营销专业的重要基础课程之一。该课程既涉及通信市场营销必要的基本理论、基本知识和基本技能,又包含了当前通信企业市场营销实践过程中存在的问题和常用的解决方法。

本书根据高职高专院校学生特点及教学要求,以任务式教学为导向,以案例分析为工具,介绍了服务营销的理论知识和实践经验。其主要内容包括通信市场营销概述、通信市场营销环境分析、通信市场调查与预测、通信客户购买行为分析、制订通信 STP 营销战略、制订通信产品策略、制订通信价格策略、制订通信渠道策略、制订通信促销策略、制订通信服务营销策略等十个项目,共三十五个教学任务。

本书注重理论与实践相结合,各项目配有案例分析和课后习题,突出"了解通信市场营销知识,理解通信市场营销问题,掌握通信市场营销技巧"的特点。

本书适合营销、管理、物流等专业的高等院校师生以及对通信市场营销感兴趣的各阶层人士学习研究,并对从事通信市场营销工作的企业营销和管理人员具有一定的参考价值。

**图书在版编目(CIP)数据**

**通信市场营销** / 叶伟主编. —西安:西安电子科技大学出版社,2020.1

ISBN 978-7-5606-5531-4

Ⅰ. ① 通… Ⅱ. ① 叶… Ⅲ. ① 邮电业—市场营销—高等职业教育—教材 Ⅳ. ① F625

**中国版本图书馆 CIP 数据核字(2019)第 264171 号**

策划编辑 马乐惠

责任编辑 郑瑞环 马乐惠

出版发行 西安电子科技大学出版社(西安市太白南路 2 号)

电 话 (029)88242885 88201467 邮 编 710071

网 址 www.xduph.com 电子邮箱 xdupfxb001@163.com

经 销 新华书店

印刷单位 咸阳华盛印务有限责任公司

版 次 2020 年 1 月第 1 版 2020 年 1 月第 1 次印刷

开 本 787 毫米×1092 毫米 1/16 印 张 18

字 数 429 千字

印 数 1~3000 册

定 价 43.00 元

ISBN 978-7-5606-5531-4 / F

XDUP 5833001-1

# 前　　言

通信市场营销是一门理论性和实践性都很强的应用学科。目前，广大理论工作者和通信企业的管理工作者，都在积极对它进行研究和探索。本书在编写过程中，注意吸收国内外现代市场营销学的系统理论，同时结合我国国情及社会主义市场经济的需要，比较系统地阐述了市场营销学在我国通信企业中的应用。

本书尝试以"案例—原理—实务"三位一体的观点，即立足个案，寓原理于实务的思路，既向学生提供必要的通信市场营销基本理论和基本知识，又着重介绍通信市场营销的方法、技巧及应用。一方面，案例背后有原理，而原理又是从案例中抽象出来的，同时，案例是实务的凝结；另一方面，这也是培养新世纪高职高专学生的素质与技能之需要。

本书以任务式教学为主导，以突出实务性为宗旨，力争从内容到形式上有所突破。

· 内容上紧扣应用

在内容取舍上，本书始终紧扣高职高专教育培养生产、管理、服务第一线需要的高等技术应用型专门人才的目标，特别注意处理好理论知识与操作能力的关系，重点突出应用性；在基础知识与操作能力二者关系处理上依照"是什么""为什么""怎样做"的逻辑思维进行陈述，但对"是什么""为什么"的陈述以"适度、够用"为原则，尽量从简，点到为止，尽可能多地陈述"怎样做"。另外，注意知识更新，尽可能将国际上最新市场营销成果和通信企业在市场营销实践过程中的鲜活个案引入教材。

· 结构上力求创新

在结构及章节安排上，本书以课程教学需要为线索，以应用性能为主干，通过知识、能力的分支延伸和实践性教学环节的内容放大构建本书的体系框架，力求探索培养高职学生的新型教学模式。

本书采用了任务式教学思路，将全书分为通信市场营销概述、通信市场营销环境分析、通信市场调查与预测、通信客户购买行为分析、制订通信 STP 营销战略、制订通信产品策略、制订通信价格策略、制订通信渠道策略、制订通信促销策略、制订通信服务营销策略等十个项目，共三十五个教学任务。

在编写方式上，本书做了如下安排。

(1) 学习目标、问题引入：既是教师教学的依据，又是学生学习的目标。

(2) 案例导入：每个任务开始均设置一个有针对性的案例，引导学生由感性认识上升到理性认识。

(3) 知识内容：主要阐明服务营销的基本概念、基本原理。学生通过学习能知道有关名词、概念、知识的意义，并能正确认识与表述。

(4) 案例分析：根据每个任务的学习目标，挑选实际案例。学生通过理解知识、掌握方法进行案例分析，以巩固学习效果。

(5) 课后习题：根据每个任务的学习目标，选择应用性的情景，达到理论联系实际的效果。

在本书的编写过程中，我们得到了中国电信集团公司、中国移动通信集团公司、中国联合通信股份有限公司、中国通信服务有限公司以及湖南邮电职业技术学院的领导与同事的大力支持。同时，我们也参考了国内外学者的相关著作、教材以及相关网站资料。在此，一并表示衷心的感谢。

鉴于编者水平有限，书中不当及疏漏之处在所难免，诚恳地希望广大读者提出宝贵意见，以便再版时完善。

编　者

2019 年 9 月

# 目　　录

# 项目一 通信市场营销概述

## 【知识结构图】

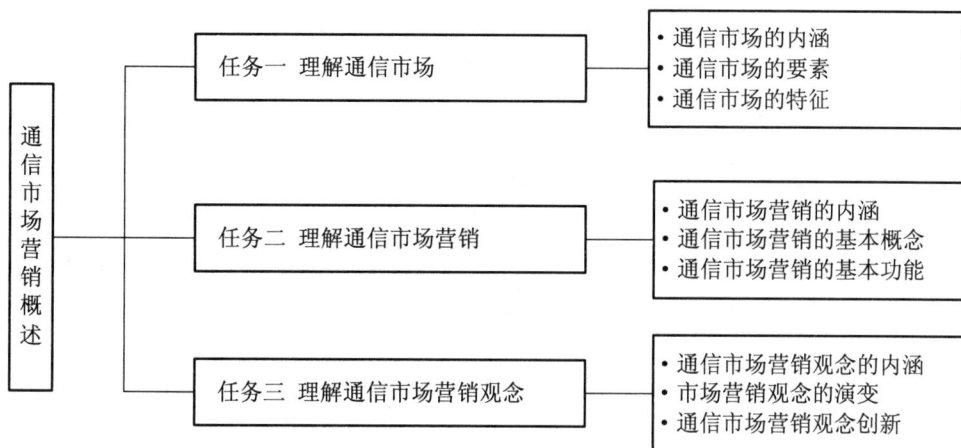

## 【学习目标】

通过学习，应该明确通信市场营销是通信运营商为了满足通信客户需求而开展的一系列商务活动过程。通信行业是国民经济发展的基础性、战略性、先导性产业，在经济社会信息化中一直扮演着网络基础和通信实现的重要角色。近几年来，通信行业一直保持着稳定、快速、健康的发展，通信市场规模不断扩大。同时，通信市场已从卖方市场转向买方市场，市场竞争日益激烈。通信运营商要想在激烈的市场竞争中取得优势，就要认识市场、了解市场、分析市场和适应市场。本项目的任务包括理解通信市场、理解通信市场营销和理解通信市场营销观念三个方面。

## 任务一 理解通信市场

## 【问题引入】

通信市场是商品市场的一个重要组成部分。随着社会主义市场经济和信息化的发展，通信市场也获得了发展的巨大推动力，通信市场规模不断扩大，通信市场的内涵也在不断拓宽。那么，通信市场的内涵是什么？通信市场包括哪些要素？通信市场具有哪些特征？

## 【案例导入】

### 2025 年全球 5G 市场规模将达 2770 亿美元

全球最大的移动系统供应商爱立信发布报告称,预计到 2025 年,全球 5G 市场规模将达到 2770 亿美元。报告预计,2024 年 5G 网络将覆盖全球 40%的地区。届时,全球 25%的数据将经由 5G 网络传输。

据了解,该报告从全球电信基础设施供应商、设备制造商、电信网络运营商、技术投资者、电信软件解决方案提供商、研究机构、大学和咨询公司以及与蜂窝技术相关的协会及组织、论坛和联盟入手,对全球 5G 市场进行了调查预测。

报告指出,推动全球 5G 市场增长的主要因素包括物联网连接设备的不断增加以及对可靠、超低延迟连接服务需求的不断增加。

通过对北美、欧洲、亚太地区、MEA 地区(中东和非洲)、拉丁美洲五大地区的主要市场参与者进行调查,该报告还对全球 5G 市场按照应用领域、垂直领域、其他领域进行了分类。其中,5G 应用领域包括 eMBB、MMTC、URLLC 以及 FWA,垂直领域包括智能城市、智能汽车、智慧工厂、智能建筑、智能公用事业、互联医疗和宽带服务;其他领域涵盖教育、智慧农业、航空航天和国防以及数据中心等。

报告指出,全球 5G 市场的主要参与者包括 AT&T(美国)、Airtel(印度)、BT 集团(英国)、中国移动(中国)、中国电信(中国)、德国电信(德国)、杜(阿联酋)、韩国电信(韩国)、Sprint(美国)、沙特电信公司(沙特阿拉伯)、SK Telecom(韩国)、Telstra(澳大利亚)、Vodafone(英国)和 Verizon(美国)。

**分析提示:**通信运营商要有效开展营销活动,首先要对通信市场有清晰的认识。随着第五代移动通信技术即 5G 的商用推广,通信市场的规模和内涵会不断扩大和延伸。正如爱立信所预测,到 2025 年,全球 5G 市场规模将达到 2770 亿美元,5G 市场将会涵盖应用领域、垂直领域、其他领域。通信运营商要对此精心布局、积极参与,以把握 5G 市场的机遇与挑战。

## 【知识内容】

## 一、通信市场的内涵

通信市场作为国家市场体系中的重要组成部分,其内涵和范围随着国民经济增长和信息技术发展而不断扩大和延伸。一般来说,通信市场可分为通信设备市场、通信运营市场和通信工程建设市场等三部分,本书重点研究通信运营市场。对通信市场的内涵,我们可以从以下两个方面来理解。

(1) 通信市场就是指通信产品和服务的营销场所,通信企业和用户在这一场所达到通信产品和服务交换的目的。例如,通信营业厅就是一个通信市场,它是专门为通信客户提供产品和服务的。通信企业通过为客户服务而得到劳动耗费的补偿,实现产品的价值,而客户通过通信企业享用信息空间位移产生的有益效用,实现产品的使用价值。至此,通信企业和客户通过通信营业厅这个场所达到交换通信产品和服务的目的。

(2) 通信市场是指客户对某类通信产品和服务需求的总和,这种需求的满足一定是通过交换而实现的,如移动电话市场、宽带业务市场等。

从全球范围来讲,通信市场是一个大市场,其规模在不断增长,通信行业在全世界都是增长比较快的。我国通信业务市场正处于大发展阶段,传统业务持续高速增长,增值业务发展更加迅猛。随着网络规模的不断扩大、技术层次的提高以及综合能力的增强,我国已具备了跨入世界通信市场前列的基础条件。

## 二、通信市场的要素

市场是由各种基本要素组成的有机结构体,正是这些要素之间的相互联系和相互作用,决定了市场的形成,推动着市场的现实运动。通信市场是由人口、购买力和购买欲望三个主要因素构成的,其关系可用公式简单表示为

通信市场 = 人口 + 购买力 + 购买欲望

(1) 人口。人口是构成市场的最基本要素。需求是人的本能,对物质生活资料及精神产品的需求是人类维持生命的基本条件。因此,哪里有人,哪里就有需求,就会形成市场。人口的多少决定着市场容量的大小;人口的状况,影响着市场需求的内容和结构。构成市场的人口因素包括总人口、性别和年龄结构、家庭户数和家庭人口数、民族与宗教信仰、职业和文化程度、地理分布等多种具体因素。

(2) 购买力。购买力是市场三要素中最物质性的要素。购买力是人们支付货币购买商品或劳务的能力。人们的消费需求是通过利用手中的货币购买商品实现的。因此,在人口状况既定的条件下,购买力就成为决定市场容量的重要因素之一。市场的大小,直接取决于购买力的高低。一般情况下,购买力受到人均国民收入、个人收入、社会集团购买力、平均消费水平、消费结构等因素的影响。

(3) 购买欲望。购买欲望指顾客购买商品的愿望、要求和动机。它是把顾客的潜在购买力变为现实购买力的重要条件。倘若仅具备了一定的人口和购买力,而顾客缺乏强烈的购买欲望或动机,商品买卖仍然不能发生,市场也无从现实地存在。因此,购买欲望也是市场不可缺少的构成因素。

通信市场的这三个要素是相互制约、缺一不可的,只有三者结合起来,才能构成现实的市场,才能决定通信市场的容量和规模。

## 三、通信市场的特征

通信市场作为国家市场体系中的一个重要组成部分,除具有市场的一般属性,如商品性、价值性、系统性和可控性外,还具有自身特有的客观机能。其特点概括如下:

### 1. 规模经济性

由于通信运营商的初始成本很高,固定成本远大于可变成本,只有当用户数量达到相当大的规模,网上的通话量也达到相当大的量时,运营商在每个用户、每次通话上的收入才可能大于每个用户、每次通话的平均成本,运营商的经营才会有效益。也就是说,产品成本随生产规模的扩大而降低,只有达到一定规模才会产生效益。这就是通信市场的规模经济性。因此,通信运营商必须进行大规模的投资建设才能在区域内和不同区域间为用户提供通信服务。

## 2. 范围经济性

范围经济性是指追加新产品(服务)时的联合生产的成本，要低于单独生产该产品的成本。例如，一家运营商要提供传真业务，它只要在已有的电话网上增加必要的设施即可，而另一家运营商必须新建一个网络才能提供该业务。显然，新运营商的传真业务成本要远大于第一家。也就是说，在现有业务上追加新业务的联合成本要低于单独提供新业务的成本。这就是通信市场的范围经济性。

## 3. 网络外部性

在整个社会再生产过程中，由于通信网络属于此过程的共同外部条件，具有非常广泛的外部经济性，因此，通信网络已经成为整个国民经济和社会发展的基础设施并提供普遍服务。其他产业使用通信服务可以带来巨大效益，即通信市场的外部经济性表现在时间的节约和效率的提高上以及由此带来的对其他行业以及整个社会的积极的外部经济性。

## 4. 全程全网性

通信运营业是网络经济，必须在全国范围内有统一的通信网络，保证各部分网络的互联互通。一个地理区域内的通信部门，需要全网的配合才能完成网上全部信息的传递。由于信息传递一般都由两个以上网络通过互联互通完成，因而也必须有一个完善的运营商网间结算的方案。

## 5. 服务的区域性

就整个通信行业而言，通信网点遍布全国、全球，通信市场是一个全国性、全球性市场，但就某一具体的通信运营商来说，通信市场有明显的区域性，尤其是通信的基本业务。也就是说，通信运营商生产的产品或提供的服务只能在它所在地交换，即使该企业产品或服务质量再好、价格再优惠，外地用户一般也不会专程到此消费，除非因公因私外出到此才可能消费。这就是通信市场服务的区域性。

## 6. 服务的多元性

通信市场的各类业务涉足各种类型的市场，具有多种市场的特点。通信服务具有服务市场的属性，通信网络元素销售具有产业市场的属性，通信信息服务具有技术市场的属性。总而言之，各项业务营销都具有消费品市场的属性。另外，通信服务对象也具有多元性，包括政府部门、企事业单位以及千千万万的家庭顾客。因此，服务的多元性也反映了通信市场的复杂性。

案例分析及思考题

【课后习题】

通信运营商应如何把握 5G 通信市场的机遇和挑战？

# 任务二　理解通信市场营销

## 【问题引入】

市场营销是帮助企业实现产品利润的关键因素。随着通信行业市场竞争的加剧，各通信运营商要深入研究通信市场营销，深刻理解通信市场营销的核心概念和基本功能，才能通过市场营销有效实现企业利润。那么通信市场营销的内涵是什么？通信市场营销包括哪些基本概念？通信市场营销具有哪些职能？

## 【案例导入】

### 某电信公司社区营销成功案例

★ 案例1　引导体验，算账对比。

小区摆摊直销，来了一位老大爷，销售人员热情接待后，了解到平时这位大爷家里只有两位老人在家，他们只看电视，电视是广电的有线电视，而他们用的手机是移动的老年机。营销人员首先引导大爷体验了电信电视，让他感知电信电视的高清网速，然后就开始给老人家算账："大爷，您看您家现在的电视费每月 26 元，手机话费每月 18 元，一共就是 44 元每月，一年下来就是 528 元，今天我们到小区给你们送福利来了。"老大爷接着问是什么福利，销售人员顺势把年初针对老年人送手机的活动介绍了一遍(畅聊 19+ITV)并说道："您现在只需要交 299 元就可以免费用一年，还可以免费看一年电视，并且还可以免费得一部孝心机，大爷您看是不是很实惠？"大爷觉得听起来很实惠，但已经有手机了，因此有些犹豫。销售人员不灰心，一直给老人家讲电信电视的优势、手机绿色环保等，最终成单。

★ 案例2　演示泛智能，抓住机会。

小区摆摊直销，一位 60 岁左右的老人带一个小孩放学回家路过营销摊点时，直销队员马上喊体验区的小度播放个动画片，一下子就吸引了小孩的注意。小孩主动拉他爷爷到小度体验区好奇询问。直销队员抓住机会向用户介绍小度："你想让它干什么它就给你干什么，控制家电，辅导孩子学习，偶尔出门去买东西孩子在家不放心时还可以开视频看，不用对方接通就能自动连接手机，相当于一个监控。孩子平时在家，喊一声就可以让小度播放动画片、听音乐。"小孩很喜欢，客户也有点动心，但在得知产品价格较高后有点犹豫。营销人员马上向用户推荐电信回馈新老用户优惠活动，针对老人这样的电信老客户，可以用 169 元套餐，实际消费是 179 元。营销人员建议用户将套餐提升到 199 元，宽带提速到 300M，手机上网全国大流量，不用担心用超，而且当天预存网费就可免费领价值五六百元的小度。用户觉得很有道理，加之孩子也很喜欢，就办理了。

★ 案例3　尊重客户，真诚营销。

某小区一住宅的宽带连续三个月欠费，社区经理陈某多方查探发现该住宅是一出租房，租户已经搬走，连续几天上门不见房东，这追缴欠费一时不知如何下手。但陈经理并没灰心，他左思右想，心生一计。他通过手机电话联系到房东郑某。陈经理并没有直接提出催缴欠费，而是假借租房一事，证实了该出租房确实为郑某所有。随后，陈经理马上对郑某进行上门拜访，婉言要求其缴清所欠宽带费。郑某对电信公司的人能找到他感到很愕然。陈经理言谈恳切，没有半点责备、挖苦的话语，只是希望郑某能尽快缴清所欠的宽带费。闲谈中，郑某提出他家的宽度网速比刚装的时候要慢且经常掉线，陈经理随即主动帮其检查并调试正常。终于，陈经理认真负责的工作态度、执着的精神和良好的服务折服了郑某，不仅追回了欠费，也赢得了客户的尊重。

　　**分析提示：**通信市场营销的目的，是在满足通信客户通信需求的基础上，提高通信客户的满意度和忠诚度，提高通信客户的黏性。上述三个案例，无论是引导体验、算账对比，演示泛智能、抓住机会，还是尊重客户、真诚营销，都是在根据客户需求，创造和提供使客户满意的通信产品和服务，用心待客、坚持待客、真诚待客，这就是成功营销的奥秘。

## 【知识内容】

## 一、通信市场营销的内涵

　　通信市场营销是根据市场需求创造和提供使客户满意的通信产品和服务，并在使客户获得通信有益效用的同时，实现通信企业经营目标的一切经营活动。

　　理解通信市场营销的内涵，应注意以下几个方面：

　　(1) 通信市场营销首先是创造使客户满意的产品和服务。以客户为中心的观念必须深植于通信企业的每一个人心中。通信企业要以客户的需求为起点，以客户满意和企业获利为终点，而贯穿于这一过程始终的是服务。为此，中国电信提出了"用户至上，用心服务"的服务理念，中国移动制定了"追求客户满意服务"的经营宗旨，中国联通提出了"一切为了客户，一切为了一线，一切为了市场"的经营管理理念。

　　(2) 通信市场营销包含通信企业的一切经营活动。为了向客户提供满意的通信产品和服务，企业的一切活动都要以客户为中心，开展整体营销。各个部门、每个岗位和所有员工都要以客户满意度为出发点，自觉调整自己的思想观念、思维方式和行为习惯，使企业生产经营活动的每个环节都与为客户提供满意产品和服务紧密地联系起来。

　　(3) 通信市场营销的目标是提高市场占有率，而不仅仅是出售通信产品。由于通信产品的无形性，只有客户在消费通信产品的过程中充分感受到某种通信业务所带来的满意体验，成为其忠诚客户，才能扩大产品销售，提高市场份额。只有提高了市场份额，才能在市场竞争中具有优势。

　　(4) 通信市场营销要在引导客户消费上下功夫。随着现代通信业的发展，各种不同类型的通信业务和通信产品不断涌现，不少客户面对琳琅满目的通信产品往往感到无从选择。之所以如此，乃是通信企业未能将通信产品创新和产品促销并重进行所造成的，这不仅影响了产品推广，也影响了客户的消费。因此，加强对客户消费通信产品的引导，已成为通信市场营销活动必不可少的工作。

　　(5) 通信市场营销与推销的概念不同。推销是以生产者为导向的，生产者生产什么，营销人员借助于广告和上门推销等方式将产品卖出去，客户在整个过程中是被动的。而市场营销是以客户为导向的，根据客户需求进行生产，以满足客户需求为首要任务，并在营销活动中进一步促使客户萌生出新的消费需求。

## 二、通信市场营销的基本概念

通信市场营销的定义基于以下核心概念：需要、欲望和需求，产品或提供物，效用、价值和满意，交换和交易，关系和网络，营销和营销者。

### 1. 需要、欲望和需求

人的需要和欲望是通信市场营销的出发点。著名心理学家马斯洛提出的需要层次理论，把人的需要从低到高分为五个层次：生理需要、安全需要、社交需要、尊重需要和自我实现需要。

需要是指人们没有得到某些基本满足的感受状态。人们在生活中，需要食品、衣服、住所、安全、爱情以及其他一些东西。这些需要都不是社会和营销者所能创造的，它们存在于人类自身的生理结构和情感中。欲望是指人们想得到这些基本需要的具体满足物的愿望。一个人需要通信，想要得到一部手机；需要出行，想要得到一辆自行车；需要娱乐，想去看一场演唱会。需求是指人们有能力购买并且愿意购买某个具体商品的欲望。当具有购买能力时，欲望便转换成需求。

### 2. 产品或提供物

任何需要的满足都必须依靠适当的产品，好的产品将会在满足需要的程度上有很大提高，从而也就能在市场上具有较强的竞争力，实现交换的可能性也应该更大。然而产品不仅是指那些看得见、摸得着的物质产品，也包括那些同样能使人们的需要得到满足的服务甚至是创意。我们把所有可通过交换以满足他人需要的事物统称为"提供物"。例如，人们会花几千元去购买一部智能手机来满足休闲娱乐的需要，也可以花费同样的代价去进行一次长途旅行，以同样达到休闲娱乐之目的。在当今的社会中，一个有价值的"主意"，也可能使创意者获得相当的回报。所以，如果仅仅把对产品的认识局限于物质产品，那就是经营者可悲的"营销近视症"。为顺利地实现市场交换，企业经营者不仅要十分重视在市场需要引导下的产品设计与开发，还应当从更广泛的意义上去认识产品(或提供物)的含义。

### 3. 效用、价值和满意

在对能够满足某一特定需要的一组产品进行选择时，人们所依据的标准是各种产品的效用和价值。效用是客户对满足其需要的产品的全部效能的估价，是产品满足人们欲望的能力。效用实际上是一个人的自我心理感受，它来自人的主观评价。

人们是否购买产品并不仅仅取决于产品的效用，同时也取决于人们获得该效用的代价。人们在获得使其需要得以满足的产品效用的同时，必须支付相应的费用，这是市场交换的基本规律，也是必要的限制条件。市场交换能否顺利实现，往往取决于人们对效用和代价的比较。如果人们认为产品的效用大于其支付的代价，再贵的商品也愿意购买；相反，如果人们认为代价大于效用，再便宜的东西也不会要，这就是人们在交换活动中的价值观。市场经济的客观规律告诉我们，人们只会去购买有价值的东西，并根据效用和代价的比较来认识价值的实现程度。人们在以适当的代价获得适当的效用的情况下，才会有真正的满足；而当感到以较小的代价获得较大的效用时，则会十分满意。只有在交易中感到满意的客户才可能成为企业的忠实客户。所以企业不仅要为客户提供产品，更要使客户感到在交换中价值的实现程度比较高，才可能促使市场交易顺利实现，也才可能建立企业的稳定市场。

### 4. 交换和交易

交换是市场营销活动的核心。人们实际上可以通过四种方式获得其所需要的东西：一是自行生产，获得自己的劳动所得；二是强行索取，不需要向对方支付任何代价；三是向人乞讨，同样无须作出任何让渡；四是进行交换，以一定的利益让渡从对方获得相当价值产品或满足。市场营销活动是围绕第四种方式进行的。从交换实现的必要条件来看，必须满足以下几条：

(1) 交换必须在至少两人之间进行；

(2) 双方都拥有可用于交换的东西；

(3) 双方都认为对方的东西对自己是有价值的；

(4) 双方有可能相互沟通并把自己的东西递交给对方；

(5) 双方都有决定进行交换和拒绝交换的自由。

于是我们可以看到，需要的产生才使交换成为有价值的活动，产品的产生才使交换成为可能，而价值的认同才能使交换最终实现。我们所讨论的前几个市场营销概念的构成要素最终都是为"交换"服务的，因"交换"而有意义。所以说"交换"是市场营销概念中的核心要素。如何通过克服市场交换障碍，顺利实现市场交换，进而达到实现企业和社会经济效益的目的，是市场营销研究的核心内容。交换不仅是一种现象，更是一种过程，只有当交换双方克服了各种交换障碍，达成了交换协议，我们才能称其为形成了"交易"。交易是达成意向的交换，交易的最终实现需要双方对意向和承诺的完全履行。所以如果仅从某一次交换活动而言，市场营销就是为了实现同交换对象之间的交易，这是营销的直接目的。

### 5. 关系和网络

在现代市场营销活动中，企业为了要稳定自己的销售业绩和市场份额，就希望能同自己客户群体之间的交易关系长期地保持下去，并得到不断的发展。要做到这一点，企业市场营销的目标就不能仅仅停留在一次交易的实现，而应当通过营销的努力来发展同自己的供应商、经销商和客户之间的关系，使交易关系能长期稳定地保持下去。从20世纪80年代开始，对客户关系的重视终于使"关系营销"成为一种新的概念和理论充实到市场营销的理论体系中。"关系营销"和"交易营销"的主要区别在于，"关系营销"把研究的重点由单纯研究交易活动的实现转为研究交易关系的保持和稳定，研究客户关系的维护和管理。

生产者、中间商以及客户之间的关系直接推动或阻碍着交易的实现和发展。企业同与其经营活动有关的各种群体(包括供应商、经销商和客户)形成的一系列长期稳定的交易关系就构成了企业的市场网络。在现代市场营销活动中，企业市场网络的规模和稳定性成为形成企业市场竞争力的重要方面，从而也就成为企业营销的重要目标。

### 6. 营销和营销者

一般意义上，市场交易是买卖双方处于平等条件下的交换活动。市场营销则是站在企业的角度研究如何同其客户实现有效交换的学科，所以说市场营销是一种积极的市场交易行为，在交易中主动积极的一方为市场营销者，而相对被动的一方则为营销者的目标市场，市场营销者采取积极有效的策略与手段来促进市场交易的实现。营销活动的有效性既取决于营销人员的素质，也取决于营销的组织与管理。

## 三、通信市场营销的基本功能

通信市场营销作为一种市场活动，有如下四项基本功能。

(1) 发现和了解客户的需求。现代市场营销观念强调市场营销应以客户为中心，通信企业也只有通过满足客户的需求，才可能实现企业的目标。因此，发现和了解客户的需求是通信市场营销的首要功能。

(2) 指导企业决策。决策正确与否是通信企业成败的关键，通信企业要谋得生存和发展，很重要的是做好经营决策。通信企业通过市场营销活动，分析外部环境的动向，了解客户的需求和欲望，了解竞争者的现状和发展趋势，结合自身的资源条件，指导企业在产品定价、分销、促销和服务等方面作出相应的、科学的决策。企业必须以客户为中心，面对不断变化的环境，做出正确的反应以适应客户不断发展的需求，包括激发潜在需求。当企业通过开发并运用各种营销手段，刺激和引导客户产生新的需求时，潜在市场转化为现实市场。由此我们可以得到启示，通信企业不仅要根据客户需求不断开发新产品，而且要注意宣传，介绍新产品的使用，以刺激客户的潜在需求。

(3) 开拓市场。通信企业市场营销活动的另一个功能就是通过对客户现实需求和潜在需求的调查、了解与分析，充分把握和捕捉市场机会，积极开发产品，建立更多的分销渠道及采用更多的促销形式，开拓市场，增加销售量。

(4) 满足客户的需求。满足客户的需求是通信企业市场营销的出发点和中心任务，也是市场营销的基本功能。通信企业通过市场营销活动，从客户的需求出发，并根据不同目标市场的客户，采取不同的市场营销策略，合理地组织企业的人力、财力、物力等资源，为客户提供适销对路的产品以及各种优质的售后服务，让客户满意。

案例分析及思考题

【课后习题】

如何理解通信市场营销的内涵？

# 任务三　理解通信市场营销观念

【问题引入】

企业营销活动是在一定经营观念指导下进行的，采用什么样的经营观念就会产生什么样的经营结果。树立正确的市场营销观念，有助于通信运营商科学地开展营销实践活动。那么通信市场营销观念的内涵是什么？市场营销观念的演变经历了哪些阶段？通信市场营销观念有哪些创新？

## 【案例导入】

### 坐不住了，电信终于要对营销模式进行改革！

都说电信的网络质量、通话服务好，可为什么就是比不过移动呢？大家都知道，移动一直以来饱受诟病，可是近年来 4G 用户的增量甚至超过了电信和联通的总和，这究竟是为什么呢？

首先，移动主打的是薄利多销，以近乎免费的价格推出了多款套餐，加之捆绑营销的套路，让不少 4G 用户不得不办理移动的宽带。各种因素综合起来，就造成目前移动用户高速增长的现象。反观中国电信，虽然在口碑上遥遥领先，但是一直在营销方面不敌移动，这也是这么多年来无法撼动移动的一个主要因素。当下，用户需求正在发生深刻变革，运营商的渠道运营模式也会随之变化，而这正好也给电信改革运营模式提供了契机。

据悉，中国电信改革的第一点就是加强线上销售。据报道称，中国电信的线上销售占比仅为 7.8%，与移动甚至是联通都有着不小的差距。因此，中国电信表示要加快做大线上销售，做大合作资源，补齐线上渠道短板。

其实中国电信线上销售的模式一直都存在，只是它更倾向于综合服务，类似于查询功能、宽带服务这样便民的服务，而像套餐办理、增值业务等这些线上销售只是其中的一部分。因此，要想真正做好线上渠道，电信应当有更加具体、规范化的模式，而这也正是电信目前所缺之的。

顾此失彼是营销当中的大忌，电信也知道这点，在加强线上销售的同时，也不忘线下销售渠道的继续巩固，因为线下渠道是中国电信目前销量的主力军，销量占比为 80%。当然，还不能忽略线上线下的深度融合，做到线上与线下相互引流、相互协同、相互促进。

此外，中国电信还创立了自营+社会生态合作的模式，通过多方面发展泛渠道，扩大渠道触点。一旦这样的模式大面积实施，也就意味着，对普通用户来说，同一家运营商的产品我们也可以做到"价比三家"了。

相信通过这种营销模式的改革，电信的短板会被很好地弥补，如此一来，电信在通信市场上将会迎来更好的局面，打破移动多年来一家独大的态势。

**分析提示：**树立正确的市场营销观念，建立适合市场的营销模式，有助于通信运营商科学有效地开展营销实践活动。目前随着通信市场卖方市场向买方市场的转变，通信运营商都意识到了树立市场营销观念对于企业经营的重要性，但是在对于用户需求的理解和把握上，中国移动比中国电信和中国联通要做得更好。为了弥补差距，必须进行改革，这也是案例里中国电信要对原有营销模式进行改革的出发点。

## 【知识内容】

## 一、通信市场营销观念的内涵

通信市场营销观念是指通信企业在组织和谋划企业的营销管理实践活动时所依据的指导思想和行为准则，是通信企业在开展市场营销活动过程中，处理社会、企业和客户三者利益方面所持的态度和看法。通信市场营销观念作为一种指导思想和经营理念，是企业一切经营活动的出发点，支配着企业营销实践的各个方面。

## 二、市场营销观念的演变

市场营销观念贯穿于整个营销活动中，反映着一个企业的经营态度和经营方式。确立正确的市场营销观念，对经营成败具有决定性意义。市场营销观念是随着经济的发展和市场形势的变化而不断演变的，其演变大体经历了以下五个阶段。

### 1．生产观念

生产观念是一种古老的经营观念，指企业的一切经营活动都以生产为中心，"以产定销"。生产观念的假设前提是：消费者可以接受任何买得到和买得起的商品。因而企业的主要任务就是努力提高效率、降低成本、扩大生产。例如，在 20 世纪 20 年代初，美国汽车大王亨利·福特的经营哲学就是千方百计地增加 T 型车的产量，并宣称"不管客户需要什么颜色的汽车，我只有一种黑色的"。这种片面强调生产、忽视需求差异性的做法，曾使福特一度陷入困境，几乎破产。

生产观念产生于资本主义工业化初期。由于当时的科学技术发展相对落后，生产力的发展水平比较低，社会产品供应不充足，与此相对应的市场需求不能得到充分满足。在这种形势下，消费者主要关心的是能否得到产品而很少去计较产品的品质特征。对于企业来说，只要把产品生产出来就可以立刻卖掉，从而形成了只关心生产而不关心市场的营销观念。

### 2．产品观念

产品观念是从生产观念中派生出来的一种陈旧的经营观念，它片面强调产品质量，忽视市场需求，以为只要产品质量好、技术独到，自然就会客户盈门。"酒香不怕巷子深"就是这种观念的形象说明。

产品观念仍然建立在以企业为中心的基础之上。这种观念在经济不发达、产品不丰富的时代或许有一定道理，但在现代市场经济高度发达的条件下，显然是不适宜的。其原因是：第一，现代市场需求是多层次的，而且是不断变化的，如果不适合市场需求，那么再好的产品也不会畅销，如当电扇、空调机普遍进入家庭的时候，芭蕉扇无论多好也不会再畅销；第二，现代市场竞争激烈，不同于小商品生产时代，如果没有适当的营销活动来提高客户满意度、培养客户忠诚度，再好的产品也不可能持久地占领市场。产品观念因过于注重产品质量、忽视市场真正需要而导致"营销近视症"。

### 3．推销观念

推销观念又称"销售观念"，认为消费者通常有购买惰性，若听其自然，消费者就不会大量购买本企业的产品。这种营销观念是"我们会做什么，就努力去推销什么"，因而企业管理的中心是积极推销和大力促销。

推销观念产生于 20 世纪 20 年代。第二次世界大战以后，随着科学技术的发展和生产力的提高，产品的数量与品种也开始大大增加，出现供过于求的趋势。为了在竞争中立于不败之地，企业纷纷重视推销工作，如组建推销组织、培训推销人员、大力施展推销和促销技术，以诱导消费者购买产品。

推销观念的确立是企业经营指导思想上的一大变化。与生产观念相比，生产观念以抓生产为重点，通过增加产量，降低成本来获利；推销观念则以抓推销为重点，通过开拓市场，扩大销售来获利。但是，推销观念着眼于既定产品的推销，仍然没有摆脱"以生产为中心"的范畴,实质上是生产观念的发展和延伸。对于售出后客户是否满意、如何提高客户满意度等问题,推销观念未能给予足够的重视。因此,在市场经济进一步高度发展、产品更加丰富的条件下,这种观念仍然无法适应客观需要。

### 4. 市场营销观念

市场营销观念是一种全新的经营哲学,形成于二战后的美国,并相继盛行于日本、西欧等经济发达国家和地区。市场营销观念认为,实现企业目标的关键是切实掌握目标消费者的需要和欲望。企业应集中一切资源和力量,设计、生产适销对路的产品,安排适当的市场营销组合,采取比竞争者更有效的策略,以满足消费者需要。"客户是上帝""客户永远是正确的"等常常成为执行市场营销观念企业的座右铭。

市场营销观念取代传统的推销观念是一次根本性的转变。营销观念与推销观念的根本不同是:推销观念以现有产品为中心,以推销和销售促进为手段,刺激销售,从而达到扩大销售、取得利润的目的;市场营销观念是以企业的目标客户及其需要为中心,以整体营销为手段,从而达到满足目标客户的需要、实现企业目标的目的。可见,市场营销观念把推销观念的逻辑彻底颠倒过来,不是生产什么就卖什么,而是首先发现和了解消费者的需要,消费者需要什么就生产什么、销售什么。

### 5. 社会营销观念

社会营销观念出现于 20 世纪 70 年代,它的提出一方面是基于"在一个环境恶化、爆炸性人口增长、全球性通货膨胀和忽视社会服务的时候,单纯的市场营销观念是否合适"这样的认识;另一方面也是基于对广泛兴起的以保护消费者利益为宗旨的消费主义运动的反思。

社会营销观念认为,企业要平衡与协调消费者利益、企业利润和社会整体利益三者之间的关系,统筹兼顾。单纯的市场营销观念提高了人们对需求满足的期望和敏感度,导致了满足眼前消费需要与长远的社会福利之间的矛盾,导致产品过早陈旧,环境污染更加严重,也损害和浪费了一部分物质资源。因此,企业的任务在于确定目标市场的需要,开展整体营销活动,比竞争者更有效地满足客户需求。企业应视利润为客户满意的一种报酬,以维护与增进消费者和社会福利作为企业的根本目的和职责。

为对本节五种市场营销观念有更直观的比较,笔者特从市场特征、出发点、手段和目标四个方面进行分析,如表 1.1 所示。

#### 表 1.1　五种市场营销观念的比较

| 营销观念 | 市场特征 | 出发点 | 手　段 | 目　标 |
|---|---|---|---|---|
| 生产观念 | 供不应求 | 生产 | 提高产量,降低成本 | 增加生产,取得利润 |
| 产品观念 | 供不应求 | 产品 | 提高质量,增加功能 | 提高质量,获得利润 |
| 推销观念 | 生产能力过剩 | 销售 | 推销与促销 | 扩大销售,获得利润 |
| 市场营销观念 | 供过于求 | 顾客需求 | 整体营销 | 满足需要,获取利益 |
| 社会营销观念 | 供过于求 | 顾客需要 社会利益 | 整体营销 | 满足顾客需要,增进社会利益,获得经济效益 |

## 三、通信市场营销观念创新

企业市场营销观念在经历了生产观念、产品观念、推销观念、市场营销观念、社会营销观念几个阶段之后，继续随着实践的发展而不断深化、丰富。通信运营商要想取得竞争的主动权，就必须密切关注市场营销的新动态，了解市场营销的新发展。

### (一) 大市场营销观念

20 世纪 80 年代以来，经济发达国家生产过剩，但是市场有限。同时，市场竞争日益激烈，世界上许多国家的政府干预加强，贸易保护主义抬头，为了保护本国的工业，采取了一系列关税和非关税贸易壁垒。在这种封闭型或保护型的市场上，已经存在的参与者和批准者往往会设置种种障碍，使得那些能够提供类似产品，甚至能够提供更好的产品和服务的企业难以进入市场，无法开展经营服务。在这样的背景下，营销大师菲利普·科特勒于 1984 年提出了"大市场营销"这种新的观念和新的战略思想。所谓大市场营销观念，是指在实行贸易保护的条件下，企业的市场营销战略组合除了 4P(即产品(Product)、价格(Price)、分销(Place)、促销(Promotion))之外还必须加上 2P，即"政治权力(Political Power)"和"公共关系(Public Relations)"。这种战略思想被称为"大市场营销"。他对"大市场营销"的定义为：企业为了成功地进入特定市场或者在特定市场经营，应用经济的、心理的、政治的和公共关系技能，赢得若干参与者的合作。

大市场营销观念认为，企业在市场营销中，首先运用政治权力和公共关系，设法取得具有影响力的政府官员、立法部门、企业高层决策者等方面的合作与支持，启发和引导特定市场的需求，通过在该市场的消费者中树立良好的企业信誉和产品形象，以打开市场、进入市场。然后，企业运用传统的市场营销组合去满足该市场的需求，达到占领该目标市场的营销目的。大市场营销观念强调企业通过努力，强行打入被封闭或被保护的市场，打破了环境因素不可控的传统理论，发展了市场营销组合理论。

### (二) 4C 营销组合观念

1990 年 4C 营销组合观念由美国营销专家劳特朋教授提出，它以消费者需求为导向，重新设定了市场营销组合的四个基本要素，即消费者(Consumer)、成本(Cost)、便利(Convenience)和沟通(Communication)。它强调企业首先应该把追求客户满意放在第一位，其次是努力降低客户的购买成本，然后要充分注意到客户购买过程中的便利性，而不是从企业的角度来决定销售渠道策略，最后还应以消费者为中心实施有效的营销沟通。与产品导向的 4P 理论相比，4C 理论有了很大的进步和发展，它重视客户导向，以追求客户满意为目标，这实际上是当今消费者在营销中越来越居主动地位的市场对企业的必然要求。

消费者(Customer)主要指客户的需求。企业必须首先了解和研究客户，根据客户的需求来提供产品。同时，企业提供的不仅仅是产品和服务，更重要的是由此产生的客户价值(Customer Value)。

成本(Cost)不单是企业的生产成本，或者说 4P 中的 Price(价格)，它还包括客户的购买成本，同时也意味着产品定价的理想情况，应该是既低于客户的心理价格，亦能够让企业有所盈利。此外，这中间的客户购买成本不仅包括其货币支出，还包括其为此耗费的时间、体力和精力消耗以及购买风险。

便利(Convenience)即为客户提供最大的购物和使用便利。4C营销理论强调企业在制订分销策略时，要更多地考虑客户的方便，而不是企业自己方便。要通过好的售前、售中和售后服务，让客户在购物的同时，也享受到便利。便利是客户价值不可或缺的一部分。

沟通(Communication)则被用以取代4P中对应的Promotion(促销)。4C营销理论认为，企业应通过同客户进行积极有效的双向沟通，建立基于共同利益的新型企业/客户关系。这不再是企业单向地促销和劝导客户，而是在双方的沟通中找到能同时实现各自目标的通途。

在4C理念的指导下，越来越多的企业更加关注市场和消费者，与客户建立一种更为密切的和动态的关系。

### (三)4S营销组合观念

4S的营销战略强调从消费者需求出发，打破企业传统的市场占有率推销模式，建立起一种全新的"消费者占有"的行销导向。该观念要求企业对产品、服务、品牌不断进行定期、定量以及综合性消费者满意指数和消费者满意级度的测评与改进，以服务品质最优化使消费者满意度最大化，进而达到消费者的高度忠诚，同时强化企业抵御市场风险、经营管理创新和持续稳定增效的"三大能力"。4S分别是满意(Satisfaction)、服务(SERVICE)、速度(Speed)和诚意(Sincerity)。

(1) 满意(Satisfaction)：指顾客满意，强调企业以顾客需求为导向，以顾客满意为中心，企业要站在顾客立场上考虑和解决问题，要把顾客的需要和满意放在一切考虑因素之首，要有以他人利益为重的真诚。古人云："感人心者，莫先乎情。"要想赢得顾客的人，必先投之以情，用真情服务感化顾客，以有情服务赢得无情的竞争。

(2) 服务(SERVICE)：它不是一般意义上的服务。这里的服务包括七项内容：S(Smile for everyone)，指随时以笑脸相迎客人，因为微笑是诚意最好的象征；E(Excellence in everything you do)，即精通业务上的工作，企业营销人员为顾客提供更多的商品信息，经常与顾客联络，询问他们是否需要次日送货或更紧急的要求，此举会使顾客感谢你的提醒所带来的便利；R(Reaching out to every customer with hospitality)，即对顾客态度亲切友善，实行"温馨人情"的用户管理策略，用体贴入微的服务来感动用户；V(Viewing every customer as speeial)，将每位顾客都视为特殊和重要的人物，顾客是我们的主人，不是我们的佣人，顾客是上帝，我们只有与之友好相处，才能生存发展；I(Inviting your customer to return)，即要邀请每一位顾客下次再度光临，企业要以最好的服务、优质的产品、适中的价格来吸引顾客多次光临；C(Creating a warm atmosphere)，要为顾客营造一个温馨的服务环境，这要求企业加大力度进行文化建设，从厂容厂貌到大型商场的环境氛围都要建成现代化的超一流的环保市场，舒适、温馨、超时代水平；E(Eye contact that shows we care)，行销人员用眼神表达对顾客的关心，用眼睛去观察，用头脑去分析，真正做到对顾客体贴入微关怀的服务。

(3) 速度(Speed)：指不让顾客久等，而能迅速地接待、办理。

(4) 诚意(Sincerity)：指以具体化的微笑与快速行动来服务客人。

总之，4S营销组合观念要求企业行销人员，实行"温馨人情"的用户管理策略，用体贴入微的服务来感动用户，向用户提供"售前服务"敬献诚心，向用户提供"现场服务"

表示爱心，向用户提供"事后服务"以送谢心。

### (四) 4R 营销组合观念

21 世纪初，美国学者舒尔茨提出了基于关系营销的 4R 组合，受到广泛的关注。4R 理论以关系营销为核心，重在建立客户忠诚度。它阐述了四个全新的营销组合要素：关联(Relativity)、反应(Reaction)、关系(Relation)和回报(Retribution)。

4R 理论强调企业与客户在市场变化的动态中应建立长久互动的关系，以防止客户流失，进而赢得长期而稳定的市场；其次，面对迅速变化的客户需求，企业应学会倾听客户的意见，及时寻找、发现和挖掘客户的渴望与不满及其可能发生的演变，同时建立快速反应机制以对市场变化快速作出反应；企业与客户之间应建立长期而稳定的朋友关系，从实现销售转变为实现对客户的责任与承诺，以维持客户再次购买意愿和客户忠诚度；企业应追求市场回报，并将市场回报当作企业进一步发展和保持与市场建立关系的动力与源泉。

#### 1. 关联(Relativity)——紧密联系客户

企业必须通过某些有效的方式在业务、需求等方面与客户建立关联，形成一种互助、互求、互需的关系，把客户与企业联系在一起，减少客户的流失，以此来提高客户的忠诚度，赢得长期而稳定的市场。

#### 2. 反应(Reaction)——提高对市场的反应速度

多数公司倾向于说给客户听，却往往忽略了倾听的重要性。在相互渗透、相互影响的市场中，对企业来说最现实的问题不在于如何制定、实施计划和控制，而在于如何及时地倾听客户的希望、渴望和需求，并及时做出反应来满足客户的需求。这样才有利于市场的发展。

#### 3. 关系(Relation)——重视与客户的互动关系

4R 营销理论认为，如今抢占市场的关键已转变为与客户建立长期而稳固的关系，把交易转变成一种责任，建立起和客户的互动关系。而沟通是建立这种互动关系的重要手段。

#### 4. 回报(Retribution)——回报是营销的源泉

由于营销目标必须注重产出和企业在营销活动中的回报，所以企业要满足客户需求，为客户提供价值，不能做无用的事情。一方面，回报是维持市场关系的必要条件；另一方面，追求回报是营销发展的动力，营销的最终价值在于其是否给企业带来短期或长期的收入能力。

### (五) 4V 营销组合观念

随着高科技产业的迅速崛起，高科技企业、高技术产品与服务不断涌现，营销观念、方式也不断丰富与发展，并形成了独具风格的新型理念。在此基础上，国内学者吴金明等提出了 4V 的营销哲学观。所谓 4V，是指"差异化(Variation)"、"功能弹性化(Versatility)"、"附加价值(Value)"、"共鸣(Vibration)"的营销组合理论。

#### 1. 差异化(Variation)

客户是千差万别的，在个性化时代，这种差异更加显著。从某种意义上说，创造差异就是创造客户。有差异才能有市场，才能在强手如林的同行业竞争中立于不败之地。所谓差异化营销，就是企业凭借自身的技术优势和管理优势，生产出性能上、质量上优于市场现有水平的产品，或是在销售方面，通过有特色的宣传活动、灵活的推销手段、周到的售后服务，在消费者心目中树立起不同一般的良好形象。为了"鹤立鸡群"，差异化营销一般分为产品差异化、市场差异化和形象差异化三个方面。

### 2. 功能弹性化(Versatility)

功能弹性化是指根据消费者消费要求的不同，提供不同功能的系列化产品供给。增加一些功能就变成豪华奢侈品(或高档品)，减掉一些功能就变成中、低档消费品。消费者根据自己的习惯与承受能力选择具有相应功能的产品。一个企业的产品在客户中的定位有三个层次：核心功能、延伸功能和附加功能。总之，产品的功能越多，其所对应的价格也越高。

### 3. 附加价值(Value)

从当代企业产品的价值构成来分析，其价值包括基本价值与附加价值两个组成部分。前者是由生产和销售某产品所付出物化劳动和活劳动的消耗所决定，后者则由技术附加、营销或服务附加和企业文化与品牌附加三部分所构成。从当代发展趋势来分析，围绕产品物耗和社会必要劳动时间的活劳动消耗在价值构成中的比重将逐步下降；而高技术附加价值、品牌或企业文化附加价值与营销附加价值在价值构成中的比重却显著而且将进一步上升。因而，当代营销新理念的重心在"附加价值化"。

### 4. 共鸣(Vibration)

共鸣是企业持续占领市场并保持竞争力的价值创新给消费者或客户所带来的"价值最大化"，以及由此所带来的企业的"利润极大化"。其强调的是将企业的创新能力与消费者所珍视的价值联系起来，通过为消费者提供价值创新使其获得最大程度的满足。消费者是追求"效用最大化"者，企业必须从价值层次的角度为客户提供具有最大价值创新的产品和服务。而当消费者能稳定地得到这种"价值最大化"的满足之后，将不可避免地成为该企业的终身客户，从而使企业与消费者之间产生共鸣。

### (六) 4I 营销组合观念

网络时代，传统的营销经典已经难以适用。如何才能完成这一转变？网络整合营销 4I 原则给出了最好的指引。所谓 4I 原则具体指 Interesting(趣味原则)、Interests(利益原则)、Interaction(互动原则)和 Individuality(个性原则)。

### 1. 趣味原则

中国互联网的本质是娱乐属性的，广告、营销也因而必须是娱乐化、趣味性的。显然，制造一些趣味、娱乐的"糖衣"的香饵，将营销信息的鱼钩巧妙包裹在趣味的情节当中，是吸引"鱼儿"们上钩的有效方式。

### 2. 利益原则

网络营销中提供给消费者的"利益"外延更加广泛，我们头脑中的第一映射物质——实利只是其中的一部分，还可能包括：

(1) 信息、资讯。广告的最高境界是没有广告，只有资讯。消费者抗拒广告，但消费者需要其需求产品的相关信息与资讯。直接推销类的广告吃到闭门羹的几率很大，但是化身成为消费者提供的资讯后，消费者面对免费利益，接受度自然会大增。

(2) 功能或服务。

(3) 心理满足或者荣誉。

(4) 实际物质/金钱利益。

### 3. 互动原则

网络媒体区别于传统媒体的另一个重要的特征是其互动性。如果不能充分地挖掘运用这个 USP(独特的卖点)，新瓶装旧酒，直接沿用传统广告的手法，无异于买椟还珠。再加上网络媒体在传播层面上失去了传统媒体的"强制性"，如此"扬短避长"，单向布告式的营销，肯定不是网络营销的前途所在。只有充分挖掘网络的交互性，充分地利用网络的特性与消费者交流，才能扬长避短，让网络营销的功能发挥至极致。

不要再让消费者仅仅接受信息，数字媒体技术的进步，已经允许我们以极低的成本与极大的便捷性，让互动在营销平台上大展拳脚。而消费者们完全可以参与到网络营销的互动与创造中来。在陶艺吧中亲手捏制的陶器弥足珍贵，因为它融入了自己的汗水。同样，消费者亲自参与互动与创造的营销过程，会在其大脑皮层回沟中刻下更深的品牌印记。把消费者作为一个主体，发起其与品牌之间的平等互动交流，可以为营销带来独特的竞争优势。未来的品牌将是半成品，一半由消费者体验、参与来确定。当然，营销人找到能够引领和主导两者之间互动的方法很重要。

### 4. 个性原则

因为个性，所以精准。个性化的营销，让消费者心里产生"焦点关注"的满足感，更能投消费者所好，更容易引发互动与购买行动。但是在传统营销环境中，做到"个性化营销"成本非常之高，因此很难推而广之，仅仅是极少数品牌品尝极少次的豪门盛宴。但在网络媒体中，数字流的特征让这一切变得简单、便宜，细分出一小类人甚至一个人，做到一对一行销都成为可能。

案例分析及思考题

### 【课后习题】

在 5G 时代，通信运营商应树立何种营销观念，以适应 5G 通信市场的发展？

# 项目二　通信市场营销环境分析

## 【知识结构图】

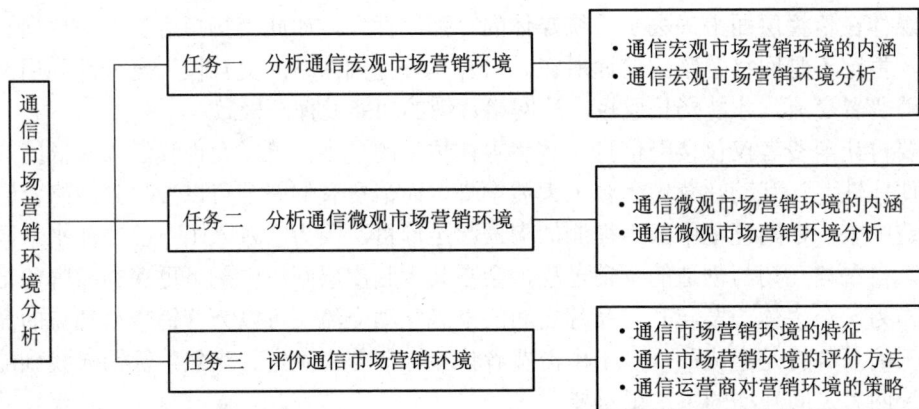

## 【学习目标】

　　通过学习，应该明确通信市场营销环境分析是通信运营商开展市场营销活动的根本依据。通信运营商作为市场经济的细胞，处在一定的市场环境中，受到其直接或间接的影响。而市场环境是不断变化的，这种变化一方面给通信运营商带来良好的机遇和机会，另一方也带来了负面的威胁和挑战。通信运营商要在市场竞争中处于主动，就必须深入分析和研究各种环境因素，并及时调整和优化市场营销战略和策略，以适应不断变化的市场营销环境。本项目的任务包括分析通信宏观市场营销环境、分析通信微观市场营销环境和评价通信市场营销环境。

## 任务一　分析通信宏观市场营销环境

## 【问题引入】

　　营销理论强调企业经营采用从外向内的观念，不断从变化的外部环境中发现机会或威胁，在此基础上运用各种可控手段，利用和把握机会，同时回避和降低风险。宏观市场营销环境是造成市场机会或威胁的主要力量，它引导企业营销活动的大方向，分析通信市场营销环境应先从宏观环境开始。那么通信宏观市场营销环境的含义是怎样的？通信宏观市场营销环境包括哪些构成要素？

# 【案例导入】

## 运营商：进一步提速降费　严查新老用户不同权问题

2018年9月10日，国务院派出8个督查组，分赴国务院30个部门和单位，对贯彻落实党中央、国务院重大决策部署情况开展实地督查。这次实地督查针对人民群众和市场主体反映强烈的堵点、梗阻和瓶颈问题，围绕深化"放管服"改革和转变政府职能，督促有关部门举一反三、立行立改，加快完善政策措施，积极回应社会关切。据悉，为进一步推动网络提速降费等人民群众密切关注的实事落实到位，这次大督查首次把中国电信、中国联通、中国移动纳入督查范围，并邀请网民与三大电信运营商面对面沟通交流。同年9月20日，国务院第八督查组邀请10名网友代表，与三大通信运营商面对面交流，现场反馈问题，对提速降费提出建议。三大运营商当场承诺，将进一步提速降费。对网友反应较多的"杀熟"问题，运营商表示，将严查新老用户不同权问题，发现一起查处一起。

★ 问题1　新老用户不同权。

解决方案：严查"杀熟"问题并整改处理。

会上，多位网友直言曾遭遇运营商"杀熟"。网友代表之一、中国政法大学学生戴允中感受明显。与新入校的同学相比，老用户办理同样的套餐要比新用户支付更多资费，或只有新用户才可以享受优惠套餐，想用优惠套餐只能舍弃使用多年的旧号码，重新办卡。

对这个略显"尖锐"的问题，中国移动集团公司副总经理简勤首先回应。他表示，公司对新老用户同权有严格要求，但实际操作中的确存在部分办理网点选择性推荐的情况。下一步，中国移动将公示所有在售套餐资费，支持用户自由选择资费套餐，同时规范宣传用语，避免误导用户。将严查新老不同权问题，并整改处理。

"针对新老客户不同权，将加强源头处理。"中国电信集团公司副总经理高同庆给出了内部整改时间表：各省份在一个月内整改到位，发现一起严肃处理一起，严肃问责。

中国联通集团公司副总经理买彦州也当场承诺，将严格保证新老客户同权，如有违规行为一经发现严肃处理。

★ 问题2　手机信号差。

解决方案：新建基站解决信号覆盖问题。

因为手机信号差，快递小哥马玉哲遇到不少麻烦：部分小区信号弱，爬到6楼发现联络不到收件人，只能再跑下楼打电话。

"请问中国移动，我的问题能不能解决？"陈述完自己的问题，马玉哲"点名"中国移动副总经理简勤。简勤向他吐露了运营商遇到的建基站难题。他介绍，手机网络覆盖需要通过建基站实现，但有的小区物业额外收取费用；还有居民对通信科技不了解，认为基站有辐射，拒绝建在小区周围。这些都是造成部分小区或室内楼层信号不好的原因。马玉哲的发言得到其他在场网友的认同。他们都表示曾遇到手机信号弱的问题。对此，三大运营商表示将通过新建基站等多种方式，解决信号覆盖问题。

★ 问题3　资费过高。

解决方案：将采取多种措施进一步精准降费。

手机资费过高，是现场网友代表关注的焦点。网友代表、律师李思锐对此深有感触。李思锐指出他因工作需要常年往返北京和美国。与美国不到20美元的手机资费相比，国内运营商费用过高，出差频繁时每月话费达到几百甚至上千元。

中国移动当场承诺，加大力度宣传推广低门槛套餐，包括 8 元模组套餐，更加关注不同群体需求，包括老年群体、学生群体、贫困地区群众等，通过多样化资费产品满足需求。同时，他们通过资费套餐扩容和提供多样化选择，2018 年年内实现月度流量平均单价降至每兆 1 分钱以内，持续推动流量单价下降。

中国联通表示，他们将在全面提速降费的基础上，进一步推出精准降费措施。例如，针对贫困人群、老年群体的基本通信需求，推出同等品质、更低门槛的手机与宽带服务产品。

中国电信将大幅降低部分老套餐的套外语音和流量资费，在所有渠道推广低门槛套餐；光改覆盖小区 20M 以下宽带年内无条件提升至 20M，统一推出 360 元包年的 20M 宽带。

★ 问题 4　套餐规则复杂。

解决方案：公示套餐明细，简化套餐介绍。

除了套餐资费贵，套餐内容不明确也成为在场网友"吐槽"重点。对 70 多岁的北京退休职工毛文俊来说，手机套餐规则过于复杂难懂，而且不够透明，通常附赠对老年人用处不大又不能解绑的彩铃或流量服务。"能不能明明白白告诉我们，我用多少钱能买多少分钟的语音通话？"他望向对面的运营商负责人，等待答案。

中国移动表示，已经启动简化套餐，2018 年 10 月推出语音和流量设置模组，客户可自行组合，同时在 2018 年年内公示所有手机套餐明细。

中国联通、中国电信同样回应称，今后将对套餐进行简化，用消费者看得懂的语言介绍套餐资费标准，并在网站公示，以便用户自行选择。

分析提示：通信运营商开展市场营销活动，必须遵守国家的方针政策。当国家在一定范围内调整或改变某项政策时，通信运营商要相应地调整其经营目标和策略。案例里，国务院督查组邀请网友与三大通信运营商面对面交流，督促三大通信运营商贯彻完成国家提出的"提速降费"政策，反映了法律宏观环境对通信运营商开展营销活动的重要影响。

【知识内容】

## 一、通信宏观市场营销环境的内涵

通信宏观市场营销环境是指通信运营商不可控制的，能给通信运营商的市场营销活动带来市场机会和环境威胁的主要社会力量，包括人口环境、经济环境、自然环境、技术环境、政治法律环境和社会文化环境，如图 2.1 所示。

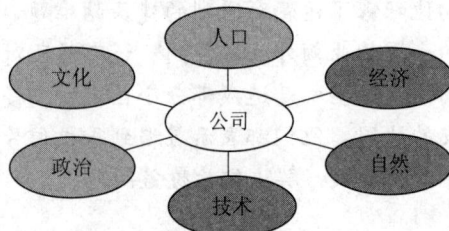

图 2.1　通信运营商的宏观市场营销环境

通信宏观营销环境通过通信微观营销环境因素对通信运营商市场营销活动提供机会或

造成威胁而发生作用，对通信运营商市场营销活动产生间接的影响。通信运营商及其所处的微观环境，都处在这些宏观力量的控制之下。对通信运营商而言，这些因素一般是不可控制的，只能通过营销努力很好地适应和利用这些环境因素。

## 二、通信宏观市场营销环境分析

### (一) 人口环境

通信宏观市场营销环境的首要因素是人口环境，因为通信市场是由人构成的。通信市场营销人员所要分析的是各个城市、地区和国家的人口规模与增长率、人口的年龄结构与民族结构、教育程度、家庭结构、地区人口的特征与人口迁移等。这些人口统计的主要特征与趋势对通信运营商的市场营销具有整体性、长期性、决定性的影响，是制定营销决策最重要的客观依据。

#### 1. 人口数量

在收入水平和购买力大体相同的条件下，人口数量的多少直接决定了通信市场规模和通信市场发展的空间。人口数量与通信市场规模成正比。从全世界的角度来看，世界人口正呈现出爆炸性的增长趋势。人口增长意味着人类通信需求的增长，意味着通信市场的扩大。根据中国最新人口数据显示，2018 年中国人口总数约为 13.9008 亿。庞大的人口数量使我国成为世界上最大的通信潜在市场。

#### 2. 人口结构

人口结构包括人口的年龄结构、教育结构、家庭结构、收入结构、职业结构、性别结构、阶层结构和民族结构等多种因素。其中，人口的年龄结构最主要，直接关系到通信产品的市场需求量，以及通信运营商目标市场的选择。不同年龄的人对通信产品和服务有着不同的需求。按年龄，可将通信市场分为年轻人市场、中年人市场、老年人市场。通信运营商了解了不同年龄结构所具有的需求特点，就可以决定企业通信产品的投向，以寻找目标市场。

#### 3. 人口分布

人口分布可以从人口的城乡分布与地域分布两方面考察。由于地理位置、气候条件、传统文化、生活习惯和经济发展水平不同，居住在不同地区的人们会表现出消费习惯和购买行为的差异。同时，随着中国改革开放的纵深推进，户籍制度与用工制度不断变革，以及因城乡经济、区域经济发展不平衡而产生的利益驱动机制的作用，城乡之间、地区之间人口在数量和质量上都呈现出强势流动，这必将引发许多通信新需求及新的通信市场机会。

### (二) 经济环境

经济环境指通信运营商营销活动所面临的外部社会条件，其运行状况及发展趋势会直接或间接地对通信运营商营销活动产生影响。

#### 1. 直接影响营销活动的经济环境因素

通信市场不仅是由人口构成的，这些人还必须具备一定的购买力。而一定的购买力水平则是通信市场形成并影响其规模大小的决定因素，它也是影响通信运营商营销活动的直接经济环境。其主要包括：

1) 消费者收入水平的变化

消费者收入，指消费者个人从各种来源中所得的全部收入，包括消费者个人的工资、退休金、红利、租金、赠予等收入。消费者的购买力来自消费者的收入，但消费者并不是把全部收入都用来购买商品或劳务，购买力只是收入的一部分。因此，在研究消费收入时，要注意以下几点：

(1) 国民生产总值。它是衡量一个国家经济实力与购买力的重要指标。从国民生产总值的增长幅度，可以了解一个国家经济发展的状况和速度。一般来说，工业品的营销与这个指标有关，而消费品的营销则与此关系不大。国民生产总值增长越快，对工业品的需求和购买力就越大，反之，就越小。

(2) 人均国民收入。这是用国民收入总量除以总人口的比值。这个指标大体反映了一个国家人民生活水平的高低，也在一定程度上决定商品需求的构成。一般来说，人均收入增长，对消费品的需求和购买力就大，反之就小。根据近 40 年的统计，一个国家人均国民收入达到 5000 美元，机动车可以普及，其中小轿车约占一半，其余为摩托车和其他类型车。国际货币基金组织公布的 2017 年各国人均国民收入排行榜中，中国人均国民收入为 8643 美元，排名第 71 位。

(3) 个人可支配收入。这是在个人收入中扣除税款和非税性负担后所得余额，它是个人收入中可以用于消费支出或储蓄的部分，它构成实际的购买力。

(4) 个人可任意支配收入。这是在个人可支配收入中减去用于维持个人与家庭生存不可缺少的费用(如房租、水电、食物、燃料、衣着等项开支)后剩余的部分。这部分收入是通信消费需求变化中最活跃的因素，也是通信运营商开展营销活动时所要考虑的主要对象。因为这部分收入主要用于满足人们基本生活需要之外的开支，一般用于购买高档耐用消费品、通信产品、旅游、储蓄等，它是影响非生活必需品和劳务销售的主要因素。

(5) 家庭收入。一些通信产品是以家庭为基本消费单位的，如固定电话、家庭宽带、IPTV 电视等。因此，家庭收入的高低会影响这些通信产品的市场需求。一般来讲，家庭收入高，对通信产品需求大，购买力也大；反之，需求小，购买力也小。需要注意的是，通信营销人员在分析消费者收入时，还要区分"货币收入"和"实际收入"。只有"实际收入"才影响"实际购买力"。因为，实际收入和货币收入并不完全一致，由于通货膨胀、失业、税收等因素的影响，有时货币收入增加，而实际收入却可能下降。实际收入是扣除物价变动因素后实际购买力的反映。

2) 消费者支出模式和消费结构的变化

随着消费者收入的变化，消费者支出模式会发生相应变化，继而使一个国家或地区的消费结构也发生变化。西方一些经济学家常用恩格尔系数来反映这种变化。恩格尔系数表明，在一定的条件下，当家庭个人收入增加时，收入中用于食物开支部分的增长速度要小于用于教育、医疗、通信、享受等方面的开支增长速度。食物开支占总消费量的比重越大，恩格尔系数越高，生活水平越低；反之，食物开支所占比重越小，恩格尔系数越小，生活水平越高。

这种消费支出模式不仅与消费者收入有关,而且还受到下面两个因素的影响。① 家庭生命周期的阶段影响。据调查,没有孩子的年轻人家庭,往往把更多的收入用于购买冰箱、电视机、家具、陈设品等耐用消费品上,而有孩子的家庭,则在孩子的娱乐、教育等方面支出较多,而用于购买家庭消费品的支出减少。当孩子长大独立生活后,家庭收支预算又会发生变化,用于保健、旅游、储蓄部分就会增加。② 家庭所在地点的影响。例如,住在农村与住在城市的消费者相比,前者用于交通方面支出较少,用于住宅方面的支出较多,而后者用于衣食、交通、通信、娱乐方面的支出较多。

恩格尔系数也是衡量一个国家、地区、城市、家庭生活水平高低的重要参数。根据国家统计局 2017 年调查资料显示,我国城乡居民的恩格尔系数是 29.3%。按联合国划分富裕程度的标准,恩格尔系数在 60% 以上的国家为饥寒;在 50%～60% 之间的为温饱;40%～50% 之间的为小康;40% 以下的为富裕。按此标准,我国恩格尔系数确实进入了发达国家的行列。但反过来,不是说恩格尔系数进入这个水平就是发达国家了。因为衡量一个国家是否为发达国家,除了恩格尔系数以外还有很多的指标,如人均国民收入水平、人均 GDP 水平、国民收入分配情况、人均受教育程度、人均预期寿命等指标,特别是人均国民收入。2017 年,尽管我国经济总量稳居世界第二,但是人均 GDP 按平均市场汇率来算还不到 9000 美元。

消费结构指消费过程中人们所消耗的各种消费资料(包括劳务)的构成,即各种消费支出占总支出的比例关系。优化的消费结构是优化的产业结构和产品结构的客观依据,也是企业开展营销活动的基本立足点。二战以来,西方发达国家的消费结构发生了很大变化:① 恩格尔系数显著下降,目前大都下降到 20% 以下;② 衣着消费比重降低,幅度在 20%～30% 之间;③ 住宅消费支出比重增大;④ 劳务消费支出比重上升;⑤ 消费开支占国民生产总值和国民收入的比重上升。

随着我国社会主义市场经济的发展,以及国家在住房、医疗、教育、休假等制度方面改革的深入,人们的消费模式和消费结构正在发生明显的变化,其显著特征是用于住房、医疗、教育方面的支出大幅度增加,用于休闲、娱乐、通信、旅游等方面的开支不断上升。通信运营商业要重视这些变化,尤其应掌握拟进入的目标市场中支出模式和消费结构的情况,投放适销对路的通信产品和服务,以满足消费者不断变化的需求。

3) 消费者储蓄和信贷情况的变化

消费者的购买力还要受储蓄和信贷的直接影响。消费者个人收入不可能全部花掉,总有一部分以各种形式储蓄起来,这是一种推迟了的、潜在的购买力。消费者储蓄一般有两种形式:一是银行存款,增加现有银行存款额;二是购买有价证券。当收入一定时,储蓄越多,现实消费量就越小,但潜在消费量愈大;反之,储蓄越少,现实消费量就越大,但潜在消费量愈小。通信营销人员应当全面了解消费者的储蓄情况,尤其是要了解消费者储蓄目的的差异。储蓄目的不同,往往影响到潜在需求量、消费模式、消费内容、消费发展方向的不同。这就要求通信营销人员在调查、了解储蓄动机与目的的基础上,制定不同的营销策略,为消费者提供有效的通信产品和服务。我国居民有勤俭持家的传统,长期以来都有储蓄的习惯。近年来,我国居民储蓄额和储蓄增长率均较大。据调查,居民储蓄的目的主要用于供养子女和婚丧嫁娶,但从发展趋势看,用于购买住房和大件用品的储蓄占整个储蓄额的比重将逐步增加。我国居民储蓄增加，显然会使通信运营商目前产品价值的实现比较困难，但另一方面，通信运营商若能调动消费者的潜在需求，就可开发新的目标市场。

从西方国家引进的消费信贷对我国消费者购买力的影响也很大。所谓消费信贷，就是消费者凭信用先取得商品使用权，然后按期归还贷款，以购买商品。这实际上就是消费者提前支取未来的收入，提前消费。目前盛行的消费信贷主要有：① 短期赊销；② 购买住宅分期付款；③ 购买昂贵的消费品分期付款；④ 信用卡信贷等几类。信贷消费允许人们购买超过自己现实购买力的商品，从而创造了更多的就业机会、更多的收入以及更多的需求；同时，消费者信贷还是一种经济杠杆，它可以调节积累与消费、供给与需求的矛盾。当市场供大于求时，可以发放消费信贷，刺激需求；当市场供不应求时，必须收缩信贷，适当抑制、减少需求。

### 2. 间接影响营销活动的经济环境因素

除了上述因素直接影响通信运营商的市场营销活动外，还有一些经济环境因素也对企业的营销活动产生或多或少的影响。

#### 1) 经济发展水平

通信运营商的市场营销活动要受到一个国家或地区的整个经济发展水平的制约。经济发展阶段不同，居民的收入不同，客户对通信产品的需求也不一样，从而会在一定程度上影响通信运营商的营销。例如，经济发展水平比较高的地区，在市场营销方面，强调产品款式、性能及特色，品质竞争多于价格竞争。而在经济发展水平低的地区，则较侧重于产品的功能及实用性，价格因素比产品品质更为重要。因此，对于不同经济发展水平的地区，通信运营商应采取不同的市场营销策略。

#### 2) 经济体制

世界上存在的经济体制主要有计划经济体制、市场经济体制以及这两种经济体制的综合。不同的经济体制对企业营销活动的制约和影响不同。例如，在计划经济体制下，企业是行政机关的附属物，没有生产经营自主权，企业的产、供、销都由国家计划统一安排，企业生产什么、生产多少、如何销售，都不是企业自己的事情。在这种经济体制下，企业不能独立地开展生产经营活动，因而，也就谈不上开展市场营销活动。而在市场经济体制下，企业的一切活动都以市场为中心，市场是其价值实现的场所，因而企业必须特别重视营销活动，通过营销，实现自己的利益目标。

#### 3) 地区与行业发展状况

我国地区经济发展很不平衡，逐步形成了东部、中部、西部三大地带和东高西低的发展格局。同时在各个地区的不同省市，还呈现出多极化发展趋势。这种地区经济发展的不平衡，对通信运营商的投资方向、目标市场以及营销战略的制订等都会带来巨大影响。

我国不同行业与部门的发展也有差异。今后一段时间，我国将重点发展农业、原料和能源等基础产业。这些行业的发展必将带动商业、交通、通讯、金融等行业和部门的相应发展，也给市场营销带来一系列影响。因此，通信运营商一方面要处理好与有关部门的关系，加强联系；另一方面，则要根据与本企业联系紧密的行业或部门的发展状况，制定切实可行的营销措施。

4) 城市化程度

城市化程度是指城市人口占全国总人口的百分比,它是一个国家或地区经济活动的重要特征之一。城市化是影响营销的环境因素之一。这是因为,城乡居民之间存在着某种程度的经济和文化上的差别,进而导致不同的消费行为。例如,目前我国大多数农村居民消费的自给自足程度仍然较高,而城市居民则主要通过货币交换来满足需求。此外,城市居民一般受教育较多,思想较开放,容易接受新生事物,而农村相对闭塞,农民的消费观念较为保守,故而通信新产品、新技术往往首先被城市所接受。通信运营商在开展营销活动时,要充分注意到这些消费行为方面的城乡差别,相应地调整营销策略。

### (三) 自然环境

自然环境主要指营销者所需要或受营销活动所影响的自然资源。自然环境的优劣不仅影响到通信运营商的生产经营活动,而且影响一个国家或地区的经济结构和发展水平。因此,通信运营商必须密切注视自然环境的发展变化趋势,并从中发现企业所面临的营销机会和环境威胁,制定出相应的对策。另一方面,通信运营商的营销活动也会对自然环境造成影响。

#### 1. 自然资源日益短缺

自然资源包括三类。一类是取之不尽、用之不竭的资源,如空气、阳光和水。但由于现代工业的无限扩张带来的污染,空气的质量和水质都大不如从前了,许多国家还面临着严重的缺水问题。一类是有限但可再生资源,如森林、农产品等。这类资源是有限的,可以被再次生产出来,但必须防止过度采伐森林和侵占耕地。还有一类是不可再生资源,如石油、煤炭、银、锡、铀等各种矿产,这种资源蕴藏量有限,随着人类的大量开采,有的矿产已经处于枯竭的边缘。

自然资源短缺,使很多企业将面临原材料价格大涨,生产成本大幅度上升的威胁,但另一方面又为企业提供了营销机会,迫使企业去研究更合理的利用资源的方法,开发新的资源或代用品。例如,锂矿资源短缺对手机锂电池造成威胁,但为新型手机电池材料,如石墨烯电池的开发带来了机会。面对煤、石油短缺,各国加强了可再生资源的开发,使太阳能、风能、水能、生物能、核能等行业有了突飞猛进的发展。

#### 2. 生态问题日趋严重

随着人类社会进步和科学技术发展,世界各国都加速了工业化进程,一方面创造了丰富的物质财富,满足了人们日益增长的需求,另一方面对自然环境造成了很大的影响,许多地区的污染已经严重影响到人们的身体健康和自然生态平衡。例如,森林遭大面积砍伐,工业废气、废液、废渣大范围污染大地、海洋和空气,水土流失,土地沙漠化,酸雨等。全球 600 名顶尖科学家经长期观察研究得出结论:气候确实在变化,变化的原因 90% 来自人为因素。冰川融化、海平面升高、地球上各种极端灾害性气候发生的频率在升高,近年来中国所经历的大雾阴霾天气就是最新的例子。

#### 3. 政府干预不断加强

资源短缺和环境污染问题已引起各国政府和公众的密切关注,为实现社会长远利益和可持续发展,各国政府制定了许多措施加强对自然资源的战略控制,强化对达不到环保标准企业的管制。这使传统企业面临强大的约束和威胁，但同时也为企业提供了新的营销机会。通信运营商必须以社会利益为重，大力推行绿色营销，在营销过程中自觉遵守环保法令，担负起环境保护的社会责任，研究控制污染的技术与设备、兴建绿色工程、生产绿色产品、开发环保包装。

### (四) 技术环境

科学技术是改变人类命运的最富戏剧化的因素之一。科技创造了许多奇迹，如青霉素、心脏手术、避孕药品、计算机、互联网等；科技也造出了恐怖的魔鬼，如氢弹、神经性毒气、高性能歼击机等；科技还造出了诸如飞机、汽车、网络游戏、核能等福祸兼备的东西。

科技是第一生产力，它一旦与生产结合起来，就会对经济产生重大影响，随之而来的是新兴产业的出现，传统产业的被改造和落后产业的被淘汰，是新材料新工艺的产生，是新的管理方式，是企业市场营销模式的巨大变革。

#### 1. 知识经济

近 20 多年来，人类科学技术飞速发展，是以前所从来没有的。在这个过程中，以信息技术为代表的高科技发展，正在将我们带入一个知识经济的新时代。知识经济是以高科技产业为支柱产业，以知识资本为主导因素，以信息为重要资源，以科技创新为内在动力的一种可持续发展的新型经济。它有别于农业经济、工业经济，是一种新的社会经济形态。

#### 2. 科技发展带来无限的创新机会

科学家们现在正从事范围惊人的新技术研究，这些新技术将会给我们的产品及生产过程带来革命化的影响。在生物技术、微电子、机器人和材料科学方面，人们已经取得了令人振奋的成果。科学家们现在正在加紧研究实用太阳能、艾滋病治疗、有效的超导体、精神健康的化学控制、用于家庭护理的机器人等。此外，科学家们还正在考虑一些尚带有幻想性的产品，如小型飞行汽车、立体电视、太空居住等。科技的创新会给企业市场营销带来无限多的机会。许多我们在今天广泛使用的普通产品，30 年前人们还闻所未闻，如智能手机、笔记本电脑、液晶电视等。

#### 3. 科技发展的步伐加快

这是现代技术发展的重要特征。现在人们有许多新的构思正在孕育之中，新构思与成功应用之间的时间差正在迅速缩短，技术引入期至生产高峰期之间的时间距离也越来越近。例如，以语音通信和多媒体通信相结合为标志，包括图像、音乐、网页浏览、电话会议以及其他一些信息服务等增值服务的 4G 手机从企业研发到大规模市场应用前后只用了三年时间。

#### 4. 科技是一种创造性的破坏力量，会引起社会产业结构的重大变化

在二十世纪的最后几十年里，信息、医药生物工程、农业生物工程、新材料、新能源、空间发展与服务、海洋、环保等新兴产业风起云涌。同时，所有产业的内部结构，也在发生着重大的变化，落后的技术、产品和服务在逐渐消失，新的技术、产品和服务不断出现。所有这些都会给企业的市场营销带来许多的机遇与挑战。

## 5. 科技发展会带来人们生产和生活方式的巨大变化

这种带来巨大变化的科技发展，表现较为突出的就是个人电脑和互联网的出现。随着个人电脑和互联网的普及，不少的人可以坐在家里工作，不必每次花费半个小时或更多的时间往返奔波于上下班的路上。这样不仅会减少汽车造成的污染，还可以使家庭作为一个工作单位而更紧密地聚合在一起，带来更多以家庭为中心的娱乐与活动，而且还会对购买行为和企业营销绩效产生重大影响。

### （五）政治法律环境

政治与法律是影响通信运营商营销活动的重要的宏观环境因素。政治因素像一只有形之手，调节着企业营销活动的方向，法律则为企业规定经营活动的行为准则。政治与法律相互联系，共同对通信运营商的市场营销活动发挥影响和作用。

#### 1. 政治环境

政治环境指通信运营商市场营销活动的外部政治形势、国家方针政策及其变化。在国内，安定团结的政治局面不仅有利于经济的发展和人们收入的增加，而且影响到人们的心理状况，导致市场需求发生变化。党和政府的方针、政策，规定了国民经济的发展方向和速度，也直接关系到社会购买力的提高和市场消费需求的增长变化。

政治环境对企业营销活动的影响主要表现为国家政府所制定的方针政策，如财政货币政策、能源环保政策、人口发展政策等，都会给企业营销活动带来重要影响。例如，国家通过"提速降费"政策，促进通信运营商提升网络传输速度和降低通信费用，从而影响到消费者购买通信产品的信心。又如，政府通过征收个人收入所得税调节消费者收入的差异，从而影响到消费者的购买行为等。

国家对通信运营商提出的宏观指导方针是：创新、协调、绿色、开放、共享的发展理念。共享经济时代要求加大供给侧改革力度，重点化解过剩产能，加大共建共享以及深度合作力度，降低企业成本，积极参与一带一路建设与运营；加快提速降费步伐，迅速普及城乡光纤入户、物联网、电子商务以及4G信号的覆盖范围，积极做好城乡光纤入户与4G网络普遍服务工作，加快推进信息扶贫工作，积极做好低收入贫困地区精准扶贫工作。

#### 2. 法律环境

法律环境包括一个国家规范人们行为的法律和法规、法律得以强制执行的程序，以及通过这一程序使受损害者得到补偿的机制。法律详细规定了企业的运作方式、限定了交易履行的方式、规定了交易各方的权利和义务，对营销活动带来了制约、机会和影响。因此，法律环境对通信运营商的营销活动具有重要影响。

与市场营销有关的法律主要是针对企业和消费者的。为了防止企业间的非法竞争，国家制定了诸条法律法规，如《企业法》、《反不正当竞争法》、《经济合同法》、《商标法》、《专利法》、《广告法》等。同时为了保护人民健康，防止环境污染，我国制定了《中华人民共和国消费者权益保护法》、《中华人民共和国食品卫生法》、《中华人民共和国产品质量法》、《环境保护法》、《大气污染防治法》等。通信运营商的营销活动必须遵守有关的法律条文，才能保证企业经营的合法性，才能运用法律武器来保障企业与消费者的合法权益。

### (六) 社会文化环境

文化是指人类在社会发展的过程中所创造的物质财富和精神财富的总和。社会文化主要是指一个国家、地区或民族的传统文化，它体现着一个国家或地区的社会文明程度。它通常由价值观念、信仰、生活方式、风俗习惯、行为方式、伦理道德、教育水平、语言文字、社会群体及相互关系等内容构成。任何企业都处于一定的社会文化环境中，企业营销活动必然受到社会文化环境的影响和制约。为此，通信运营商应了解和分析社会文化环境，针对不同的文化环境制定不同的营销策略。通信运营商营销活动对社会文化环境的研究一般从以下几个方面入手：

#### 1. 教育水平

教育水平一方面影响着消费者的收入水平，另一方面也影响着消费者对商品款式、性能、包装、服务等方面的差异性。例如，在教育水平低的地区，适合采用操作使用与维修保养都较简单的产品，采用电视、广播和当场示范表演的形式进行宣传。而教育水平高的地区，则需要先进、精密、功能多、品质好的产品，宜采用网络、多媒体等电子媒介进行宣传。

#### 2. 价值观念

价值观念是指人们对社会生活中各种事情的态度和看法。在不同的国家或民族之间，甚至是同一国家或民族的不同群体之间，人们的价值观念差异很大。不同的价值观，使得消费者对商品的品牌、款式、包装以及促销方式都有不同的态度和看法，从而影响着人们的消费需求和消费行为。对于具有不同的价值观念的消费者，通信运营商要采取不同的市场营销策略。

#### 3. 宗教信仰

不同的宗教信仰有不同的文化倾向和戒律，从而影响人们认识事物的方式、价值观念和行为准则，影响着人们的消费行为，带来特殊的市场需求。据统计，全世界信奉基督教的教徒有 10 多亿人，信奉伊斯兰教的教徒有 8 亿人，印度教徒 6 亿人，佛教徒 28 亿人。教徒信教不一样，信仰和禁忌也不一样。这些信仰和禁忌限制了教徒的消费行为，有些甚至具有决定性的影响。

#### 4. 风俗习惯

风俗习惯是人们根据自己的生活内容、生活方式和自然环境，在一定的社会物质生产条件下长期形成并世代相袭而成的一种风尚和由于重复、练习而巩固下来并变成需要的行动方式等的总称。它在饮食、服饰、居住、婚丧、信仰、节日、人际关系等方面，都表现出独特的心理特征、伦理道德、行为方式和生活习惯。不同的国家、不同的民族有不同的风俗习惯，它对消费者的消费偏好、消费模式、消费行为等具有重要的影响。

案例分析及思考题

## 【课后习题】

讨论目前通信运营商面临的宏观市场营销环境的影响。

# 任务二　分析通信微观市场营销环境

## 【问题引入】

营销部门的工作是通过创造顾客价值和满意来吸引客户并建立与客户的联系的。但是营销部门仅靠自己的力量是不能完成这项任务的。他们的成功依赖于公司微观环境中的其他因素——本公司的其他部门、供应商、市场中介、客户、竞争对手和各种公众因素。那么，通信微观市场营销环境的含义是怎样的？通信微观市场营销环境包括哪些构成要素？

## 【案例导入】

### 运营商如何才能在与互联网企业的竞争中脱颖而出？

· 新通话、新联系、新消息

春节，李某收到了两位数的拜年短信，几乎全都发自公司同仁，只有他们还在坚持用短信拜年；而用微信拜年的同事，比这个数字多了好几倍。

如今春节祝福的第一通道属于微信。看着那么多内容在自己的管道里转来传去，运营商心有不甘，试图对标互联网的业务，在运营商的平台上进行业务创新。其中，中国移动提出的"新通话、新联系、新消息"(以下简称三新)就是典型代表。

在三年前的巴展(注：一年一度的世界移动通信大会，因为都在巴塞罗那召开，因此简称"巴展")上，中国移动高调发布未来的"三新体验"。其中，新通话将基于VoLTE核心能力构建用户通话新体验，如高清音视频通话、通话过程中的分享、一键发起多方通话等。新消息以融合的消息界面、支持多种媒体格式的消息交互和群组通信，兼容传统短彩信并提供公众信息服务。新联系为用户提供更便捷的联系人管理，包括群组、个人名片、网络地址本等功能。

三年中，中国移动在三新方面取得了不少进步，但是与互联网业务的差距却越来越大。并不是运营商不努力，而是创新的速度比不过更年轻、更有活力的互联网企业。比如，在做VoLTE方案的时候，业务部门按照自己的理解，提出了一系列业务需求：首先，要继承2G时代话音业务的全部能力，不管是同城特例还是边界漫游，哪个功能也不愿意丢弃；同时，要开发VoLTE的自动开通功能，让使用VoLTE手机的用户都具备使用VoLTE业务的条件；后来，又要开发VoLTE的自动关闭功能，让不使用VoLTE业务的用户将资源释放出来。这些功能点并不是一次就能想清楚的，需求再一次一次地叠加。更要命的是，技术实现也是一级一级叠加起来的，业务逻辑和技术架构变得非常复杂。

运营商希望通过"三新"实现对互联网产品的"弯道超车"，然而生产线平台不变，车身和底盘都没变，只是把外观改成跑车模样，太重的包袱抑制了创新的速度，其结果必然是实现成本高，客户体验差。运营商一轮一轮的努力受挫，越来越多人停下盲目前行的步伐，反思路在何方。

· 苹果机带来的短信惊喜

除了时髦、免费之外，微信在信息载体多样性方面有非常明显的优势。文字、图片、视频、表情包，在各路段子手的加工下，组合成为优秀的传播素材，叫好又叫座。反观运营商的彩信业务，无论是资源消耗、客户体验还是资费方面，都毫无疑问地落败。

某一天，苹果手机的用户惊喜地发现：发送或者接收"新年快乐"四字短信的时候，屏幕上出现了礼花弹。可见短信这个古老的业务也能再创新的。

我们曾经设想过，如果苹果的这个创意让运营商实现，结果会怎样？

首先，是需求审核流程，自底向上的汇报，再有自顶向下的落实，没有几周恐难搞定。其次，是需求完善环节，各个部门基于自身定位提出补充建议，非常认真地将一个轻量级的薄应用变成了厚重的大业务。接下来，是产品开发阶段，如果不是标准业务，就需要各个设备供应商、开发商分别制订改造计划并实施落实。至于进度，要看各家合作伙伴的配合以及重视程度，基于全程全网的工作模式，即使一个搞不定完不成，都难以进入到下一个环节。再往下，是测试安装上线，本着电信级的质量要求，运维部门必须确保万无一失。至于时间方面的问题，是要实事求是，服从于质量。

事实上，如果一个业务只允许几款终端、某一个版本或者一部分客户使用，那么这个需求恐怕连被讨论的机会都没有。相对于技术，运营商骨子里那无形的包袱分量更重，不是没有想法，而是方法不对路。

· 智能时代，轻装前进

在功能机时代，由于手机在运算速度、存储容量等方面的局限，复杂的功能必须放在远端，所有的业务提供与调度都由运营商的网络来控制，是一个"中心化"的典型场景。

在传统的产业链条中，运营商是设备制造商的衣食父母，购买平台提供业务，开展运营并向用户收钱。运营商还在坚持让后台承载业务，以产品为中心，甚至试图控制用户的行为。运营商曾经的成功是基于重资产，基于客户规模，基于中心化强管控，如今仍维持着强大的现金流，甚至还保持着相当不错的盈利能力，为什么要变？怎么变？变了之后会不会失控？

然而随着技术的进步，一切都改变了。智能终端的诞生和快速发展，使复杂的应用可以跑在终端上，而运营商在无线侧的提速降费，大大降低了终端与后台应用之间的交互成本，移动互联网的时代到来了。

运营商转型的问题拷问着每一个电信行业从业者，运营商在想，设备制造商们也在想。轻装才能跑得快，这是一个显而易见的结论。可如何实现轻装，运营商和制造商想的不一样。

制造商希望业务创新和技术发展仍围绕"中心"来完成，无论是核心网、传输网、无线网，还是各种各样的业务平台，都在不断升级和创新，希望通过强大的中心化平台支撑新业务，让使用者轻松使用。

然而这种模式已经落伍，集中化平台+分布式创新日渐成为主流，封闭的运营商体系虽然在安全性方面完胜开放的互联网体系，但要说到创新速度和应变能力，两者就不在一个量级了。

相对而言，运营商有更灵活的斡旋空间，因为理论上运营商可以将不同的能力分别部署在云、管、端，然后组合成为信息服务提供给客户。这种能力来源于运营商多年积累的客户资源，对不同技术的全面掌控，对行业的深刻理解，以及目前还拥有的资源优势。

然而这对运营商来说是巨大的挑战，不仅要改变传统保守的思维模式，更要对自身的人才队伍进行重组——管道人才冗余不仅是沉重的成本包袱，更是转型的阻碍。

**分析提示：**移动互联网时代，传统通信运营商面临着互联网企业的冲击和挑战，竞争激烈。要想在激烈的市场竞争中取得优势地位，必须分析和了解竞争对手，采取差异化营销策略。案例里，相比更年轻、更有活力的互联网企业，阻碍通信运营商前进的主要是传统保守的思维模式、体制和业务架构上的灵活性以及管道人才冗余。通信运营商要想在与互联网企业的竞争中脱颖而出，必须大胆创新，在结构、思维、业务、服务、人才等方面进行全面的调整和优化，充分发挥既有的优势，采取差异化的营销策略。

## 【知识内容】

## 一、通信微观市场营销环境的内涵

通信微观市场营销环境又称为通信直接营销环境，是指与通信运营商紧密相连，对运营商市场营销活动产生直接影响但同时又受运营商市场营销活动反作用的各种力量与因素，包括企业本身、供应商、营销渠道企业、竞争者、消费者和各类公众，如图 2.2 所示。

通信微观营销环境与通信运营商关系密切，有着协作、服务、竞争与监督的关系，对通信运营商市场营销活动产生直接的影响。通信运营商能否成功地开展营销活动，不仅取决于对宏观环境的适应性，也取决于能否适应微观环境。如果说通信宏观环境可以对营销带来

图 2.2　通信运营商的微观市场营销环境

机会或构成威胁，那么，通信微观环境则直接影响营销活动的方式或效果，即直接影响了运营商为目标市场服务的能力。

## 二、通信微观市场营销环境分析

### (一) 企业内部环境

企业内部环境是指通信运营商内部各部门对企业营销活动所产生的影响，主要包括企业内部最高管理层、企业各职能部门之间的关系和协调合作。

### 1. 企业最高管理层

他们确定通信运营商的任务、目标、战略和政策。市场营销目标从属于企业发展的总目标。营销部门在制订营销计划时必须取得企业最高管理层的支持与配合，营销经理必须在企业最高管理层所确定的计划范围内从事营销决策，否则市场营销策划则难以实现。

## 2．企业各职能部门

市场营销管理部门是通信运营商众多部门之一，企业的运作是建立在企业内部各部门(包括研发部门、生产部门、采购部门、财务部门、人力资源部门等)分工协作的基础上的。因此市场营销人员在设计及执行营销计划时，需要兼顾其他部门的要求及彼此的合作。

## （二）供应商

供应商是向通信运营商和其他竞争者提供生产经营所需资源的单位或个人。它所提供的资源包括原材料、设备、零配件、资金、劳务及其他用品等。供应商对通信运营商营销活动有重大的影响。供应商所提供的通信设备的好坏，直接影响到通信服务质量，而设备的价格、维护成本的高低则直接影响通信运营商的投资回收期，进而影响通信服务成本价格和利润。而为通信运营商提供增值业务内容的服务商，其所提供增值业务内容质量的高低，直接影响通信运营商增值业务的收入和顾客对企业的评价。通信运营商应选择与那些信誉良好、货源充足、价格合理、交货及时的供应商合作，与他们建立和保持长期良好的合作关系。同时还应分头从多家供应商采购，避免对某一供应商的过分依赖。

## （三）营销中介

营销中介指协助企业推广、销售产品给最终消费者以及为通信运营商融通资金、提供各种营销服务的企业和个人。其主要包括中间商、实体分配企业、营销服务机构、金融机构等。它们共同构成了通信运营商开展市场营销活动不可缺少的中间环节。

### 1．中间商

营销中间商主要指协助通信运营商促销、销售和经销其通信产品给最终消费者的企业和个人，主要分为两类：商人中间商和代理中间商。商人中间商包括批发商和零售商，它们拥有通信产品所有权，通过低买高卖赚取利润。代理中间商包括企业代理商、销售代理商、采购代理商等，它们不拥有通信产品所有权，通过促成交易获得佣金赚取利润。

### 2．实体分配企业

实体分配企业主要是指协助厂商储存并把货物运送至目的地的仓储物流公司。实体分配包括包装、运输、仓储、装卸、库存控制和订单处理等方面，其基本功能是调节生产和消费之间的矛盾，弥合通信产品产销时空上的背离，以利适时、适地和适量地把通信产品供应给消费者。

### 3．营销服务机构

营销服务机构主要是指为通信运营商提供营销服务的各种机构，包括调研公司、广告公司、咨询公司等。它们协助通信运营商选择最恰当的市场，并开拓目标市场。大多数通信运营商都向这些专业机构以合同方式委托办理上述事务。通信运营商要定期评估其绩效，以促进其不断提高服务水平。

### 4．金融机构

金融机构指协助通信运营商融资或分担货物购销储运风险的各种机构，如银行、信托公司、保险公司等，它对通信运营商的经营发展至关重要。企业间的财务往来要通过银行结算，货物购销储运要通过保险获得保障，贷款利率和保险利率的变动也会直接影响到通信运营商的成本。

### (四) 目标顾客

目标顾客是通信运营商的服务对象，是通信产品的购买者和使用者，是通信微观市场营销环境中最重要的因素。依据顾客需求和购买目的的不同，可将目标顾客分为五种类型。

(1) 消费者市场：即为了个人消费而购买的个人和家庭所构成的市场；

(2) 生产者市场：即为了生产、取得利润而购买的个人和企业所构成的市场；

(3) 中间商市场：即为了转卖、取得利润而购买的批发商和零售商所构成的市场；

(4) 政府市场：即为了履行职责而购买的政府机构所构成的市场；

(5) 国际市场：即由国外的消费者、生产者、中间商、政府机构等所构成的市场。

上述每一种市场中的顾客都有其独特的需求，这就要求通信运营商必须以不同的服务方式提供不同的通信产品，达也制约着通信运营商营销决策的制定和服务能力的形式。因此，通信运营商要认真研究不同的顾客群，研究其类别、需求特点、购买动机等，使通信运营商的营销活动能针对目标顾客的需要，符合目标顾客的愿望。

### (五) 竞 争 者

通信运营商不能独占市场，总会面对各种各样的竞争对手。通信运营商要想在市场竞争中获得成功，就必须能比竞争者更有效地满足消费者的需要与欲望。从消费需求的角度划分，可把竞争者分为以下几种类型。

(1) 愿望竞争者：指为满足消费者当前的各种愿望而提供不同产品的竞争者。

(2) 平行竞争者：指为满足同一需要而提供不同产品的竞争者。

(3) 形式竞争者：指为满足同一需要而提供同种类别不同形式产品的竞争者。

(4) 品牌竞争者：指为满足同一需要而提供同种形式不同品牌产品的竞争者。

通信运营商之间由于其提供通信产品的同质性较强，差异性较弱，因而其竞争多属于品牌竞争。在通信运营商品牌竞争中，有三个方面对企业竞争产生影响：卖方密度、行业进入难度和产品差异。卖方密度和行业进入难度由国家所发放的通信运营牌照所决定，它在一定时期内相对稳定，通信运营商对此无能为力。产品差异化则是通信运营商赢得更大市场份额所需特别注重的方面，通信运营商应加强通信产品差异化宣传，以获得更大市场。

### (六) 公 众

公众是指对于通信运营商实现其目标而言，具有实际的或潜在的利害关系和影响力的任何团体。通信运营商必须有效开展公共关系，树立企业良好形象，才能赢得公众的理解、支持与合作。通信运营商的公众一般包括以下类型：

(1) 金融公众：指关心并可能影响通信运营商获得资金的能力的团体，如银行、证券公司和保险公司等。

(2) 媒体公众：主要是指报社、杂志、广播和电视等具有广泛影响的大众传播媒体。这类公众对通信运营商的声誉具有重要的影响。

(3) 政府公众：指负责管理通信运营商业务经营活动的有关政府机构，如通信管理局、税务局、物价局、环境保护局等。

(4) 社团公众：主要指与通信运营商营销活动有关的非政府机构，如消费者组织、环境保护组织及其他群众团体。

(5) 社区公众：指通信运营商所在地附近的居民和社区团体。通信运营商要保护社区环境，积极支持社区的各项公益活动与公益事业，与社区公众建立起融洽的关系。

(6) 一般公众：泛指社会上的社会民众和消费者，是指对通信运营商产品并不购买，但深刻地影响着消费者对通信运营商及其产品的看法的个人。

(7) 内部公众：指通信运营商内部的中高层管理人员以及一线的一般员工，通信运营商的市场营销活动离不开内部公众的支持。

案例分析及思考题

## 【课后习题】

讨论通信宏观市场营销环境与通信微观市场营销环境对通信运营商市场营销活动影响的不同。

# 任务三　评价通信市场营销环境

## 【问题引入】

通信运营商面对的市场营销环境有多种，评价市场营销环境的目的，就在于找出有利于实现企业经营目标的机会，避免不利于企业经营的威胁。在现实生活中，机会和威胁往往同时存在。通信营销人员的任务就是通过对市场营销环境的评价，抓住机会，避免威胁，采取对策，迎接挑战。那么，评价通信市场营销环境的方法有哪些？通信运营商应对市场营销环境的对策又是怎样的？

## 【案例导入】

### 5G 时代，通信运营商需要做好四个经营

5G 时代，由移动互联网进入万物互联时代，电信运营商由老三家变成大四喜；5G 时代，中国运营商既要面临携号转网的压力，又要面临 4G/5G 切换这样一个可能会变盘的时间点，运营商之间的战斗必定比平时更为紧张、惊险；而真正让"战争"更精彩的是物联网时代的多元角色参战，运营商也许已经不再是战争的主体，如华为这样的终端公司，像腾讯、阿里这样的应用参与方，都将加入这场战斗。从人联网到物联网，对于很多企业来说是巨大的投资，是绝佳的机会，但对于通信运营商来说却是一场陌生的挑战，而要克服这个挑战，通信运营商需要做好四个经营。

一、用户经营

虽然移动互联网的用户并不等于物联网时代的用户，但用户在互联网时代的价值大过天，中国移动可以依靠用户规模优势称霸运营商行业20多年，不管是2G、3G还是4G，所有的竞争手段都无法撼动。虽然，物联网时代充满不确定，但是电信运营商首先能做的，就是要服务好自己的用户，维护好自己的用户，经营好自己的用户，这不单单是因为携号转网，而是在不确定的环境里面，运营商首先需要学会珍惜拥有。

二、生态经营

物联网时代是什么我们不确定，但我们能够确定的是，物联网不像人联网，不是建好基站等着收费就可以！还必须做维护，做服务，做解决方案！而这些都不是一个运营商能够单独完成的，我们不单单需要终端，需要解决方案提供方，需要运维服务商，需要信息安全管理，需要道德管理，并且在很多项目，很多场景中，运营商可能不再是主导的角色，这个时候需要摆正心态、放低姿态、开放合作，改变国企大哥的形象，做好生态的建设和维护，真正像腾讯一样做到"把半条命交给合作伙伴"。

三、能力经营

3G时代开始后，运营商就担心被管道化，而微信等OTT诞生后，确确实实被管道化了，对于个人消费者来说，他们对微信、爱奇艺、京东等应用提供者的感知，远比提供流量的运营商强烈很多。但是，物联网时代这一切可能会变得不一样了，面对企业用户，面对低延时、高带宽、高速率，运营商曾经不以为然的管道，真正变成了智能管道，它可以切片，可以边缘计算，基站小到还可以像行李箱一样轻松移动。而这些都是我们运营商独有的能力，或者说独有的权力。

四、品牌经营

5G时代，运营商版块的市场化程度将会越来越高，运营商之间无差异的程度会越来越高，号码只属于用户不属于自己，网络属于铁塔同样不属于自己，生态的差异化打造也不是短期内能够建立的，所以，对于运营商来说，没有品牌就没有差异！必须做好品牌的打造。这些品牌，不单单有客户品牌，市场品牌，有物联网解决方案品牌，还会有服务品牌，可能针对某些特定场景都需要打造专属品牌。而在前面的三点经营，不管是用户经营，还是生态经营，都必须有强大的品牌作为支撑，没有品牌就没有吸引力，就没有生态。

分析提示：5G时代，对各大通信运营商来说，是一片新的蓝海，既是机遇，也是挑战。在万物互连的5G时代，通信运营商版块的市场化程度将会越来越高，通信运营商之间无差异的程度会越来越高，通信运营商要有效克服营销环境差异带来的挑战，就必须做好用户经营、生态经营、能力经营和品牌经营。

【知识内容】

# 一、通信市场营销环境的特征

## 1. 客观性

通信运营商总是在特定的市场营销环境条件下生存和发展的。运营商只要从事市场营销活动，就不可能不面对这样或那样的宏观或微观环境力量，也不可能不受到各种各样宏观或微观环境因素的影响和制约。一般来说，通信运营商无法摆脱和控制市场营销环境，特别是宏观市场营销环境，难以按自身的要求和意愿随意改变它，如运营商不能改变人口环境、经济环境、自然环境等。但通信运营商可以主动适应市场营销环境的变化和要求，制订并不断调整市场营销策略。

### 2. 差异性

市场营销环境的差异性不仅表现在不同的通信运营商受不同环境的影响，而且同样一种环境因素的变化对不同通信运营商的影响也不相同。例如，不同的国家、民族、地区之间在人口、经济、社会文化、政治、法律等各方面存在着广泛的差异性，这些差异对通信运营商营销活动的影响显然是很不相同的。由于外界环境因素的差异性，因而通信运营商必须采取不同的营销策略才能适应各种情况。

### 3. 动态性

任何环境因素都不是静止不动、一成不变的，相反，它们始终处于变动，甚至是急剧的变动之中。构成市场营销环境的每一因素都受众多因素的影响，每一因素都随着社会经济的发展而不断变化。例如，随着电子商务的发展，不少消费者的消费倾向转向足不出户的网络购物。这无疑对通信运营商的市场营销活动产生最直接的影响。通信运营商必须采取建立在线网站、开通在线订购等一系列网络营销策略才能适应这一环境变化。当然，市场营销环境的变动有快慢、大小之分。例如在宏观环境中，人口、自然、社会文化因素的变动相对较慢、较小，对企业市场营销活动的影响相对长而稳定；经济、政治、科技因素的变动相对较快、较大，对通信运营商市场营销活动的影响相对短且跳跃性大。因此，通信运营商为了适应市场营销环境的变动，必须及时调整自己的市场营销策略。

### 4. 相关性

营销环境的各种因素是相互影响、相互制约的，某一环境因素的变化，会引起其他环境因素的相应变化，由此形成新的市场营销环境。例如，改革开放政策促进了经济的高速发展，也使人们的消费观念发生了深刻的变化。当前消费者足不出户的网络购物成为一种消费时尚。从较长的历史时期对整个市场营销环境进行考察，我们就不难发现，各种环境因素总是程度不同地相互关联着。这是由于某种社会经济现象的形成往往不是由某种单一的因素所能决定的，而是受到一系列相关因素影响的结果。例如，市场价格不但受到市场供求关系的影响，而且还受到科技进步及财政金融政策和税收政策的影响。

### 5. 不可控性

市场营销环境的不可控性指影响通信运营商的外部环境因素是任何运营商都无法控制的。但是面对营销环境，通信运营商也不是无能为力的，通信运营商可以通过努力去适应环境，改善环境。构成市场营销环境的诸因素是通信运营商外部因素，何时变化，如何变化，通信运营商不能控制，只能适应它，因势利导，趋利避害。在通常情况下，通信运营商可以通过调整内部的可控因素来适应、利用外部不可控因素。

## 二、通信市场营销环境的评价方法

在不同的通信市场环境下，通信运营商应该对自身所处的营销环境进行仔细分析和评价，找出有利于实现企业经营目标的机会，避免不利于企业经营的威胁，并根据环境的情况不断调整企业的经营理念和方针，以适应环境，发展企业。对通信市场营销环境的评价方法一般有以下两种。

## （一）矩阵分析法

### 1. 环境机会矩阵分析法

环境机会指营销环境中对通信运营商的有利因素，即通信运营商可取得竞争优势和差别利益的领域。有效地捕捉和利用市场机会，是通信运营商成功和发展的前提。同样的环境对于不同的通信运营商，其环境机会和市场容量往往不同，由此带来的潜在吸引力也不一样，通信运营商在利用各种市场机会时，获得成功的可能性也有大小之分。分析评价市场机会主要有两个方面：一是考虑其潜在吸引力的大小；二是考虑成功可能性的大小。环境机会矩阵图如图 2.3 所示。

成功可能性

| | 大 | 小 |
| --- | --- | --- |
| 潜在吸引力　大 | 区域 1 | 区域 2 |
| 小 | 区域 4 | 区域 3 |

图 2.3　环境机会矩阵

在环境机会矩阵中，区域 1：环境机会出现的可能性大，潜在的吸引力大，成功的可能性大。通信运营商必须高度重视。区域 2：环境机会出现的可能性小，潜在的吸引力大，成功的可能性小。通信运营商需注意把握环境机会，努力创造有利条件。区域 3：环境机会出现的可能性小，潜在的吸引力小，成功的可能小。通信运营商要观察环境变化，并依据情况及时采取措施。区域 4：环境机会出现的可能性大，潜在的吸引力小，成功的可能性大。通信运营商要及时抓住环境机会，制定相应的营销对策，尽快转化为发展机会。

### 2. 环境威胁矩阵分析法

环境威胁对于通信运营商来说是客观存在的，其对营销活动的影响是不同的。对环境威胁的分析，可以分为两个方面：一方面分析此威胁的严重性，即对通信运营商营销活动的影响程度；另一方面分析此威胁出现的可能性，即其出现的概率。可以按这两个因素列成环境威胁矩阵图进行分析，如图 2.4 所示。

威胁出现的可能性

| | 大 | 小 |
| --- | --- | --- |
| 潜在危害性　大 | 区域 1 | 区域 2 |
| 小 | 区域 4 | 区域 3 |

图 2.4　环境威胁矩阵

在环境威胁矩阵中，区域 1：环境威胁出现的可能性大，对通信运营商潜在的危害性大。在该区域内威胁程度高，通信运营商应高度关注环境威胁的发展趋势，及时采取应对措施，防止损害通信运营商的市场地位。区域 2：环境威胁出现的可能性小，对通信运营商潜在的危害性大。在该区域内威胁程度一般，通信运营商应重视环境威胁变化，尽可能降低其潜在的危害性影响。区域 3：环境威胁出现的可能性小，对通信运营商潜在的危害性小。在该区域内威胁程度最小，通信运营商应重视威胁发展趋势，集中精力抓好现有市场营销工作。区域 4：环境威胁出现的可能性大，对通信运营商潜在的危害性小。在该区域内威胁程度一般，通信运营商应结合自身优势，准备好应对方案，化不利因素为有利因素。

### 3. 综合环境分析法

在通信运营商面临的市场环境中，单纯的机会或单纯的威胁是少有的，通常的情况是机会与威胁并存，风险与利益同在。在这种情况下，就需要通信运营商把机会与威胁结合起来进行分析。通信运营商对环境的选择是建立在对机会与威胁出现的可能性大小的分析基础上的，其分析评价主要考虑两个方面：一是环境机会大小，二是环境威胁高低。综合环境分析矩阵图如图 2.5 所示。

| 环境机会水平 ＼ 环境威胁水平 | 大 | 小 |
|---|---|---|
| 大 | 区域 1：风险环境 | 区域 2：理想环境 |
| 小 | 区域 4：困境环境 | 区域 3：成熟环境 |

图 2.5　综合环境分析矩阵图

在综合环境分析矩阵中，区域 1：环境机会大，同时利益与风险共存，通信运营商面临威胁也大，处于风险环境中。区域 2：环境机会大，面临威胁小，利益大于风险，通信运营商处于理想环境中。区域 3：环境机会小，同时面临威胁也小，市场处于相对稳定状态，通信运营商处于成熟环境中。区域 4：环境机会小，面临威胁大，风险大于利益，市场竞争激烈，市场容量基本饱和，通信运营商处于困难环境中。

## (二) SWOT 分析法

矩阵分析法侧重于分析外部环境对通信运营商的影响，实际上，通信运营商在进行营销活动时，还需要将自己的内部资源和能力因素所呈现出的优势和劣势也考虑其中。将通信运营商的优劣势以及环境的机会和威胁纳入一个矩阵进行分析的方法叫 SWOT 分析法。SWOT 是四个单词的首字母缩写，它们分别是：“优势”——Strengths、“弱势”——Weaknesses、“机会”——Opportunities 和“威胁”——Threats。

### 1. SWOT 分析的主要变量

#### 1) 通信运营商的优势和劣势

通信运营商的优势和劣势分析实质上就是通信运营商内部经营条件分析，或称通信运营商实力分析。

优势指通信运营商相对于竞争对手而言所具有的优势人力资源、技术、产品以及其他特殊实力。充足的资金来源、高超的经营技巧、良好的企业形象、完善的服务体系、先进的工艺设备、与买方和供应商长期稳定的合作关系、融洽的雇员关系、成本优势等等，都可以形成通信运营商优势。

劣势指影响通信运营商经营效率和效果的不利因素和特征，他们使通信运营商在竞争中处于劣势地位。一个通信运营商潜在的弱点主要表现在以下几方面：缺乏明确的战略导向、设备陈旧、盈利较少甚至亏损、缺乏管理和知识、缺少某些关键的技能、内部管理混乱、研究和开发工作落后、企业形象较差、销售渠道不畅、营销工作不得力、产品质量不高、成本过高等。

2) 环境机会和威胁

通信运营商的机会与威胁均存在于市场环境中，因此，机会与威胁分析实质上就是对通信运营商外部环境因素变化的分析。市场环境的变化会给通信运营商带来机会或造成威胁。环境因素的变化对某一通信运营商是不可多得的机会，但对另外一家通信运营商则可能意味着灭顶之灾。

环境提供的机会能否被通信运营商利用，同时，环境变化产生的威胁能否有效化解，取决于通信运营商对市场变化反映的灵敏程度和实力。市场机会为通信运营商带来收益的多寡，不利因素给通信运营商造成的负面影响的程度，一方面取决于这一环境因素本身的性质，另一方面取决于通信运营商优势与劣势的结合状况。最理想的市场机会是那些与通信运营商优势达到高度匹配的机会，而恰好与通信运营商弱点结合的不利因素将不可避免地消耗通信运营商大量资源。

**2. SWOT 分析法的主要步骤**

1) 分析环境因素

运用各种调查研究方法，分析出通信运营商所处的各种环境因素，即外部环境因素和内部能力因素。外部环境因素包括机会因素和威胁因素，它们是外部环境中直接影响通信运营商发展的有利和不利因素，属于客观因素。内部环境因素包括优势因素和弱点因素，它们是通信运营商在发展中自身存在的积极和消极因素，属主动因素。在调查分析这些因素时，不仅要考虑通信运营商的历史与现状，而且更要考虑通信运营商未来的发展。

2) 构造 SWOT 矩阵

将调查得出的各种因素根据轻重缓急或影响程度等排序，构造 SWOT 矩阵(见图 2.6)，确定通信运营商在市场中的位置。在这个过程中，要将那些对通信运营商发展有直接的、重要的、大量的、迫切的、久远的影响因素优先排列出来，而将那些间接的、次要的、少许的、不急的、短暂的影响因素排在后面。

| | 优势(S) | 劣势(W) |
|---|---|---|
| 机会(O) | SO 组合方案 | WO 组合方案 |
| 威胁(T) | ST 组合方案 | WT 组合方案 |

图 2.6　SWOT 分析矩阵

(1) 优势—机会(SO)战略。它是一种发展通信运营商内部优势与利用外部机会的战略，是一种理想的战略模式。当通信运营商具有特定方面的优势，而外部环境又为发挥这种优势提供有利机会时，可以采取该战略。例如，良好的产品市场前景、供应商规模扩大和竞争对手有财务危机等外部条件，配以通信运营商市场份额提高等内在优势，可成为通信运营商收购竞争对手、扩大生产规模的有利条件。

(2) 弱点—机会(WO)战略。它是利用外部机会来弥补内部弱点，使通信运营商改劣势而获取优势的战略。虽存在外部机会，但由于通信运营商存在一些内部弱点而妨碍其利用机会。在这种情形下，通信运营商就需要提供和追加某种资源，以促进内部资源劣势向优势方面转化，从而迎合或适应外部机会。

(3) 优势—威胁(ST)战略。它是指通信运营商利用自身优势，回避或减轻外部威胁所造成的影响。例如，竞争对手利用新技术大幅度降低成本，给通信运营商很大成本压力；同时材料供应紧张，其价格可能上涨；消费者要求大幅度提高产品质量；通信运营商要支付高额环保成本等。但若通信运营商拥有充足的现金、熟练的技术工人和较强的产品开发能力，便可利用这些优势开发新工艺，简化生产工艺过程，提高原材料利用率，从而降低材料消耗和生产成本。另外，开发新技术产品也是通信运营商可选择的战略。新技术、新材料和新工艺的开发与应用是最具潜力的成本降低措施，同时它可提高产品质量，从而回避外部威胁影响。

(4) 弱点—威胁(WT)战略。它是一种旨在减少内部弱点，回避外部环境威胁的防御性技术。当通信运营商存在内忧外患时，往往面临生存危机，如果处理不当，可能直接威胁到通信运营商的生死存亡。在这种情形下，降低成本也许成为改变劣势的主要措施。

3) 制定营销战略

在完成环境因素分析和 SWOT 矩阵的构造之后，通信运营商应本着发挥优势、趋利避害的原则，对矩阵进行系统的分析，制定出最佳的营销战略。制定营销战略的基本思路是：发挥优势因素，克服弱点因素，利用机会因素，化解威胁因素；考虑过去，立足当前，着眼未来。运用系统分析的方法，将排列与考虑的各种因素相互联系并加以组合，得出一系列通信运营商未来发展的可选择战略。

## 三、通信运营商应对营销环境的策略

### (一) 环境机会应对

对于营销环境变化产生的机会，要对其进行客观的评估，分析可利用价值，并考虑风险因素。对于实力和条件相当的通信运营商来说，机会是平等的，但它转瞬即逝。当机会降临的时候通信运营商要有能力抓住机会，并充分利用机会。这就需要做到以下几点。

(1) 抢先。机会的均等性和实效性决定了通信运营商在利用机会的过程中必须抢先一步，争取主动。在市场营销活动中，抢先利用机会包含"先"和"决"两个方面。所谓"先"，指对营销环境各个因素变化动态的预先洞察，并分析其变化趋势，以便先声夺人。所谓"快"，则强调速度、效率，争取时间。抢先意味着对机会一定程度的垄断。因此，通信运营商在利用机会的过程中，谁能抢先一步，赢得时间和空间，谁就赢得了胜利。

(2) 创新。现实中，当某一通信运营商发现机会时，其他通信运营商往往也会察觉到。同时，因各个通信运营商都认识到"抢先"的重要性，那么通信运营商利用机会时能否大胆"创新"就成为竞争取胜的"法宝"。如果说"抢先"利用市场机会是力求做到"人无我有",那么"创新"就是"人有我优"。

(3) 应变。通信运营商不可能一劳永逸地利用同一市场机会,为了在竞争中取得主动,通信运营商必须在利用市场机会之初,就主动考虑市场机会的均等性和可变性,有预见性地提出应变对策,这包括会有哪些竞争者发现同一市场机会?它们会怎样利用这一市场机会?通信运营商和竞争者先后利用了该市场机会之后,要考虑竞争者和本通信运营商实力差不多、产品差不多时应该怎么办?比本通信运营商实力强,产品好时应该怎么办?这一市场机会是否会变成环境威胁?是继续利用这一市场机会,还是寻求新的市场机会?

### (二) 环境威胁应对

#### 1. 反抗

所谓反抗就是通信运营商针对环境威胁发起进攻的全部通信运营商行为。一般来说是制造反威胁的舆论,或者影响政府的法规制定,采取多种有效的措施,从根本上扭转不利的环境因索,消除威胁对通信运营商可能产生的不利影响。

#### 2. 减轻

威胁总是存在的,实在无法对抗的可以设法减轻,即通过调整营销策略主动适应或改善环境,以减轻环境威胁,降低风险程度。

#### 3. 转移

如果威胁的力量过于强大,通信运营商根本无力反抗,也无力采取减轻措施,或者反抗及减轻的代价过于强大,通信运营商就可以及时转移到其他市场或进入其他行业,以规避风险,寻找新的市场发展机会。

总之,通信运营商分析市场营销环境的目的,就是把握市场环境变化发展的趋势;发掘新的市场机会,捕捉市场机遇;及时发现环境威胁,为通信运营商采取积极措施避免或减小风险赢得时间。

案例分析及思考题

### 【课后习题】

对三大通信运营商的营销环境进行 SWOT 分析。

# 项目三  通信市场调查与预测

## 【知识结构图】

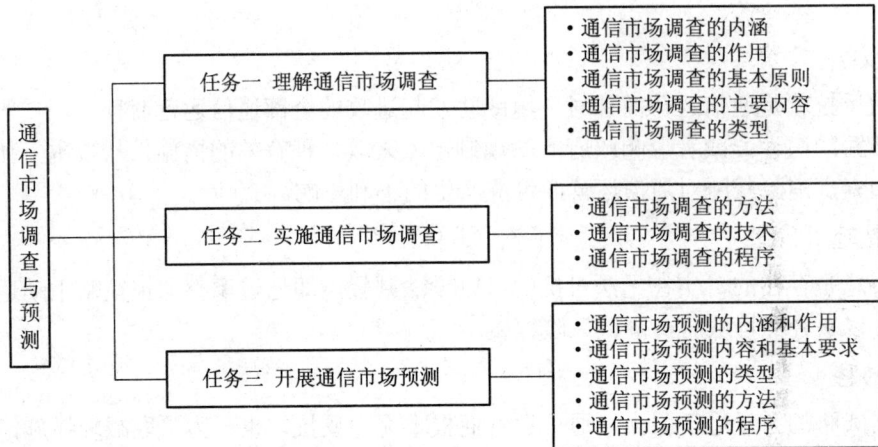

## 【学习目标】

通过学习，应该明确通信市场调查是通信运营商开展市场营销活动的起点。通信运营商在市场调查的基础上做出市场预测，并以此为依据制定营销决策和营销策略。本项目的任务包括理解通信市场调查、实施通信市场调查和开展通信市场预测。

## 任务一  理解通信市场调查

## 【问题引入】

市场信息是企业营销的前提和基础，是企业的重要资源之一。现代市场营销观念要求市场营销人员广泛收集市场信息，进行市场调查和市场预测，更好地为企业经营决策者制定营销决策和营销策略提供科学依据。那么究竟什么是通信市场调查？通信市场调查的作用和原则有哪些？通信市场调查有哪些类型？

## 【案例导入】

**北京电信 10000 号以客户感知为导向  不断提升服务水平**

北京电信 10000 号客服热线一直从客户感知出发，不断提升服务能力，为客户提供

$7\times24$ 的全天候服务，一直以"客户满意"作为一切服务工作的出发点，不断完善服务体系，提升服务能力，赢得了客户的信赖与好评，更得到中国电信集团及政府管理部门的高度评价，近几年先后获得了"首都文明单位""全国满意度通信企业"等多项荣誉。

- 测量客户感知　提高客户满意度

为了真正从客户角度考虑问题，充分了解客户的所思所想，所求所需，北京电信10000号客服热线成立客户感知工作室，专职于客户感知测量及客户满意度提升工作，用科学的方法测量客户感知、设计调研问卷，通过客户感知外呼调研、神秘访客体验、外部用户深访、互联网用户意见收集等方式，了解客户感知现状并梳理客户感知关键点，从而明确客户诉求，运用推进解决客户感知问题的五步法"收集-甄别-分析-推进-评估"打造问题解决闭环机制，推进服务能力提升。并且，10000号高度关注客户满意度，通过即时满意度测评、第三方满意度调查等方式，实时了解用户不满意意见，建立客户不满意及时回访补救机制。北京电信10000号客服热线注重每一个不满意的声音，笔者采访了一位客户，客户称赞道："真的没想到，电信这么尊重我的意见，刚回复了不满意，电信马上致电安抚并耐心解释，虽问题还在处理中，但服务让我很安心，相信问题会迎刃而解。"另一方面，力求在客户服务中赢得主动，北京电信10000号客服热线长期招募友好客户，聘请客户担任"北京电信10000号服务监督员"，以见面会的形式，开展"聆听客户心声，打造优质服务"的常态化活动。通过与友好客户进行业务、服务问题的面对面交流，提升服务质量的同时，与136位友好体验员加深了解并成为朋友，让客户不再单纯是被服务的对象，同时也变成北京电信10000号客服热线不断改进的建议者。

- 提高客户问题一次性解决率

10000号客服热线通过用户感知测量工作，聚焦客户最关心的问题解决，从员工能力提升、处理手段前移、服务权限前移三方面不断将服务做细做精，提升客户问题的一次性解决率。

在客服人员的能力提升方面，10000号客服热线组织开展内部交流培训，传授投诉处理技巧，提升疑难问题解决能力。他们与公司内部相关部门建立沟通机制，通过定期的网络、终端等方面培训提升客服人员的问题处理能力；同时，将后台系统前移，实现客服人员在与客户通话时便可实时查询后台系统状态，无需向后台部门转派工单，节省客户等待时间，提高问题解决效率；而针对操作权限方面，实现流量、增值业务等费用问题处理权限前移，授权一线客服人员可在线第一时间为用户处理解决，提高客户满意度，使北京电信10000号客服热线的一次性解决率得到大幅度提高。

北京电信10000号服务能力的提升都被老用户看在眼里。在与服务监督员的面对面交流中，有一位在网五年的老用户，他对北京电信10000号的服务工作最有发言权："以前反映网络问题，都需要经过多次电话沟通，每次沟通都需要重述问题，费时费力。而近一年，问题解决相当迅速。记得上个月投诉，一个电话就解决了。"

客户的坚守，诚意的反馈，体现的是远不止金钱能衡量的企业价值，更是对北京电信10000号多年服务付出的肯定。相信北京电信10000号客服热线将继续围绕以人为本，聚焦客户感知，为首都人民提供优质的信息通讯服务，把服务民生的各项承诺落到实处。

**分析提示：** 通信运营商的服务质量在很大程度上取决于客户感知，要提升服务质量，就必须了解客户感知。北京电信通过采取科学的市场调查方法，了解客户感知现状并梳理客户感知关键点，从而明确用户诉求。在此基础上，聚焦客户最关心的问题解决，将服务做精做细，不断提升服务质量，赢得了首都市民的青睐。

## 【知识内容】

### 一、通信市场调查的内涵

通信市场调查就是指通信运营商运用科学的方法，有目的地、系统地搜集、记录、整理有关通信市场营销信息和资料，分析通信市场情况，了解通信市场的现状及其发展趋势，为通信运营商营销管理者制定、评估和改进营销决策提供依据。

通信市场调查是针对通信运营商面临的具体问题，系统地收集、分析和评价相关信息，并对研究结果提出正式报告，以供决策部门解决这一特定问题。市场调查系统与内部资料系统和管销情报系统的区别在于其针对性很强。市场调查是为解决特定的具体问题而从事信息的收集、整理、分析。通信运营商在营销决策过程中，经常需要对某个特定问题或机会进行重点研究。例如，开发某种新产品之前，要对某通信产品进行调价或要对广告效果进行研究等。对这些市场问题的研究，无论是内部资料系统还是情报系统都难以胜任。对于特定问题的决策，通信运营商可以通过市场调查获得相关信息，从而支持相关决策的制定。

### 二、通信市场调查的作用

在任何组织中都会有大量的决策制定，总的来讲，通信市场调查的作用就是为通信运营商解决特定的营销决策问题而收集加工信息并提供数据分析结果。具体而言，它的作用与营销决策的各种问题密切相关。

#### (一) 发现营销机会和限制条件

发现营销机会和限制条件是制定营销战略的出发点，特别是通信运营商在考虑推出新产品或使用现有产品开拓新市场时，以下的信息将非常有用：

◇ 潜在的竞争者是谁？

◇ 潜在竞争者的市场地位有多强？

◇ 客户如何看待我们的产品和竞争者的产品？

◇ 新市场有哪些条件是和其他市场不同的？

市场调查有助于回答以上及其他的市场问题，越来越多的企业定期开展市场调查来获得制订有效战略需要的信息。为了更好地了解客户需要，企业在制订营销战略的早期就非常有必要开展市场调查。许多企业就是由于在推出新产品前忽视了研究营销机会和限制条件，而导致新产品的失败。下面举一个典型的例子。

诺基亚公司是全球著名的手机生产商，该公司一直试图超过其主要竞争对手——索尼和任天堂公司。因为索尼和任天堂已经进入迅速增长的手机电脑游戏产业，诺基亚不经试用就直接推出了 N-Gage 产品——一款可以玩高品质游戏的手机。但是 N-Gage 遭遇了市场惨败，因为该机型明显不符合客户对产品实用性和功能性的预期。客户需要的是更多的游戏选择、更大的游戏屏幕、更了解用户需求的设计以及合理的价格，而 N-Gage 产品满足不了客户的上述需求。在听取了客户的意见后，诺基亚改良了 N-Gage，推出 N-Gage QD 机型，该产品的电池寿命更长、屏幕更亮、游戏更好控制。对客户需求的重视使得诺基亚在新一轮的竞争中胜出。N-Gage QD 机型推出后，短期内在全球的销量超过 100 万台。然而，诺基亚因为最初推出 N-Gage 产品时贻误了时机，其竞争对手索尼和任天堂已经有足够的时间推出能够与 N-Gage 机型竞争的新产品。

### (二) 选择营销目标

通信市场调查能够帮助通信运营商确定和选择恰当的营销目标。企业营销活动的基本目标：一是满足目标市场的需求；二是实现企业的销售额与利润额。其他目标在很大程度上取决于这两个目标的实现。不管是确定目标市场，还是确定企业的销售与利润目标，都需要可靠的信息作为基础。

通信市场调查可以提供以下几个方面的信息，帮助通信运营商确定和选择营销目标：

◇ 现有和潜在市场的客户需求是什么？

◇ 企业的产品能够满足的欲望和需求是什么？

◇ 满足与本企业提供的同种需求竞争者都有谁？

◇ 现有的和潜在的细分市场有哪些？

◇ 各细分市场的潜量有多大？

◇ 在哪些细分市场上企业可以得利？

◇ 企业投入一定的营销费用在某个市场推广活动中，能获得多大的销售份额？

### (三) 分析竞争环境

通信市场调查是保持和提高通信运营商整体竞争力的关键，众多企业都在持续收集和评估市场信息，以识别未来市场的机遇和挑战。一个典型的例子就是中国电信推出的行业应用产品。中国电信是最先利用优势宽带网络实施企业信息化转型的大型国有企业，其行业应用产品涉及企业信息化的各个方面，重点在销售管家、酒店联盟、物流、工商、警务等行业应用产品，在市场方面处于领先地位。

然而中国电信也需要时刻关注公司的发展。中国电信的经营环境竞争非常激烈，来自行业应用市场的内外部压力很大。比如，专业软件开发商侵蚀着企业信息集成业务；中国移动、中国联通与其的竞争；以 GPS 导航为主打业务的公司的竞争等等。其中，有丰厚资源优势的中国移动推出的"动力 100"行业应用方面的产品，对中国电信竞争压力尤其巨大。总之，企业信息化应用市场是高度变化的，企业在决定自己进行信息化变革的时候有众多的选择机会。

那么，市场调查适合上述情景吗？比如，有了市场信息，中国电信可以确定中国移动进入行业应用市场的确切影响，是否应该增加新的行业应用产品，也可以确定中国联通公司和专业软件开发商以及其他提供相似产品的公司产生的影响。而市场调查对获得这种信息尤其有用。比如：市场调查可以掌握中国电信公司的客户是否从中国移动、中国联通、专业软件开发公司和其他行业应用公司订购该业务；哪些客户目前是或可能是中国电信的客户；中国电信如何根据客户的需求更新已有的行业应用产品；怎样的技术可以提升中国电信的市场地位等。在高度竞争的商务环境中，中国电信需要持续和系统检验这些事项才可以成长。

### (四) 制订和执行营销战略

一个公司必须制订有效的营销战略和有效的营销组合才能充分利用市场上未发掘的机会。也就是说，公司必须就以下事项做出正确决策：产品性质、产品促销方式、对潜在消费者的定价以及让消费者获得产品的途径。

好的市场调查能够发现某一营销组合能否将现有的机会有效地变成公司最大的收益(销售额、利润、客户满意度和价值)。许多新产品在开发前都会进行深入的市场调查以帮助其确定营销组合的一个或多个要素。

### (五) 评估营销计划的有效性

获得市场的反馈并采取行动对产品或服务要素进行改善的活动通常被视为控制或控制功能。控制是计划和决策制定的重要组成部分，也是市场调查提供解决方案的另一领域。

要获得市场的成功，企业必须定期监测市场情况，其常用手段为客户反馈和问卷方式提出与控制功能相关的问题。例如：产品的市场份额是多少？市场份额上升、下降还是持平？谁是我们的客户？客户的性质、他们的购买量同我们的预期目标切合吗？如果不切合，为什么？企业希望用这类问题来评估其市场表现。只有市场调查，而非营销商的主观意见，才可以正确回答这些问题。

市场调查是营销决策者和市场之间的基础联系。市场调查在计划和决策的三个环境中都可以发挥重要作用：发现市场机会和限制条件、建立和执行营销战略，以及评估营销计划的有效性。

## 三、通信市场调查的基本原则

通信市场调查的基本原则主要有：时效性原则、准确性原则、科学性原则、系统性原则和效益性原则。

### 1. 时效性原则

通信市场调查的时效性表现为及时捕捉和抓住通信市场上任何有用的情报、信息，及时分析及时反馈，为通信运营商在经营过程中适时地制定和调整策略创造条件。企业决策做完了信息还没来，这就耽误事了，信息的意义也不大了。

### 2. 准确性原则

准确性原则指对通信市场调查资料的收集、整理、分析必须实事求是，尊重客观事实，切记主观臆断来代替科学的分析。资料收集时的造假行为、数据分析时一个人一次性的主观判断都可能造成信息的失真。

### 3. 科学性原则

通信市场调查不是简单的收集情报和信息的活动，为了在时间和经费都有限的情况下，获得更多更准确的信息资料，通信运营商必须对整个调查过程进行科学的安排，必须运用科学的调查方法、科学的信息收集加工手段来进行辅佐，为企业经营决策提供正确的信息。

### 4. 效益性原则

通信市场调查是一项费时、费力、费钱的工作，不仅需要人的体力、脑力付出，同时还要利用一定的物质手段。比如，要花钱雇人帮忙，有时需要租赁一些统计设备如摄像头、卫星等，面谈过后要提供答谢礼品等，这个支出可多可少。所以，通信运营商在进行市场调查的时候都必须讲究经济效益，争取以最少的投入取得最好的效果。

## 四、通信市场调查的主要内容

通信市场调查的内容很多，凡是影响通信运营商市场营销的因素，都是市场调查的对象。但重点应放在对目标市场的调查上。

### (一) 通信市场环境的调查

市场环境调查主要包括人口环境、经济环境、自然环境、技术环境、政治法律环境和文化环境等。具体的调查内容可以是市场的购买力水平，经济结构，国家的方针、政策和法律法规，风俗习惯，科学发展动态，气候等各种影响市场营销的因素。

### 1. 人口环境

人口是构成市场的第一位因素。人口数量的多少及增长速度直接决定市场的规模及其潜量，人口越多市场潜力越大。按人口数量可大略推算出市场规模和市场潜量。而人口的结构与布局直接决定目标市场和市场格局。人口结构主要包括人口年龄结构、性别结构、家庭结构、民族结构和地理结构等。

### 2. 经济环境

这里的经济环境，一是经济发展水平。企业的市场营销活动要受到一个国家或地区的整体经济发展水平的制约。经济发展阶段不同，消费水平不同，必然影响市场状况。二是产业发展状况。与企业自身密切相关的产业发展状况，对企业的投资方向、目标市场的确定等具有重要影响。产业发展状况可以通过产业结构指标得以反映。三是居民个人收入状况。居民个人收入是指居民个人从各种收入来源中所得到的全部收入，包括工资、退休金、红利、租金等收入。居民个人收入状况很大程度上反映了市场购买力水平，而一定的购买力水平则是市场形成并影响其规模大小的决定因素。

### 3. 自然环境

自然环境，一是自然资源环境，主要包括"无限"资源、有限但可以更新的资源、有限但不可再生的资源。二是自然地理环境。自然地理环境主要是指地形地貌和气候条件，它们是企业进行市场营销策划必须考虑的方面。

### 4. 技术环境

科学技术的发明和应用，可以造就一些新的行业和新的市场，同时又使一些旧的行业和市场走向衰落。科学技术的发展，使得产品更新换代速度加快，产品的市场寿命缩短。科学技术的进步，将使人们的生活方式、消费行为及消费结构发生深刻变化。一种新技术或新产品的出现，必对消费市场产生一系列影响。

### 5. 政治法律环境

政治法律环境，一是政治环境因素，主要指一个国家或地区的政治局势、大政方针以及对外政治、经济、军事等关系。二是法律环境因素。企业开展市场营销活动，必须了解并遵守国家或政府颁布的有关法律法规，包括立法情况和执法情况。

### 6. 文化环境

文化环境，一是教育水平。教育水平高的地区，消费者对商品的鉴别力强，容易接受广告宣传和接受新产品，购买的理性程度高。二是价值观念。不同的价值观在很大程度上决定着人们的生活方式，从而决定着人们的消费行为。三是宗教信仰。不同的宗教信仰有着不同的文化倾向，从而影响人们认识事物的方式、观念和行为准则，影响着人们的消费选择，决定着相应的市场需求。四是风俗习惯。风俗习惯是人们根据自己的生活内容、生活方式和自然环境，在一定的社会物质条件下长期形成世袭相传的一种传统风尚和行为方式的综合。

### (二) 通信市场需求的调查

从通信市场营销的观念来说，通信运营商的一切营销活动都是为了满足客户的需要，因此，对客户需求情况的调查，应该成为通信市场调查的最主要内容。对客户需求的调查包括以下两个方面。

#### 1. 对集团客户的调研

对集团客户的调研包括以下几个方面：

(1) 集团客户在营业区的地理分布和行业分布情况；

(2) 不同集团客户的通信费用开支以及对通信产品的需求数量和种类；

(3) 不同集团客户对通信产品的需求变化规律；

(4) 不同集团客户的业务活动或经营活动与通信业务的具体联系；

(5) 不同集团客户如何选择通信产品以及如何购买；

(6) 各集团客户内部组织机构情况及对购买决策具有不同影响力的领导和管理人员，其中购买通信产品的倡议者、决策者、影响者对通信产品的态度如何，其各自的购买心理特点；

(7) 集团客户对不同通信产品总要求趋势的变化以及由于这种变化产生的新的客户群体；

(8) 集团客户对通信产品有哪种潜在需求，数量如何；

(9) 集团客户对通信产品价格、销售渠道、促销宣传、服务态度等方面的反映以及对通信运营商的评价。

#### 2. 对居民客户的调研

对居民客户的调研包括居民数量，可任意支配收入等九个方面：

(1) 营业区域的居民数量的增减变化及家庭总数增减变化；

(2) 居民可任意支配收入的增减变化；

(3) 居民用通信量在通信业务总量中的比重；

(4) 不同职业的居民客户对通信产品需求的种类和数量；

(5) 居民客户为何选择通信产品以及如何购买；

(6) 客户家庭成员在通信产品购买决策过程中的不同角色，决策人、倡议人、影响人各是谁(主要是对开支比较大的通信产品而言)；

(7) 居民客户的潜在通信需求是什么，数量如何；

(8) 居民客户是否形成新的消费群体，由从事哪类职业的居民组成；

(9) 居民客户对通信产品价格、销售渠道、促销宣传、服务态度等方面的反映以及对通信运营商的评价。

### (三) 对通信产品的调研

对任何企业来说，产品是否适销对路对产品在市场中的影响具有重要的意义。产品适销对路，才能吸引消费者的注意力，满足费者的需求，从而使消费者乐意购买。对通信产品的调研包括以下几个方面。

(1) 客户对各种产品在功能、服务质量、服务水平和资费方面的评价、意见和要求。

(2) 客户对各种通信产品，特别是通信新产品用途及使用方法的了解程度。客户，尤其是大客户对通信产品的特殊要求。各种不同类型的通信产品所拥有的客户数。

(3) 各种业务宣传方式对通信产品发展产生的影响。

(4) 分析通信运营商现有产品生命周期，从而针对不同的周期阶段采用不同的产品策略。

(5) 如何改进产品销售前后的服务工作，包括技术服务、上门服务、维修服务等。

(6) 如何根据市场需要，大力开发新产品，提高产品适应能力和竞争能力。

### (四) 对竞争者的调查

通信运营行业属于寡头垄断竞争，中国电信、中国移动、中国联通三家运营商竞争激烈。对竞争者的调查，目的在于衡量通信运营商及通信产品在市场竞争中的地位和竞争力。

(1) 竞争对手的生产经营规模和资金状况。

(2) 竞争对手生产经营产品的种类、价格、服务方式及在消费者中的声誉和形象。

(3) 竞争对手的技术水平和新产品开发的经营情况。

(4) 竞争对手的销售渠道状况。

(5) 竞争对手的宣传手段和广告策略。

(6) 现有竞争程度(市场、占有率、市场覆盖面等)、范围和方式。

## 五、通信市场调查的类型

按照调查的目的和功能划分，通信市场调查可以分为探索性调查、描述性调查、因果性调查和预测性调查。

### (一) 探索性调查

探索性调查，是当企业对需要调查的问题所涉及的范围不甚清楚，无法确定应当调查哪些内容时，采用的一种试探性的调查方法。这种调查是搜集一些有关资料进行分析、找出症结所在后，还需再采用其他类型的调查方法进一步调查。例如，某通信运营商近几个月通信业务收入不断下降，但弄不清楚是什么原因。在这种情况下，可以采用探索性调查，从内部统计资料，各种通信产品销售渠道以及用户等方面搜集资料，寻求最有可能的原因，然后再根据具体情况采用其他调查形式进一步作深入调查。

### (二) 描述性调查

描述性调查，是企业针对一定的调查课题，进行事实资料的收集、记录、整理，把有关该课题的客观情况如实加以描述和反映的调查形式。这种调查主要回答"何时"或"如何"等问题。多数市场调查都属于这一类型，如对通信市场潜量、市场占有率、销售渠道等的调查研究。如果要做一些预测和估计，描述性调查提供的资料十分有用。由于这种调查注重事实资料的记录，所以多采用询问法和观察法搜集资料。

### (三) 因果性调查

因果性调查，是企业为了弄清楚问题的原因和结果之间有关变数关系而进行的调查研究。在市场调查中，经常遇到一些回答"为何"的问题。例如，为何上一季度通信业务量增长缓慢？为何某种通信业务量增长迅速？对于这些问题，一般不是个别因素可以完全解答的，必须弄清楚许多变数关系。因果性调查要搜集有关自变数(企业不可控制的变数)和因变数(企业本身可以控制的变数)的资料，从中分析它们之间的相互关系，找出何者是因，何者是果。因果性调查，一般使用实验法搜集资料。

### (四) 预测性调查

预测性调查，是通过搜集、分析研究过去和现在的各种市场情报资料，运用数学方法，估计未来一定时期内市场对某种通信产品的需求及其变化趋势。预测性调查是在因果性调查的基础上进行的。其目的在于掌握市场机遇，制订有效的营销计划。这种调查通常又称为预测，将在本项目任务三中另作讨论。

案例分析及思考题

### 【课后习题】

调查一下你就读的校园，大学生对手机流量消费的需求特点有哪些？

# 任务二　实施通信市场调查

### 【问题引入】

通信市场营销调查是一项复杂的系统工程，要顺利完成通信市场调查任务，必须运用适当的市场调查方法和技术，依据科学的市场调查程序，有计划、有组织、有步骤地进行。

那么，通信市场调查有哪些方法？通信市场调查的程序又是怎样的？

## 【案例导入】

### 某通信运营商集团客户满意度调研

★ 项目背景

随着企业的竞争加剧，企业之间的竞争已不仅仅局限于生产更好的产品，而在于能够保证客户的基本价值前提下提供更多附加价值，如银行业提出的"微笑服务"。某通信运营商为某市最大的通信运营商，随着近两年通信行业的整体发展速度放缓，该运营商在保证业务稳定增长的前提下，也越来越注重营业网点服务质量的提升，但在实际运行中客户对于服务的满意度有多高、公司现行的服务标准还有哪方面需要改进、竞争对手在服务提升方面做了哪些工作？这些一直是困惑公司高管的棘手问题。

某通信运营商成立于 1999 年 8 月 16 日，同年 10 月 28 日在香港、纽约成功上市。公司注册资金 43 亿元，资产规模超过 130 亿元，网络容量突破 1400 万户，客户总量超过 1000 万户，五年多来上缴国家税金 40 多亿元，是全省唯一专注移动通信领域的通信运营企业，主要经营移动话音、数据、IP 电话、多媒体和互联网等业务。

随着市场的发展，客户的需求也越来越个性化和多样化，加上市场竞争越来越激烈。为了了解集团产品的市场现状，更好地掌握客户的需求，该通信运营商委托某咨询公司进行了一次深度的客户满意度调研。

★ 项目简介

根据以往客户满意度调研经验，客户满意度最主要包括六个方面：产品满意度、资费满意度、服务满意度、宣传满意度、客户经理满意度及合作前景满意度，而针对这些调研类目，经项目组讨论最合适的调研方法为问卷调研。

客户满意度主要包括产品满意度、资费满意度、服务满意度、宣传满意度、客户经理满意度及合作前景满意度六个方面。通过对六大满意度指标的调查分析，来评估集团客户综合满意度的情况，了解集团产品现状，掌握客户需求，为进一步增强集团产品竞争力、提升集团客户满意度需求突破。

★ 项目进展

合同签订后，某咨询公司迅速组织项目团队做了以下工作：

步骤一：问卷设计。根据集团客户满意度的产品、资费、服务、宣传、客户经理及合作前景满意度的指标，对调查的问卷进行设计。

步骤二：问卷修改。先抽取小样本，收集相关的资料，根据小样本调查过程中实际出现的问题对调查问卷进行调整和修改。

步骤三：问卷调查。公司安排专业的市场调查员进行实地的问卷调查，并有相应的视频、音频资料。本次调研共发放 1500 份问卷，根据不同集团级别、不同的区域、不同的产品投放相应比例的问卷。

步骤四：数据分析，提交报告。根据调查所得的数据，运用专业的模型对数据进行科学的分析，然后根据分析结果撰写客户满意度分析报告。

★ 项目成果

成果一：及时发现问题，提高服务质量。通过对某通信运营商集团客户的满意度调研，充分了解了集团客户服务过程中存在的一些问题，以便及时调整和改进，提高集团客户服务质量，增强集团客户的忠诚度。

成果二：充分了解客户的需求期望，及时应对市场变化。通过实际调研的一手数据，及时了解客户的需求期望，该通信运营商可以根据客户需求的变化，及时作出市场反应，提高产品的竞争力。

成果三：增强集团客户的管理能力，更好的发展新客户和维系老客户。通过对集团客户满意度的调查，某通信运营商能够更好地把握客户需求，发展新客户，维持好老客户。

分析提示：通信市场调查要想取得预期的效果，必须运用适当的市场调查方法和技术，依据科学的调查程序，有计划、有组织、有步骤地实施。案例里某咨询公司接受某通信运营商委托，运用问卷调查方法和技术，收集、整理、分析集团客户数据，发现了其服务集团客户过程中存在的问题，充分了解了其集团客户的需求期望，从而为其采取改进措施提供了科学依据，取得了预期的效果。

## 【知识内容】

## 一、通信市场调查的方法

通信市场营销调查的方法选择得合适与否，会直接影响到调查的结果。所以，选择调查方法是通信市场调查的重要环节。通信市场调查的方法有很多，归纳起来，主要有以下几种。

### (一) 询问法

询问法是指通过向调查对象有目的、有逻辑地询问对于某些问题的看法，最后得出结论，从而获得第一手资料的调查方法。这是调查分析客户购买行为和意向的最好的方法。询问法由于有着其他调查方法无法比拟的优势，所以得到广泛应用，也衍生出一系列的具体的市场调查方法，特别是问卷调查法，更是风靡全球。以下介绍几种常用询问法。

#### 1. 深度访谈法

在市场调查中，常常需要对某个专题进行全面、深入的了解，同时希望通过访问发现一些潜在的重要情况，在这种情况下，针对个人的深度访谈法往往能够达到调研的目的。深度访谈法类似于记者的采访，是一种由调查员和调查对象进行沟通的方法，主要从交谈中获取有用的信息，调查对象可以随便提出自己的意见，而不管调查者想要什么。

深度访谈法的优势是可以深入地了解调查对象的动机和行为，调查对象的经验和学识通常能够使调查项目少走弯路，为调查节约大量的资金；缺点是对于调查员和调查对象来讲都要求非常高，调查对象的经验和学识往往跟他的社会地位有很大的关系，社会地位越高，获取对方的配合所付出的成本就越高。调查员应该具备跟各种不同的专业人士进行访谈的必要的学识和经验，否则无法达到目的。正是由于这个限制，这个方法使用的范围并不是特别广泛。

#### 2. 焦点小组访谈法

焦点小组访谈是在国外广泛使用的另一种定性研究方法，有些地方也叫座谈法，通常采用小型座谈会的形式举行，挑选出一组具有代表性的消费者或客户，在一个设施齐全的房间由主持人组织就某个专题进行讨论，从而获得调查资料。与深度访谈不同，焦点小组访谈不是一对一的行为，而是同时访问若干个调查者，通过了解小组成员的意向来获取信息。

焦点小组访谈的优点是：① 取得的资料较为广泛和深入，由于有多个被调查者参加座谈会，在主持人的适度引导下，能够开动脑筋、互相启发，并能有效地激发人们产生想法，即连锁反应。② 资料收集快，效率高。③ 能将调查与讨论相结合，还能探讨原因和寻找解决问题的途径。

焦点小组访谈的缺点在于：① 主持人需要有较丰富的经验和组织控制能力，这导致挑选主持人的工作非常困难，而主持人对于一次焦点小组的访谈成功与否非常重要。② 由于焦点小组的访谈往往需要较多的费用，所以无法大规模推广使用，这导致抽样的样本很难说有很大的代表性。③ 焦点小组的访谈结果通常非常分散，不利于编辑和统计分析。④ 有很多涉及敏感性的问题无法在焦点小组的访谈中获得真实的数据。

### 3. 问卷调查法

问卷调查法是指那些需要借助于问卷进行调查的一类方法，主要有入户访问法、电话调查法、拦截调查法、邮寄问卷调查法、网络调查法等多种方法。所有的问卷调查法都有共同的特征，就是在调查过程中要设计好问卷才能进行，问卷设计的好坏直接影响调查结果的准确性。

#### 1) 入户访问法

入户访问是指采用随机抽样方式抽取一定数量的家庭或单位，访问员到抽取出来的家庭或单位中进行访问，直接与被访者接触，然后依照问卷或调查提纲进行面对面的直接提问，并记录下对方答案的调查方式。

入户访问是询问法中收集信息的一种主要方式，有较强的适用性。这种方式曾经被认为是最佳的个人访谈方式，因为入户访问是一种私下的、面对面的直接访问，可以立即反馈信息，可以对复杂的问题进行解释，可以进行深度的交谈，而且可以在被调查者感到熟悉、舒适和没有压力的环境下进行。由于多种原因，如家庭结构的变化和小型化、安全问题、调查者的数值和访谈结果的可信度等，这种方法目前的使用率正在下降。

入户访问成本高、组织难度大，因此在实施入户访问调查时除了规范的管理外，还有一些注意事项。如果要求根据调查数据对总体做推论，则抽取完全代表总体的样本是非常重要的。这些规范包括抽样框确定原则、起点原则、家庭户抽取原则、敲门入户原则、家庭成员甄选原则等。

在许多情况下，抽样方案无法给出具体的待访家庭的名单，而只是给出若干个抽样点，如某个居委会、某个地段或某个大院等。这时，访问员有一定的确定调查对象的主动权。为了对访问员实施管理，组织者应尽可能详细地规定抽取家庭户的方法。例如，通常可规定在某个抽样点内按等距抽样法抽取 5 户家庭，还要规定起始点的确定方法、计算抽样间距的方法，以及行走路线的方向等。

抽样方案中还应给出当抽中的家庭户内无人或抽中的家庭户拒绝接受访问时的处理方法。例如，提出规定，家中无人时应再访，三次均不成功才能放弃。对于拒绝接受访问的家庭应进行耐心地说服，仍无效者可以放弃，改访最邻近的家庭。

入户后需具体确定访问的对象。根据研究目的的不同，确定的访问对象也相应会有变化。若调查内容主要涉及整个家庭，一般访问户主或最具有决定权的家庭成员为宜；若调查内容主要涉及个人行为或态度，如个人消费行为等，一般访问家中所有某个年龄段的成员，或是按照某种规定选取一位成员进行访问。

入户访问的优点在于：① 直接与被访者接触，可以观察被访者回答问题的态度；② 采用严格的抽样方法，样本的代表性更强；③ 能够得到较高的有效回答率；④ 对于不符合填答要求的答案，可以在访问当时予以纠正；⑤ 可由访问员控制跳答题或开放题的追问。

入户访问的缺点有：① 人力、时间及费用消耗较大；② 可能出现访问员错误理解的情况；③ 对访问员的要求较高；④ 需要严格管理访问员。

2) 邮寄问卷调查法

邮寄问卷调查是调查者将设计好的问卷通过邮寄的方式送达被调查者手中，请他们按要求在规定时间填写问卷并寄回调查表，以此获取信息的一种方法。

邮寄调查是一种高效、方便、费用低的信息收集方法。邮寄调查的适用范围广，调查成本在各种询问中最低，而且被调查者有充分的时间来填写问卷，填写较为灵活、自由、方便，还能避免由于调查人员的干扰而产生的调查误差。但是，邮寄调查的真实价值与问卷的有效回收率有关。由于邮寄调查的有效回收率通常都很低，同时被调查者的不回应也是一个随机过程，因此调查结果可能会产生相当大的偏差。而且邮寄调查的问卷回收时间长，即使是回收的问卷，也有答非所问的情况，所以对调查结果往往很难控制。

在设计邮寄调查的问卷时，应注意以下几个方面的问题：① 注意印刷字体及纸张质地，应尽量具有吸引力；② 问卷上应讲明进行调查的目的和调查结果的重要性，在问卷时应写上"致谢"等礼貌用语；③ 问卷内容不宜太多、太难，要简单明了；④ 问卷表达要简洁，意思清楚，切忌含糊；⑤ 应向被访者说明回答问卷的要求，对问卷回收的时间期限也要做详细说明。

邮寄问卷的主要优点在于：① 可以做大样本调查；② 费用较低，因为减少了访问员的劳务费，免除了对访问员的管理；③ 被访者能避免与陌生人接触而引起的情绪波动；④ 被访者有充足的时间填写问卷；⑤ 可以对较敏感或隐私问题进行调查。

邮寄问卷的主要缺点有：① 问卷回收率较低；② 信息反馈周期长，影响收集资料的时效；③ 要求被访者有较好的文字表达能力；④ 需要在问卷设计上花较多的时间和精力。

3) 拦截调查法

拦截调查是目前十分流行的一种询问调研方法。该方法的特点是调查者在某一特定人群相对集中的地点，如广场、购物中心、超市等公共场所，现场拦截被调查者进行访谈。

拦截调查是一种新兴的调查方式，主要优点是被调查者相对集中，可以节省寻找被调查者的时间，并且使调查者容易接近目标顾客，收集资料。对于市场研究机构来说，许多时候所要收集的信息并非有十分严格的准确性、数量性特征的要求，此时采用拦截调查法可以在较短的时间内收集到所需要的基本信息。

拦截调查主要有两种方式。第一种方式是由经过培训的访问员在选定的若干地点，如交通路口、户外广告牌前、商场或购物中心外等，按照一定程序和要求选取访问对象，征得其同意后在现场按照问卷进行简短的面访调查，常用于需要快速完成的小样本试探性研究，如对某种新上市的通信产品的反应等。第二种方式也叫中心地调查或厅堂测试，是在事先选定的若干场所内，租借访问专用的房间或厅堂，然后按照一定的程序和要求，在选定的场所附近拦截访问对象，征得其同意后，带到专用的房间或厅堂内进行面访调查，常用于需要进行实物显示的或特别要求有现场控制的探索性研究，如某种新开发产品的使用实验等。

拦截调查需要注意的事项有：

(1) 事先需要对调查的地点进行认真选择。拦截调查的地点一般选择在交通便利、人流量较大的主要交通路口，或是大商场、会展中心、娱乐中心等地方。但在地点的选择上应注意不要造成交通堵塞或给其他商家收益带来不利影响，否则会引起纠纷。若是采用中心地调查，还可能涉及场地的租借，注意租借的场地应该是交通便利的地方，拦截活动应该在场地外就能实施，因为即使被访者被成功拦截后也很少愿意走很远路程去配合调查。

(2) 事先要合理安排调查的时间。拦截访问结合调查的目的和内容选择调查对象、时间和地点，只有这样，才能保证获取的样本具有代表性。

(3) 事先需要对访问员进行必要的培训。拦截调查的拒访率很高，行人的态度也并非很友善。因此访问员应具有良好的礼节，以及耐心和自信，能及时向被访者讲明调查的目的，以使被访者对调查的问题持有兴趣。拦截调查对于访问员的总体要求是：认真负责、大胆灵活、不怕困难、善于交流。调查中常常使用满腔热情、渴望了解社会、掌握市场调查基本知识而且具有初生牛犊不怕虎精神的大学生。

拦截调查的主要优点有：① 访问时间短，效率高；② 可以很好地控制访问过程；③ 可以节省抽样环节和费用。

拦截调查的缺点在于：① 由于在固定场所，容易流失掉不到该场所去的群体，导致样本的代表性有所欠缺；② 不能耽误被访者太长时间，所以问卷的问题不能过长、过多；③ 被访者中途拒答的情况时有发生。

### 4) 电话调查法

电话调查是指调研人员借助电话工具依据调研问卷向被调查者逐项询问，了解意见看法，收集信息资料的一种调研方法。电话调查可以分为电话访谈、计算机辅助电话访谈和中心控制电话访谈等形式。电话访谈是访问员直接通过电话与被访者进行交谈、获取信息的调查方式。使用计算机辅助电话访谈方式时，需要将问卷输入计算机，计算机按要求的电话号码拨号，被访者接听电话后，由访问员按设计显示屏上的问题向被访者提问，并把答案直接输入计算机。中心控制电话访谈法通过专门的设备对电话访谈的过程进行监听，以控制电话访谈的效果和效率。

电话调查由于成本低、花费时间短而被许多调研机构采用。但由于通话时间有限，使得电话调查受到很多限制，如不能进行深入访谈、对对方的回答无法验证等。甚至有时候被访者会突然挂断电话，从而导致调查无法进行。因此，为了提高电话访问的完成率和成功率，调研组织者应该做好以下方面的工作：

(1) 建立一个尽可能完善的调研对象电话号码信息库，也就是确定一个较理想的抽样框；

(2) 设置通话监控程序；

(3) 选择确定较好的抽样方法，若是信息库很大，使用黄页电话号码簿来选择具体的调研对象，调研人员就会面临采用哪种抽样方法的问题，等距(系统)抽样、简单随机抽样、按区号分类再简单随机抽样等方法都不失为好的选择；

(4) 选择最恰当的通话时间；

(5) 确定合适的访谈对象，当被访者是适当而且合格的人士时，电话访谈的结果才有价值。特别是在工业品市场对于调查对象的筛选尤其重要；

(6) 掌握良好的电话沟通技巧。

电话调查的优点在于：① 整个项目的访问时间短；② 节省费用；③ 可以解除对陌生人的心理压力；④ 问卷较简单，对访问员的要求较低。

电话调查的缺点是：① 无法访问到没有电话的单位或个人；② 只能得到简单的资料，无法深入了解情况；③ 无法出示卡片、照片等相关资料；④ 无法了解被访者当时的态度，难以辨别答案的真伪；⑤ 拒访情况较多。

5) 网络调查法

网络调查，也叫网上调查，指将设计好的问卷置于互联网上，进而收集资料及分析咨询等活动。网络调查不仅涉及网上行为的研究，即研究人们在虚拟环境中和中间环境中做些什么；还涉及"利用计算机为工具和利用能接触计算机的人群来研究人类的一般行为"。网络调查与传统调查方式比较，在组织实施、信息采集、信息处理、调查效果等方面具有明显的优势，充分认识这一调查方式的特点，是开展好网络调查的前提。

按照调查者组织调查样本的行为，网络调查可以分为主动调查法和被动调查法。主动调查法是指调查者主动组织调查样本，完成统计调查；被动调查法的调查者被动地等待调查样本造访，完成统计调查。被动调查法的出现是统计调查的一种新形式。

按网络调查采用的技术，网络调查可以分为站点法、电子邮件法、随机 IP 法等。

(1) 站点法。站点法是将调查问卷的 HTML 文件附加在一个或几个网络站点的 Web 上，由浏览这些站点的网上用户在此 Web 上回答问题。站点法属于被动调查法，这是目前网络调查的基本方法。

(2) 电子邮件法。电子邮件法是通过给被调查者发送电子邮件，将调查问卷发给一些特定的网上用户，由用户填写后以电子邮件的形式反馈给调查者。电子邮件法属于主动调查法，与传统邮件法相似，其优点是邮件传送的时效性大大提高了。

(3) 随机 IP 法。随机 IP 法是以产生一批随机 IP 地址作为抽样样本进行调查的方法。随机 IP 法属于主动调查法，其理论基础是随机抽样，利用该方法可以进行纯随机抽样，也可以依据一定的标准排队进行分层抽样和分段抽样。

网络调查法的优势在于：① 组织简单、费用低廉、效果高；② 采取匿名的形式，使得调查对象很容易打消顾虑，对于敏感性问题的调研项目进行网络调查效果非常好；③ 快速传播与多媒体问卷可以给予被调查者更多的信息资料便于消费者理解调查项目；④ 采集信息的质量可靠；⑤ 网络调查可以对收集信息质量实时系统的检验和控制；⑥ 没有时空、地域限制；⑦ 网络调查的周期大大缩短。

网络调查法的缺点是：① 样本缺乏代表性，这是网上调查最大的缺陷，网上调查的调查对象仅限于网民，网民的构成决定着预定的被调查者是否构成群体规模，如果被调查对象规模不够大，就意味着不适合在网上进行调查；② 有人可能会因为礼品或者其他的奖励的原因反复接受调查，使调查数据不准确；③ 回答率低，网上调查作为一种被动式的调查，调查人员对受访者无法加以直接的影响，因此吸引上网人员回答具有一定的难度；④ 不适合开放性问题的调查，由于中文输入的困难，许多上网的人不愿意在网上打字，因此网上调查当尽可能避免设置开放型问题。

### （二）观察法

观察法，观察法是由调查者有目的地观察、记录调查对象的行为、活动、反应、感受，以获取资料的方法。有时候为了调查需要，还会利用各种仪器和设备，总的来说观察法有以下几类：

(1) 自然观察和非自然观察。自然观察是在行为正常发生的环境中观察行为，如人们在商场购物。非自然观察是人为设计一个环境，观察人们在此环境中的行为模式，如改变商场灯光等设备观察购物者的行为表现。

(2) 伪装观察和非伪装观察。伪装观察是不被调查对象发现的观察行为。非伪装观察是调查对象知道自己正在被观察。如果调查对象会因为感觉到有人观察自己而改变自己的行为，则应该用伪装观察，否则无需伪装。

(3) 严谨观察和松散观察。严谨观察是清楚地定义了决策问题，并详细描述信息的需求，清楚地识别所观察和测量的行为。松散观察是调研者尚未清楚地定义调研问题，试图通过松散观察发现调研问题的方向。

(4) 直接观察和间接观察。直接观察是在行为发生的时候观察其行为。间接观察是观察一些过去行为的记录。间接观察是观察行为的影响而非行为本身，如收集竞争对手的垃圾，或者通过观察生活垃圾发现家庭生活特征等。

(5) 人类观察和机械观察。在一些情况下，适合用一些形式的机械观察来替代人类观察，原因是机械观察更加客观，可重复利用。在观察中所使用的主要设备有摄像机、照相机、声音探测仪等。

相比较询问法，观察法有其独特的优势。首先，它并不取决于应答者是否愿意提供理想的数据；其次，减少了由于采访员采访过程而产生的潜在偏差，因此观察数据更加准确；第三，有些数据只有通过观察才能收集，如心理学方面的研究经常用到的测谎仪。

当然观察法也有一些局限：第一是不能观察到人的意识、信念、感觉和偏好，此外还有些人由于其行踪无法确定因此无法观察；第二是观察法通常耗时较长，而且需要从中查找规律，所以必须是反复出现的现象才能方便统计分析。

要成功采用观察调查法，必须具备如下条件：

(1) 所需要的信息必须是能观察到并能够从观察的行为中推断出来的；

(2) 所观察的行为必须是重复的、频繁的或者是可预测的；

(3) 观察的行为是短期的，并可获得结果的。

### （三）实验法

实验法是在既定的条件下，通过一系列的实验对比，对市场现象中某些变量之间的因果关系及其发展变化过程加以分析的一种调查方法。实验法通常在因果性调查中应用，旨在通过控制某一个或某些营销变量，来研究其对因变量的影响。例如，通过改变不同地区的广告投入来考核销量的变化，可以测定广告的效果。

实验法的优势在于：① 结果的客观和实用性，实验法是一种真实的或者模拟真实环境下的调查方法，所以结果客观且有较大的推广价值；② 方法主动积极，可控性较高，调查人员可以主动改变某些市场变量，通过发现其他变量的变化来发现市场变化的影响因素，这是其他调查方法无法做到的；③ 实验的结论具有较强的说服力，由于控制了实验的环境，实验反复进行，使结果更加精确，因此说服力较强；④ 可以探索尚不明确的市场变量之间的关系，认识事物的本质和发展规律。

实验法的劣势在于：首先，影响市场变化的因素错综复杂，实验法又需要对各种营销变量进行控制，难免出现无法控制的现象；其次，实验控制的条件不可能与其他市场条件完全相同，所以实验成果的推广效果也受到局限；再次，实验法耗时长，费用高，且实验过程控制难度大，通常无法在短期内完成；最后，实验的保密性差，容易泄密，导致巨大损失。

## 二、通信市场调查的技术

通信市场调查不仅需要选择合适的调查方法，还必须善于运用各种调查技术，才能获得完整、准确的信息资料。通信市场调查的基本技术包括调查问卷设计和抽样设计的技术。

### (一) 调查问卷的设计

问卷也称调查表，它是通信市场调查中最常用的一种重要工具。问卷是由一系列的问题组成的，其目的是通过被调查者的回答获得所需信息。问卷设计中的缺陷不仅会影响市场调查其他环节的顺利展开，甚至可能导致整个调查项目的失败。要设计出一份优秀的问卷，设计者一方面需要具备广博的知识，另一方面还必须遵循一定的基本原则，并且掌握问卷设计的基本技巧。

#### 1．调查问卷的结构

调查问卷的结构一般包括三个部分：前言、正文和结束语。

1) 前言

前言是对调查项目本身的说明，其作用是要引起被调查者对调查的重视，争取他们的帮助与合作。具体内容包括调查者的自我介绍，调查者代表的组织和机构，调查目的和意义以及对被调查者的合作表示感谢等。前言部分的文字要简洁明确，语气要谦虚诚恳，能够激发被调查的兴趣，促进其积极合作。

2) 正文

正文是调研问卷最基本和最主要的组成部分，是市场调查所要搜集的主要信息的汇总，它由一系列问题及相应的选择项目组成。通过正文问题的设计和被调查者的答复，市场调查者可以对被调查者的个人基本情况和对通信服务项目的态度、意见倾向以及行为有较充分的了解。

3) 结束语

在调查问卷最后，简短地向被调查者强调本次调查活动的重要性以及再次表达谢意。

例如：为了保证调查结果的准确性，请您如实回答所有问题；您的回答对于我们得出正确的结论很重要，希望能得到您的配合和支持，谢谢！

### 2. 调查问卷的设计原则

设计调查问卷的总体要求是简明扼要，科学合理。当然，问卷类型、问卷内容各不相同，不同的设计者也各有风格，但都需满足问卷设计的基本要求，即在一定成本下获取最低误差的有效信息资料。其具体原则体现在以下六个方面。

1) 合理性

合理性指的是问卷必须与调查主题紧密相关。违背了这样一点，再漂亮或精美的问卷都是无益的。而所谓问卷体现调查主题，其实质是在问卷设计之初要找出与"调查主题相关的要素"。

2) 一般性

一般性，即问题的设置是否具有普遍意义。应该说，这是问卷设计的一个基本要求。如果我们仍然能够在问卷中发现一些常识性的错误，不仅不利于调查成果的整理分析，而且会使调查委托方轻视调查者的水平。

3) 逻辑性

问卷的设计要有整体感，这种整体感即是问题与问题之间要具有逻辑性，独立的问题本身也不能出现逻辑上的谬误。问题设置紧密相关，因而能够获得比较完整的信息。调查对象也会感到问题集中、提问有章法。相反，假如问题是发散的、带有意识流痕迹的，问卷就会给人以随意性而不是严谨性的感觉。

4) 明确性

所谓明确性，事实上是问题设置的规范性。这一原则具体是指：命题是否准确；提问是否清晰明确、便于回答；被访者是否能够对问题做出明确的回答等。

5) 非诱导性

非诱导性指的是问题要设置在中性位置、不参与提示或主观臆断，完全将被访问者的独立性与客观性摆在问卷操作的限制条件的位置上。如果设置具有了诱导和提示性，就会在不自觉中掩盖了事物的真实性。

6) 便于整理、分析

成功的问卷设计还要考虑到问卷在调查后的整理与分析工作。首先，这要求调查指标是能够累加和便于累加的；其次，指标的累计与相对数的计算是有意义的；再次，能够通过数据清楚明了地说明所要调查的问题。只有这样，调查结果才有说服力，才能收到预期的效果。

### 3. 调查问卷提问的方式

调查问卷提问的方式主要有以下两种：

第一，开放式提问。开放式提问又称非限制式、自由回答式提问，指对调查的问题并不列出所有可能的答案，而是由被调查者自由作答。例如：您想买什么样的手机；您对通信产品有何要求和建议等。开放式提问的优点是被调查者可以比较自由地发表意见，内容比较丰富，甚至可以收集到意料之外的信息；缺点是受提问方式及被调查者本人表达能力的影响和限制，可能会答非所问，也容易产生偏见。同时，由于被调查者提供答案的角度和方式各不相同，故对信息资料的整理、分类造成困难。

第二，封闭式提问。封闭式提问又称限制式提问，是针对调查问卷中提出的问题，已设计了各种可能的答案，被调查者只要从中选择一个或几个即可。其优点是填写方便而且规范，并且便于电子计算机汇总。所以，问卷设计时应尽可能采取封闭式提问。

### 4. 调查问卷设计的技巧

#### 1) 问句设计的技巧

(1) 避免将多个问题并在一个问题里进行询问，这样容易引起回答出现歧义或无法统计的情况，如果确实需要设计这样的问题，则应该在调查的过程中进行控制，例如：

哪项业务在您缴纳的手机费中所占比例最高：_____；费用次高的业务是：_____。

A. 短信业务　　　　　　B. 市话　　　　　　C. 长途电话
D. 手机上网　　　　　　E. 基本套餐费

在这个题目中，涉及了两个问题。在调查结束后进行统计分析时发现，大多数调查对象只是用笔在选项上面画钩，而不是将答案的选项填在空格处，这就导致我们无法知道到底哪项是最高的，哪个选项是次高的。

这个题可以改成这样的：在您缴纳的手机费中，所占比例最高的前两项业务是？或者题目也可以不改，但是要求调查员在调查过程中特别留意这个问题，要求调查对象将答案填写在空格处。

(2) 尽量不使用语法结构特别复杂的句子。在实际调查过程中，我们所面临的调查对象可能文化水平不高，知识水平较低，太复杂的句子容易引起曲解。在设计问题的时候，尽量考虑调查对象的地理、文化、政治法律等方面的差异进行设计。

(3) 问题尽量具体化，量化，而非笼统的询问。例如，在一次对大学生手机消费的调查中，有这样一个问题："你是否经常使用手机上网？"由于每个人对于经常的定义不同，所调查的结果也无法进一步地分析。

(4) 避免提出诱导性的问题，这会导致调查结果出现巨大的偏差。例如，针对不使用手机上网的高校学生进行关于手机上网的提问："如果有可能的话，您愿意使用手机上网吗？"另外一种问法是："你愿意使用手机上网，还是只是通过电脑上网？"这两种不同的问法导致出现调查的结果的巨大差异。第一个问题的结果，只有19%的人说她们不喜欢手机上网，而第二个问题的结果，68%的人不喜欢手机上网。这就是诱导性的问题所带来的巨大偏差，显然第一个问题就是带有诱导性的问题，因为前面说"如果有可能的话"，很多人会将这句话误解为所有其他的可能出现的情况。

(5) 精确设定时间范围。调查者在设计问卷过程中，经常会犯的一个错误是使用一些不确切的对于"过去"界定的词来对调查对象过去的行为进行调查。例如：您过去购买过电信的套餐吗；您过去每月的收入是多少等都没有对时间进行精确限定，这影响了数据的有效性。

#### 2) 答案的设计技巧

问卷的主要功能是进行测量，而测量的标准则主要是在问题的答案设计过程中，答案设计的好坏，直接影响调查结果的分析，在设计答案的时候，要考虑两个原则：互斥和穷尽。

(1) 互斥原则。互斥原则是指每个问题中所有的答案应该互不相容、互不包含，这样的话，调查对象在填写问卷的时候才不至于出现无法选择或者双重选择。

例如：您主要用手机的哪些功能？

A. 打电话　　　　B. 发短信、彩信　　　　C. 上网

D. 查看邮件　　　E. 手机报等增值业务　　F. 听音乐　　G. 照相

其中上网和查看邮件、听音乐都有互相重叠的地方，并不是互斥的。这道题的答案设计得不太合理。

(2) 穷尽原则。穷尽原则是指每个问题所列出的所有答案应该包括所有的可能的回答。这是为了使所有调查对象都能从中选择其中的一项答案。不至于因为没有答案而放弃作答。

例如：您经常使用手机上网吗？

A. 每天 5～7 小时　　　　　　　B. 每天 3～6 小时

C. 每天 1～3 小时　　　　　　　D. 每天 1 个小时以上

这道题对于不使用手机上网的那些调查对象而言就无法作答。

### 3. 问卷题目的编排技巧

一份问卷通常包括多道题目，如何确定各题的先后顺序也是一个重要的问题，否则容易影响调查对象作答，甚至影响调查结果的统计分析。题目编排一般遵循如下原则：

(1) 按题目内在的逻辑编排。问卷的设计从整体上来看应该按照调查目的的逻辑顺序来进行编排，这些逻辑顺序可以是时间顺序、空间顺序、调查项目的递进顺序等。这种逻辑不容有错，否则可能会让调查对象思维混乱而影响填写问卷的准确性。

(2) 按先易后难的顺序编排。在问卷设计排序过程中，容易的问题应该放在前面，困难的问题摆在问卷的后面。这样的话，在实际调查过程中，容易获得调查对象的配合。通常，涉及调查对象的隐私和其他敏感性问题会难以获得对方的配合。还有一类是开放性的问题，由于需要用文字表达自己的意图，也难以获得对方的配合。这两类问题都属于困难问题，都应该放在问卷的后面。

(3) 考虑吸引调查对象的注意力。心理学告诉我们，人们通常对于感兴趣的事情表现出积极的态度，所以，将能够调动调查对象兴趣的问题放在前面，可以有效提高调查对象的应答率。

### 4. 优秀问卷的标准

(1) 问卷能否达到调查的目的。问卷调查最终的目的是为了收集数据，而这些数据的收集是为了调查目的的实现，而调查目的，又源自于一项管理决策。前面讲到，管理者只有在面临管理决策时才需要收集信息，市场调查工作才会进行。如果问卷不能够达到调查目的，或者无法让管理者满意，显然就无法达到决策目的。

(2) 考虑调查对象的特征。为了尽可能节省时间和费用，调查问卷应该简洁、高效、逻辑性强。调查问卷的语言应完全根据调查对象的特征进行设计。例如，对于拦截访问，问卷不能过长，问题也要简洁。对于邮寄问卷调查，可以设计更多的问题，但是要考虑如何获取对方的配合，顺利回收问卷。

(3) 满足问卷审核、编码和数据处理的要求。问卷回收后，就要进行审核和编码，一

份优秀的问卷应该能够用计算机辅助进行数据录入、快速处理，形成处理结果。

附

## 某高校学生天翼手机业务调查问卷

亲爱的同学：

　　您好！

　　为了了解大学生的通信需求现状，给各位客户提供更好的通信服务，特开展此项调查，请您就下列问题提供宝贵的意见。

1. 您的性别是：_____。　　A. 男　　　　　B. 女

2. 您的班级是：_____。

3. 您能承受的手机购买价格：_____。

A. 600 元以下/部　　　　　　B. 600～899 元/部　　　　　C. 900～1199 元/部

D. 1200～1499 元/部　　　　　E. 1500～1800 元/部　　　　F. 1800 元以上/部

4. 您希望手机具有以下哪些附加功能(可多选)：_____。

A. 手机拍照　　　　　　　　B. MP3 音乐　　　　　　　C. 收发彩信

D. 手机上网　　　　　　　　E. MP4 播放　　　　　　　F. 其他

5. 目前您使用哪种手机业务(可多选)：_____。

A. 中国移动—动感地带　　　B. 中国移动—神州行　　　C. 中国移动—全球通

D. 中国联通—校园 UP 新势力　E. 中国联通—世界风　　　F. 中国电信天翼

G. 中国联通—其他业务　　　H. 中国移动—其他业务　　I. 中国电信—其他业务

6. 您当前的手机套餐使用时间是_____。

A. 6 个月以下　　B. 6～12 个月　　C. 12～18 个月　　　D. 18 个月以上

7. 您每月的手机话费是_____。

A. 20～39 元　　　B. 40～59 元　　C. 60～79 元　　　　D. 80 元以上

8. 哪项业务在您缴纳手机费中所占比例最高：_____；费用次高的业务是：_____。

A. 短信业务　　　　　　　　B. 市话　　　　　　　　　C. 长途电话

D. 手机上网　　　　　　　　E. 基本套餐费

9. 选择手机业务时，您考虑的最重要因素：_____；次重要因素是：_____。

A. 短信价格便宜　　　　　　B. 市话价格便宜

C. 长话价格便宜　　　　　　D. 网络信号好

E. 品牌知名度高　　　　　　F. 可供选择的各类包月业务多

G. 可加入校园集团或班级用户群　　H. 周围同学都在用

10. 您是否加入了"校园集团"：_____。

A. 已经加入　　　　　　　　B. 没有加入

C. 所在校区没有"校园集团"业务　　　　D. 根本不知道有该业务

11. 您选择了哪种"套餐包"(多选)：_____。

A. 短信包　　　　B. 亲情包　　　　C. 上网包

D. 彩信包　　　　E. 长话包　　　　F. 家庭包　　　　G. 其他

12. 您是否关注中国移动、中国电信或中联通发起的各类促销活动：_____。

A. 关注且参与                    B. 关注，但不参与

C. 根本不关注                    D. 关注，感兴趣的就参与

您对电信天翼手机服务有何意见或建议：_____

_____

_____

问卷到此结束，谢谢您的配合！

### (二) 抽样调查

抽样，是应用数学中与概率相连的一个术语。抽样调查，是通信市场调查普通使用的方法。因为普查方式远非通信运营商所能做到的，而科学的抽样调查方法又具有相当的准确性。所谓"抽样调查"，指从全部总体单位中按照抽样理论抽取一部分单位进行调查，并依据所获得的结果对总体进行推论，达到认识总体的一种调查方法。抽样调查的具体方法很多，常用的有以下几种。

**1. 随机抽样**

随机抽样以概率理论为依据，通过随机化的机械操作程序取得样本，所以能避免抽样过程中的人为因素的影响，保证样本的客观性。运用这种方法，每个总体单位(即整体中的个体)被抽作样本的机会均等。它又分为：

1) 简单随机抽样

简单随机抽样是一种广为使用的概率抽样方法。适用范围最广，也是理论上最符合随机原则的方法。简单随机抽样是最完全的概率抽样，它对调查总体不经过任何分组、排队，完全凭着偶然的机会从中抽取个体加以调查。

2) 分层随机抽样

分层随机抽样是将抽样单位按某种特征或某种规则划分为不同的层，然后从不同的层中独立、随机地抽取样本。将各层的样本结合起来，对总体的目标量进行估计。其优点是保证了样本中包含有各种特征的抽样单位，样本的结构与总体的结构比较相近，从而可以有效地提高估计的精度。

如果全部总体单位各自差异性很大，可用这种方法，即按调查对象的职业、年龄或者按区域、行业等划分层次，在每一层次中按一定比例，进行随机抽样。例如，为了调查某社区对有线宽带的需求情况，可按每个家庭月人均收入分为几个层次(如 3000~4000 元；4001~5000 元，5001~6000 元等等)，然后确定每层次客户的抽样比例，根据相应的抽样比例再对每个层次客户进行随机抽样。

3) 分群随机抽样

将总体中若干个单位合并为组，这样的组称为群。抽样时直接抽取群，然后对中选群中的所有单位全部实施调查，这样的抽样方法称为整群抽样。其优点是抽取样本时只需要

群的抽样框，而不必要求包括所有单位的抽样框，大大简化了编制抽样框的工作量。

市场营销调查用简单随机抽样抽取的样本过于分散，所以通常集中在几个有代表性的区域，分区域抽样，这就是分群随机抽样。仍以调查社区家庭对有线宽带的需求情况为例，通信运营商往往在全市几个有代表性的社区分别进行随机抽样，这就是按照分群随机抽样理论进行的抽样调查。

**2. 非随机抽样**

非随机抽样，又称非概率抽样，指抽样时不是遵循随机原则，而是按照调查人员的主观经验或其他条件来抽取样本的一种抽样方法。在实践中，一般也有三种常用方法。

1) 任意抽样

任意抽样又称为便利抽样，就是根据便利选择样本，以调查者的便利作为基础，样本的选择主要以调查员来决定。例如，在通信运营厅，访问前来办理业务的客户，一般用于实验性调查，正式调查中很少使用。

在任意抽样中，由于调查对象被抽取的概率是未知的，样本的代表性差，无法知道到底样本单位是否能够代表总体特征，利用调查结果来推断总体的风险也比较大。便利抽样最大的特点是省时间和调研费用，主要目的是帮助调研者发现一些问题，常在探索性调查中使用。

2) 判断抽样

判断抽样是专家或调查人员凭自己的主观意愿、经验和知识，从总体中选择具有典型代表性的样本作为调查对象的一种抽样方法，这种方法使用较广泛。判断抽样多用于总体规模较小，或调查时间、人力等条件有限而难以进行大规模随机抽样的情况。

判断抽样的优点在于能充分发对研究人员的主观能动作用，特别是当研究者对所研究的总体情况比较熟悉，判断能力比较强时，采用这种方法往往比较方便。但是它的局限性也很明显，即样本的代表性和抽样误差往往难以判断。

3) 配额抽样

配额抽样也称"定额抽样"，是调查人员将调查总体样本按一定特征分类或分层，确定各类(层)单位的样本数额，在配额内任意抽选样本的抽样方式。

配额抽样由调查者根据所规定的控制特征以及事先确定和分配的调查数领来选择调查对象。例如，为了解居民对有线宽带的需求，指定调查人员去某社区调查收入水平高、中、低的三口人家庭各三十个，这就是配额抽样。还有一种情况是，在抽样调查中需要抽取的具有不同特性的样本数目，必须同整体中具有不同特性的个体总数成比例。例如，某通信运营商一营业区内有个体经营行为的居民占20%，无个体经营行为的居民占80%，如果对该营业区居民客户的抽样调查时，规定在抽取的样本总数中必须是前者 20%，后者的占80%，则为配额抽样。

在抽样调查中，最主要的是要注意样本的代表性，切忌主观臆断。样本数目的多少，与调查的准确性及调查费用高低关系极大：样本越多，准确性越大，但调查费用越高，所需时间越长；样本过少，往往准确程度差，但省时省力省钱。因此，必须根据市场调查的目标需要慎重选择。

## 三、通信市场调查的程序

通信市场营销调查是一项复杂的系统工程，要顺利完成市场营销调查任务，必须依据科学的程序，有计划、有组织、有步骤地进行。一般来说，通信市场调查的程序包括以下步骤，如图3.1所示。

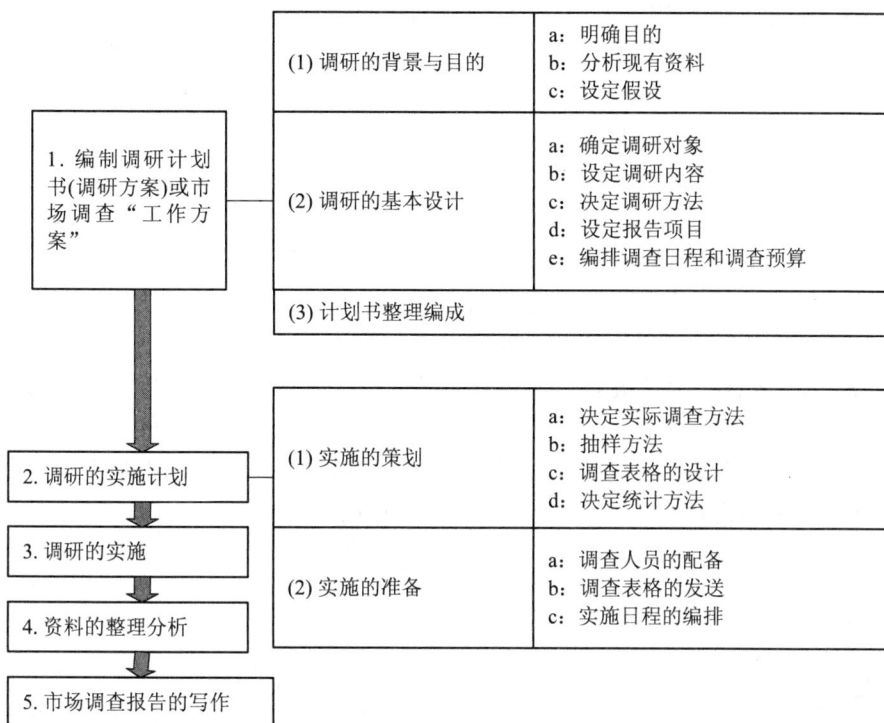

| 1. 编制调研计划书(调研方案)或市场调查"工作方案" | (1) 调研的背景与目的 | a：明确目的<br>b：分析现有资料<br>c：设定假设 |
| | (2) 调研的基本设计 | a：确定调研对象<br>b：设定调研内容<br>c：决定调研方法<br>d：设定报告项目<br>e：编排调查日程和调查预算 |
| | (3) 计划书整理编成 | |
| 2. 调研的实施计划 | (1) 实施的策划 | a：决定实际调查方法<br>b：抽样方法<br>c：调查表格的设计<br>d：决定统计方法 |
| 3. 调研的实施 | (2) 实施的准备 | a：调查人员的配备<br>b：调查表格的发送<br>c：实施日程的编排 |
| 4. 资料的整理分析 | | |
| 5. 市场调查报告的写作 | | |

图 3.1　通信市场调查的程序

### (一) 调查准备阶段

这一阶段主要是确定调查目的、要求及范围并据此制订调查方案。在这阶段中包括三个步骤。

(1) 调查问题的提出：市场调查人员根据决策者的要求或由市场调查活动中所发现的新情况和新问题，提出需要市场调查的课题。

(2) 初步情况分析：根据调查课题，收集有关资料作初步分析研究。许多情况下，市场调查人员对所需调查的问题尚不清楚或者对调查问题的关键和范围不能抓住要点而无法确定调查的内容，这就需要先收集一些有关资料进行分析，找出症结，为进一步调查打下基础，通常称这种调查方式为探测性调查。探测性调查所收集的资料来源有：现有的资料，向专家或有关人员作调查所取得的资料。

(3) 制订调查方案：调查方案包括确定调查目的、具体的调查对象、调查过程的步骤与时间等，在这个方案中还必须明确规定调查单位的选择方法、调查资料的收集方式和处理方法等问题。

### (二) 调查实施阶段

在这一阶段的主要任务是根据调查方案，组织调查人员深入实际收集资料，它又包括三个工作步骤。

(1) 组织并培训调查人员：企业往往缺乏有经验的调查人员，要开展市场调查，首先必须对调查人员进行一定的培训，目的是使他们对调查方案、调查技术、调查目标及与此项调查有关的经济、法律等知识有一明确的了解。

(2) 收集资料：首先收集的是第二手资料也称为次级资料。其来源通常为国家机关、金融服务部门、行业机构、市场调查与信息咨询机构等发表的统计数据，也有些发表于科研机构的研究报告或著作、论文。对这些资料的收集，方法比较容易，而且花费也较少。其次是通过实地调查来收集第一手资料，即原始资料，这时就应根据调查方案中已确定的调查方法、调查方式和确定好的选择调查单位的方法，先一一确定每一被调查者，再利用设计好的调查方法与方式来取得所需的资料。这类调查活动与前一种调查活动相比，花费虽然较大，但是它是调查所需资料的主要提供者。

(3) 准备调查表格：为使被调查者乐意合作，调查能顺利进行并搜集到准确资料，以达到调查目的，调查者必须在调查前拟定好调查表格、调查提纲。一般来说，调查表格的设计具体要求是：问题要尽可能简单、具体，用语要准确，所提供的选择答案要完备；要最大限度地减轻被调查者的负担；所提的项目应是被调查者有能力回答和愿意回答的问题；不要提出倾向性、诱导性的问题。

### (三) 调查总结阶段

市场调查的作用能否充分发挥，它和做好调查总结的两项具体工作密切相关。

(1) 资料的整理和分析。通过营销调查取得的资料往往相当零乱，有些只是反映问题的某个侧面，带有很大的片面性或虚假性，所以对这些资料必须做审核、分类、制表工作。审核即是去伪存真，不仅要审核资料的正确与否，还要审核资料的全面性和可比性。分类是为了便于资料的进一步利用。制表的目的是使各种具有相关关系或因果关系的经济因素更为清晰地显示出来，便于做深入的分析研究。

(2) 编写调查报告。它是调查活动的结论性意见的书面报告。编写原则应该是客观、公正、全面地反映事实，以求最大限度地减少营销活动管理者在决策前的不确定性。调查报告包括的内容有：调查对象的基本情况、对所调查问题的事实所作的分析和说明、调查者的结论和建议。

案例分析及思考题

【课后习题】

设计一份调查问卷，调查所在校园学生对通信运营商校园宽带产品的消费情况。

# 任务三　开展通信市场预测

## 【问题引入】

通信市场预测同通信市场调查和通信营销决策紧密相连。通信市场调查是通信市场预测的依据，通信市场预测是通信营销决策的基础，通信市场调查和通信市场预测的目的是为了实现通信营销决策的科学性和准确性。那么究竟什么是通信市场预测？通信市场预测的方法有哪些？通信市场预测的程序是怎样的？

## 【案例导入】

### 强强联手出新招

目前，IT 业和通信产品逐步趋向"整合思维"，随着市场需求的变化，宽带运营商和制造商的关系更加密切。某市电信公司充分利用这一趋势，创新宽带销售模式，自 2017 年 3 月开始积极开展"宽带捆绑电脑"业务营销活动，受到了广大用户的普遍关注。截至 7 月底活动结束，该市已有 10 万余户通过安装电信宽带而成为台湾宏碁电脑的客户，获得了理想的市场营销效果。

"宽带捆绑电脑"业务营销活动是某市电信公司与宏碁电脑股份有限公司强强联手推出的。其主要的优惠方式有两种：一种是凡是一次性付完一年费用的，送 IPTV 高清电视会员一年，并送调制解调器一台，另一种是凡是连续用三年中国电信上网者，送 1299 元智能手机一部。

活动开始后，各地的电信公司充分利用客户集聚地点多面广的特点和营销渠道畅达的优势，进行了一系列的业务宣传与促销活动。该市电信公司为扩大此次活动的影响范围，通过报纸、电视台、户外广告、横幅、信息号的群发等方式，营造出"用宽带上网"的新概念的浓浓氛围，同时在城市中心、社区里弄设点，下农村等进行现场办宽带、电脑演示和受理等服务。一时间，电信各营业窗口办理"宽带捆绑电脑"业务的人络绎不绝。2017 年 12 月份以来中国电信市场的高速扩张，造成了"宽带捆绑电脑"业务量迅猛增长。为了更好地配合该市电信宽带上网业务的迅速发展，改善面向用户的服务，该市电信公司加紧采用光纤到户的方案对客户统进行改造，以保证在近两年内满足业务扩展的需求。为把宽带市场推向农村，该市电信公司借助"宽带捆绑电脑"业务推出，制订了针对性的营销方案，开展了一系列的业务宣传活动。乡镇的客户经理们分别到当地的工厂学校、村民小组与农民的家里，散发宽带业务的宣传资料，介绍互联网知识和光纤到户享用电脑上网的功能，激发农村广大乡民享用宽带上网的业务需求。

作为在电信行业具有丰富解决方案设计和实施经验的国际厂商，宏碁在对该市光纤到户的业务发展状况进行深入调查分析的基础上，预测到该市宽带捆绑电脑业务还会高速增长，现有系统的容量、处理能力及可靠性已无法满足未来业务发展的需要。据此，宏碁设计并实施了一套具备高可用性、高稳定性和高可扩展性的业务。这套开放、灵活、网络化的基础设施，能够周密、可靠地连接和管理各类程序、资源，拓广客户经验，为电信公司提供了一个具备持久性价值的解决方案。"宽带捆绑电脑"业务作为电信营销的一种产品，越来越受到了广大新客户的欢迎与青睐！这种终端捆绑业务的销售模式可以给企业带来新的客户，可以迅速地扩大市场占有率，实现规模经营，同时也增加了电脑供应商的销售量，从而增加了宽带的用户量和电信运营商的收益，这无疑是双赢的促销策略和方法。值得一提的是，宽带捆绑后，所有的电脑都是从厂商直接划给电信部门，大大地减少或取消了经营商从中赚取的差价。

　　**分析提示：** 市场预测是企业经营决策的依据。案例里宏碁公司在对该市电信宽带市场深入调查分析的基础上，预测到该市宽带捆绑电脑业务还会高速增长，现有系统已无法满足未来业务发展的需要，据此为电信公司设计并提供了一个具备持久性价值的解决方案，实现了宏碁公司与该市电信公司的互利共赢。

## 【知识内容】

## 一、通信市场预测的内涵和作用

### (一) 通信市场预测的内涵

　　通信市场预测是在对影响通信市场供求变化的诸因素进行调查研究的基础上，运用科学的方法，对未来通信市场产品供应和需求的发展趋势以及有关各种因素的变化，进行分析、估计和判断。通信市场预测的目的在于最大限度地减少不确定性对预测对象的影响，为科学决策提供依据。

　　通信市场调查与通信市场预测有着密切关系。调查是了解情况，认识事物的本质，而预测则是在掌握事物本质的基础上对未来的不确定性进行推测。进行通信市场预测，必须首先做好通信市场调查，掌握充分的可靠信息，选用科学的方法，进行深入细致的分析研究，如此才能做出科学准确的预测。市场调查是通信市场预测的基础，而通信市场预测则是通信市场调查的深入，也可以说是通信市场调查的真正目的所在。

### (二) 通信市场预测的作用

#### 1. 市场预测是企业制订营销计划的前提

　　通过市场预测，通信运营商能够了解竞争对手的情况，掌握市场需求特点及发展变化趋势，从而制定出更科学合理、更有针对性的企业营销计划和策略，不断巩固和开拓市场。

#### 2. 市场预测是企业经营决策的依据

　　通过市场预测，通信运营商可更有效地了解和掌握市场购买力和消费水平、消费结构，对未来企业的购销情况，本行业的竞争状况心中有数，更好地帮助企业做出正确的经营决策，减少失误和盲目性。

#### 3. 市场预测是企业改善经营管理，提高经济效益的手段

　　通过市场预测，通信运营商可将营销总目标层层分解到各部门、各岗位、各人员，促进企业加强内部管理，改善外部环境，提高经济效益。

## 二、通信市场预测内容和基本要求

### (一) 通信市场预测的内容

通信市场预测的内容比较广泛。不同的预测目的，决定了通信市场预测有不同的侧重点。通信市场预测一般包括以下几个方面的内容。

#### 1. 市场需求潜量的预测

市场需求潜量是指在一定时期和特定区域内，全体买方对某项商品的最大可能购买量。通过对市场需求潜量的预测，通信运营商就有可能掌握市场的发展动态，以便合理地组织自己的经营活动，如确定目标市场、筹措资金、规划生产等。

#### 2. 竞争状况预测

竞争状况预测是预测潜在的新进资本量、竞争者的总产能(即市场供应量)、供求对比状况、价格走势、未来替代品的有关情况等。

#### 3. 企业市场营销效果预测

企业市场营销效果预测，包括本企业可能实现的销售量、销售额、市场占有率、利润额和利润率等。

#### 4. 企业销售的预测

企业销售预测是企业对生产的各种产品销售前景的判定，包括对销售的品种、规格、价格、销售量、销售额、销售利润及其变化的预测。通过销售预测，了解消费者需求的新动向，研究开拓市场，它是企业制订和实施价格策略，选择分销渠道和促销策略的重要依据。

#### 5. 市场占有率的预测

预测本企业所经营的产品销售量在整个市场产品销售总量中所占的比例，这就是通常所说的市场占有率的预测。从市场占有率增加或减少的预测中，可以判断市场需求、市场竞争和企业经营发展状况，采用相应的市场竞争策略，保证企业经营的方向。

### (二) 通信市场预测的基本要求

通信市场预测的准确度愈高，预测效果就愈好。然而，由于各种主客观原因，预测不可能没有误差。为了提高预测的准确程度，预测工作应该具有客观性、全面性、及时性、科学性、持续性和经济性等基本要求。

#### 1. 客观性

通信市场预测是一种客观的市场研究活动，但这种研究是通过人的主观活动完成的。因此，预测工作不能主观随意地"想当然"，更不能弄虚作假。

#### 2. 全面性

影响市场活动的因素，除经济活动本身外，还有政治的、社会的、科学技术的因素。

这些因素的作用使市场呈现纷繁复杂的局面。预测人员应具有广博的经验和知识，能从各个角度归纳和概括市场的变化，避免出现以偏概全的现象。当然，全面性也是相对的，无边无际的市场预测既不可能也无必要。

### 3. 及时性

信息无处不在，无时不有，任何信息对经营者来说，既是机会又是风险。为了帮助企业经营者不失时机地作出决策，要求市场预测快速提供必要的信息。过时的信息是毫无价值的。信息越及时，不能预料的因素就越少，预测的误差就越小。

### 4. 科学性

预测所采用资料，需经过去粗取精、去伪存真的筛选过程，才能反映预测对象的客观规律。运用资料时，应遵循近期资料影响大、远期资料影响小的规则。预测模型也应精心挑选，必要时还需先进行试验，找出最能代表事物本质的模型，以减少预测误差。

### 5. 持续性

通信市场的变化是连续不断的，不可能停留在某一个时点上。相应地，通信市场预测需不间断地持续进行。实际工作中，一旦通信市场预测有了初步结果，就应当将预测结果与实际情况相比较，及时纠正预测误差，使通信市场预测保持较高的动态准确性。

### 6. 经济性

通信市场预测是要耗费资源的。有些预测项目，由于预测所需时间长，预测因素又较多，往往需要投入大量的人力、物力和财力，这就要求预测工作本身必须量力而行，讲求经济效益。如果耗费过大，效益不高，将使市场预测声誉扫地。如果企业自己预测所需成本太高时，可委托专门机构或咨询公司来进行预测。

## 三、通信市场预测的类型

通信市场预测的最终结果是测出市场需求量，它总是具体地表现为一定的产品、一定地区、一定时间的需求量。因此，通信市场预测可以划分为产品层次、空间层次和时间层次三种类型，每种类型的预测又可再分为若干种。

### 1. 产品层次

通信市场预测的最终结果要落实到通信产品上，即对一定产品的需求预测。按产品层次划分，预测可分为单项产品预测、同类产品预测、分客户的产品预测和产品总量预测。

(1) 单项产品预测，是对某种单项产品预测其市场需求量。比如，对市内电话、家庭宽带等产品的预测。

(2) 同类产品预测，是按产品类别(如语音、数据等)预测市场需求量。

(3) 分客户的产品预测，包括两种情况：一是按某一客户(如家庭客户、集团客户等)需要的各种产品进行预测；一是按不同客户所需的某种产品进行预测。

(4) 产品总量预测，就是对客户所需的各种产品总量进行预测。

这种种预测为有计划地组织市场供需平衡，调节供求关系等提供依据。

### 2. 空间层次

空间层次就是产品需求的地区范围。按空间层次，通信市场预测可分为全国性市场预测、地区性市场预测、当地市场预测以及行业或企业市场占有率预测。

(1) 全国性市场预测指通信运营商对全国市场需求的发展变化及其趋势的预测，以此为确定通信运营商经营发展方向、调节全国的网络布置等提供依据。

(2) 地区性市场预测，则是以某地区或经济区为单位的市场预测，以便适应某地区或经济区市场需求的特点，安排生产，有计划地分配通信能力，更好地满足某地区或经济区市场的需要。

(3) 当地市场预测，主要是对本企业所在地的市场需求进行预测，以便正确地确定企业经营的产品品种、结构、性能等，提高通信运营商的经营管理水平和应变能力。

(4) 市场占有率预测，是在企业专业化分工的基础上，预测本行业在整个市场未来销售(额)中所占的比例，以及企业在本行业的未来销售量(额)中所占的比例及发展趋势。

### 3. 时间层次

通信市场预测的产品层次和空间层次，都要受时间层次的限定，即经预测而得出的市场需求量，必定是一定时间内某地区对某产品的需求量。如果没有时间的限制，这种市场预测就会失去实际意义。按照时间层次，通信市场预测可以分为短期(一年或一年以内)预测、近期(二至三年)预测、中期(五至十年)预测和长期(十年以上)预测。

进行通信市场预测，就时间来说，第一需要算出近期市场的需求量，第二是推测出市场未来的变化趋势。前者为短、近期预测目标，后者是中长期预测的任务。

上述通信市场预测的三种层次及其细分，共可组成 64 种类型，如图 3.2 所示。

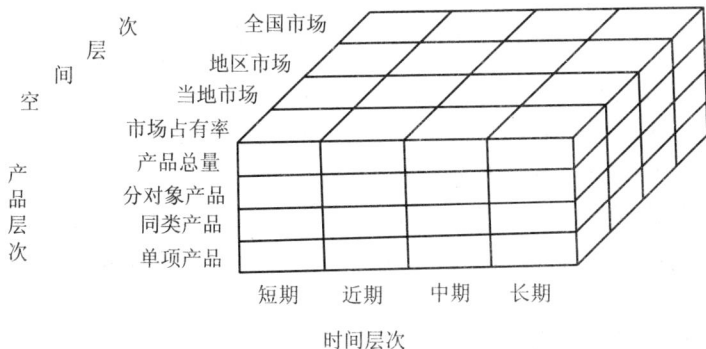

图 3.2 通信市场预测的三种层次及其细分

总之，通信市场预测是多种多样的。对决策者来说，采用哪种类型的通信市场预测，应根据其企业在市场上所处的地位和预测的目的而定。

## 四、通信市场预测的方法

无论预测什么内容，都要推导出一个结果，取得预测结果的技术手段便是预测方法。市场预测方法可以归纳为定性预测和定量预测两大类。将这两大类方法结合起来，并越来越多地吸收计算机技术，是预测方法发展的总趋势。

### (一) 定性预测方法

预测者依靠专业知识和经验，来分析判断事物未来发展的趋势，称为定性预测。它要求在充分利用已知信息的基础上，发挥预测者的主观判断力。定性预测适合预测那些模糊的、无法计量的社会经济现象，如国家某项政策出台对消费倾向、市场前景的影响。 定性预测方法简便，易于掌握，而且时间快，费用少，因此得到广泛采用。特别是进行多因素综合分析时，采用定性预测方法，效果更加显著。但是，定性预测方法缺乏数量分析，主观因素的作用较大，预测的准确度难免受到影响。因此，在采用定性预测方法时，应尽可能结合定量分析方法，使预测过程更科学，预测结果更准确。定性预测的主要方法有专家预测法、销售人员意见综合预测法、购买意向预测法和类别法。

### 1. 专家预测法

专家预测法是以专家为索取信息的对象，运用专家的知识和经验，考虑预测对象的社会环境，直接分析研究和寻求其特征规律，并推测未来的一种预测方法。其主要包括个人判断法、集体判断法和德尔菲法。

(1) 个人判断法。个人判断法是用规定程序对专家个人进行调查的方法。这种方法是依靠个别专家的专业知识和特殊才能来进行判断预测的。其优点是能利用专家个人的创造能力，不受外界影响，简单易行，费用也不多。但是，依靠个人的判断，容易受专家的知识面、知识深度、占有资料是否充分以及对预测问题有无兴趣所左右，难免带有片面性。专家的个人意见往往容易忽略或贬低相邻部门或相邻学科的研究成果，专家之间的当面讨论又可能产生不和谐。因此，这种方法最好与其他方法结合使用，让被调查的专家之间不发生直接联系，并给时间让专家反复修改个人的见解，才能取得较好的效果。

(2) 集体判断法。这种方法是在个人判断法的基础上，通过会议进行集体的分析判断，将专家个人的见解综合起来，寻求较为一致的结论的预测方法。这种方法参加的人数多，所拥有的信息量远远大于个人拥有的信息量，因而能凝集众多专家的智慧，避免个人判断法的不足，在一些重大问题的预测方面较为可行可信。但是，集体判断的参与人员也可能受到感情、个性、时间及利益等因素的影响，不能充分或真实地表明自己的判断。

因此，运用集体判断法，会议主持人要尊重每一位与会者，鼓励与会者各抒己见，使与会者在积极发言的同时要保持谦虚恭敬的态度，对任何意见都不应带有倾向性。同时主持人还要掌握好会议的时间和节奏，既不能拖得太长，也不要草草收场；当话题分散或意见相持不下时，能适当提醒或调节会议的进程等。

(3) 德尔菲法。德尔菲法是为避免专家会议法之不足而采用的预测方法。这种方法的应用始于美国兰德公司，在国外颇为流行。这一方法的特点是：聘请一批专家以相互独立的匿名形式就预测内容各自发表意见，用书面形式独立地回答预测者提出的问题，并反复多次修改各自的意见，最后由预测者综合确定市场预测的结论。德尔菲法在对专家意见进行调查时，采用"背靠背"的形式，这就克服了集体判断法中经常发生的各专家不能充分发表意见以及权威人物的个人意见往往左右其他人的意见等情况。

### 2. 销售人员意见综合预测法

这里所指的销售人员除了直接从事销售的人员还包括管理部门的工作人员和销售主管等人员。采用这种方法的好处在于销售人员经常接近客户，对其购买意向有较全面的了解；由于销售人员参与企业预测，因而他们对销售任务的完成更有信心，更积极主动。通过这种方法，也可以获得按产品、区域、客户或销售人员划分的各种销售预测。销售人员意见综合预测法在实施过程中要求每一位预测者给出各自的销售额的"最高""最可能""最低"预测值，并且就预测的"最高""最可能""最低"出现的概率达成共识。

### 3. 购买意向预测法

购买意向预测法是一种在市场研究中最常用的市场需求预测方法。这种方法用问卷形式和面谈调查形式征询潜在的购买者未来的购买量，由此预测出市场未来的需求。由于市场需求是由未来的购买者实现的，因此如果在征询中潜在的购买者如实反映购买意向的话，那么据此作出的市场需求预测将是相当有价值的。在客户购买意向非常明显时，此法特别有效。

### 4. 类比法

类比法也叫比较类推法，指由一类事物所具有的某种属性，可以推测与其类似的事物也应具有这种属性的推理方法。其结论必须由实验来检验，类比对象间共有的属性越多，则类比结论的可靠性就越大。在实践中，企业可以参考同类产品、相近产品或相关产品在国外或国内其他地区寿命周期的发展变化趋势，来推断本地区某种产品寿命周期的变化趋势。

## (二) 定量预测方法

定量预测，指在数据资料充分的基础上，运用数学方法，有时还要结合计算机技术，对事物未来的发展趋势进行数量方面的估计与推测。定量预测方法有两个明显的特点：一是依靠实际观察数据，重视数据的作用和定量分析；二是建立数学模型作为定量预测的工具。随着统计方法、数学模型和计算机技术日益为更多的人所掌握，定量预测的运用会越来越大。定量预测法可以分为两大类，一类是时间序列分析法，另一类是因果关系分析法。

### 1. 时间序列分析法

时间序列是指同一经济现象或特征值按时目先后顺序排列而成的数列。时间序列分析法是运用数学方法找出数列的发展趋势或变化规律，并使其向外延伸，预测市场未来的变化趋势。它是将市场需求量、销售量、价格、利润等同一变数的一组观察值，按时间顺序排列，再用一定的数学方法使其向外延伸，预计未来发展变化趋势，确定市场预测值。时间序列分析法应用范围比较广泛，如对产品销售量的平均增长率的预测、季节性商品的供求预测、产品的生命周期预测等。时间序列分析法包括简单平均法、移动平均法、指数平滑法和比例增加法等。

### 2. 因果关系分析法

因果分析法也叫回归分析法，就是分析市场变化的原因，找出原因与结果的联系的方法，并据此预测市场未来的发展趋势。一般根据过去掌握的历史资料找出预测对象的变量与其相关事务的变量之间的依存关系来建立相应的因果预测的数学模型，然后通过对数学模型的求解来进行预测。因果关系分析法包括回归分析法、经济计量模型、投入产出法等。

## 五、通信市场预测的程序

通信市场预测的程序就是开展通信预测工作的步骤，它是提高预测工作的效率和质量的重要保证。完整的通信市场预测工作一般包含以下几个步骤，见图 3.3。

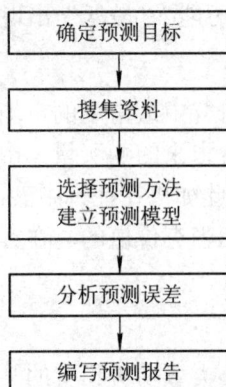

```
┌─────────────────┐
│   确定预测目标   │
└─────────────────┘
         │
         ▼
┌─────────────────┐
│     搜集资料     │
└─────────────────┘
         │
         ▼
┌─────────────────┐
│   选择预测方法   │
│   建立预测模型   │
└─────────────────┘
         │
         ▼
┌─────────────────┐
│   分析预测误差   │
└─────────────────┘
         │
         ▼
┌─────────────────┐
│   编写预测报告   │
└─────────────────┘
```

图 3.3　通信市场预测程序

**(一) 确定预测目标**

由于预测的目标、对象、期限、精度、成本和技术力量等不同，预测所采用的方法、资料数据收集也有所不同。明确预测的具体目标，是为了抓住重点，避免盲目性，提高预测工作的效率。例如，预测某种通信产品的需求量，就是一个具体的预测目标。确定了这个目标之后，才能为搜集市场商情资料，选择预测方案、配备技术力量和预算所需费用指明方向。只有根据企业经营活动的需要，制定预测工作计划，编造预算，调配力量，组织实施，才能以较少费用，取得满意的预测结果。

**(二) 搜集资料**

资料是预测的依据，有了充分的资料，才能为市场预测提供可靠的数据。搜集有关资料是进行市场预测重要的基础工作，如果某些预测方法所需的资料无法搜集或搜集的成本过高，即便有理想的预测方法也无法应用。广泛搜集影响预测对象的一切资料，注意资料的真实性和可靠性，剔除偶然性因素造成的不正常情况，是定量预测模型的基础条件。

**(三) 选择预测方法与建立预测模型**

市场预测方法很多，但并不是每个预测方法都适合所有被预测的问题。预测方法选用是否得当，将直接影响预测的精确性和可靠性。根据预测的目的、费用、时间、设备和人员等条件选择合适的方法，是预测成功的关键。对同一个预测目标，一般应同时采用两种以上的预测方法，以便比较和鉴别预测结果的可信度。定量预测模型应该在满足预测要求的前提下，尽量简单、方便和实用。

**(四) 分析预测误差**

预测是估计和推测，很难与实际情况百分之百吻合。预测模型又是简化了的数学模型，不可能包罗影响预测对象的所有因素，出现误差是不可避免的。产生误差的原因，一种可能是搜集的资料有遗漏和篡改或预测方法有缺陷；另一种可能是工作中的处理方法失当，工作人员的偏好影响等等。因此，每次预测实施后，要利用数学模型计算的理论预测值，与过去同期实际观察值相比较，计算出预测误差，估计其可信度。同时，还要分析各种数学模型所产生误差的大小，以便对各种预测模型做出改进或取舍。误差分析往往同选择预测方法结合进行。以上几个预测步骤是相互密切联系的，在先后顺序上有时也可交叉进行。市场调研人员应当根据预测的目的要求和实际工作进程灵活掌握。

### (五) 编写预测报告

预测报告是对预测工作的总结，也是向使用者做出的汇报。预测结果出来之后，要及时编写预测报告。报告的内容，除了应列出预测结果外，一般还应包括资料的搜集与处理过程、选用的预测模型及对预测模型的检验、对预测结果的评价(包括修正预测结果的理由和修正的方法)，以及其他需要说明的问题等。预测报告的表述，应尽可能利用统计图表及数据，做到形象直观、准确可靠。

案例分析及思考题

## 【课后习题】

采用适当的预测方法，预测所在校园 5G 手机的需求量。

# 项目四　通信客户购买行为分析

## 【知识结构图】

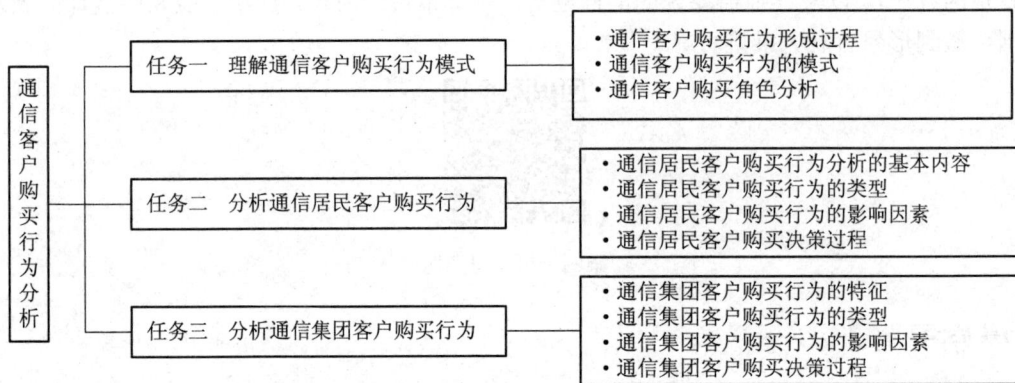

## 【学习目标】

企业营销的核心是通过满足顾客的需求而获取利润，从而求得自身的生存和发展。因此通信运营商要有效地开展市场营销活动，必须通过对客户购买行为的研究来掌握客户需求，从而制订有效的市场营销策略，实现企业营销目标。本项目的任务包括理解通信客户购买行为模式、分析通信居民客户购买行为和分析通信集团客户购买行为。

# 任务一　理解通信客户购买行为模式

## 【问题引入】

现代市场营销要从满足客户的需求入手，来制定企业的营销决策。因此，研究客户的需要，了解并分析他们的购买动机、购买行为和购买程度，就成了通信运营商发现市场机会、制订营销计划和营销策略的基础。那么通信客户购买行为形成过程是怎样的？通信客户购买行为受到哪些因素影响？通信产品购买者角色是怎样的？

## 【案例导入】

### 5G 时代消费者六大需求

爱立信近期发布的一份分析报告指出，全球客户对通信通讯服务具有六大诉求。这份报告也是目前规模最大的 5G 客户期望研究，其内容代表全球 8 亿智能手机客户的观点。爱立信表示，客户六大诉求之一便是便捷的购买体验，60%的智能手机客户看不懂移动费率方案的信息与服务内容，因此许多客户所购买的服务和他们实际的使用情况并不相符。仅 30%对运营商提供在线费率方案信息的方式感到满意；70%客户不清楚自己每月使用的移动数据用量，也不知道移动广告平均消耗 18%～69%移动数据流量。客户诉求二是自由不设限的感觉，80%的智能手机客户并不是真的需要"吃到饱"的费率方案，而是希望取得不受限制的感觉。70%购买"吃到饱"方案的客户，并非移动数据的重度客户。客户诉求三是流量可以当作货币进行交易，全球智能手机客户每年付费的移动数据，每人平均每年剩余 31GB 未用；约 40%的客户希望能够将多余的数据流量当做货币使用，可以保存、交易或转赠他人。客户诉求四为提供费率方案以外的服务，希望通信营运商能根据客户的需求，开发出个人化的数据方案。客户诉求五则是更多 5G 相关的应用。通信营运商或许以为客户对 5G 不感兴趣，但爱立信的调查显示，5G 服务概念吸引全球 76%的智能手机客户，甚至有 44%的客户愿意付费享受 5G 服务；客户期待在 5G 推出后的 3～4 年内，多数 5G 延伸服务将成为主流。客户诉求六是真实的网络体验。爱立信的调查显示，仅 4%的受访者相信运营商的广告及网络效能的宣传，希望运营商摒弃宣传口号，转而关注他们真实的网络体验。

    **分析提示**：5G 时代，各通信运营商要想取得竞争优势，必须要好好研究客户对 5G 通信的需求，采取针对性的营销措施。案例里爱立信客户和产业分析报告揭露了全球客户对 5G 通信通讯服务的六大需求，这将为各通信运营商制订 5G 时代营销计划和营销策略提供重要的依据。

## 【知识内容】

## 一、通信客户购买行为形成过程

    通信客户的购买行为作为人类行为的一种，是一种受多种因素影响而形成的复杂行为。首先通信客户受到某些刺激而唤起某种需要，这种需要又引发购买某种商品的动机，由购买动机导致最终购买行为。通信客户购买行为的形成过程如图 4.1 所示。

刺激 —唤起→ 需求 —引发→ 购买动机 —导致→ 购买行为

图 4.1 通信客户购买行为的形成过程

### 1. 刺激

    刺激是通信产品需求产生的直接动因。从心理学角度讲，需求是由两种刺激唤起的。一种是人体内部的刺激，即内在刺激。例如，寒冷会唤起人们对防寒服的需求，饥饿会唤起人们对食品的需求。另一种刺激是人体外部的刺激，即外在刺激。由于通信产品属于较高层次的需求，因此客户对通信产品的需求往往是由外在刺激引起的。客户对通信产品需求的外在刺激主要表现在以下四个方面。

    (1) 突发的社会现象和自然现象。例如，有人看见发生火灾或抢劫，此时的情景会立即唤起他对 119 或 110 的需求；地震或洪涝灾害会唤起人们拨打电话慰问亲朋好友安危的需求。

(2) 正常的工作和生活需要。例如,朋友之间的相互问候、对外业务联系等对通信业务的需求。

(3) 通信业务本身。当一种新的通信业务进入市场后,就会成为客户需求的重要刺激物。

(4) 通信广告。通过通信广告的宣传和诱导,客户尚在模糊中的需求就会变成现实的需求,并随机转化为对通信业务的购买行为。

**2. 需求**

需求是通信客户消费通信产品的具有货币支付能力的渴求和欲望。通信客户消费需求随着社会经济、政治、文化和社会心理的发展变化而千变万化,但也具有某种规律性和趋向性。其特征主要表现在以下几个方面。

(1) 消费需求的多样性。不同的通信客户在收入水平、文化程度、职业范围、性别、年龄、生活习惯、兴趣爱好和情感意志等方面存在不同程度的差异,客户对通信的需求自然也是千差万别的。同时,客户对同一通信产品的需求往往也存在多方面的要求。通信客户的需求差异,表现为需求的多样性。例如,上网的行为,有的人使用电脑上网,有的使用手机上网。同样是手机上网,有的用 WiFi 上网,有的用流量上网。

(2) 消费需求的层次性。通信客户的需求是有层次的。一般来说,客户需求总是由低层次向高层次逐渐延伸和发展的。当低层次的最基本生活需要(即满足生存的需要)得到满足以后,就会产生高层次的社会性需要和精神需要。例如,人们最早用电报传递信息,随着经济发展和通信新技术、新业务层出不穷,人们逐渐开始使用固定电话、移动电话、可视电话等,消费档次也越来越高,形成通信客户消费需求的层次性。

(3) 消费需求的发展性。消费需求不会停留在某个时间上固定不变,而是随着人们生活水平的提高和通信技术的发展而变化。客户对通信产品和服务的需求不论是数量还是质量品种都会不断发展。一般来讲,通信客户需求是由低级向高级、由简单到复杂、从数量上的满足向质量上的满足发展。

(4) 消费需求的惯性。在长期通信消费活动中已经形成的一些消费偏好和倾向,决定和限制着客户的购买行为和对需求对象的选择。客户对某种通信业务产生了购买行为,经过使用后一旦感受良好,会引起强化反应,进而继续使用这种产品。例如,IP 卡电话虽然比较便宜,但很多客户觉得拨打 IP 卡电话程序较为繁琐,不愿意使用 IP 卡,还是习惯于使用直接拨号电话。

(5) 消费需求的从众性。在某一特定时空范围内,客户对某些通信产品或服务的需求趋向一致,这就是消费需求的从众性。在现实生活中表现为通信消费流行。它是消费者追求时兴事物而形成的从众化消费风潮。例如,手机上网、手机微信、手机支持等;通信消费中的攀比现象;通信"抢购"风潮。

(6) 消费需求的伸缩性。伸缩性又称弹性,是指客户需求总是受客户内部因素(如个性特征、消费观念等)和外部因素(如闲暇时间、经济条件、市场供应等)的影响和制约,进而呈现出可多可少、可强可弱的现象。不同通信产品的消费需求伸缩性的大小也不一样。一般而言,客户使用手机打电话、发短信伸缩性较小,而通过流量使用手机上网的伸缩性较大。

(7) 消费需求的可诱导性。消费需求是可以引导和调节的。通信运营商可充分发挥自己的优势，实行高效的营销策略，引导、启发、刺激消费者的需求，使潜在需求转变为现实需求，未来的购买欲望转变为近期的购买行为。例如，某通信运营商在 5.17 搞促销活动，只要购买其通信产品套餐 58 元以上，就可以免费使用家庭宽带，引起了客户的抢购。

### 3. 购买动机

购买动机是客户购买通信产品来满足个人欲望的驱动力，也是推动客户购买活动的内在动力。它是由消费需求引起，推动和诱发客户从事某种消费行为，规定购买行为的方向，是客户购买行为的直接原因。客户购买动机是复杂多样的，归纳起来主要有以下几种。

(1) 求实动机。这是大多数客户购买通信产品的基本心理动机，是一种以注重通信产品实际使用价值为主要特征的购买动机。具有这种购买动机的客户购买通信产品时，追求其迅速、准确、安全、方便的质量特性，注重选用与传递内容相适应的通信方式，而不受社会潮流和产品象征性价值的影响。例如，尽管手机价格及流量费用相对较高，但由于其十分方便实用，还是成为客户沟通联系的必备工具。

(2) 求廉动机。大多数客户对通信产品的价格比较关注，要求物美价廉。这类客户在选择通信产品时，特别注重通信产品的价格，对便宜、降价具有浓厚的兴趣。因此，通信运营商针对这种情况，在节假日经常推出各种促销活动，在规定的时间内降价让利，受到客户的欢迎。

(3) 好胜动机。这是一种以显示自己比别人强，至少不比别人落后为目的的心理动机。这种客户购买某种通信产品往往不是由于急切的实际需要，而是时时处处为了赶上或超过他人，以求得心理上的满足。例如，有些人看见邻居或同事安上了家庭宽带，不顾是否有实际需要，也千方百计地在自己家中安上家庭宽带。

(4) 求利动机。这是一种期望从某种通信产品的购买中获得加倍好处的购买动机。例如，一些商户安装电话和宽带往往是为了及时联系业务，推销产品，从促进产品销售中赚取更多的利润。

(5) 求俏动机。这是一种以买到紧俏通信产品为荣幸的购买动机。某种通信产品越是紧俏，这类客户就越极力要求购买；相反，当某种通信产品随时可以购买时，这类客户的购买积极性就会锐减。例如，越是线号紧张，要求安装宽带的人就越多，而当你敞开大门欢迎光顾的时候，要求安装宽带的反而少了。

(6) 偏好动机。偏好动机是指客户由于某些因素的影响而对特定的通信业务表现出来的偏爱。例如，同样是与对方沟通联系，不同的客户由于偏好不同，有的喜欢用固定电话联系，有的喜欢用移动电话联系，有的喜欢用微信视频电话联系。

(7) 从众动机。这是一种"随大流"的购买动机，其主要特点是跟随、效仿，在具有众多购买者的情况下，才决定购买。这种客户往往不善于了解、收集各种通信业务知识，所以，在购买某种通信产品时往往看看周围都是谁购买了，一旦发现这种通信产品已拥有众多购买者，就认为这种产品值得购买。

(8) 惠顾动机。它指客户基于感情和理智的经验，逐步建立起对特定通信产品的信任和爱好，使客户重复地、习惯地前往购买的一种行为动机，它具有明确的经常性、习惯性特点。

(9) 求新动机。客户在购买通信产品时，追求新奇、时髦和与众不同，而对陈旧落后的通信产品不屑一顾。在购买时受广告宣传、社会环境和潮流导向影响很大。具有这种购买动机的顾客一般来说观念更新较快，容易接受新思想、新观念，生活也较为富裕，追求新的生活方式。具有这种购买动机的多为经济条件比较好的年轻客户。

(10) 炫示动机。购买通信产品的目的是向公众炫示自己，以显示自己的富有、地位、时尚等。例如，许多通信客户不愿意将自己的电话号码告诉别人，而有的客户却非常愿意；有的客户在公开场合经常更换新的时尚品牌手机等。

## 二、通信客户购买行为的模式

通信运营商的营销活动对一个具体的客户来讲，是否能够产生作用，能够产生多大作用，对哪些人最为有效，可以从心理学的"认识—刺激—反应"模式去加以认识。这是研究通信客户购买行为最为基本的方法。因为任何购买者的购买决策都是在一定的内在因素的促动和外在因素的激励之下而采取的。要使通信运营商的营销活动获得成功，关键要看这些活动是怎样对客户产生影响的，不同的客户又各自会对其做出怎样的反应，而形成不同反应的原因又到底是什么。我们可从"认识—刺激—反应"模式出发去建立客户的购买行为模式，如图4.2所示。

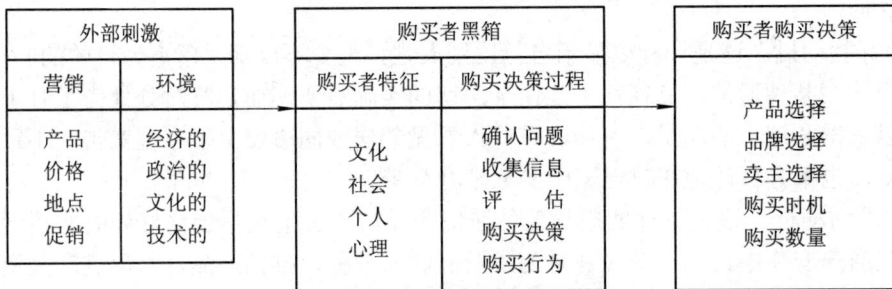

图 4.2　通信购买行为模式

从这一模式中我们可以看到，具有一定潜在需要的客户首先是受到通信运营商营销活动刺激和各种外部环境因素影响而产生购买取向的。不同特征的客户对于外界的各种刺激和影响又会基于其特定的内在因素和决策方式做出不同的反应，从而形成不同的购买取向和购买行为。这就是通信客户购买行为的一般规律。

在这一购买行为模式中，"营销刺激"和各种"外部刺激"是可以看得到的，购买者最后的决策和选择也是可以看得到的，但是购买者如何根据外部的刺激进行判断和决策的过程却是看不见的。这就是心理学中的所谓"黑箱"效应。通信客户购买行为分析就是要对这一"黑箱"进行分析，设法了解通信客户的购买决策过程以及影响这一决策过程的各种因素的影响规律。所以对通信客户购买行为的研究主要包括两个部分，一是对影响通信客户购买行为的各种因素的分析，二是对通信客户购买行为决策过程的研究。

## 三、通信客户购买角色分析

对某些通信产品而言，客户的购买决策不是由一个人单独做出的，而是由一个决策群体共同做出的。个人在选择和决定购买某种通信产品时，常常会同他人商量或听取他人的意见。不同的购买决策可能由不同的人员参加。同一购买决策也可能由不同的人参加，即使同一购买决策只有同一人参加，该购买决策人在参与购买决策过程的不同阶段也充当着不同的角色。因此，了解哪些人参与了购买决策，他们各自在购买决策中扮演什么样的角色，对于通信运营商采取针对性的营销措施具有重要意义。客户在购买决策过程中一般包括以下五种角色：

(1) 发起者，即第一个提议或想到购买某种通信产品的人。

(2) 影响者，即其看法或建议对最终决策有一定影响的人。

(3) 决策者，即对是否买、为何买、怎样买及在哪里买等问题做出全部或部分最后决定的人。

(4) 购买者，即实际采购的人。

(5) 使用者，即实际消费或使用通信产品的人。

例如，一个家庭要安装电信 TPTV 电视。首先提出建议的是子女，具有影响力的是家中的老人，最终购买决策是夫妻二人共同商量做出，实际购买者可能由孩子父亲承担，而经常使用者是全家。

在以上五种角色中，倡议者对通信产品的性能、特点熟悉，对购买通信产品起着提示和鼓动的作用或称先导作用。影响者的意见和行为容易引起决策者的重视和效仿，对决策者的购买决策的作用至关重要。同时，居民消费市场中家庭之间的消费也在相互影响。同一社会阶层的人们在产品需求、兴趣、爱好、购买方式和习惯上有许多惊人的相似。通信运营商应有意识地培养先导者，并把最具影响力的通信产品提供给他们，从而形成最大限度和范围的影响，促进通信产品销售。目前，市场上的家庭宽带产品就是一个典型产品。因而，通信运营商应非常重视对倡议者、影响者和决策者的研究，有效地开展通信促销活动。

案例分析及思考题

## 【课后习题】

通过分析通信客户购买行为形成过程，思考通信运营商应如何推广 5G 新产品？

# 任务二　分析通信居民客户购买行为

## 【问题引入】

通信居民客户即通信个人客户或家庭客户，其购买目的是用于个人消费。在通信客户中，使用数量最多、形式最分散的就是通信居民客户。因此，对通信居民客户购买行为进行分析，是提升通信服务品牌忠诚度，提高企业营销效率的重要途径。那么，通信居民客户购买行为分析的基本内容是什么？其类型分为几类？其影响因素有哪些？其购买决策过程是怎样的？

## 【案例导入】

### 湖南电信，让你同时拥有尊贵199新号和不限量套餐

70后和80后已经逐渐退出了消费市场，接踵而来的是90后与00后消费大军，他们不论在消费习惯还是消费行为上，都与70后、80后有着很大的差别。90后与00后追求个性化、时尚化和与众不同，他们拒绝人云亦云，注重在消费以及产品的使用过程中得到个性化的体验，彰显自身的与众不同。就拿电话号码这件小事来说，他们也希望自己与别人是不一样的。那么，如何才能不一样呢？

湖南电信某一段时期就为此推出了199尊贵靓号，尊贵号码不仅凸显身份的尊荣，更显独特与个性，"让你在打通电话的第一瞬间就让别人对你印象更加深刻"。这样尊贵而又与众不同的新号，特别满足90后与00后的需求。

办理新号还可享受99靓号套餐。该套餐只需89元即可享受省内流量不限量，每天仅需3块3就能玩转不限量流量，不管是上网、追剧还是玩游戏，都能玩得更加尽兴与爽快。

除此之外，199新号也可以参与湖南电信"智慧家庭十全十美"套餐的办理，该套餐内包含省内流量不限量套餐，还可以与3位家人共同分享，不仅自己玩转不限量上网体验，还能与家人分享，上网体验更加卓越。同时，"智慧家庭十全十美"套餐还提供了200M和300M不同带宽的极速宽带、3G和5G国内流量、首次智能组网免费、2T家庭云空间、3台固话以及超出资费放心用、4K电视免费看等几大特权，看剧、上网互不影响，尽情享受极速网络带来的便捷与畅快。

**分析提示：**不同类型的个人客户，对通信产品的需求、爱好和兴趣是有显著差异的，在购买行为上也存在着很大的差异。案例里湖南电信针对90后、00后追求个性化、时尚化和与众不同的消费需求，推出尊贵199新号和不限量套餐结合，从而凸显其尊贵身份与个性化品味。

## 【知识内容】

## 一、通信居民客户购买行为分析的基本内容

通信居民客户的购买行为，指通信个人客户为满足需要和欲望而寻找、选择、购买、使用、评价及处置通信产品、服务时介入的过程活动。分析通信居民客户购买行为概括起来就是要掌握六个方面的内容：了解通信居民客户购买什么(What)、何时购买(When)、何处购买(Where)、由谁购买(Who)、为何购买(Why)和如何购买(How)，即5W1H。

### 1. What——购买什么

What即明确购买对象。通信运营商可以通过市场调查，研究了解居民客户需要什么样的通信产品；为什么需要这种通信产品而不是需要那种通信产品；研究企业应如何提供适销对路的通信产品去满足居民客户的需求。

### 2. When——何时购买

When 即明确购买时间。何时购买主要受通信产品的性质、季节、节假日和客户个体差异的影响，有一定的习惯和规律。例如，客户在节假日使用通信产品多于平时工作时间，元旦、春节之前通信业务尤其繁忙。因此，通信运营商在营销活动中，要随时注意研究和掌握客户购买通信产品时间上的规律性，适时投放通信产品以满足客户的需求。

### 3. Where——何处购买

Where 即明确购买地点。通信居民客户购买地点的确定主要取决于客户离通信营业网点的距离、交通的方便、企业的信誉、业务的种类、服务质量等多方面的因素。对客户购买地点的分析，主要分析两个方面的内容：一是客户在何处决定购买；二是客户在何处实际购买，这二者可以在同一地方，也可以在不同的地方。因此，通信运营商首先应了解客户决定在何处购买。如果属于现场决定购买的通信产品，应注意产品的包装、陈列和现场广告；如果属于事先决策，则应通过电视、广播、广告等来影响客户，并设置恰当的营业网点来满足客户需求。

### 4. Who——由谁购买

Who 即明确购买主体。通信运营商一方面要了解通信产品的客户是谁，同时还要弄清购买行动中的"购买角色"问题。由于客户的年龄、性别、收入、职业、教育、性格等方面的不同，因而在需求与爱好上存在很大差异。由谁购买通信产品，从表面上看，似乎是一个人的行动，但实际上，往往有好几个人参与购买活动。企业营销者的任务是分析购买者是个人还是家庭，购买的通信产品供谁使用，谁是购买的决策者、执行者、影响者，从而采取有针对性的广告宣传和销售服务，以诱导影响客户，争取决策者，促使购买行为的实现。

### 5. Why——为何购买

Why 即明确购买目的。这是对客户购买动机的分析。客户在实施购买行动前，总是先产生需要，当需要强烈到一定程度，就会产生购买动机。没有需要和动机的购买行为几乎是不存在的。因此，分析"为何购买"的关键是对客户需要和动机的分析。企业应通过对客户的调查和预测，准确地把握和弄清客户"为何购买"的问题。

### 6. How——如何购买

How 即明确购买方式。客户如何购买主要受经济条件的影响，主要包括对购买方式和付款方式的抉择。客户采取什么方式购买，是现场购买还是网络购买，是现金支付、信用卡支付还是分期付款，都会影响到通信运营商经营对策与经营计划的制订。通信运营商应根据客户的不同需求，制订出相应的销售策略。

## 二、通信居民客户购买行为的类型

通信居民客户的购买行为是建立在复杂多样的购买动机基础上的，又受诸多其他因素的影响而呈现出不同的类型。按照通信居民客户的购买态度和要求，可以将其分为以下七种类型。

(1) 习惯型：客户由于对某种通信产品或某营业网点的信赖、偏爱而产生的经常、反复的购买。由于经常购买和使用，他们对这些通信产品十分熟悉，体验较深，再次购买时往往不再花费时间进行比较选择，注意力稳定、集中。

(2) 理智型：客户在每次购买前对所购的通信产品，要进行较为仔细的研究比较。购买感情色彩较少，头脑冷静，行为慎重，主观性较强，不轻易相信广告、宣传、承诺、促销方式以及营业员的介绍，往往是购买者自己对通信产品做一番细致的检查、比较，反复地权衡各种利弊因素后，在不动声色中完成购买行为。

(3) 经济型：客户购买时特别重视价格，对于价格的反应特别灵敏。购买无论是选择高档通信产品，还是中低档通信产品，首选的是价格。他们对"大甩卖"、"清仓"、"血本销售"等低价促销最感兴趣。一般来说，这类客户与自身的经济状况有关。

(4) 冲动型：客户容易受通信产品的外观、包装、商标或其他促销努力的刺激而产生购买行为。购买一般都是以直观感觉为主，从个人的兴趣或情绪出发，喜欢新奇、新颖、时尚的通信产品，购买时不愿做反复的选择比较。

(5) 疑虑型：客户具有内倾性的心理特征，购买时小心谨慎和疑虑重重。购买一般缓慢、费时多，常常是"三思而后行"，会犹豫不决而中断购买，购买后还会疑心是否上当受骗。

(6) 情感型：这类客户的购买多属情感反应，往往以丰富的联想力衡量通信产品的意义，购买时注意力容易转移，兴趣容易变换，对通信产品的外观、造型、颜色和命名都较重视，以是否符合自己的想象作为购买的主要依据。

(7) 不定型：这类客户的购买多属尝试性，其心理尺度尚未稳定，购买时没有固定的偏爱，在上述六种类型之间游移，这种类型的购买者多数是独立生活不久的年轻人。

## 三、通信居民客户购买行为的影响因素

影响通信居民客户购买行为的因素很多，既有外在因素，又有内在因素。通常人们认为决定购买行为的主要因素是经济因素，但从市场营销的角度出发，客户购买什么通信产品，是经济、社会、文化、心理以及个人因素等综合作用的结果，如图4.3所示。

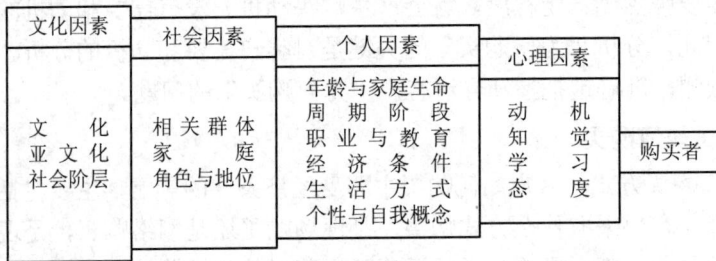

图 4.3　影响通信居民客户购买行为的主要因素

### (一) 影响居民客户购买行为的外在因素

#### 1. 文化因素

文化在居民客户行为中起着最广泛和深刻的影响。营销者需要研究文化、亚文化及社会阶层对居民客户购买所起的作用。

1) 文化

文化是人类从生活实践中建立起来的知识、价值观念、信仰、道德、理想、规范和习俗等的集合体。文化是人类欲望和行为最基本的决定因素,对居民客户的购买行为具有广泛而深远的影响。每个人都在一定的社会文化环境中成长,从而形成了基本的文化价值观念。例如,美国文化注重效率与实践、上进心强、以自我为中心、追求自由、思维活跃和富有朝气;中国的传统文化则是仁爱、信义、礼貌、智慧、诚实、忠孝、勤劳、谦虚、尊老爱幼等。文化的差异导致消费行为的差异,表现为饮食、起居、服饰、礼仪、宗教等物质文化和精神文化各个方面的差异,最终形成居民客户需求的差异。

2) 亚文化

亚文化是指与主文化相对应的,属于某一区域或某个集体所特有的文化。亚文化群体成员具有共同的信仰、特征或经历等。亚文化群体主要包括民族亚文化群、宗教亚文化群、种族亚文化群和地理区域亚文化群等。

(1) 民族亚文化群。世界上许多国家都存在着不同的民族,民族文化对居民客户的购买习惯与消费偏好有非常重要的影响。同一个民族的人拥有相似的文化和风俗习惯,因而有相似的购买行为,而不同民族的人则会有较大差异。例如,有的民族对某些动物、花木等敬若神明,而有的民族正好相反,视其为不吉利或禁忌。

(2) 宗教亚文化群。许多国家存在不同的宗教,每种宗教都有自己不同的教规和戒律。因此,分属不同宗教群体的居民客户在购买行为和消费习惯上表现出各自不同的特点。

(3) 种族亚文化群。世界上有不同的种族,各个种族都有自己独特的生活习惯和文化传统,他们的购买行为各不相同。例如,在开拓亚裔美国人市场时,有亚裔背景的名人对产品的营销非常有帮助。当耐克公司聘请篮球明星林书豪做广告后,其运动鞋在亚裔居民客户中的销量显著增加。

(4) 地理区域亚文化群。由于地理环境、经济发展水平和风俗习惯的差异,人具有不同的生活方式、口味与爱好等。例如,我国有东北、西北、华东和华南等大区之分,有城市与乡村、沿海与内地之分。这些地区的人们在消费需求上就有明显区别。

3) 社会阶层

社会阶层是指一个社会中具有同质性和持久性的群体。依据居民客户的收入、职业、所受教育以及居住区域的不同,可以将其划分为不同的社会阶层。社会阶层具有以下特点:第一,同一社会阶层的人往往有共同的价值观、生活方式、思维方式和生活目标,在消费需求和购买行为上有很强的趋同性,而不同社会阶层的人在这些方面有明显的差异;第二,人们以自己所处的社会阶层来判断各自在社会中的地位;第三,一个人的社会阶层是由多个变量决定的。第四,人们的社会阶层不是一成不变的,既可以迈向高阶层,也可能跌入低阶层。

**2. 社会因素**

居民客户的购买行为,与其所处的社会环境密切相关。社会是指以共同的物质生产活动为基础而相互联系的人们所构成的总体。影响居民客户购买行为的社会因素包括相关群体、家庭、社会角色与地位等。

1) 相关群体

相关群体指一个人的思想、态度、信仰和行为在形成时，对其有影响的一些团体。每一相关群体都有其自己的价值观和行为规范，群体内的成员都必须遵守这些共同的观念和规范。相关群体可以分为三类：① 对个人影响最大的群体，如家庭、亲朋好友、邻居和同事等；② 对个人影响次一级的群体，如各种社会团体、学会、研究会等；③ 崇拜性群体，个人不直接参加，但对其行为有重大影响，如社会名流、影视明星、体育明星等。这种崇拜性群体的一举一动，都会成为一部分追随者的样板，如时装、化妆品等可利用这种示范效应进行推销。

相关群体对居民客户行为的影响表现在三个方面：首先，相关群体向人们展示新的行为和生活方式；其次，相关群体可能影响一个人的态度和自我观念；再次，相关群体能产生某种令人遵从的压力，影响居民客户对商品及品牌的选择。

2) 家庭

家庭是构成社会的细胞，也是消费品市场的主要购买者，它对其成员的购买行为具有强烈和持续的影响，同一家庭成员往往具有相同的行为规范。家庭购买决策大致可分为四种类型：① 丈夫决定型；② 妻子决定型；③ 共同决定型；④ 各自做主型。不同的家庭购买商品的决策重心也不相同。例如，对丈夫有较大影响力的商品有汽车、摩托车、高科技产品等；对妻子有较大影响力的商品有衣服、洗衣机、餐具、化妆品等；对夫妻共同关心的商品有住房、家具、旅游等。孩子在家庭购买决策中的影响力也不容忽视。尤其在中国，独生子女在家庭中受重视的程度越来越高。随着孩子的成长、知识的增加和经济上的独立，他们在家庭购买决策中的权力逐渐加大。

3) 角色与地位

角色是周围人对一个人的要求，要求一个人在各种不同的场合中应起的作用。每一种角色都伴随着一种地位，地位着重反映了社会对一个角色作用的总评价，有高低之分。每一个角色都将在某种程度上影响其购买行为。每一角色都伴随着一种地位，这一地位反映了社会对他的总评价。而地位又随着不同阶层和地理区域而有所变化。人们常常通过购买商品、使用商品的方式来表明其社会地位。不同阶层选择的商品或购买行为有所不同。因此，企业应研究、了解和识别每个人在社会上担当的角色和地位，发现其与购买行为的内在联系，有针对性地开展营销活动。

**(二) 影响居民客户购买行为的内在因素**

**1. 个人因素**

居民客户的购买行为还受其个人特征的影响，特别是受其年龄与家庭生命周期阶段、职业与教育、经济状况、生活方式、个性与自我概念的影响。

1) 年龄与家庭生命周期阶段

居民客户的年龄通常是决定其需求的重要因素。人们在一生中会不断改变他们对产品或服务的选择。人们对食品、服装、家具及娱乐的品位常常和年龄有关。一个人从出生到死亡要经历婴儿期、儿童期、青年期、成年期、中年期和老年期六个阶段，处于不同生命周期阶段的居民客户有着不同的心理需求和购买习惯。

居民客户购买行为还受到其所处的家庭生命周期阶段的影响。家庭生命周期是指年轻居民客户离开父母独立生活，到年老进而死亡的家庭生活全过程，主要包括形成、扩展、稳定、收缩、空巢与解体六个阶段。处于每一家庭生命周期阶段的居民客户都会有自己最感兴趣的产品，通信运营商营销人员应确定其目标市场上顾客所处的家庭生命周期阶段，并针对每一阶段提供合适的产品和有针对性的营销策略。

2) 职业与教育

职业与教育是社会阶层因素在个人身上的集中反映。一个人的职业和受教育程度会影响其对产品或服务的购买。例如，大学生在校期间喜欢穿运动衫、旅游鞋，而毕业以后做了白领，则西装革履，从衣着打扮到言谈举止都会发生很大的变化。再如，蓝领工人与公司总裁的需求肯定不同，蓝领工人一般要买工作服、工作鞋和午餐盒饭等，而公司总裁则需要买名牌西服、高档轿车和高档手表等。通信运营商营销人员应找出对其产品或服务更感兴趣的职业与教育群体，甚至可以专门向某个特定职业群体或某种教育水平的顾客提供产品或服务。

3) 经济条件

经济条件是指由居民客户所拥有的可供支配的收入、储蓄、资产、融资能力和理财观念等所形成的资产负债氛围。经济状况决定着个人的购买能力，并在很大程度上制约着个人的需求结构和购买行为。经济状况越好，居民客户购物量越大，购买决策时间越短，购买行为的实施越容易，通信运营商营销的难度相对就小；当经济状况不好，居民客户收入较低时，购买就会很慎重，注意价格因素，通信运营商营销的难度就大。因此，营销者必须研究个人可支配收入的变化情况以及居民客户对储蓄和支出的态度，并及时调整自己的营销策略。

4) 生活方式

生活方式是人们生活、花费时间和金钱的方式的统称，它反映了人们的个人活动、兴趣和态度。不同文化、社会阶层的群体，具有不同的生活方式，即使来自相同的亚文化群、社会阶层，甚至相同职业的人，也可能会有不同的生活方式，进而有着不同的购买需求。市场营销向居民客户提供了实现其不同生活方式的产品或服务，使居民客户有可能按照个人的偏好，选择最适当的生活方式。通信运营商营销人员应设法区分具有不同生活方式的居民客户群体，如节俭者、奢华者、守旧者、革新者等，在设计产品和广告时应有明确的针对性。

5) 个性与自我概念

个性是指一个人独特的心理特征，它导致一个人对自身及周围环境产生相对一致和持久的反应。个性常用性格术语来描述，如自信的、好控制他人的、好交际的、自主的、适应性强的及进取的等。每个人的个性都会影响其购买行为。在分析居民客户对特定产品或品牌的购买行为时，个性也很有帮助。例如，咖啡制造商发现，大量喝咖啡的人一般来说都比较好交际，所以在广告中表现的是人们一边轻松自然地进行社交活动，一边喝着冒热气的咖啡的场景。

自我概念又称自我形象，是个人对自己的认识。例如，有些居民客户会把自己看成是有文化、有品位、有教养和追求时尚的人。居民客户会寻求符合或能够改善自我形象的通信产品与服务。通信运营商营销人员应尽量开发符合这些居民客户自我形象的通信产品与服务。

**2. 心理因素**

心理是人的大脑对于外界刺激的反应方式与反应过程。居民客户的购买行为除了自身的需求外，很大程度上建立在其对外界各种刺激的心理反应基础之上。而由于生活经历的千差万别，人们的心理状况也就千变万化、各不相同。心理因素是影响居民客户购买行为最为直接、最为隐含的因素，主要包括动机、知觉、学习和态度。

1) 动机

动机由需要引起，是产生购买行为的原动力。需要是人未得到某些满足的感受状态。一种未被满足的需要，会使人产生紧张或不适，当它达到某种迫切的程度，便成为一种驱使人行动的内在刺激，即驱动力。当驱动力被引向一种可以减弱或消除它的刺激物时，便成为一种动机。因此，动机是推动人们为达到特定目的而采取行动的迫切需要，是行为的直接原因。

居民客户购买动机可分为两类。第一，生理性购买动机。生理性购买动机指由人们因生理需要而产生的购买动机，如饥思食、渴思饮、寒思衣，又称本能动机。本能动机包括维持生命动机、保护生命动机、延续和发展生命的动机。生理动机具有经常性、习惯性和稳定性的特点。第二，心理性购买动机。心理性购买动机是指人们由于心理需要而产生的购买动机，根据对人们心理活动的认识，以及对情感、意志等心理活动过程的研究，心理动机可归纳为以下三类：① 感情动机，指由于个人的情绪和情感心理方面的因素而引起的购买动机，根据感情不同的侧重点，可以其分为三种消费心理倾向，即求新、求美、求荣；② 理智动机，指建立在对商品的客观认识的基础上，经过充分的分析比较后产生的购买动机，理智动机具有客观性、周密性的特点，在购买中表现为求实、求廉、求安全的心理；③ 惠顾动机，指对特定的商品或特定的商店产生特殊的信任和偏好而形成的习惯重复光顾的购买动机，这种动机具有经常性和习惯性特点，表现为嗜好心理。

心理学家们曾经提出过许多关于人类行为动机的理论，比较典型的是马斯洛的需要层次理论。第二次世界大战后，美国心理学家亚伯拉罕·马斯洛提出了著名的"需要层次理论"，说明了需要和动机在不同的环境条件下侧重点是不同的。该理论将人类的需要从低到高分为五个层次(如图 4.4 所示)，分别为生理需要、安全需要、社交需要、尊重需要和自我实现需要，其中前两种需要通常被认为是较低层次的需要，后三种需要被认为是较高层次的需要。只有低层次需要被满足后，较高层次的需要才会出现并要求得到满足。

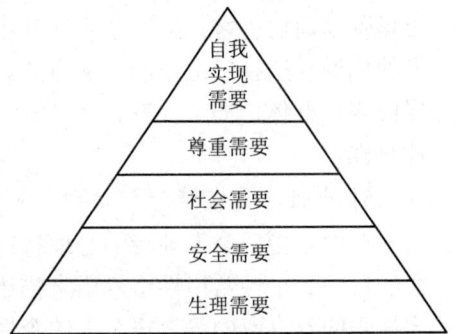

图 4.4　马斯洛需要层次理论

居民客户的购买动机和需要层次不同，购买行为必然是多样的、多变的。这就要求通信运营商营销者深入细致地分析居民客户的各种动机和需要，针对不同的购买动机和需要层次设计不同的产品和服务，制定有效的营销策略，获得营销成功。

2) 知觉

知觉指人脑对直接作用于感觉器官的客观事物的整体反应。知觉来自于感觉。所谓感觉，是人脑对当前直接作用于感觉器官的个别属性的反映，指个体通过视、听、嗅、味、触、摸等感官，对刺激物的外形、色彩、气味和粗糙程度等个别属性作出反应。例如，一种新上市的护肤品，居民客户用眼睛看到乳白色膏体，用鼻子嗅到清纯破郁的香气，用手触摸膏体细腻柔滑，搽在皮肤上有滋润感，由此产生对该护肤品颜色、香型、状态和质地等方面的感觉。随着感觉的深入，将感觉到的材料通过大脑进行分析综合，从而得到知觉。由于每个人都以各自的方式注意、整理与解释感觉到的信息，因此，一个人的知觉往往与客观事实差距很大。同时，由于人们要经历选择性注意、选择性曲解和选择性记忆三种知觉过程，所以不同的人对同一刺激物也会产生不同的知觉。

(1) 选择性注意：人们在日常生活中会受到各种刺激，但多数会被忽略。研究表明，人们更多地关注那些与当前需求有关的刺激物、期待的刺激物，以及与一般刺激物相比有较大差别的刺激物。选择性注意给通信运营商营销人员的启示是，可以有选择地对产品进行促销，以引起居民客户的注意。

(2) 选择性理解：居民客户会对获得的信息进行加工，使之合乎自己的倾向。例如，一个人如果偏好电信手机，他就会忽略听到的关于电信手机的缺点，找其他理由购买。人们总是倾向于用自己的观点解释信息，而非向自己的偏见挑战。对于选择性扭曲，通信运营商的营销人员一般很难施加影响。

(3) 选择性保留：即使被居民客户注意到的信息，多数也会被其遗忘，最后只保留能够支持其态度和信念的信息。由于存在选择性保留，所以一个人很可能记住他喜欢的品牌的优点，而忘记了竞争者同类产品的优点。选择性保留给通信运营商营销人员的启示是，可以通过大量戏剧性手段、重复手段将通信运营商或产品信息传播给居民客户。

3) 学习

学习也称"习得"，指人在生活过程中，经过实践和经历而获得的后天经验，能够对行为或行为潜能产生比较持久的改变过程。这种经验包括自己的直接经验，也包括通过观察或听取得到的间接经验。由于市场环境不断变化，新产品、新品牌不断涌现，居民客户必须经过多方收集有关信息之后，才能做出决策，这本身就是一个学习过程。人类的行为大多来源于学习，一个人的学习过程是通过驱动力、刺激物、诱因、反应和强化等的相互影响而产生的(如图4.5所示)。

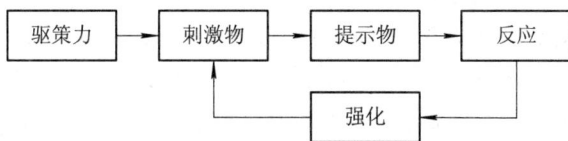

图4.5　后天经验学习模式

例如，周末，一个学生过生日，产生了请朋友去唱KTV的念头。晚上，走出校门，他正好看到学校旁一家新开的KTV在放音乐，同时想起了这家KTV在学校派发的宣传海报讲到的豪华试听设备，他就决定请朋友们去这家KTV唱歌来庆祝生日。一流豪华的试听设备，深情动听的音乐，周到细致的服务，使这位学生以及朋友们都感到非常愉悦，加深了对这家KTV的印象。他们相约，下次如果哪位同学过生日，还会来这家KTV唱歌庆祝。

在这个例子中，去 KTV 唱歌庆生的欲望是驱使力，KTV 的视听设备是刺激物，这家 KTV 的宣传海报是提示物，唱歌后的满意是反应，加深印象就是强化。

学习理论对通信运营商营销活动的指导意义在于：通信运营商营销人员可以通过把学习与强烈驱动力联系起来，运用刺激性暗示和提供积极强化等手段来建立居民客户对产品和服务的需求。

4) 态度

态度是指居民客户对某个客体的见解和倾向，这种见解和倾向表现为对人对事所持有的偏爱或厌恶的特殊感受。态度对居民客户的购买行为有很大的影响。客户的态度是后天学习来的。文化、社会阶层、相关群体、后天经验等因素都对态度产生重要影响。一般说来，客户态度的形成，主要有三个方面的依据：一是客户本身对某种产品或劳务的感觉；二是客户相关群体的影响；三是自己的经验及学习的知识。态度能够帮助客户选择目标，影响购买决定。因此，服务通信运营商应根据客户的态度改进和设计通信产品或服务，使通信产品或服务很好地满足客户的要求，或者利用促销手段不断改变其态度，以利通信产品或服务的销售。

## 四、通信居民客户购买决策过程

研究通信居民客户购买决策过程的主要步骤，可以帮助通信运营商制定更有针对性的营销策略，从而获得成功。由于居民客户对不同的通信产品有不同的购买方式，因此通信居民客户的购买决策过程也不尽相同。但我们仍能找出通信居民客户决策过程的一般步骤，主要包括确认需要、收集信息、评估方案、购买决策、购后行为等，如图 4.6 所示。

图 4.6　通信居民客户购买决策过程

### 1. 确认需要

所有购买行为都是因为需要而产生的，因为某种需要存在而没有得到满足，人们才会产生购买的念头。所以，居民客户都是在确认了自己哪些需要没有得到满足的情况下，才会考虑去买什么、买多少。所以说，确认需要是居民客户购买过程的起点。需要可以由内部刺激或外部刺激，或者是两者相互作用引起。内部刺激，如饥饿，可以促使人们寻找消除饥饿的食物；外部刺激，如美味佳肴，可能会使一个已经吃饱饭的人产生食欲。

通信运营商营销人员在这个阶段应注意两方面的问题：一是注意了解与本企业产品有关的现实和潜在的需求；二是了解居民客户需求强度随时间的推移以及外界刺激强弱而波动的规律性，以便设计诱因，增强刺激，唤起居民客户的需要，最终使其采取购买行动。

### 2. 收集信息

当居民客户一旦确认自己的需要产生之后，便会开始关注某种产品的相关信息，积极收集产品信息，以便为自己的购买行为提供参考资料。通常，居民客户的信息来源主要有以下几种渠道：

(1) 商业来源，即来自广告、推销员介绍、商品包装说明、商业展会等的信息。

(2) 个人来源，即来自家人、朋友、邻居、同事等的信息。

(3) 经验来源，即来自本人使用、处理或检查产品等所获得的信息。

(4) 公共来源，即来自大众传媒、政府、协会等的信息。

这些信息来源的相对影响力因产品和居民客户的不同而不同。通信运营商营销人员在这一阶段应注意两方面的问题：一是了解居民客户的信息来源；二是了解不同信息对居民客户的影响程度。一般来说，商业来源是居民客户信息的主要来源，但是商业信息只是起到告知的作用，而居民客户更相信个人来源和经验来源。只有明确了解这些问题，通信运营商营销人员才可以设计信息传播策略，从而对居民客户需求加以影响和控制。

**3. 评估方案**

居民客户在获得信息的基础上，通过对于能够满足需求的方案进行比较和评估。不同的居民客户评估商品方案的方法和标准有很大的差异。评估一般涉及产品属性、属性权重、品牌信念、效用函数、评价模型等几个方面的内容，但居民客户对同类产品不同品牌的评估基于两个因素：产品属性和品牌信念。

本阶段的主要营销任务是：了解居民客户看重哪些属性；确定属性权重；了解居民客户对通信运营商品牌的信念；改进产品或引导居民客户调整属性权重。

居民客户评估内容包括以下几个方面：

(1) 产品属性，即产品能够满足居民客户需求的特性。例如，汽车的速度、安全性与舒适性等；计算机的存储能力、运行速度、图像显示能力、软件适应性等。通信运营商营销人员应分析不同类型的居民客户，分别对哪些属性感兴趣，以便提供适销对路的产品。

(2) 属性权重，即居民客户对产品有关属性所赋予的不同重要性权数。属性权重有很大的不确定性，居民客户在不同时期对同一属性赋予的权重会发生变化，而居民客户对各项产品属性的关切程度也因人而异。通信运营商营销人员应动态地把握居民客户对产品有关属性赋予的权重，以更好地满足其需求。

(3) 品牌信念，即居民客户对某种品牌优劣程度的总的看法。通信运营商营销人员应注意，由于居民客户个人经验、选择性注意、选择性理解和选择性保留的影响，某些品牌信念可能与产品的真实属性并不一致。

(4) 效用函数，即描述居民客户所期望的产品满足感随产品属性的不同而变化的函数关系。它与品牌信念的联系是：品牌信念表明居民客户对某品牌的某一属性已经达到何种水平的评价，而效用函数则表示自费者要求该属性达到何种水平他才会接受。每个居民客户都有自己的效用函数，如某居民客户想购买一台摄像机，他的满足感随着产品的功能齐全、图像清晰、操作方便等而上升，同时又随购买成本的上升而下降。

(5) 评价模型，即居民客户对不同品牌进行评价和选择的程序及方法。大多数购买者会同时考虑多个属性，并赋予不同属性不同的权重。他们将这些权数乘以每个品牌的信念，就得到了每种方案的综合评价值并从中择优选取。我们把这个模型称为期望值模型。

例如：居民客户购买 4G 手机，通过收集信息，对市场上现有的各种 4G 手机的若干品牌形成初步认识后，这些品牌就进入他的"知晓范围"；然后，他对各种品牌的其中几个感兴趣的属性如"速度、像素、价格、型号"等进行分析后，建立起自己心目中的属性等级。对于选择拍照手机的居民客户来说，他购买 4G 手机首先考虑的是镜头像素、拍照品质，其次才考虑价格；而对于选择音乐手机的居民客户来说，他首先考虑的是音响效果、音色音质，其次才考虑价格。经过反复比较、权衡得失，他们会最后决定购买某一品牌。

### 4. 购后行为

居民客户买到通信产品后，往往会通过使用或家庭成员与亲友的评判，对自己的购买选择进行检验与反省，形成购买后的感觉。居民客户购买后的所有行为都基于其对产品满意还是不满意这两种感觉。如果对产品满意，则在下一次购买中可能继续购买该通信产品，并向其他人宣传该通信产品的优点。而对通信产品不满意的居民客户的反应截然不同，他们会产生不同程度的失调感，通过放弃或退货来减轻这种失调感。他们甚至会直接向公司提出抱怨，向居民客户协会或能够帮助其得到满足的其他群体申诉。他们会拒绝再次购买，甚至劝阻他人购买。因此，通信运营商应注意收集居民客户购买通信产品后对产品的评价信息，采取有效措施尽量减少或消除居民客户的购后失调感，提高其满意度。

居民客户的满意与期望有关。如果通信产品不符合其期望，居民客户就会感到不满意；如果通信产品符合其期望，居民客户就会感到满意；如果超过其期望，居民客户就会感到惊喜。居民客户的期望来自于个人经验、朋友、营销人员及广告宣传等，如果产品营销人员或产品广告对产品的宣传言过其实，让居民客户对其产品产生很高的期望值，就会导致居民客户购后的不满意。因此，通信运营商营销人员应避免使居民客户对其产品的期望值过高，过高的期望值容易引起居民客户的失望，降低居民客户的满意度。

### 5. 客户购买决策的五个"来"

客户的购买决策过程可以概括为五个"来"：看过来，走过来，停下来，买下来，再回来。

#### 1) 看过来

从单个零售店来看，"看过来"即注意力的争夺，这是终端销售的起点。试想一个客户进店后，如果没有看见你的品牌或产品，或者没有给予特别的注意，你的品牌或产品基本上是没有销售机会的。这也就是为什么各个品牌总是要争夺零售店入口处的位置，尤其是正对着入口的位置或入口处右手的位置。这些都是黄金位置。一些大品牌不惜一切代价对黄金位置进行疯狂争夺，甚至通过支付高额场地使用费来独占使用。当然，这些黄金位置和次黄金位置毕竟是有限的，只能独占，不能共享。为了争夺客户的注意力，各个厂家开始使用终端拦截战术，安排形象好、能说会道的促销员举牌、派发单页、引导客户，或是在陈列堆头上做文章，摆放一些小展台。这种终端拦截战术能够先入为主地向客户传播品牌和产品信息，对于那些专区、专柜位置较差的品牌来说是非常有效的方法。

#### 2) 走过来

光是"看过来"还是不够的，一定要让客户往我们的专区、专柜"走过来"。"看过来"以后是否会"走过来"，关键就在于是否能让客户感兴趣，让客户有所触动。客户之所以感兴趣、有所触动，一定是他们接收到了特别的信息，并随之产生了相关的心理活动。要达到这一目标，信息的内容很重要，传播的方式也很重要。也就是说，能让客户感兴趣的信息内容要有新产品的独特卖点、抽奖信息、买赠活动信息，而传播方式也就是上面所说的终端拦截战术。

需要指出的是，如果从促销成本的角度考虑，终端拦截战术的使用应该满足两个条件：一是人流量比较大的零售店；二是节假日或周末。满足这两个条件，使用这种方式就比较划算。

3) 停下来

解决了"看过来"和"走过来"的问题，零售成交的效率就会大大提高。客户"走过来"后，要想办法让他们"停下来"一段时间，只有让他们"停下来"，我们的促销员和店员才有推销的机会。能否让客户"停下来"，就要看促销员和店员的亲和力，对客户需求的判断能力、产品知识和推销技巧了，其中包括通过促销活动化解客户做出购买决策时对价格的敏感。让客户停留的时间越长，成交的机会就越大。在产品一定、硬终端条件(专区、专柜的店内位置，专柜的数量，品牌背景板是否醒目)一定的情况下，这其实是软终端管理水平的问题(包括促销员的招聘、培训及现场管理等)。

4) 买下来

"买下来"是"停下来"之后的一个自然结果。在客户停留的一段时间内，他们进行了大量的心理活动。此时，有经验的促销员和店员就会鼓励客户多说话，让客户将他们的心理活动用口头语言和身体语言表达出来，由此判断客户的决策顾虑到底是什么，针对客户的顾虑对产品的某些特点和优势进行介绍，或通过促销活动(抽奖、买赠等)帮助客户肯定其购买行为的心理价值，从而推动客户做出购买决策。

5) 再回来

"再回来"是终端销售的最高境界。由于客户在购买过程中得到了不同寻常的售中服务和售后服务，产生了美好的消费体验，客户就很可能会在下次购买手机时，在同一个店选择同一个品牌。而且他们会把自己美好的消费体验传播给身边的亲朋好友，形成良好的口碑，从而给某一品牌带来更多的销售机会。要达到"再回来"的境界，不仅需要耐心、诚恳地解答客户在产品使用过程中遇到的问题，及时解决售后服务问题，更为关键的，是要做好回访工作，主动给客户打电话，询问客户使用产品后的感觉，强化他们对促销活动利益的记忆，让他们的消费体验更加完美。

(摘自《五步连环的手机市场实效促销术》，蒋建平，《新营销》)

案例分析及思考题

## 【课后习题】

简述自己购买手机的决策过程。

# 任务三　分析通信集团客户购买行为

## 【问题引入】

集团客户指居民客户之外的组织，主要包括机关事业单位、企业等。他们购买通信产品的目的是履行职责、提高工作效率或者是提高生产效率、促进销售及提供服务。由于集团客户对通信运营商开展市场竞争具有重要作用，所以有必要对通信集团客户的购买行为做出分析，以便采取针对性的营销措施。那么，究竟通信集团客户购买行为有什么特征？通信集团客户购买行为可以分为哪些类型？通信集团客户购买行为有哪些影响因素？通信集团客户购买决策过程是怎样的？

## 【案例导入】

### 专业化运营集团客户

2018 年 8 月 9 日，中国移动公布了 2018 本年度上半年业绩。运营商世界网发现，中国移动在政企业务方面表现十分亮眼：2018 上半年其重点业务高速增长，服务的政企客户超过 670 万家。值得一提的是，中国移动年收入超亿元级别的产品竟达到 11 项。

业内专家认为，中国移动在以村通工程为代表的农村市场和以动感地带为代表的校园市场上攻城拔寨，成就了今天的规模。随后深度发力集团客户市场，无疑是结合移动互联网和物联网发展趋势的战略性圈地之举。

据介绍，中国移动把握互联网+发展机遇，积极拓展重点行业、关键产品和应用，政企市场规模和收入持续增长，行业竞争力显著提升。

其中，中国移动服务的政企客户超过 670 万家，集团通信和信息化收入同比增长 21.2%，市场份额超 38%。运营商世界网搜索后发现，2017 年同期中国移动服务的政企客户超过 590 万家，市场份额超过三分之一。由此看来，不论是客户数量还是市场份额，2018 年与 2017 年同期比较都处于增长态势。

在重点产品方面，中国移动的专线和 IDC 业务继续保持较快的发展速度，专线收入同比增长 26.9%，IDC 收入同比增长 56.8%，市场份额较 2017 年全年分别提升 3.8% 和 3.5%。

据悉，中国移动还围绕垂直领域进行深耕，携手合作伙伴聚焦工业、农业、教育、政务、金融、交通、医疗等七个重点行业提供整合解决方案，多项产品取得规模发展，年收入超亿元级别的产品达到 11 项，与 2017 年同期相比增加了 3 项，其中"和教育" 2018 年上半年收入超过 20 亿元。

另外，中国移动也努力拓展中小企业服务，大幅降低互联网专线资费，惠及中小企业 213 万家。他们推出中小企业特惠宽带产品，使接入成本大幅降低；推出中小企业云平台应用，打造融合优惠套餐，多渠道立体化拓展中小企业市场。

值得注意的是，中国移动在 2018 年下半年聚焦重点、优化协同，与拥有集团客户资源的平台型伙伴加大合作力度，加快拓展行业战略市场和中小企业高价值市场，进一步推动了政企市场跨越式发展。

**分析提示：**集团客户是通信运营商开拓市场、提高市场占有率的一个有效途径和管道。随着市场竞争的加剧，集团客户由于拥有较高的价值及稳定性，在各通信运营商眼中的战略地位越来越重要。案例里中国移动凭借雄厚的网络技术资源及优秀的客户经理团队，为广大集团客户提供优先、优质、优惠的移动通信服务，携手合作伙伴聚焦工业、农业、教育、政务、金融、交通、医疗等七个重点行业提供整合解决方案，获得了广大集团客户的青睐。

【知识内容】

## 一、通信集团客户购买行为的特征

通信集团客户指的是用组织的名义跟通信运营商签订协议,对其产品和服务进行订购,并且跟运营商形成了客户关系的法人及其附带的产业活动单位,如党政军机关、企事业单位、各大社会团体等。

### (一) 通信集团客户与个人客户购买行为的区别

通信集团客户的购买行为与个人客户的购买行为有着巨大的区别。在过去的针对通信集团客户的营销方案的制订中,往往是借鉴通信个人客户市场的营销经验,对于集团产品的营销效果不尽如人意,市场反应不明显。因此,必须找到集团客户和个人客户的购买行为的区别,才能针对性地制订集团产品的营销策略,如表4.1所示。

表4.1 通信集团客户与个人客户购买行为的区别

| 客户类别 | 集团客户 | 个人客户 |
|---|---|---|
| 客户价值 | 数据业务发展的主要市场基础,将构成未来竞争的重要环节 | 较少 |
| 用户数目 | 相对较少 | 很多 |
| 购买行为 | 购买决策周期长,过程复杂;通常存在决策者、购买者和使用者等角色分工 | 多数情况下,决策者即为使用者 |
| 需求满足 | 明显的行业应用特征,需要个性化解决方案 | 相对标准的产品提供 |
| 市场发展 | 高速成长阶段 | 逐步成熟 |
| 市场细分 | 从客户价值、行业特点、地域等方面入手,分垂直市场和水平市场 | 根据消费者偏好,经常采用访谈、问卷、抽样等调查方式确定目标市场 |
| 营销策略 | 更强调关系营销 | 针对不同细分市场的业务组合/套餐 |

通过分析,我们看到,通信集团客户作为数据业务发展的主要市场基础,将构成未来竞争的重要环节。相比通信个人客户市场,通信集团客户市场用户数目相对较少,购买决策的周期较长,过程复杂,通常存在决策者、购买者和使用者等角色分工。集团客户的需求具有明显的行业应用特征,需要个性化的解决方案,对比之下,通信个人客户的产品相对更加标准化。就集团移动信息化产品市场而言,市场目前处于高速成长阶段,市场前景巨大。对于通信集团市场的细分,更多地会从客户价值、行业特点、地域等方面入手,分为垂直市场和水平市场。因此在针对集团客户的营销策略上更加强调关系营销。

### (二) 通信集团客户购买行为的特征

通信集团客户市场不是个人客户市场的延伸和简单相加,而是一个全新的市场,其购买行为有其独立的特点。

### 1. 需求个性化、专业化

通信集团客户需求业务量大、业务类型复杂、业务质量要求高且具有可变性。通信集团客户专业性比较强，对信息产品的需求涵盖了多元化需求。高性能、高科技的多元化产品才符合通信集团客户的消费理念。通信运营商提供的产品和解决方案要与其工作实际相结合，满足其提高生产效率和降低生产成本的目的。通信集团客户具有派生需求，除自身需要使用通信业务外，还利用通信业务为自己服务的对象提供所需的商品或服务。例如，银行使用短信业务帮助其客户实现存取款及消费提醒。

### 2. 品质要求高

通信集团客户更加注重通信产品的品牌和稳定可靠性。通信集团客户在选择通信产品时，更多青睐于通信产品本身的品牌效应，因为品牌优势在某种程度上反映了通信产品本身的完备性和权威性，同时也能迎合通信集团客户本身的行业地位。稳定可靠性是通信集团客户对信息产品的本质需求，它包括产品性能与营销服务的双重稳定概念。通信集团客户对服务需求较强，依靠单一的产品或者价格很难打动集团客户。要想实现销售成功，需要提供从产品功能到服务过程、从技术培训到技术支撑、从产品维护到客户关系维护、从售前、售中到售后的一整套、全过程的服务支撑。

### 3. 议价能力强

通信集团客户对通信类尤其是移动类业务一般不具备迫切需求，购买能力较强且使用频率较高，业务需求量大且种类多。通信集团客户具体负责采购的人员往往比较专业，具有一定的技术背景，其意见很大程度上能够影响集团客户的选择，因此具有较强的议价能力。

### 4. 购买过程长

通信集团业务的推广从需求挖掘到意向性接洽，项目立项和与之相关的各项工作部署、施工、测试，到最后交付客户使用，整个过程涉及的部门、人员繁多。尤其是行业应用项目，历时往往很长。在这个过程中，客户的需求也有可能发生变化，需要根据客户需求调整集团业务提供策略。

### 5. 影响购买决策的部门和人员多

集团客户的项目决策小组往往由集团领导以及市场、技术、建设、采购、财务等多个部门的人员构成，需要进行群体决策。因此，销售过程需要满足各种层面、各种类型人员的需求，包括倡议者(提出购买需求的人)、影响者(其观点或建议购买决策有直接或间接影响的人)、决策者(对整个或部分购买决策做出最终决定的人)、 购买者(购买决策的实际执行人)和使用者(直接使用或消费所购产品的人)等。不同的角色对购买决策产生不同的影响，属于理智型购买，决策相对复杂。

## 二、通信集团购买行为的类型

通信集团客户购买决策过程的复杂程度在很大程度上取决于其购买类型，购买类型可以按照购买的性质和内容进行划分。

### (一) 按照购买性质划分

#### 1. 直接重购

直接重购指通信集团客户根据其应用通信产品和服务的体验与满意程度。与原通信运营商续签合同的购买行为。直接重购是通信集团客户的一种惯例性购买过程。其购买流程相对简单，购买通信产品的内容不变，但对价格和服务质量往往会提出更高的要求，甚至在谈判中会以其他通信运营商的价格和服务标准作为讨价还价的筹码。此时通信运营商可根据掌握的集团客户购买性质进行判断，尽量提高服务水平以获取新的合同。一方面，避免影响自身的收入；另一方面，通过高质量的服务提升客户感知，提高竞争对手进入的门槛，强化自身的市场竞争优势。

#### 2. 修正重购

修正重购是通信集团客户根据自身业务发展的需要，以及以往应用通信产品和服务的体验，适当改变和调整购买对象的购买行为。修正重购比直接重购涉及更多的决策参与者，并且通信集团客户有可能会对通信运营商进行重新选择。这种采购方式对原通信运营商来说是一种威胁，而对其竞争对手来说就是一次难得的机遇。对于修正重购，通信运营商应首先了解通信集团客户的真实想法：是因为原有产品与服务已经不能适应通信集团客户业务发展的需要，还是对原有的产品与服务质量存在不满。如果修正重购的原因属于第一种情况，通信运营商应尽快分析客户业务的变化，提供符合客户业务发展需要的解决方案。如果修正重购的原因属于第二种情况时，通信运营商就应该在如何提高产品与服务质量上做文章。

#### 3. 全新购买

全新购买指通信集团客户对某种通信产品与服务进行首次购买的行为。由于对新的通信产品与服务不甚了解，出于防范风险的目的，一般全新购买的决策流程较为复杂，参与决策的人员较多。这种购买行为对通信运营商而言既是挑战又是机遇。通信运营商一方面要仔细研究决策流程并把握其中的关键环节；另一方面要积极当好通信集团客户的顾问，真心实意地向集团客户推荐或定制产品与服务，指导和帮助集团客户尽快熟悉和掌握新产品的使用，实现客户价值的提升。

### (二) 按照购买内容划分

#### 1. 基础通信类产品

我们常说的基础通信产品，就是建立在语音套餐类基础上，以集团成员间的语音服务或基础数据传输作为主要产品内容的集团产品。例如，我们常说的集团 V 网、会议电话、视频会议等。这类产品主要利用成员间的通话资费或基础数据传输优惠，实现稳定集团成员市场，确保信息化收入的目的。

#### 2. 办公管理类产品

办公管理类产品是针对集团客户的实际情况，以方便集团客户办公为主要目的而设计的通信类产品，如集团通讯录、企业邮箱、移动办公等业务。当前使用比较广泛的企业邮箱产品，邮件平台变买为租，企业无需投资建设，可以快速拥有邮箱服务；该业务还可以按照企业的需要定制专业域名，提升企业知名度，树立企业形象。

### 3. 营销服务类产品

营销服务类产品则是针对某一个行业或特定用户群制定的产品，专门方便企业开展营销或者服务的产品，如集团彩铃、移动总机、移动 400 电话等。该业务的应用，可以提升集团客户的服务和营销能力，扩大集团客户的影响力。

### 4. 生产控制类产品

生产控制类产品主要服务于集团客户的生产、流程控制过程中，实现对过程的监控、指挥调度、数据采集或者远程诊断等功能，如物联网应用、视频监控和车务通等业务。这类业务需要根据集团的实际需求，把通信运营商移动短信、传输等多种业务集成后，专门为行业提供产品或服务，专业性比较强。

## 三、通信集团客户购买行为的影响因素

通信集团客户在作出购买决策时，会受到一系列因素的影响，主要包括环境因素、组织因素、人际因素和个人因素四大类，每一类又包含若干具体内容，如表 4.2 所示。

**表 4.2　影响通信集团客户购买行为的主要因素**

| 环境因素 | 组织因素 | 人际因素 | 个人因素 |
|---|---|---|---|
| 需求水平 | 企业目标 | 地位 | 年龄 |
| 经济前景 | 组织结构 | 职权 | 个性 |
| 技术创新 | 购买政策 | 志趣 | 教育水平 |
| 政治法律 | 规章制度 | 说服力 | 工作职务 |
| 市场竞争 | 工作流程 | 影响力 | 风险态度 |

### 1. 环境因素

环境因素，即通信集团客户的外部环境因素。集团客户对通信产品和服务的需求规模与层次，在一定程度上受到环境因素的制约，诸如一个国家的经济前景、市场需求、技术发展变化、市场竞争、政治法律等情况。如果经济前景不佳，市场需求不振，通信集团客户就不会增加投资，甚至会减少投资，减少通信产品的采购量和使用量。此时，通信集团客户对增值类通信产品和服务的需求会明显降低；对基础通信产品及服务，也倾向于选择较低价格的提供者进行合作。

### 2. 组织因素

每个集团客户的采购部门都会有自己的目标、政策、工作程序、组织结构与相关制度，这些内容共同构成了组织因素。组织因素是影响通信集团客户购买决策的最重要因素之一。这是因为组织因素直接决定了通信集团客户购买的标准、规范、要求与特点。购买的目标，采购部门在通信集团客户购买决策中的地位，采用集中还是分散决策方式，购买决策的流程，参与的部门和人员等关键问题，都是由组织因素决定的。

### 3. 人际因素

人际因素即通信集团客户内部有关部门和有关人员(使用者、影响者、决策者、批准者、

采购者和信息控制者)的职权、地位、志趣、影响力、说服力以及他们之间的关系等。这些因素相互影响、相互制约，从而对通信产品的购买决策和购买行为产生重要影响。因此通信营销人员应尽量与集团客户有关领导，特别是对决定购买起重要作用的人员建立良好的关系，有针对性地进行营销。

### 4. 个人因素

通信集团客户的购买决策行为是一个谨慎而理性的活动，但完成决策过程的却是一个个具体的人，每个人在做出决定和采取行动时，都不可避免地受其年龄、受教育程度、职位、个性及价值观等的影响，从而不可避免地将个人的动机、理解和偏好带进决策过程中，形成不同的决策风格，并对最终结果产生影响。因此，通信营销人员应了解集团客户决策成员的个人情况，以便采取"因人而异"的营销策略。

## 四、通信集团客户的购买决策过程

通信集团客户的购买行为和个人客户的购买行为一样，也有决策过程，但其复杂程度比个人客户要高，而且全新购买的决策过程又比直接重购和修正重购的决策过程复杂。一般情况下，通信集团客户的购买决策包括八个环节，如图4.7所示。

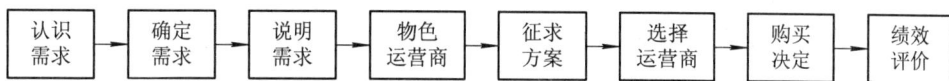

图4.7　通信集团客户购买决策过程

### 1. 认识需求

认识需求阶段是通信集团客户购买过程的起点，即通信集团客户意识到对某种通信产品或服务的需求。这种需求可能源于两个方面：一是组织内部因素，如集团客户决定购买新设备、新系统等；二是组织外部因素，如展销会、广告等，这两种因素都可能刺激通信集团客户的需求。

### 2. 确定需求

集团客户发现自身的购买需求后，要进一步确定所需通信产品种类、特征(如通信产品的可靠性、安全性、耐用程度及其他必备的属性等)和数量。通信营销人员要设法参与这一过程，帮助集团客户的购买人员确定所需通信产品的种类、特征和数量。

### 3. 说明需求

集团客户确定需求后，要组织专家小组对所需通信产品种类进行价值分析，做出详细的技术说明并形成书面材料，作为购买人员采购的依据。通信营销人员可运用价值分析技术，向集团客户说明通信产品在具备必要的功能方面具有的优越性。

### 4. 物色运营商

通信集团客户购买者可以通过多种途径寻找供应商，如商业目录、电话查询、计算机查询等。在此基础上，通信集团客户会列出一份合格供应商的名单。一般而言，通信集团客户购买者的购买越新、项目越复杂，寻找供应商所花的时间就越多。因此，对通信运营商来说，应设法把公司名字列在主要商业目录上，并争取在市场上拥有一个较好的声誉。

### 5. 征求方案

通信集团客户购买者邀请相关的运营商，让他们提供具体的产品目录和价目表，并描述其产品在质量、性能、技术、销售、服务等方面的详细情况，技术复杂且价格昂贵的产品还要求提交内容详尽的书面材料。对通信运营商的营销人员来说，这种书面材料既是技术文件，也是营销文件，在文件中必须突出强调通信运营商的生产能力和资源优势，从而增加中选的可能性。

### 6. 选择运营商

在选择运营商阶段，通信集团客户通常会制作一个表格，列出满意的运营商的主要特征(如产品质量、技术服务、交货及时性、价格竞争性、企业信誉等)，并对待选的运营商进行分类评估。在做出最后选择之前，通信集团客户还可能与选中的运营商就价格或其他条款进行谈判。在决定使用多少个运营商方面，由于通信产品和服务的特点，通信集团客户购买者一般只会选择一个运营商。

### 7. 购买决定

在选定运营商后，供求双方要正式签订合同或订单，并在其中详细规定技术规格、交货时间、退款保证等具体细节。当然，作为通信运营商，应该有良好的合同管理和风险管理体制。什么客户可以签订长期信用付费的合同？在合同对方一般性违约阶段如何管理？在哪个点上设定止损机制？这些都是需要认真研究的问题。合同管理体系不健全，会导致出现庞大的欠费一族或欠费奇高的单个用户。

### 8. 绩效评价

绩效评价即通信集团客户采购者对特定运营商的履行合同状况进行检查和评估。通信集团客户购买者可以直接向实际使用者了解其对所购产品的满意度，并在此基础上设计不同的评估标准，再通过加权计算的方法来评价运营商，最后根据评估结果决定是否维持现有的通信产品供应渠道。

需要指出的是，上述八个阶段是在全新采购情况下的完整采购过程，实际上在直接重购和修正重购的情况下，有些阶段可能会被省略或简化。一笔订货需要经历哪几个购买阶段，要视具体购买情形而定。例如，在直接重购的情况下，通信集团客户购买者可能有一个或一批固定的运营商，而很少考虑其他运营商。

案例分析及思考题

【课后习题】

通信集团客户关系应该如何开发和维护？

# 项目五　制订通信 STP 营销战略

## 【知识结构图】

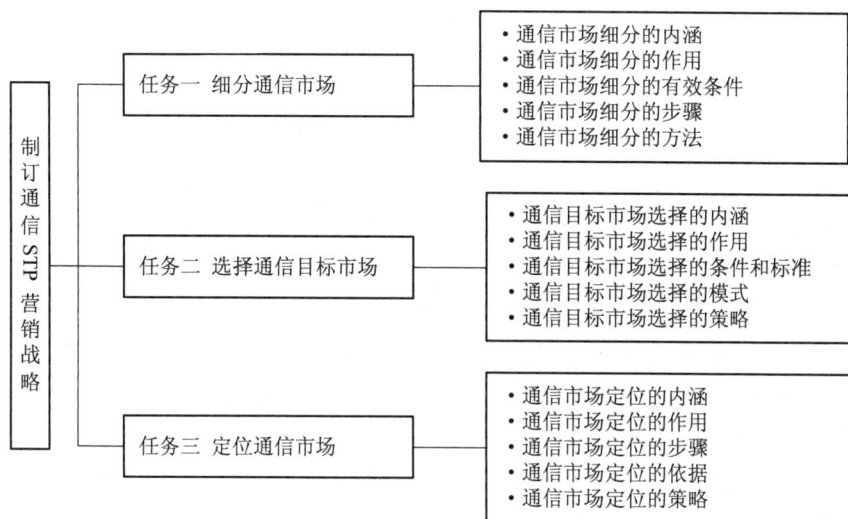

- 任务一　细分通信市场
  - 通信市场细分的内涵
  - 通信市场细分的作用
  - 通信市场细分的有效条件
  - 通信市场细分的步骤
  - 通信市场细分的方法

- 任务二　选择通信目标市场
  - 通信目标市场选择的内涵
  - 通信目标市场选择的作用
  - 通信目标市场选择的条件和标准
  - 通信目标市场选择的模式
  - 通信目标市场选择的策略

- 任务三　定位通信市场
  - 通信市场定位的内涵
  - 通信市场定位的作用
  - 通信市场定位的步骤
  - 通信市场定位的依据
  - 通信市场定位的策略

（制订通信 STP 营销战略）

## 【学习目标】

通过学习，应该明确通信 STP 营销战略是通信运营商营销战略的核心，也是企业制订市场营销组合策略的前提和依据。任何企业所面对的客户的地理位置、人口变量、消费心理、消费行为等因素都存在着很大的差别，每个企业都无法满足整体市场的全部需求。因此，通信运营商需要根据需求的差异性将客户进行分类，然后结合特定的营销环境和资源条件选择某些特定的客户群体作为企业的目标市场，并进行市场定位。市场细分(Segmentation)、目标市场选择(Targeting)、市场定位(Positioning)就构成了目标市场营销战略(STP 战略)的三个主要步骤。本项目的任务包括细分通信市场、选择通信目标市场和定位通信市场。

## 任务一　细分通信市场

## 【问题引入】

没有一种通信产品或服务能吸引所有的顾客。因此有效的营销战略要求通信运营商将服务市场细分成具有相同特征的不同部分，了解各个部分的需求特征，通过服务产品的差异化来建立竞争优势。那么，究竟什么是服务市场细分？服务市场细分的特点和有效条件有哪些？服务市场细分的方法和步骤是怎样的？

## 【案例导入】

### 中国移动的品牌战略

中国移动通信共有"全球通"、"动感地带"、"神州行"三大个人客户品牌。其中，"全球通"主要针对高端商务人士设计，"动感地带"主要针对喜欢新潮的年轻一代设计，"神州行"主要为喜好经济实惠的普通百姓设计。当"全球通"的资费超出低端客户的心理上限时，"神州行"应运而生；当眼花缭乱的移动新业务层出不穷时，"动感地带"又有了精彩的亮相。让企业从价格战的泥潭中解脱出来，中国移动的目标市场营销战略功不可没。这就印证了一个有趣的逻辑链：初步竞争打破了独家垄断，后来者更是拿资费开刀，祭起价格战的大旗，不健全的监管体系又无力阻止竞争双方一步步滑向"囚徒困境"，由于利益的牵扯还或明或暗地影响到互联互通，给客户通信造成很大的障碍，单一的价格战不会有真正的赢家，市场的无形之手迫使运营商不断进行自我调整，最终仍是通过市场的手段解决竞争的问题。以品牌战略统领企业的所有经营行为，是企业保持市场领先、巩固主导地位的必然选择。有句话说得很形象，防御竞争对手的进攻，首先要学会自己进攻自己。中国移动在细分市场的基础上对强势品牌进行整合，开发出面向中低端客户的"神州行"，让这些客户从"全球通"的品牌中自然剥离，主动维护了"全球通"的高端定位，突出了"专家品质，值得信赖"的卓越气质，使产品的溢价能力并没有随价格的变动而降低，这在近乎同质竞争的移动通信市场中十分难得。中国移动的品牌战略，得到了市场的丰厚回报，目前以七亿客户规模跃居世界首位，企业实力迅速增强，无论是客户份额还是盈利能力，都远远领先于对手，一举奠定了国内移动通信运营商的主导地位。

**分析提示：** 中国移动能够在竞争激烈的通信行业中长期占据领先地位，无疑与其长期实施的正确的目标市场战略不无关系。通过对客户进行市场细分，在区隔清晰的目标市场上实施品牌战略，提升企业竞争力，中国移动占据了通信行业市场开拓的先机。

## 【知识内容】

## 一、通信市场细分的内涵

通信市场作为一个复杂而庞大的整体，由不同的购买者和群体组成。由于这些购买个体和群体在地理位置、资源条件、消费心理、购买习惯等方面的差异性，在同类通信产品市场上，会产生不同的购买行为。所谓通信市场细分，指通信运营商根据消费者需求的差异，按照细分变量将某一整体通信市场划分为若干个消费群体，每一个消费者群都是一个具有相同需求或欲望的细分子通信市场，从而找出适合本企业为之服务的一个或几个细分子通信市场的过程。换言之，通信市场细分就是把通信市场分割成界定清晰的消费者子集。这些消费者子集在产品需求上具有同质性，而子集之间的需求属性差异显著。

## 二、通信市场细分的作用

当今人们生活水平不断提高，消费需求日益多样化，通信产品和服务市场越来越广，通信市场细分是一项很重要的市场营销策略。实践证明，通信运营商科学、合理地进行市场细分，就可以更好地为客户服务，开展有效的竞争，达到企业的盈利目标。具体来说，通信市场细分的作用有以下几点：

### 1. 有利于发掘市场机会，开拓新市场

通过通信市场细分，通信运营商可以对每个细分市场进行了解，掌握不同市场群客户的需求，从中发现各细分市场的购买者的满足程度。同时，分析和比较不同细分市场中竞争者的营销状况，着眼于未满足需求且竞争对手又较弱的细分市场，寻找有利的市场营销时机，开拓新市场。例如，长沙联通在调查研究的基础上，对长沙通信市场进行了细分，从中发现了长沙市内滴滴出行通信的需求量很大。长沙联通及时抓住这个机会，推出名为滴滴大王卡和小王卡的专属司机卡。滴滴大王卡 98 元/月，包括 6GB 流量和 1000 分钟通话时间，而滴滴小王卡 58 元/月，包括了 3GB 流量和 500 分钟通话时间，并且司机与乘客通话费用完全免费。作为一项滴滴员工的专属福利，滴滴司机卡既满足了滴滴员工的通信需求，又为长沙联通赚取了可观的利润。

### 2. 有利于调整市场营销策略

在细分通信市场基础上，通信运营商选择目标市场，制订特殊的销售策略，满足不同目标市场客户的需求。这样，就可以有针对性地了解各细分市场需求的变化，迅速而准确地反馈市场的信息，使企业有比较灵活的应变能力。例如，长沙高校市场以前以有线宽带为主，长沙电信宽带以网络稳定、网速快、装维服务到位，在高校市场建立了品牌效应。后来随着手机移动互联网的发展，越来越多的高校学生热衷于手机上网。长沙电信了解到这种需求，推出了 WIFE 天翼校园产品，受到了大学生们的青睐。

### 3. 有利于集中人力、物力投入目标市场

通信细分市场对于竞争力较弱的通信运营商更加有效。因为这样的企业资源能力有限，在整体市场上缺乏强有力的竞争能力和手段，通过细分市场，可选择符合自己需要的目标市场，集中有限的资源能力，去取得局部市场上的相对优势。例如，刚进入市场时期的中国联通，相对于中国电信来说是小规模企业。因此，联通公司在进入通信市场后，便将人、财、物都集中到移动通信行业，与中国电信展开了技术、市场等全方位的竞争，取得了不俗的表现，因此才得以在强大的竞争对手面前生存并发展起来。

### 4. 有利于分配市场营销预算

通过通信市场细分，通信运营商可以了解不同细分市场群的客户对市场营销措施反应的差异。据此将企业营销预算在不同细分市场群上进行分配。这样，可以避免企业资源的浪费，使资源用于适当的地方。一般说，通信运营商应当把注意力与费用分配到潜在的、最有利可图的细分市场上，以提高经济效益。例如，按照 28 法则，占企业客户 20%的大客户贡献了企业 80%的利润。所以中国电信专门成立了大客户事业部，为大客户专门配备客户经理，使大客户市场优先、服务优先及新业务使用优先、服务价格优惠，从而实现了中

国电信与大客户的互利共赢。

## 三、通信市场细分的有效条件

对通信市场进行细分的方法有很多，但是并非所有细分方法都行之有效。因此，要想使通信市场细分充分发挥作用，必须具备如下条件：

(1) 可衡量性(Measurability)：指细分通信市场的特征、规模和购买力等的可衡量程度。事实上，通信市场有些细分变量很难衡量。例如，通信运营商很难判断安装住宅电话的客户中有多少人首先考虑价格因素，多少人主要考虑实用价值，又有多少人主要考虑它的象征性价值。

(2) 可接近性(Accessibility)：指能有效接触和服务通信细分市场的程度。一方面，被选定细分市场的客户能有效地了解通信产品，并对通信产品产生购买行为，能通过各种销售渠道购买到通信产品；另一方面，通信运营商通过营销努力(如广告及人员推销等)，可达到已选定的细分市场。否则，就不值得去细分这些市场。

(3) 足量性(Substantiality)：指细分市场的容量够大或其获利性够高，达到值得公司去开发的程度。细分市场应是值得专门制订营销计划去追求的最大同类顾客群体。如果市场十分窄小或者潜在客户数量有限，入不敷出，就不值得去开发。

(4) 可行动性(Actionability)：指要拟订有效营销方案以吸引和服务细分市场的程度。如果细分市场变化不稳定，通信运营商来不及实施自己的营销方案，其营销风险是很大的。如果制订的营销计划不符合市场的特点，那也很难具体操作，难以实现营销计划。

## 四、通信市场细分的步骤

借鉴美国营销学家麦卡锡首先提出的细分市场的七个步骤，可以对通信市场的细分步骤列举如下：

(1) 选定产品市场范围，当企业确定市场细分的基础之后，必须确定进入什么行业，生产什么产品，为哪些人服务。产品市场范围应以顾客的需求，而不是产品的本身特性来确定。

(2) 列出企业所选定的产品市场范围内，所有潜在顾客的所有需求，这些需求多半是心理性、行为性或地理性变数特征。

(3) 企业将所列出的各种需求，交由各种不同类型的顾客挑选他们最迫切的需求，最后集中起来，选出两三个作为市场细分的标准。

(4) 检验每一细分市场的需求，抽掉各细分市场中共同需求。尽管它们是细分市场的重要的共同标准，但可省略。要寻求具有特性的需求作为细分标准。

(5) 根据不同消费者的特征，划分为相应的市场群，并赋予一定名称，从名称上可联想该市场消费者的特点。

(6) 进一步分析每一细分市场的不同需求和购买行为及原因，了解要进入细分市场的新变量。这样，可能引起重新划分和重新命名细分市场，使企业不断地适应市场变化，在竞争中才能不败。

(7) 决定市场细分的大小及市场群的潜力，从中选择使企业获得有利机会的目标市场。

## 五、通信市场细分的方法

通信市场细分主要是依据一定的细分变量来进行的，运用一系列的细分变量可以把一个市场细分为多个细分市场。细分的方法可以分为两大部分：一是根据消费者特征细分市场；二是通过消费者对产品的反应细分市场，如图 5.1 所示。

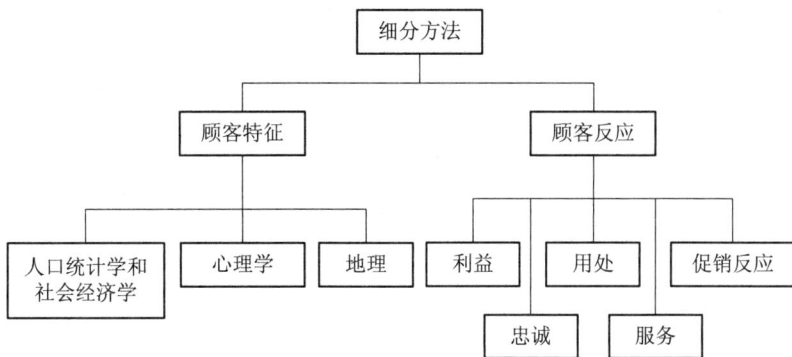

图 5.1　通信市场细分的方法

### 1. 人口统计和社会经济因素细分

人口统计学的细分变量包括年龄、性别、家庭人数、生命周期等。社会经济学细分变量主要是指收入水平、教育程度、社会阶层和宗教种族等。这些人口变量和需求差异性之间存在着密切的因果关系。不同年龄、不同文化水平的客户，会有不同的生活方式，因而对同一产品和服务必定会产生不同的消费需求；而经济收入的不同，则会影响人们对某一产品和服务在质量、档次等方面的需求差异。在实际工作中，通信运营商一般采用"多变量细分"，即依据两个或两个以上的变量来细分市场。例如，中国移动的移动电话就是针对不同客户的不同需求和消费能力，实现职业、年龄、收入三个变量的组合，把移动电话市场细分为全球通、神州行、动感地带三个子市场。

### 2. 心理因素细分

影响客户需求差异的心理因素(如生活方式、个性、购买动机、购买习惯等)，都可作为细分市场的依据。尤其是当运用人口和社会经济因素难以清楚地细分市场时，结合考虑客户的心理因素(如客户个性特征等)将会变得有效。许多企业已越来越倾向于采用心理因素进行市场细分。例如，中国移动校园品牌动感地带，针对新一代大学生"以自我为中心、追求特立独行"的心理，设计广告宣传语，"动感地带，我的地盘我做主"受到大学生的追捧，在高校移动通信市场占有绝对地位。

### 3. 地理因素细分

这是根据客户工作和居住的地理位置进行市场细分的方法。由于地理环境、气候条件、社会风俗和文化传统的影响，同一地区的客户往往具有相似的消费需求，而不同地区的客户在需求内容和特点上有明显差异，如俗话所说的"一方水土养一方人"。生活在草原和山区、内陆和沿海、温带和寒带、城市和乡村的人们有各自不同的需求和偏好。不仅如此，处于不同地理环境中的客户对企业所采取的营销策略也会有不同的反应。例如，对同一种通信产品的广告宣传，城市消费者讲究时代感，"电信宽带有多快？上网请系安全带"。农村消费者看重的是实在、朴实，"每天不到 1 元钱，光纤宽带用 1 年"。

### 4. 顾客利益细分

顾客之所以购买某项产品是因为他们能够从中获得某种利益。因此，可以根据顾客在购买过程中对不同利益的追寻进行市场细分。这种方法与前面几种方法不同，它侧重于消费者的反应，而不是产品的购买者本身。例如，老年人使用通信产品时所追求是经济和实用，他们只需要语音业务，因而通信运营商推出的低价老人机，受到客户的欢迎。年轻人使用通信产品时所追求的是感觉和时尚，他们不仅需要语音业务，更需要数据等业务，因此结合语音和流量的通信套餐，受到客户的青睐。

### 5. 用途细分

用途细分就是根据顾客对产品的使用方式及其程序进行细分。据此，顾客大体上可以被分为经常使用者、一般使用者、偶尔使用者和不使用者。企业往往关注那些经常使用者，因为他们比偶尔使用者的使用次数要多得多。所以电信部门将企事业单位中使用通信业务多、种类全、资费高的单位称作"大客户"，并专门设立"大客户部"并给予"大客户"服务和价格上的特别优惠。

### 6. 促销反应细分

这是根据顾客对促销活动的反应进行市场细分的方法。显然，不同的顾客对于诸如广告、销售推广、室内演示和展览等促销活动的反应是各不相同的。例如，长沙电信翼支付针对年轻人购物使用移动支付的特点，推出二星及三星绑卡长沙电信用户：在每周五翼支付日，使用翼支付在指定超市消费，立返订单额的 10%；单用户每月立返总额 20 元封顶，不限制笔数。

案例分析及思考题

## 【课后习题】

假如你是某通信运营商某区域的营销经理，能否根据本任务所学的知识，对你的服务市场进行细分？

# 任务二　选择通信目标市场

## 【问题引入】

通信运营商进行市场细分后，面临着选择目标市场的问题。因为，并不是所有的细分市场对运营商都有吸引力，任何企业都没有足够的资源和资金去满足整个市场或追求过大的目标。只有扬长避短，找到有利于发挥本企业现有人、财、物优势的目标市场，才能获取最大的经济效益。那么，究竟什么是目标市场选择？目标市场选择的条件和标准有哪些？目标市场的选择模式如何理解？目标市场选择的策略及影响因素是怎样的？

## 【案例导入】

### 寻找企业最有价值的客户

通信运营商的套餐越来越多，客户的响应度却越来越低，参与套餐的客户表现出越来越低的使用热情。花了大力气吆喝，却没挣到钱的买卖，该怎么办呢？

寻找企业最有价值的客户，成为一种呼声应运而生！采用特征刻画方法建立目标客户定位模型能有效解决企业难题，在输出目标客户名单及消费特征上辅助企业进行针对性营销。

某通信运营商自某年元旦推出 IP 长途低价产品后，短短半年时间发展了几十万用户，占同期发生长话通话用户数 20%，发展很充分。但与此同时，运营商整体长途通话量稳中趋降，运营商担心 IP 电话减少了长途收入，担心 IP 电话增量不足，担心 IP 电话替代其他长话产品。问题来了：IP 电话应如何有效经营？为此，围绕 IP 电话应如何发展问题，该通信运营商展开了 IP 电话业务情况调研。研究发现，区分不同 IP 电话用户对 IP 电话营销意义重大。为帮助运营商迅速锁定有效目标用户并针对性营销，调研组通过采用特征刻画方法构建 IP 电话用户定位模型。特征刻画方法构造的特征刻画变量包括消费水平、消费构成、消费变化趋势以及时段消费特征等。调查组抽取之前一年 4~6 月期间使用过 IP 电话的客户，跟踪其前后长话消费情况。发现不同用户使用 IP 电话情况有差别：增量增收用户、减量减收用户、增量不增收用户等。总结用户特征，明确为以下 3 类：第一类用户使用 IP 电话后，长途业务收入增加，且长途业务量增加，包括 IP 电话使用量激增，或替代其他长途产品等；第二类用户使用 IP 电话后，长途业务收入增加，但长途业务量减少；第三类用户使用 IP 电话后，长途业务收入不变甚至减少。

调查结论认为，长途业务增量增收用户才是有效的目标用户群。有效的目标用户不仅需要给运营商带来收入，还必须激发大量长途使用量。于是该通信运营商在该项调查结果的基础上，果断做出决策，对增量增收客户采取针对性营销。经过 1 个月的营销努力，效果验证显示，在对调查组输出的 1 万多户增量增收目标用户采取针对性营销后，目标用户响应率高，营销命中率从最初漫无目标 3%上升到 19%，提高 5 倍多。且营销后用户话务消费表现令人满意，各项话务指标提升，电信收入增长。

**分析提示**：该案例表明了有效寻找客户，正确选择目标市场对于企业的重要性。该通信运营商推出 IP 电话最初定位是一款应对竞争、释放长话价格风险的低价产品，但大面积推广不利于长话收入保持，通过定位模型，应用数据挖掘技术，找准目标客户后再针对推广，实现精确营销，有效节省了营销资源，获得了事半功倍效果。

## 【知识内容】

## 一、通信目标市场选择的内涵

通信目标市场是企业经过市场细分后决定要进入的市场。通信目标市场选择指通信运营商从可望成为自己的几个细分市场中，根据一定的条件和标准，选择其中哪一个或哪几个细分市场作为营销对象的决策过程。

通信目标市场选择与通信市场细分既有联系又有区别。通信市场细分是按照客户需求与客户行为差异性划分客户群体的过程；通信目标市场选择则是通信运营商根据一定的条件或标准选择一个或两个以上细分市场作为营销对象的决策，通信目标市场是在通信市场细分的基础上确定的，是对细分通信市场选择的结果。

## 二、通信目标市场选择的作用

通信运营商的资源和承受能力是有限的，而客户的需求是无限的，任何企业都不可能以有限的资源满足消费者的全部需求。通信运营商通过努力，也只能部分地满足。通信运营商通过调查研究确定要满足的部分消费者的部分需求，那就是通信运营商选择的目标市场。一般来讲，通信运营商选择目标市场有三个重要作用：

### 1. 有利于明确经营重点

目标市场是通信运营商经营的导向器，运营商选定了目标市场，也就明确了经营重点。这样通信运营商在人力、物力和资金投向上也就有了目标，从而克服企业"广种薄收"的经营弊端。例如，通信运营商大的目标市场是移动通信和数据通信，这也是竞争对手要争夺的市场。

### 2. 有利于掌握市场变化趋势

目标市场在总体市场中最具有代表性，它的每一个变化都从不同的侧面反映着市场的总体变化特征，代表着市场变化的主流。因此，目标市场是观察总体市场的"窗口"，是总体市场变化的"晴雨表"，为研究市场提供有力的依据。例如，通信市场中，移动通信和数据通信两块市场竞争激烈，一方面说明这两个市场潜力很大，供不应求，另一方面又表明有利可图。为此，通信运营商应加大投入，尽快多抢占市场份额，确定市场主导地位。

### 3. 有利于挖掘市场潜力

通信运营商应该尽可能地满足社会对通信的需求，但由于总体市场的需求存在着严重的不均衡性，势必有部分市场需求得不到满足，而企业也难以获得最佳营销成果。如果选定了目标市场并对其进行重点开发，重点经营，市场潜力就将被充分地挖掘出来，企业就可以获得满意的经济效益。又如通信运营商为改善通信服务，将大客户服务作为突破口，建立大客户服务室、大客户服务窗口、大客户服务档案，主动上门服务，使企业获得较好的经济效益和社会效益。

## 三、通信目标市场选择的条件和标准

通信运营商在选择目标市场时，必须认真评价通信细分市场的营销价值，分析研究其是否值得去开拓，能否实现以最小的投入，取得最大的营销成果。一般来讲，一个理想的通信目标市场应具备以下条件和标准：

### 1. 有足够的市场规模和购买力

通信目标市场是否具备足够的规模和购买力是通信运营商要考虑的首要问题。因为运营商开发一个新的市场，要付出较高的渠道、促销等费用，如果市场规模狭小，趋于萎缩，或是购买力低，保证不了足够的销售额，企业进入后就难以获得发展，无利可图，这样的子市场没有开发价值。实力雄厚的运营商一般重视销售量大的目标市场，实力较弱的运营商则应避免进入规模较大的目标市场。

### 2. 通信目标市场符合运营商的目标和资源

通信目标市场若与通信运营商的长期目标不一致，或通信运营商不具备在该细分市场中获利所应具备的人、财、物等资源条件，运营商则应放弃该细分市场。只有当通信运营商的人力、物力、财力、经营管理水平等主观条件具备时，才能将该细分市场作为企业的目标市场。通信运营商的技术支撑、网络运行、财务融资、物资供应、工程建设等方面的能力在目标市场选择中占有极其重要的地位，通信运营商只有充分考虑自身的优势和劣势，并能在将要进入的市场充分发挥其优势，才会在激烈的竞争中立于不败之地。

### 3. 通信运营商在目标市场上具有竞争优势

竞争优势具体表现为：该细分市场上没有或者很少有竞争；即使有竞争，竞争也不激烈，并且通信运营商有足够的优势跟上或者超过竞争者；通信运营商在该细分市场上有望获得较大的市场占有率。如果竞争者几乎控制了市场，但市场吸引力较大，本企业实力又强，则通信运营商可以设法挤入这一市场参与竞争，并力争在竞争中获胜。如果竞争已经十分激烈，而且竞争对手势力强劲，通信运营商进入后付出的代价就会十分昂贵。

## 四、通信目标市场选择的模式

通信运营商在对不同细分市场评估后，就必须对进入哪些市场和为多少个细分市场服务作出决策。通信运营商可考虑可能的目标市场模式，一共可采用五种模式，如图 5.2 所示。

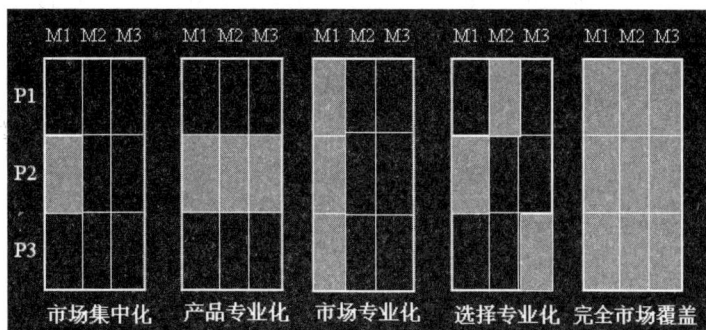

图 5.2 通信目标市场选择模式(图中 M 为市场，即客户群；P 为通信产品)

### 1. 市场集中化

通信运营商选择一个细分市场，集中力量为之服务。较小的通信运营商一般这样专门填补市场的某一部分。集中营销使通信运营商深刻了解该细分市场的需求特点，采用针对性的产品、价格、渠道和促销策略，从而获得强有力的市场地位和良好的声誉，但同时隐含较大的经营风险。

### 2. 产品专业化

通信运营商集中生产一种通信产品，并向所有客户销售这种通信产品。由于面对着不同的客户群，通信产品的档次、质量或款式等方面会有所不同。选择此类型的目标市场，有利于通信运营商提高产品质量，降低成本，增加经济效益。

### 3. 市场专业化

通信运营商专门服务于某一特定客户群，向其提供性能各自有别的同类通信产品，分别满足他们对同类通信产品的不同需求。例如，中国移动针对全球通客户推出 58 元、98元、158 元大流量套餐，分别提供 10GB/100 分钟、20GB/300 分钟、40GB/1000 分钟的流量语音套餐服务，以满足不同全球通客户的通信需求。采用这种方式，有助于发展和利用与客户之间的关系，降低交易成本，并在这一类客户中树立良好的形象。

### 4. 选择专业化

通信运营商选择几个细分市场，每一个对企业的目标和资源利用都有一定的吸引力。但各细分市场彼此之间很少或根本没有任何联系。这种策略能分散企业经营风险，即使其中某个细分市场失去了吸引力，企业还能在其他细分市场盈利。

### 5. 完全市场覆盖

通信运营商向所有细分市场提供各种不同的通信产品，力图用各种通信产品满足各种客户群体的需求，即以所有的细分市场作为目标市场。这通常是通信运营商为在市场上占据领导地位或垄断全部市场而采取的目标市场模式。

## 五、通信目标市场选择的策略

通信运营商在经过通信市场细分并选择了通信目标市场后，接下来就该考虑采取什么样的营销策略进入通信目标市场。一般来说，通信目标市场的选择策略有三种，即无差异市场营销策略、差异性市场营销策略和密集性市场营销策略。

### 1. 无差异市场营销策略

无差异市场营销策略是指通信运营商将整体市场视为一个目标市场，用单一的营销策略开拓市场，即用一种通信产品和一套营销方案吸引尽可能多的购买者，如图 5.3 所示。无差异营销策略只考虑客户在需求上的共同点，而不关心他们在需求上的差异性。例如，改革开放初期，通信运营商用固定电话一种通信产品满足所有客户对通信的需求。

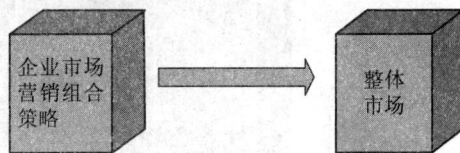

图 5.3　无差异市场营销策略图

无差异营销的理论基础是成本的经济性。生产单一通信产品，可以减少生产成本；无差异的广告宣传和其他促销活动可以节省促销费用；不搞市场细分，可以减少通信运营商在市场调研、产品开发、制定各种营销组合方案等方面的营销投入。这种策略对于需求广泛、市场同质性高且能大量生产、大量销售的通信产品比较合适，例如，传统通信业务中的市话业务、传真业务。

对于大多数通信产品，无差异市场营销策略并不一定合适。首先，消费者需求客观上千差万别并不断变化，一种通信产品长期为所有消费者和用户所接受非常罕见。其次，当其他通信运营商如法炮制，都采用这一策略时，会造成市场竞争异常激烈，同时在一些小的细分市场上消费者需求得不到满足，这对通信运营商和客户都是不利的。再次，易于受到竞争企业的攻击。当其他通信运营商针对不同细分市场提供更有特色的产品和服务时，采用无差异策略的通信运营商可能会发现自己的市场正在遭到蚕食但又无法有效地予以反击。

### 2. 差异性市场营销策略

差异性市场营销策略是将整体通信市场划分为若干细分市场，针对每一细分市场制订一套独立的营销方案，如图 5.4 所示。通信运营商的产品种类如果同时在几个子市场都占有优势，就会提高客户对运营商的信任感，进而提高重复购买率。而且，通过多样化的渠道和多样化通信产品的销售通常会使总销售额增加。

图 5.4　差异市场营销策略图

差异性营销策略的优点是：小批量、多品种，生产机动灵活、针对性强，使客户需求更好地得到满足，由此促进通信产品销售。另外，由于通信运营商是在多个细分市场上经营，一定程度上可以减少经营风险。一旦通信运营商在几个细分市场上获得成功，有助于提高企业的形象及提高市场占有率。

差异性营销策略的不足之处主要体现在两个方面。一是增加营销成本。由于产品品种多，管理费用将增加。由于通信运营商必须针对不同的细分市场发展独立的营销计划，会增加企业在市场调研、促销和渠道管理等方面的营销成本。二是可能使通信运营商的资源配置不能有效集中，顾此失彼，甚至在企业内部出现彼此争夺资源的现象，使拳头通信产品难以形成优势。

### 3. 集中性市场营销策略

实行差异性营销策略和无差异营销策略，通信运营商均是以整体市场作为营销目标，试图满足所有消费者在某一方面的需要。集中性营销策略则是集中力量进入一个或少数几个细分市场，实行专业化生产和销售，如图 5.5 所示。实行这一策略，通信运营商不是追求在一个大市场角逐，而是力求在一个或几个子市场占有较大份额。

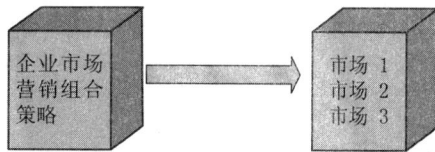

图 5.5　集中性市场营销策略图

集中性营销策略的指导思想是：与其四处出击收效甚微，不如突破一点取得成功。这一策略特别适合于资源力量有限的中小通信运营商。中小通信运营商由于受财力、技术等方面因素制约，在整体市场可能无力与大通信运营商抗衡，但如果集中资源优势在大通信运营商尚未顾及或尚未建立绝对优势的某个或某几个细分市场进行竞争，成功可能性更大。

集中性营销策略的局限性体现在两个方面：一是市场区域相对较小，通信运营商发展受到限制。二是潜伏着较大的经营风险，一旦目标市场突然发生变化(如客户偏好发生转移，强大竞争对手的进入，或新的更有吸引力的替代品的出现)，都可能使通信运营商因没有回旋余地而陷入困境。

## 六、影响通信目标市场选择的因素

由于目标市场策略选择的多样性和企业情况的复杂性，决定了通信运营商在具体选择目标市场策略时，要通盘考虑，权衡利弊，才能做出最佳选择。一般来说，通信运营商选择目标市场策略时，必须考虑以下因素：

### 1. 企业资源

企业资源主要指通信运营商的人力、物力、财力和技术状况。通信运营商实力雄厚，供应能力强，可采用无差异营销策略和差异性营销策略；如果通信运营商实力有限，无法覆盖整个市场，应采用集中性营销策略。

### 2. 产品同质性

产品同质性指产品在性能、特点等方面的差异性的大小。有些通信产品尽管自身可能会有某些差别，但客户一般不予重视或不加区别。例如，客户对打电话、发传真的要求，差异性较小，因而这类通信产品适合采用无差异性营销策略。对于差异性较大的通信产品，如移动电话、宽带上网，性能质量差别甚大，价格也有很大差别，宜采用差异性或集中性营销策略。

### 3. 市场同质性

如果消费者对通信产品的市场需求比较接近，购买习惯、购买数量大致相同，对销售方式也无特别要求，通信运营商就可以采用无差别营销策略。反之，市场需求的差别很大，就应采用差别营销或集中营销策略。

### 4. 产品市场生命周期

产品市场生命周期是产品从投入市场到退出市场的全过程。如果在市场上推出的是新产品，由于竞争者少，可采取无差别营销策略，以价格优势或产品的新颖性吸引潜在客户。当产品进入成熟阶段后，同类企业增多，市场竞争加剧，就应改为差异性营销策略，以开拓新的市场，或者实行集中营销策略，以保持原有市场，延长产品生命周期。

### 5. 竞争对手策略

如果竞争对手实行无差异营销策略，通信运营商一般可采用差异性营销策略与之相抗衡；如果竞争对手已采取差异性营销策略，通信运营商就应当采用更为有效的市场细分，实行差异性营销或集中性营销策略去占领需求尚未得到满足的细分市场。

案例分析及思考题

## 【课后习题】

通信运营商开拓高校市场可以采用什么目标市场营销策略，需要考虑哪些因素？

# 任务三 定位通信市场

## 【问题引入】

通信运营商一旦选定了目标市场，就要在目标市场上进行通信产品的市场定位。通信市场定位是通信运营商全面战略计划的一个重要组成部分，它关系到运营商及其通信产品如何与众不同，与竞争者相比有多么突出。那么，究竟什么是通信市场定位？通信市场定位的依据有哪些？通信市场定位的步骤是怎样的？如何定位通信市场？

## 【案例导入】

### 中国移动动感地带品牌定位

中国移动经过反复思量，在 2003 年初终于做出了战略抉择：将"动感地带"作为与"全球通"和"神州行"并行的第三大子品牌，以"全球通"为利润品牌，"神州行"为大路品牌，"动感地带"为狙击和种子品牌。到 2004 年年底"动感地带"就"感动"了 2000 万目标人群，也就是说，平均每 3 秒钟就有一个"动感地带"新用户诞生。

纵观竞争日益激烈的电信市场，像"动感地带"这样发展业绩的电信业务屈指可数。与中国移动旗下"全球通""神州行"业务品牌不同，"动感地带"不以业务为区分，而以客户为导向，目标受众直指 15～25 岁的年轻时尚族群，以打造"年轻人的通信自治区"为己任，倾力营造"时尚、好玩、探索"的品牌魅力空间。而中国移动对"动感地带"的成功营销也被誉为电信业进入品牌竞争时代的标志。"动感地带"的成功是中国移动对客户和市场细分的结果，更是中国移动针对不同客户群展开有效营销的结果。

"动感地带"（M-ZONE）最引人注意之处就在于其灵活的定价措施。如果你每月支付 20 元就可发 300 条短信或者每月支付 30 元可发 500 条短信。拿目前国内手机用户发送短信需要支付的普遍资费来看，基本上没有低于每条 0.1 元这个价位的。而动感地带这一新品牌所主打的短信套餐，最低资费额度可以达到每条短信息 0.06 元。这样的定价方式就像市场经济条件下所有其他商品一样，价随量走，真正做到定价的人性化和市场化。

邀请周杰伦代言让"动感地带"人气飙升。加盟"动感地带"，不再是简单的打打电话、发发短信、玩玩游戏，用户获得的是属于自己的"年轻人的通信自治区"，体味的是"我的地盘，听我的"的良好感觉。

健康、阳光、个性，在 15～25 岁年轻人中极具号召力的周杰伦可谓是名副其实的"动感小子"，其影响力不仅提升了"动感地带"在年轻人中的知名度，也使得"动感地带"的品牌内涵更加彰显。动感地带邀请周杰伦代言之后的一系列活动证明了他们对明星效用的理解和应用。

广告宣传独树一帜，周杰伦在广告上的表现让 M-ZONE 人相信他也是拇指一族。之后每当有新业务推出，周杰伦都会充当先锋，身体力行。与彩信、彩铃等新业务同时推出的各种新广告铺天盖地地出现在 M-ZONE 人的四周，加上周杰伦夸张的表演方式，使得这些业务立即火爆不已。

　　而频频出现在报纸、杂志、电视、广播，还有网站上的"动感地带"广告无不惟妙惟肖地传达出该品牌的核心价值与定位。触动目标用户内心世界的品牌定位和以此为核心的一系列活动，引起了广大动感地带用户的共鸣，得到了越来越多年轻人的认可。

　　**分析提示**：该案例表明了树立品牌形象、塑造品牌定位，赢得客户认同对于企业的重要性。中国移动推出动感地带品牌，客户定位精准，目标受众为 15 至 25 岁的年轻时尚族群；形象定位独特，邀请周杰伦代言让"动感地带"人气飙升；广告定位恰当，健康、阳光、个性，触动了目标用户的内心世界，引起了广大年轻人的共鸣，得到越来越多年轻人的认可。

## 【知识内容】

## 一、通信市场定位的内涵

　　所谓通信市场定位，就是通信运营商根据竞争者现有产品在市场上所处的位置，针对客户对该种产品某种特征或属性的重视程度，强有力地塑造出本企业产品与众不同的、给人印象鲜明的个性或形象，并把这种形象生动地传递给用户，从而使该产品在市场上确定适当的位置。

　　通信市场定位就是要进行差异化营销，其实质是使本企业与其他企业严格区分开来，使客户明显感觉和认识到这种差别，确定产品在顾客心目中的特殊位置并留下深刻印象，以便吸引更多的客户，在目标市场中获得竞争优势。它关系到通信运营商及其通信产品如何与众不同，与竞争者相比有什么突出的特点。它对于树立通信运营商及其通信产品的鲜明特色，满足客户的需求偏好，提高市场竞争力具有重要意义。

## 二、通信市场定位的作用

### 1. 通信市场定位是通信运营商制订营销策略的依据

　　通信运营商要实行目标市场营销，第一步是进行市场细分，第二步是选择对本企业最有吸引力的细分部分作为自己的目标市场，第三步是在目标客户心目中树立起适当产品形象，做好市场定位工作。定位工作做好了，才能更准确地制订并实施营销组合策略，即围绕所要树立的形象，设计相应产品，制定合适的价格，选择最有效的分销渠道、有针对性的广告宣传。

### 2. 通信市场定位有利于建立企业及其产品特色

　　通信市场定位有利于通信运营商根据市场需求寻找区别点，把自己的产品个性化、特殊化，在市场中建立自己的特色，可以使企业在激烈的市场竞争中立于不败之地。21 世纪是各企业品牌分庭抗礼、成功与风险并存的世纪，通信市场竞争激烈，为了争夺有限的客户，防止自己的产品被其他产品替代，保持或扩大企业的市场占有率，通信运营商必须为其通信产品树立特定的形象，塑造与众不同的个性，从而在客户心目中形成一种特殊的偏好。

### 3. 通信市场定位能引起客户特别注意

　　现代社会各种商业广告铺天盖地，对于大多数客户而言，不可能都引起注意，绝大多数一闪即逝，留不下什么印象。通过通信市场定位，给通信产品描绘出一个鲜明的有别于竞争对手的形象，再把定位信息传递给客户，就使差异性清楚地凸现在客户面前，引起客户注意你的品牌并产生联想。若定位正符合客户的需要，那么品牌就可以长驻客户心中。

## 三、通信市场定位的步骤

通信市场定位的关键是通信运营商要设法在自己的产品上找出比竞争者更具有竞争优势的特性。竞争优势通常表现在两个方面：一是成本竞争优势，即能够以比竞争者低廉的价格销售相同质量的通信产品，或以相同的价格销售更高质量的通信产品；二是通信产品差别化竞争优势，指通信产品独具特色的功能和利益与客户需求相适应的优势，即通信运营商向市场提供的通信产品在质量、功能、品种、规格等方面比竞争者能更好地满足客户需求。通信运营商要进行市场定位，一般要经过以下步骤：

### 1. 识别潜在竞争优势

识别通信运营商潜在的竞争优势，主要包括：调查研究影响定位的因素、了解竞争者的定位状况、竞争者向目标市场提供了何种产品及服务、竞争者在客户心目中的形象如何。对其成本及经营情况做出评估，并了解目标客户对通信产品的评价标准。通信运营商应努力搞清楚客户最关心的问题，以作为决策的依据。同时，通信运营商还要确认目标市场的潜在竞争优势是什么：是同样条件能比竞争者定价低；还是能提供更多的特色满足消费者的特定需要。通信运营商可以通过与竞争者在产品、服务、人员、形象等方面的对比分析，了解企业的长处和不足，从而识别企业潜在的竞争优势。

#### 1) 产品差异化

通信运营商可以通过设计产品参数，向目标市场客户提供竞争者产品所没有的特征，使通信产品在性能、特色、风格、适用性、耐用性、可靠性、持久性和可维修性等属性上不同于其他产品。例如，中国电信提供的宽带网络，网络稳定、网速快、网络覆盖广、安全可靠，受到广大网民的欢迎。

#### 2) 服务差异化

在获得竞争优势的方法中，服务差异是不可忽略的重要一环，因为当产品与品牌让客户难以取舍时，客户会以服务作为选购的标准。因此，服务差异日益重要，主要体现在送货、安装、维修服务、咨询、培训、特色服务等方面。例如，中国移动全球通 VIP 俱乐部是针对全球通高端客户组建的品牌专属俱乐部，旨在为全球通高端客户提供差异化服务的平台，通过这一平台，客户可以享受到集"优质网络服务、优质客户服务、优质延伸服务"为一体的 3A 服务。

#### 3) 人员差异化

人员差异化指通信运营商通过使用和培养比竞争者更为优秀的人员以获取差异化优势。一个受过良好训练的员工具备工作所需知识与技能、诚实、负责、礼貌、反应敏锐，他们能提供有别于竞争者的优质服务，从而树立卓越声誉。市场竞争归根到底是人才的竞争，人员是通信运营商最基本的资源，人员差异能够支持企业取得极强的竞争优势。

#### 4) 形象差异化

形象是客户对通信运营商及其通信产品的看法，是信息时代进行情感营销最重要的资源。即使其他竞争因素相同，由于通信运营商及其通信产品的形象不同，客户也会作出不同的反应。通信运营商及其通信产品可以形成不同的个性，供客户识别。企业名称、企业标志、企业造型、产品特色、促销活动、公关活动等都可以供通信运营商去创造客户期望的企业或产品形象。富有情感动力的通信运营商及其产品形象能在客户心目中引起震撼和共鸣，使他们对通信运营商及其通信产品产生较强的认同感并能长期保持。

### 2. 选择相对竞争优势

相对的竞争优势，是通信运营商能够胜过竞争者的能力。有的是现有的，有的是具备发展潜力的，还有的是可以通过努力创造的。简而言之，相对竞争优势是通信运营商能够比竞争者做得更好的工作。

并非所有的竞争优势在定位时都有用，并非所有的差异化定位对通信运营商来说都是值得推广的。通信运营商定位的成功与否，在于通信运营商能抓住其中最重要的优势，并加以传播。因此，通信运营商在进行通信市场定位时，应选择最重要的竞争优势。那么，哪些竞争优势适宜用于通信市场定位呢？一般来说，应符合下列要求：

(1) 重要性。对客户是最重要的，客户倾向于记住和选择能满足自己迫切需求的、符合其态度、信念的通信产品，凡是消费者在购买时最关心的因素均可以用于定位。

(2) 独特性。能够与竞争产品区别开的，通信运营商应认真分析竞争者的市场定位，其通信产品有哪些独特性，哪些独特性是竞争者所没有的或是不足的，从中寻找与众不同的，或优于竞争产品的特点。

(3) 优越性。明显比现有通信产品优越的，市场上有许多通信产品都能满足客户的某种需求，一个通信产品的特点只有明显优于其他同类产品，才能有效地吸引消费者。

(4) 优先性。不易被模仿的，通常那些在技术、管理和成本控制等方面有一定难度，不易被其他企业模仿或超越的竞争优势较适宜用于定位。

(5) 沟通性。这种差异化是可以跟客户沟通的，客户是可以亲身体验到的。

(6) 承担性。这种差异化是客户的货币支付能力可以承担得起的。

(7) 盈利性。这种差异化是同时能够给通信运营商带来利润收益的。

### 3. 传播独特竞争优势

一旦确定好相对独特的竞争优势，通信运营商就需要通过一系列的广告宣传等促销活动，使其独特的竞争优势能够准确地传播给潜在的目标客户，并在客户心目中留下深刻的印象。通信运营商首先应使目标客户了解、认同、喜欢和偏爱本企业的市场定位，在客户心目中建立与该定位相一致的形象。其次，通信运营商应通过精心设计营销组合策略，保持客户对企业及其市场定位的了解，加深他们的感情倾向，稳定他们的态度，巩固与市场定位相一致的形象。最后，通信运营商应注意目标客户对市场定位理解出现的偏差或由于企业市场定位宣传上失误而造成的企业形象模糊、混乱和目标顾客对企业形象的误会，及时矫正与市场定位不一致的形象。

## 四、通信市场定位的依据

各个通信运营商经营的产品不同，面对的客户不同，所处的竞争环境也不同，因而通信市场定位的依据也不一样。一般来说，通信市场定位的依据包括以下几个方面。

### 1. 根据具体的产品特色定位

首先，企业应该了解市场上竞争者的产品或服务的特点。其次，企业要对同市场中客户的需求特点有所了解。最后，企业应结合本身的能力和自己产品的特点进行市场定位。例如，中国联通针对年轻人玩腾讯 QQ 及腾讯手机游戏需要高流量的需求特点，与腾讯公司合作推出免腾讯 APP 流量的腾讯大王卡，受到广大腾讯客户的欢迎。

### 2. 根据特定的使用场合及用途定位

为老产品找到一种新用途，是为该产品创造新的市场定位的好方法。对通信产品而言，不同通信产品由于使用者的用途不同，因而定位也不同。例如，电话业务定位于沟通信息，语音声讯服务业务定位于获取信息，电子信箱、EDI 等业务定位于处理信息。

### 3. 根据提供给客户的利益定位

按通信产品的属性以及附加的价值能给客户带来某种利益来定位，以解决客户的实际问题或使客户有某种满足感。例如，ADSL 业务可以同时上网和打电话，克服了 ISDN 业务同一时间只能上网或打电话的缺陷，对客户而言，这个利益是非常明显而且具有吸引力的。

### 4. 根据使用者的类型定位

为了获得某个目标市场，通信运营商往往会把自己的产品指引给特定的客户，并根据该分市场中使用者的需求特点塑造相适合的产品形象。例如，中国移动针对商务市场、大众市场、校园市场等不同市场中的使用者，推出了全球通、神州行、动感地带三大品牌及其相应的通信产品。

## 五、通信市场定位的策略

通信市场定位策略实质是一种竞争策略，它显示了一种通信产品或一家通信运营商同类似的通信产品或企业之间的竞争关系。定位方式不同，竞争态势也不同，下面分析四种主要的通信市场定位策略。

### (一) 竞争地位定位策略

#### 1. 市场领先者定位策略

这是指通信运营商选择的目标市场尚未被竞争者所发现，通信运营商率先进入市场，抢先占领市场的策略。通信运营商采用这种定位策略，必须符合以下几个条件：① 该市场符合消费发展趋势，具有强大的市场潜力；② 本企业具备领先进入的条件和能力；③ 进入的市场必须有利于创造企业的营销特色；④ 有利于提高市场占有率，使本企业的销售额在未来市场的份额中占有 40% 左右。

#### 2. 市场挑战者定位策略

这是指通信运营商把市场位置定在竞争者的附近，与在市场上占据支配地位的，即最强的竞争对手"对着干"，并最终把对方赶下现在的市场位置，让本企业取而代之的市场定位策略。通信运营商采取这种定位策略，必须具备以下条件：① 要有足够的市场潜力；② 本企业具有比竞争对手更丰富的资源和更强的营销能力；③ 本企业能够向目标市场提供更好的商品和服务。

### 3. 跟随竞争者定位策略

这是指通信运营商发现目标市场竞争者充斥，已座无虚席，而该市场需求潜力又很大，企业跟随竞争者挤入市场，与竞争者处在一个位置上的策略。通信运营商采用这种策略，必须具备下列条件：① 目标场还有很大的需求潜力；② 目标市场未被竞争者完全垄断；③ 企业具备挤入市场的条件和与竞争对手"平分秋色"的营销能力。

### 4. 市场补缺者定位策略

这是指通信运营商把自己的市场位置定在竞争者没有注意和占领的市场位置上的策略。当通信运营商对竞争者的市场位置、消费者的实际需求和自己经营的产品属性进行评估分析后，如果发现企业所面临的目标市场并非竞争者充斥，存在一定的市场缝隙或空间，而且自身所经营的商品又难以与竞争者的商品正面抗衡，这时企业就应该把自己的位置定在目标市场的空当上，与竞争者成鼎足之势。采用这种市场定位策略，必须具备以下条件：① 本企业有满足这个市场所需要的货源；② 该市场有足够数量的潜在购买者；③ 企业具有进入该市场的特殊条件和技能；④ 经营必能盈利。

### (二) 避强定位策略

这是指通信运营商根据自己的条件，为避免与目标市场上强有力的竞争者直接发生竞争，而将自己的产品定位于另一市场区域内(即市场"空隙")，寻求市场上尚无人重视或未被竞争者控制的位置，使自己的产品在某些特征或属性方面与竞争者有显著区别。这是不去与竞争者"硬碰硬"，大家和平相处、共谋利益的市场定位策略，即通信运营商没有能力与竞争者相抗衡从而获得绝对优势时，可以在目标市场的空白领域进行拓展，开发并销售目前市场上还没有的特色产品，获取相对优势。

采用这种策略的好处是：通信运营商能较快地在市场上站稳脚跟，并能在目标客户心目中树立起独特的形象；市场风险较小，成功率较高。但实施避强定位往往意味着通信运营商要放弃某个最佳的市场位置，从而有可能使企业处于较次的市场位置。

实施这种定位策略的通信运营商必须注意三方面问题：技术上是否可行；经济上是否合算；是否有足够的需求潜力。只有具备条件，通信运营商才可以在这个市场"空隙"进行填空补缺。

实施这种定位策略时，若"市场空隙"，即潜在市场没有被其他企业发现，通信运营商较容易取得成功；若其他企业已发现这部分潜在市场，却无力去占领，这就需要通信运营商有足够的实力才能取得成功。

### (三) 迎头定位策略

这是指通信运营商根据自身的实力，为占据较佳的市场位置，与市场上处于支配地位的竞争者进行正面竞争，使自己的产品进入与对手相同的市场位置，与竞争者"对着干"的市场定位策略。也就是说，企业选择与竞争者重合或靠近竞争者的市场位置，争取同样的目标顾客，彼此在产品、价格、渠道及促销等方面少有差别。

采用这种策略的好处是：由于竞争者已成功开发这种产品，通信运营商可以节省大量的研发费用，降低成本；竞争者已为通信产品进行了大量的推广宣传和市场拓展，通信运营商可以节约一定的推广费用，还可减少不适销的风险。

但实施这种定位策略的通信运营商必须具备以下条件：企业推出的产品有自己的特色，能与竞争产品媲美，能立足于该市场；市场的需求潜力大还有较多尚未被满足的需求，可以容纳两个或两个以上的竞争者；企业实力雄厚，有与竞争者对抗的资本，能够在长期抗争中持续作战。

实施迎头定位可能引发通信运营商之间激烈的市场竞争，具有较大的风险性。如果通信运营商不具备上述条件。迎头定位可能会成为一种非常危险的策略。暂时处于劣势的通信运营商要有做"老二"的谦虚。

### (四) 重新定位策略

这是指通信运营商变动产品特色，改变目标客户对其原有的印象，使目标客户对产品形象重新认识，从而使企业获得新的、更大的市场活力的策略。重新定位意味着产品形象和带给客户的利益在目标客户心目中发生改变，恰当的重新定位可以使原产品摇身一变，适应市场的需要重获新生。

初次定位后，企业产品的市场定位即使恰当，但出现下列情况时也需要考虑重新定位：一是新的竞争者进入市场，竞争者产品的市场定位与本企业产品的市场定位相类似，侵占了本企业品牌的部分市场，致使本企业品牌的市场占有率有所下降；二是客户需求偏好发生变化，从喜爱本企业某品牌转移到喜爱竞争者的品牌；三是原有市场饱和，需要开拓新市场。

一般来讲，重新定位是通信运营商为了摆脱经营困境，重新获得竞争力和可持续发展的手段。当然也有其他的重新定位情况，并不是因为企业陷入困境，而是因为产品扩大销售，进入新的销售领域，为了适应新的市场环境，调整市场营销策略而重新定位。

案例分析及思考题

### 【课后习题】

为某一通信运营商的宽带产品设计市场定位。

# 项目六　制订通信产品策略

【知识结构图】

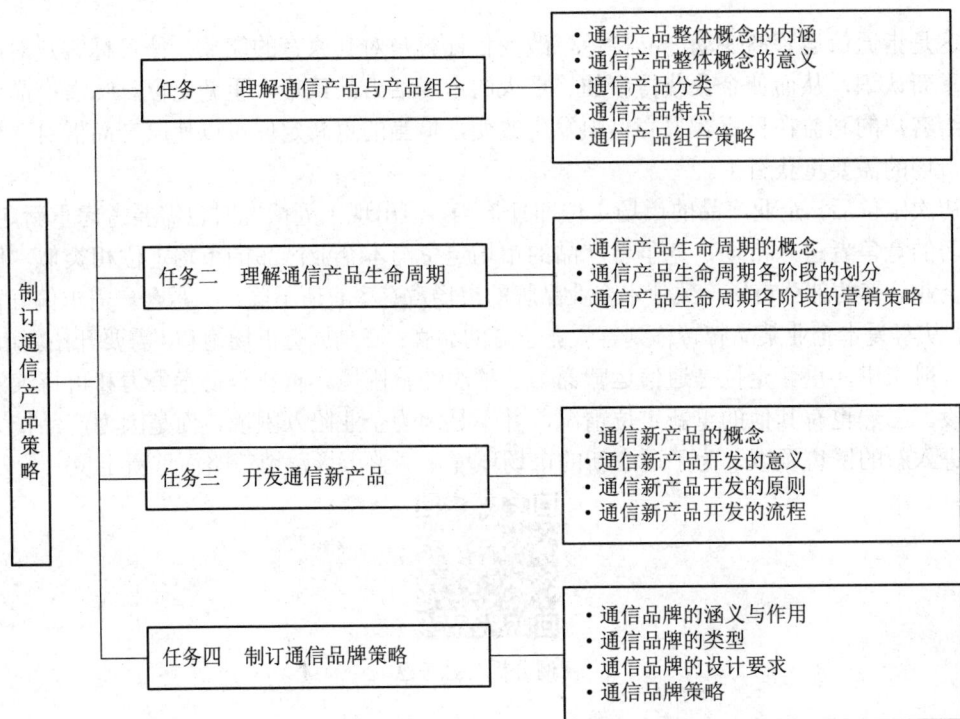

| | | • 通信产品整体概念的内涵 |
| 任务一　理解通信产品与产品组合 | | • 通信产品整体概念的意义 |
| | | • 通信产品分类 |
| | | • 通信产品特点 |
| | | • 通信产品组合策略 |

制订通信产品策略

任务二　理解通信产品生命周期
• 通信产品生命周期的概念
• 通信产品生命周期各阶段的划分
• 通信产品生命周期各阶段的营销策略

任务三　开发通信新产品
• 通信新产品的概念
• 通信新产品开发的意义
• 通信新产品开发的原则
• 通信新产品开发的流程

任务四　制订通信品牌策略
• 通信品牌的涵义与作用
• 通信品牌的类型
• 通信品牌的设计要求
• 通信品牌策略

【学习目标】

通过学习，应该明确产品策略是通信运营商营销组合策略的核心，直接影响和决定其他组合要素的配置和管理。本项目的任务包括理解通信产品与产品组合、理解通信产品生命周期、开发通信新产品、制定通信品牌策略。

## 任务一　理解通信产品与产品组合

【问题引入】

市场营销活动，应以满足顾客的需要为中心，而顾客需要的满足是通过被提供一定的产品来实现的。每一个通信运营商都应致力于产品质量的提高和组合结构的优化,才能更好地满足市场需求,取得更大的经济效益。那么,如何理解通信产品的整体概念?如何对通信产品结构进行优化组合?

【案例导入】

#### 上海电信创新融合玩法颠覆家庭电信市场

2017 年 5 月,上海电信在全国首先推出"十全十美全家享"套餐,这也是当前在手机流量与固网宽带方面结合最完美的一款电信套餐。

表 6.1 电信完美无瑕乐享家套餐

| 套餐 | 129（郊区） | 169 | 199（本地不限量） | 299（全国不限量） | 399（全国不限量） |
|---|---|---|---|---|---|
| 宽带速率 | 100M | 200M | 500M | 500M | 1000M |
| 移动业务 | ·2GB全国 | ·3GB全国 | ·4GB全国 ·40GB本地达量降速 | ·1500分钟 ·40GB全国达量降速 | 3000分钟 40GB全国达量降速 |
| 副卡 | 1元或5元/张【送2张】 | | | 5元/张【送2张】 | |
| | 4G流量>=100M且销账,赠送翼支付红包5元/月/户,赠送10个月 | | | | |
| 4K赠送 | 1路 | 1路 | 2路 | 2路 | 3路 |
| 智能组网/家庭云 | 送智能组网 | | 送智能组网/家庭云 | | |
| 10元10GB（可选） | — | √ | — | | |
| 10元5GB（可选） | √ | | | | |

该套餐名为"完美无瑕乐享家套餐",分为 129/169/199/299/399 元五档,如表 6.1 所示。其中 199 元以上档位还包括一张无线流量卡(超 40GB 限速 256Kbps),最多能够完成 5 张主副卡同享(2 张副卡免 5 元功用费),主副卡都能具有无限流量,并通过副卡完成多人同享。299 元与 399 元的套餐流量为全国不定量,399 元具有 1000M 宽带速率,299 和 199 元档为500M。除了手机与宽带之外,每一款套餐均赠送至少 1 路 4K IPTV 直播电视,也就是说该套餐已经将一切与电信相关的服务给包圆晋级为"电信全家桶"。

2018 年 4 月,上海电信再度升级了"十全十美"全国不限量套餐,新增宽带提速服务与权益共享,看似单纯的举动得到广大用户的高度点赞。

原来,这一轮家庭宽带提速中上海电信创造性地推出"亲朋好友升级 500M"权益共享,部分"十全十美"家庭套餐用户不仅能免费给自家宽带提速,还拥有带亲朋好友"一起飞"的权益。也就是说,用户办理上海电信 199 套餐不仅自家获赠 500M 宽带,如果亲友用的是低速版本的电信宽带,也能一同提速至 500M 的高品质宽带。

对用户来说,新权益"十全十美"更"一举两得";对上海电信来说,不仅"提速降费"事半功倍,还赢得了良好的口碑,巩固了自家在申城宽带市场的地位——官方数据显示,将有近 200 万用户享受到免费提速,最高提至 1000M;更有千余家用户在不到一月的时间里通过共享权益免费升速。

时值 517 国际电信日，上海电信发布数据称，截至目前，用户平均接入带宽超过 120M，较 2016 年底提升 87%；宽带每兆单价为 0.84 元，较 2016 年底下降 44.7%。

**分析提示：**上海电信对申城家庭电信市场脉搏的精准把握、对电信客户群体需求与痛点的深刻洞察及其对电信产品的组合优化成就了其融合套餐"十全十美"。由此带来的用户强势增长亦给了这家运营商良好的市场回报。这也是其不断进行产品组合创新的最大动力。

## 【知识内容】

## 一、通信产品整体概念的内涵

在现代市场营销中，产品被归结于人们通过交换而获得的需求的满足，归结于消费者或客户获得的实际利益。由此产品概念的内涵被大大扩充了：凡是提供给市场以满足需要或欲望的东西，包括实物、服务、场所、组织、思想、主意等均为产品的构成部分。通信产品是通信运营商提供给市场，用于满足人们某种通信需求的通信业务及其服务，能够给客户带来充分满足，即客户不仅要享受产品的使用价值，而且还要享受到具有物质形态的附加价值，包括周到的售前、售中、售后服务，产品的形象，使用通信的良好环境，以及购买通信产品的愉悦等。其指一切有形的、无形的、物质的、精神的各种要素之和。

现代市场营销理论认为，产品概念包含核心产品、形式产品、期望产品、延伸产品和潜在产品五个层次，亦即现代营销意义上的整体产品概念，如图 6.1 所示。

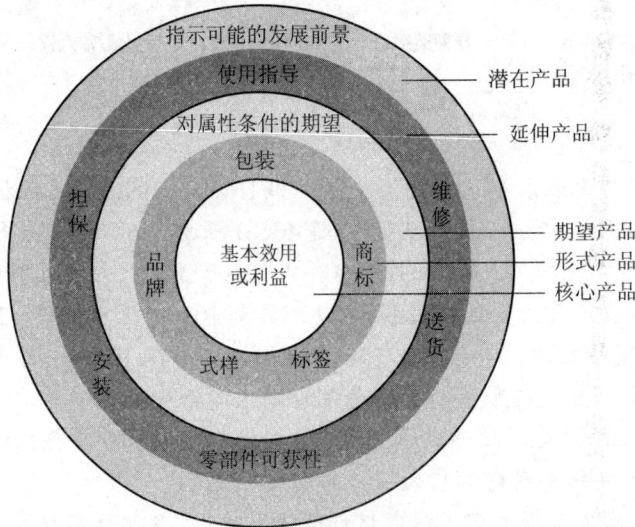

图 6.1　产品整体概念示意图

### 1. 核心产品

核心产品是整体产品概念最基本的层次，是客户使用通信产品的基本使用价值需求，也是通信运营商为客户提供的通信产品的基本效用。通信核心产品主要体现在为用户提供交流和传递信息的通道。比如，企业购买会议电视业务，并不是为了买到一幅幅连续播放的彩色画面和音响，而是为了通过通信网络的传递功能，使两地会场在物理空间和时间空间上缩短距离，起到身临其境的实质效用。

## 2．形式产品

形式产品即有形产品，指核心产品借以实现的形式。通信产品具有非实物形态，其形式产品包括所采用的通信网络和相应的终端设备、不同的通信业务种类、通信质量、通信品牌及价格等。同样是传递信息，可以通过传统的电话网、分组交换网或 IP 网络等不同的通信网络也可使用电话机、手机或计算机等不同的终端设备，或可采用电话业务、数字数据业务、图文图像业务或移动通信业务等不同的通信业务。选择中国电信、中国移动、中国联通等不同的运营商，其质量、安全、准确、快捷和价格等也不尽相同，这就是不同通信产品的外在形式表现。

## 3．期望产品

期望产品指购买者购买某种产品时通常所希望和默认的产品属性和条件。一般情况下，顾客在购买某种产品时，往往会根据以往的消费经验和企业的营销宣传，对所欲购买的产品形成一种期望。通信产品的期望产品一般指顾客在购买前对通信产品的质量、使用方便程度、特点等方面的期望值。例如，到营业厅办理通信业务的顾客期望营业厅能提供舒适的环境、便捷的办理流程、温馨的服务态度等产品服务。

## 4．延伸产品

延伸产品即附加产品。附加产品是在核心利益之外的各种附加利益的总和，即通信运营商为了激励客户的消费欲望，引起客户购买行为，给客户提供的附加利益。通信产品的延伸产品包括的范围很广，主要包括以下几方面的内容：

(1) 售前服务。通信运营商在客户使用通信产品之前，为客户创造良好的使用条件和使用环境，以及为引导客户需求而提供的咨询性、宣传性、帮助性、便利性的服务。其主要包括咨询服务、新业务演示服务、培训服务等。

(2) 售中服务。在客户使用通信产品的同时，向客户提供的各种便利服务。售中服务的关键在于通信服务人员应做好客户尤其是大客户的参谋和助手，其目的是提高客户对通信产品的使用频率和满意度，如合理频度的客户拜访、疑难咨询、营业网点布置、服务环境优化、服务程序简化等。

(3) 售后服务。通信运营商在客户使用通信产品后，为保证通信产品使用价值的充分实现，进一步了解客户意向，以改进产品和树立信誉而提供的各类服务，包括客户查询、保障、故障修复、合理的缴费网点、故障维护等。

(4) 通信保证。通信运营商对客户使用通信业务的保障，即通信畅通，建立通信运营商内部保障体系，确保及时发现和修复故障，完善质量监督检查制度，加强网络运行维护管理，确保网络安全运行等。

(5) 承诺服务。这包括装、移机、故障修复的时间承诺，通信质量保证的承诺、故障损失赔偿的承诺等。

## 5．潜在产品

潜在产品指现有产品包括所有延伸产品在内的，可能发展成为未来最终产品的潜在状态的产品。潜在产品指出了现有产品未来的演变趋势和前景。潜在产品要求企业不断寻求满足顾客的新方法，不断将潜在产品变成现实的产品，这样才能使顾客得到更多的意外惊喜，更好地满足顾客的需要。例如，在 2018 年上海世界移动大会上，中国联通、中国移动和中国电信三大运营商亮出了时间表：计划到 2020 年，实现 5G 网络正式商用。而此前根据工信部的消息，在 2018 年初，我国对 6G 的研究工作已经启动了。

## 二、通信产品整体概念的意义

整体产品概念是对市场经济条件下产品概念的完整、系统、科学的表述，对于通信运营商市场营销有着重要意义。

首先，整体产品概念有利于我们全面准确地把握消费者的多种需求。消费者追求的产品利益大致包括功能和非功能两个方面，二者往往交织在一起，并且非功能需求所占的比重越来越大。正如夜宿旅客住旅馆真正购买的是"休息与睡眠"、女性使用化妆品真正购买的是"希望"一样、远在他乡的人使用长途电话不仅需要的是传递语音信息更是为了传递亲情，通信用户使用通信产品也有其多重需求。产品整体概念明确地向通信营销者提出，要竭尽全力发现消费者的一切功能和非功能的需求，并通过产品设计、服务提供、质量保证、品牌定位、渠道选择和促销措施等的运用，形成整体产品去适应客户的需求。可以说不懂得产品整体概念的通信运营商，不可能真正贯彻现代市场营销观念。

其次，只有通过产品五层次的最佳组合，才能确立产品的市场地位。如果仅从核心产品即具体功能的角度来看，通信产品是高度标准化的产品。不同运营商提供的通信产品在通话(或通信)质量上差别越来越小，既核心产品差异越来越小。消费者越来越难以从产品的整体效果来确定自己的选择。从这个意义上讲，通信运营商的形式产品和附加产品更为重要，其原因是它们不仅能使消费者获得更多的附加利益，而且能使自己与竞争对手的产品区别开来，创造明显的产品差异，从而确立有利的市场地位。

第三，整体产品概念对传统通信运营商意义尤为重大。传统通信运营商受到非对称管制政策的约束，价格政策的灵活性远不如新进入者，在一场以价格高低为标准的竞争中往往处于劣势。因此，传统通信运营商较之其对手，更渴望在价格之外去创造竞争优势，从而摆脱价格竞争的宿命。整体产品概念使传统运营商看到，尽管在价格上居于劣势，尽管在产品功能上难以制造差异，但差异可以在整体产品意义上创造，尤其是可以在附加产品层次上创造机会。

整体产品概念是简单的，但运用起来并不简单。目前，国内各通信运营商已开始走出"通信业务就是提供交流和信息传递通道"的狭隘产品观念。我们相信，只要能将现有的各种资源优势转化成影响客户消费行为的主要因素，我们就可以凭借整体产品的优势，将低价竞争引向产品附加层次的竞争，从而获得对手难以模仿的竞争优势，并建立牢不可破的市场领先地位。这就为传统通信运营商进行更为有效的竞争创造了新的途径和选择。

## 三、通信产品分类

### (一) 根据通信运营商提供的服务产品种类分类

作为典型服务业的通信运营商，其提供的服务产品主要是通信服务。当前，通信运营商提供的服务产品种类分类主要有：基础通信业务(固定网国内长途及本地电话业务、移动通信业务、卫星通信业务、因特网及其他数据传送业务、网络元素出租出售业务、网络接入及托管业务、国际通信基础设施及国际通信业务、无线寻呼业务、转售的基础通信业务)

和增值通信业务(固定电话网、移动网、卫星网、因特网、其他数据传送网络增值通信业务)。

### (二) 根据通信服务的目标人群分类

由于消费需求的多样性和通信运营商提供服务能力的有限性,通信运营商在市场营销过程中,必须进行市场分析,选择目标市场,明晰市场定位,并采取针对性的营销策略。从营销角度,通信运营商的目标市场一般分为:大客户、公用客户、商业客户。大客户对数据业务、语音业务需求较大,对通信服务要求较高。公用客户市话较多,对产品套餐的性价比要求较高,随着宽带的普及,公用客户对宽带业务的需求日渐增多。商业客户需要专业、安全、高效的通信网络和服务平台,通信运营商必须提供丰富的语音、数据、增值应用等服务产品,以有效解决商企客户信息化的应用需求。

### (三) 根据提供通信服务产品的性质分类

种类繁多的通信产品导致通信运营商不能一对一地对每项通信服务提供单一的渠道系统。实际上,很多通信产品在生产、提供以及目标市场上具有相似性。根据提供通信产品的性质分类,可将其划分为公用类和商用类通信服务,其目标客户有着明显的不同。前者的目标客户包括公众用户和商企用户,两类用户获得的服务标准化程度较高,差异化较低。而后者的目标客户主要是商企用户,提供的服务有 IDC 云服务、商务领航、集群通信等业务。这类服务通常不适用于公众用户,而且定制化程度较高。

## 四、通信产品特点

通信运营商以通信服务来满足客户通信需求,它不产生实物产品,不涉及商品转移。因此,通信产品作为服务产品具有如下特点:

### 1. 通信产品的无形性

通信产品的无形性是它与可脱离生产者单独存在、可投入现实商品流通的一般工农业实物产品最重要的差异之一。用户在使用通信服务之前,不可能看到、听到或感觉到这种服务。由于通信产品不具有实物形态,因此又称为通信服务。两者代表同一内容:信息传递。由于通信产品不具有实物形态,因此通信产品价格又称通信资费,两者代表同一内容:通信产品价值的货币表现。

### 2. 通信产品的生产与消费在时间上的等一性

与工农业实物产品的生产、流通和消费在时间上的非同步性不同,通信运营商与客户直接发生联系,通信生产过程同时也是客户使用通信产品的过程,两者在时间上是不可分割的。

### 3. 通信产品的不可储存性

通信产品不可能像工农业实物产品那样储存待售。虽然构成通信能力的通信网、机线设备、局所网点准备在通信需求之前存在,但提供的通信能力如果不及时被客户消费使用,就会造成损失。这种损失表现为机会的损失和折旧的损失。

### 4. 通信产品的复杂性

通信产品是以“效用”形态提供的产品,由于客户所需通信“效用”复杂多样,因此通信产品必然是功能各异、复杂多样。

**5. 通信产品的相互替代性**

通信产品具有很强的替代性。客户为达到同一传递信息的目的,可进行如下产品替代:

(1) 通信运营商内各类通信产品替代。例如,为传递"火车接站"的信息,可使用短信发送、固定电话、移动电话等。

(2) 通信运营商外各类通信产品替代。例如,为传递"火车接站"信息,可使用中国电信、中国移动或中国联通的固定电话或移动电话。

# 五、通信产品组合策略

## (一) 通信产品组合的相关概念

通信产品组合是指通信运营商在一定时期内生产经营的全部通信产品的有机构成(如语音业务、数据业务、移动通信业务、图文图像业务等构成通信运营商的产品组合),即通信运营商的业务经营范围。通信产品组合由各种各样的产品线组成,每条产品线又由许多产品项目构成。产品线又称产品大类,是产品类别中具有密切关系的一组产品项目,具体指由满足同类传递信息的需求,但有不同通信方式的密切相关的一组通信产品,如图 6.2 所示。产品项目就是产品的品种,通信运营商在其产品目录上列出的每一个产品单位都是一个产品项目,如图 6.3 所示。

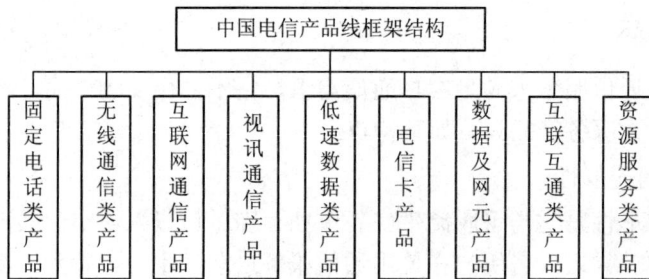

图 6.2　中国电信产品线框架结构图

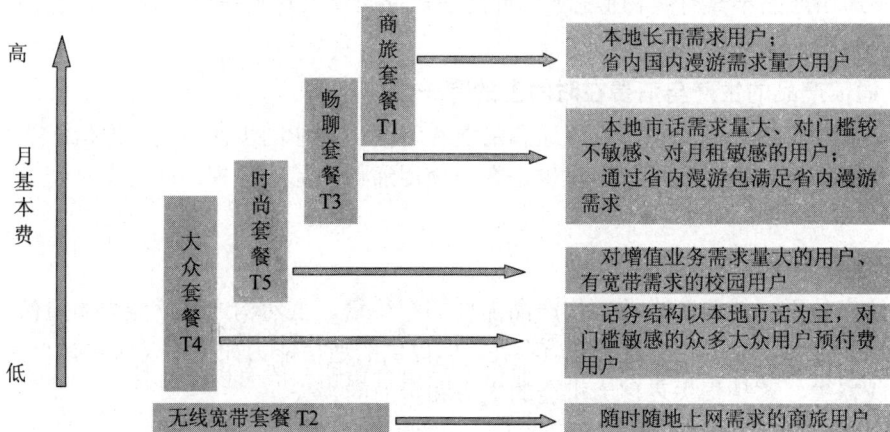

图 6.3　天翼个人客户套餐体系

### (二) 通信产品组合的基本要素

通信产品组合的基本要素包括通信产品组合的长度、宽度、深度和关联度。

(1) 产品组合的长度。它指一个通信运营商所拥有的产品项目数量。产品项目越多，产品组合的长度就越长；反之越短。产品组合的长度说明了通信运营商具体经营的产品品种范围。

(2) 产品组合的宽度。它指一个通信运营商拥有多少条不同的产品线。产品线越多，说明该通信运营商的产品组合的宽度越广。产品组合的宽度反映了一个通信运营商市场服务面的宽窄程度和承担投资风险的能力。

(3) 产品组合的深度。它指每条产品线上的产品项目的产品品种数，也就是每条产品线有多少个品种。产品线中包含的产品项目越多，产品组合深度越深。产品组合深度反映了一个通信运营商在同类细分市场中，满足客户不同需求的程度。

(4) 产品组合的关联度。它指通信运营商产品组合中的各个产品线在最终使用、通信条件、分销渠道等方面相互关联的程度。其关联程度越密切，说明通信运营商各产品线之间越具有一致性，如表 6.2 所示。

**表 6.2　中国电信产品组合关系图**

| 产品组合的宽度 | 产品组合的深度 | |
| --- | --- | --- |
| | 我的 e 家 | E9、E8、E6 |
| | 天翼 | 商旅套餐、无线宽带套餐、畅聊套餐、大众套餐、时尚套餐 |
| | 商务领航 | 政企全业务套餐、行业应用、通信应用、信息应用 |

产品组合的宽度、深度、长度和关联度对企业的营销活动会产生重大影响。一般而言，增加产品组合的宽度，即增加产品线和扩大经营范围，可以使企业获得新的发展机会，更充分地利用企业的各种资源，也可以分散企业的投资风险；增加产品组合的长度和深度，会使各产品线具有更多规格、型号和花色的产品，更好地满足消费者的不同需要与爱好，增强行业竞争力；增加产品组合的关联度，则可发挥企业在其擅长领域的资源优势，避免进入不熟悉行业可能带来的经营风险。因此，产品组合决策就是企业根据市场需求、竞争形势和企业自身能力对产品组合的宽度、长度、深度和关联度方面做出的决策。

### (三) 通信产品组合策略

产品组合策略指企业根据市场需求、自身能力条件和竞争形势，确定生产经营规模和范围的决策。通信产品组合策略也就是通信运营商对通信产品组合的宽度、长度、深度和关联度方面进行选择、调整的决策。通信产品组合策略一般有以下几种。

#### 1. 扩大通信产品组合策略

扩大产品组合策略是开拓产品组合的宽度和加强产品组合的深度。开拓产品组合宽度指增添一条或几条产品线，扩展产品经营范围；加强产品组合深度指在原有的产品线内增加新的产品项目。当企业预测现有产品线的销售额和赢利率在未来一段时间要下降时，就应考虑在原有产品组合中增加新的产品线或加强其他有发展潜力的产品线；一个企业打算增加产品特色，或为更多的细分市场提供产品时，则可选择在原有产品线内增加新的产品项目。一般而言，扩大产品组合，可以使电信企业充分利用现有的人、财、物等资源，有助于企业分散经营风险，增强其竞争能力和提高经营效益。例如，电信企业发展有线电视业务和互联网业务，一方面，可以使电信企业现有资源得到综合利用，进一步发挥电信企业的网络优势；另一方面，进一步扩大了电信经营领域，增加业务收入，取得更好的经济效益。但扩大电信产品组合，要受到国家政策等有关因素的限制和企业通信能力、技术力量、财力等内部资源的制约。

### 2. 缩减通信产品组合策略

缩减产品组合策略，就是取消企业一些不盈利或对社会不利的产品线和产品项目。市场繁荣时期，较长较宽的产品组合会为企业带来更多的盈利机会。但是在市场不景气或有更强的竞争对手进入企业的某细分市场时，缩减产品线反而能使总利润上升。因为剔除那些获利小甚至亏损的产品线或产品项目，企业可集中力量发展获利多的产品线和产品项目。当然，由于投资过于集中，也会相应地增加经营风险。一般来说，有两种情况可导致通信运营商产品线和产品项目的削减：① 产品线中有使利润减少的卖不掉的陈贷，可通过销售额和成本分析识别疲软的产品；② 公司缺乏使所有项目都达到期望数量的生产能力，必须集中资源生产利润较高的项目。

### 3. 延伸通信产品组合策略

每一个企业生产经营的产品都有其特定的市场定位，产品线延伸指部分或全部地改变企业原有产品线的市场定位。生产经营高级豪华的产品定位在高档市场，生产经营大众化的产品定位在低档市场，介于两者中间的产品定位在中档市场。其具体做法有向下延伸、向上延伸、双向延伸三种策略。

(1) 向下延伸。向下延伸是在高档产品线中增加低档产品项目。实行这一决策需要具备以下市场条件之一：利用高档名牌产品的声誉，吸引购买力水平较低的顾客慕名购买此产品线中的廉价产品；高档产品销售增长缓慢，企业的资源设备没有得到充分利用，为赢得更多的顾客，将产品线向下伸展；企业最初进入高档产品市场的目的是建立品牌信誉，然后再进入中、低档市场，以扩大市场占有率和销售增长率补充企业的产品线空白。例如，韩国三星公司起先提供的是面向成功商务人士的高档产品，由于需求严重不足影响了企业的正常经营，三星公司根据市场竞争的实际情况，采用了向下延伸产品组合策略，提供面向大众消费的中低档手机。

(2) 向上延伸。向上延伸是在原有的产品线内增加高档产品项目。实行这一策略的主要目的是：高档产品市场具有较大的潜在成长率和较高利润率的吸引；企业的技术设备和营销能力已具备加入高档产品市场的条件；企业要重新进行产品线定位，想通过增加高档次产品来提高整个产品线的市场形象。例如，中国电信在提供满足低端客户需求的个人、家庭套餐产品的同时，提供了满足高端客户需求的商旅套餐产品。

(3) 双向延伸。双向延伸是原定位于中档产品市场的企业掌握了市场优势之后，向产品线上下两个方向延伸,一方面增加高档产品,另一方面增加低档产品,扩大市场的范围。例如,深圳华为公司,在其数码通信类产品在中档市场取得成功后,又向高端和低端市场进军。

**4. 通信全业务组合策略**

通信全业务组合策略的基础是将各类通信业务组合或捆绑在一起,形成一个有机整体,从而增强企业竞争力。目前,通信企业根据自身的经营目标和全业务经营的实际情况,总结出的全业务组合策略主要有以下几种。

1) 时间组合策略

时间组合策略,即按照不同客户的需求特点分别将白天与夜晚、工作日与周末及节日、网络流量的峰谷与低谷等因素结合起来,实行不同的价格标准或采取话务量赠送、新通信产品优惠售卖或赠送、实物奖励、数量折扣等措施的组合模式。目前移动通信运营商广泛采用的时间组合模式主要有分时段资费优惠组合、分日期资费优惠组合和限期拨打组合等三种,或者把其中两种或三种模式结合起来。

2) 业务组合策略

业务组合策略,即按照不同客户的需求特点和消费结构,分别将语音业务、短信、上网或其他增值业务组合起来,对不同的组合采用不同的资费优惠。这里把包含语音业务的业务组合分为语音+语音(话务量积分回报)优惠组合、语音+短信优惠组合、语音+互联网优惠组合、语音+信息库优惠组合、语音+其他增值业务优惠组合等五类。

3) 用户组合策略

用户组合策略,即将具有密切亲情关系、工作关系等关系的客户组合起来,对于这些客户之间的话务量给予话务量赠送、新通信产品优惠售卖或赠送、实物奖励、数量折扣等的组合模式。目前,国内移动运营商主推的用户组合营销有两种方式。一是家庭(亲情)组合,指用户可以把与自己具有密切关系的若干个朋友、家人的电话号码设为亲情号码,与这些亲情号码之间的通话可以享受优惠资费标准,与非亲情号码之间的通话则遵循普通资费标准。二是办公用户(虚拟网)组合,指虚拟专用移动网(VPMN),又叫集群网,属于移动智能网业务。虚拟网一般不受地域局限,企业可建立包括全省范围内分支机构和下属企业的跨市虚拟专用网,网内用户之间的通话享受专门的通话资费。企业还可以给网内员工的手机配备另外的内部号码,实现网内用户之间的缩位拨号。

4) 关系组合策略

关系组合策略,即利用通信企业从集团公司到省公司、地市分公司与当地的银行、证券、税务等单位互为大客户的关系以及与政府、学校、医院、开发区等单位的业务关系制定相互捆绑的业务组合方案,针对这些不同的业务组合,运营商实施不同的定价策略。例如,与集团客户的关系组合(话务量承包、批发等);与服务行业的企业(机构)关系组合(话务量分销、捆绑提成等);与一般企业客户的关系组合(话务量直销等);与个人大客户关系组合等。

5) 服务组合策略

服务组合策略,即把通信业务的开展与服务结合起来,以产品+服务整体作为营销的一种手段或方式，主要有语音＋移动通信服务产品定制和语音＋非移动通信服务产品定制两种方式。

案例分析及思考题

## 【课后习题】

根据通信产品的整体概念分析自己手机的五个层次。

# 任务二　理解通信产品生命周期

## 【问题引入】

产品生命周期，是把一个产品的销售历史比作人的生命周期，要经历出生、成长、成熟、老化、死亡等阶段。就产品而言，也就是要经历一个投入、成长、成熟、衰退的阶段。典型的产品生命周期的四个阶段呈现出不同的市场特征，企业的营销策略也就以各阶段的特征为基点来制订和实施。那么，如何理解通信产品的产品生命周期？如何理解通信产品生命周期各阶段的市场特征并制订相应的营销策略？这些是本任务环节需要掌握的内容。

## 【案例导入】

### 诺基亚手机的产品生命周期分析

一、诺基亚的投入期(1985—1996 年)

据了解，从 20 世纪 50 年代起，诺基亚就与中国建立了贸易关系。而诺基亚一开始并没有在中国推广，原因是在当时中国尚无手机。介于中国的电子通讯技术起步较晚，诺基亚并未首先占领中国市场。而后，随着中国经济的发展，诺基亚发现中国的手机市场潜力巨大，1985 年，诺基亚在北京开设了第一家办事处。

90 年代中期，在华发展期间，诺基亚建立并秉承"携手通行、开创未来"的宗旨。诺基亚通过在中国建立合资企业，实现本地化生产，并逐步将其发展成为诺基亚全球主要的生产基地。1991 年首次全球通话开始，诺基亚就一直是全球通技术的主要开发商。此后，在摩托罗拉于 1993 年抢先进入中国手机市场后，诺基亚很快便跟进。

二、诺基亚的成长期(1996—2004 年)

手机市场报告显示，2004 年诺基亚成功超越摩托罗拉成为全球第一大手机厂商。在拥有了大量的消费群体的同时，诺基亚牢牢把控了 Symbian 系统 S60 平台，并且迅速成为产品线，最终让 S60 平台成为 Symbian 系统的头牌。2007 年在中国，消费者对摩托罗拉还停留在刀锋 V3 上，诺基亚 6600、7610、n73、5700、E53 等一系列产品已经成为中国消费者耳熟能详的产品。这充分证明了此时的诺基亚正处于成长期。

三、诺基亚的成熟期(2004—2007 年)

根据调研机构数据统计，诺基亚 2007 年第四季度占领全球市场的 40.4%，位居第一。其对手摩托罗拉则只以 11.9%萎缩至第三。这表明 2007 年诺基亚已经达到了巅峰时代，即诺基亚进入产品生命周期的成熟期。具体表现如下：

(1) 2001 到 2006 年 5 次被《经济观察报》评为中国最受尊重企业。

(2) 2004 年赢得中国整体手机市场第一名。

(3) 2004 年到 2006 年连续 3 次当选"中国最具影响跨国企业"。

(4) 在《财富》中文榜发起的首次"中国最受赞赏公司"评比中进入前十。

(5) 与西门子合作建立了世界上规模最大、经验最丰富的服务机构之一。

(6) 2006 年的市场份额占有率仍以超过 36%的成绩远超第二成为第一，成为中国最大外商投资企业之一。

四、诺基亚的衰退期(2007—2012 年)

自 2007 年苹果推出 iphone 以来，诺基亚的市场份额急剧下降。2010 年，在全球品牌排行中，诺基亚在 12 个月内下降了 30 位，仅仅排到了 43 位。2011 年第二季度全球手机市场份额第一，第二位已被苹果、三星所取代，诺基亚连续占有 15 年第一的全球手机市场份额开始急速下降。而今，诺基亚在中东和非洲手机销量下降 27%。亚太区手机销量下滑7%；拉美地区销量下降 10 万部，而在欧洲，当前 2.38 欧元的股价相比 2007 年 27 欧元的高位已是遥不可及。

上述数据表明，无论是从其市场份额或是公司利润分析，诺基亚此时均处于衰退期。

分析提示：诺基亚公司是一家总部位于芬兰埃斯波，主要从事生产移动通信产品的跨国公司，自 1996 年以来，诺基亚一直占据市场份额第一。面对苹果公司于 2007 年推出的iPhone 和采用 Google Android 的智能手机的夹击，诺基亚连续 14 年全球手机销量第一的地位在 2011 年第二季度被苹果及三星双双超越。其发展轨迹完整地呈现出产品生命周期各阶段的市场特征。

## 【知识内容】

## 一、通信产品生命周期的概念

通信产品生命周期指通信产品从进入通信市场开始到最终被通信市场淘汰的过程，也就是通信产品在通信市场上存在的时间。通信产品生命周期指的是产品的市场寿命，而不是产品的使用寿命。通信产品只有经过研究研发、试制后，正式进入市场试销，它的生命周期才算开始。通信产品退出市场，标志其生命周期的结束。一般来说，通信产品生命周期按其业务销售量和利润变化情况分为投入期、成长期、成熟期和衰退期 4 个阶段，见图6.4 所示。

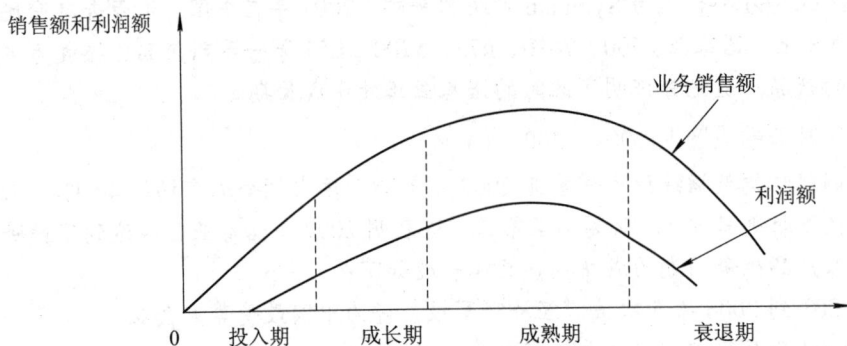

图 6.4　通信产品的生命周期曲线

## 二、通信产品生命周期各阶段的划分

### (一) 划分的依据

通信产品生命周期各个阶段的划分，一般是以业务销售量和利润的变化来衡量和区分的。下面介绍三种划分通信产品生命周期各个阶段的方法。

#### 1. 销售增长率法

销售增长率法即以产品销售量的年增长率来划分产品的生命周期的各阶段。

若以 $\Delta y$ 表示销售量的增长量，以 $\varDelta x$ 表示时间上的增加量，则销售增长率为 $\eta = \Delta y/\Delta x$。由于产品所处的生命周期的各个阶段与产品销售量的增长率关系十分密切，通过分析销售量增长率的变化情况，就可以判断出产品处于生命周期的哪个阶段。

产品寿命周期 4 个阶段划分的一般标准是：产品经济生命周期与销售增长率的关系，即 ① 若 $\eta < 10\%$，则产品处于投入期；② 若 $\eta > 10\%$，则产品处于成长期；③ 若 $0.1\% < \eta < 10\%$，则产品处于成熟期；④ 若 $\eta < 0$，亦即销售量逐年下降，则产品处于衰退期。

根据上面内容，可以看出，产品销售年增长率的变化特点在产品经济生命周期的不同阶段有着明显的区别。在试销期，销售的年增长率很低，但在不断提高；进入成长期后，年增长率迅速提高，到成长期后期达到最高增速；在成熟期到来的初期，销售的年增长率还暂时维持在高水平上，但很快达到顶峰并开始下降，下降的速率一般要比成长期增长的速率快一些，最后达到零增长率；再往后，产品的销售进入了衰退期，年增长率不仅不再提高，而且开始出现负增长，这时，产品就要退出市场了。

例如，2017 年，全国移动电话去话通话时长 2.69 万亿分钟，比上年减少 4.3%，降幅较上年扩大 2.8%。全国移动短信业务量 6644 亿条，比上年减少 0.4%。由移动用户主动发起的点对点短信量比上年减少 30.2%，彩信业务量只有 488 亿条，比上年减少 12.3%。另一方面，2017 年，移动互联网接入流量消费达 246 亿 GB，比上年增长 162.7%，增速较上年提高 38.7%。其中，手机上网流量达到 235 亿 GB，比上年增长 179%。

由此可以判断，移动电话、短信、彩信均处在市场生命周期的衰退期，而手机上网业务则处在市场生命周期的成长期。

### 2. 产品普及率法

产品普及率法即根据产品在某一地区人口或家庭的平均普及率来判断该产品处于生命周期的哪个阶段。普及率越高，产品的市场潜力越小，产品的生命周期越趋于饱和。产品普及率的计算可以用历年的销售量来计算。根据历年的生产量或销售量的资料来计算社会平均持有量，就可以求得普及率，计算公式如下：

$$按人口平均普及率 = \frac{社会持有量}{人口总数} \times 100\%$$

$$按家庭平均消费率 = \frac{社会持有量}{家庭户数} \times 100\%$$

根据经验数据，产品普及率小于 5% 时为投入期；普及率在 5%～50% 时为成长期前期；普及率在 50%～80% 时为成长期后期；普及率在 80%～90% 时为成熟期；普及率在 90% 以上时为衰退期。

例如，2017 年全国移动电话用户净增 9555 万户，总数达 14.2 亿户，移动电话用户普及率达 102.5 部/百人，比上年提高 6.9 部/百人。由此可以判断，我国移动电话处于市场生命周期的衰退期。

### 3. 同类产品类比分析

类比识别法简称类比法或类推法，是一种应用范围较广的定性识别方法。此法用于产品生命周期阶段的分析和识别时，就是把产品与相类似产品的生命周期的发展变化规律进行比较分析，以判断对比产品的生命周期阶段。这里所讲的类似产品的含义是很广泛的，它包括同类型的产品、同系列产品、换代产品、替换品和互补品，以及国外某些产品的发展变化倾向同国内同类产品对比等。例如，可以用固定电话的发展趋势来分析移动电话的发展趋势。因为这两种产品同属一类语音产品，并且人们对这类产品的消费心理也很相似。

## (二) 各阶段的市场特征

### 1. 投入期

投入期一般指新产品投入市场试销的初级阶段。其主要特征是：产品刚投入市场，尚未被顾客接受，销售量小，销售增长率低；总投资成本尚未全部收回，且生产成本和销售费用较高，因而常导致企业亏损；市场占有率低；除仿制品外，产品在市场上一般没有同行竞争。就通信产品投入期而言，通信产品刚进入市场进行试销，业务用户数较低并缓慢上升，业务经营收入低，业务普及率低，营销费用较大，产品价格变动较大，ARPU 值较低。

### 2. 成长期

这是指新产品试销成功后，转入成批生产和扩大市场销售的阶段。其主要特征是：产品大批量生产，产量和销售量双双升高；生产成本降低，销售费用减少，企业扭亏为盈，利润迅速上升；市场占有率提高；竞争者纷纷介入，市场开始出现竞争趋势。就通信产品成长期而言，是新通信产品试销取得成功后，转入扩大用户规模的阶段。其特征为产品的用户数迅速增长，业务经营收入迅速上升，业务普及率迅速增长，营销费用大或者较大，ARPU 值迅速上升，市场份额增长速度较快。

### 3. 成熟期

在此阶段，产品在市场上的竞争最激烈。其主要特征是：市场需求量已逐渐趋向饱和，销售量已达到最高点；产品的生产技术成熟，生产批量大，产品成本低，利润也将达到最高点；很多同类产品已存在于市场，竞争对手众多，更新的产品陆续出现，市场竞争十分激烈；成熟的后期，市场需求达到饱和，销售增长率减慢，有时会趋近于零，甚至出现负数。通信产品成熟期是产品在市场上处于竞争最激烈的阶段。在这一时期，业务用户数很大但是增长缓慢，业务经营收入稳定，业务经营收入增长率小或者较小，ARUP 值增长开始趋于缓慢，并逐渐出现负增长，离网率、业务普及率稳定。

### 4. 衰退期

这是指产品已逐渐陈旧老化，转入产品更新换代的新阶段。其主要特征表现为：产品销售量停滞不前，甚至明显下降；新产品进入市场，并逐渐代替老产品；市场竞争突出的表现为价格竞争，价格不断下降，利润率和市场占有率也急剧下降。通信产品衰退期是产品已经老化，转入产品更新换代的时期。这一阶段业务用户数迅速下降，业务用户数增长率为负数，业务经营收入迅速下降或接近于零，业务普及率下降，营销费用小，产品价格变动小，ARPU 值小。

以上这四个阶段组成了完整的产品生命周期系统(如表 6.3 所示)，而各个阶段可称为子系统。随着市场或者客户等外部条件的变换，并不是所有的产品都严格按照时间过程经历完整的四个时期，可能存在越过某个阶段实现跳跃式的发展。这就要求我们更好地识别产品所在的生命周期阶段，进而采取不同的市场营销策略。

表 6.3　通信产品生命周期不同阶段特点

| 特点＼阶段 | 投入期 | 成长期 | 成熟期 | 衰退期 |
|---|---|---|---|---|
| 销售额 | 小 | 快速增长 | 达最大值后下降 | 下降 |
| 利润 | 微小或负数 | 大 | 最大且开始下降 | 低或负数 |
| 消费者 | 创新者 | 早期采用者 | 大众 | 落伍者 |
| 竞争者 | 少 | 渐多 | 多 | 减少 |

## 三、通信产品生命周期各阶段的营销策略

产品生命周期理论说明，任何一种产品在市场上都不可能经久不衰，永远获利。由于企业的一种产品在市场上的时间有限，所以企业应使自己生产经营的产品尽快尽早地为消费者所接受，尽可能地缩短产品引入期，尽可能地保证和延长产品的成长期和成熟期，合理地使产品以较慢的速度被淘汰。通信运营商应根据其产品生命周期各阶段的特点，采用相应的市场营销策略，获得最大的经济效益，如表 6.4 所示。

**表 6.4　通信产品生命周期的营销策略**

| | 投入期 | 成长期 | 成熟期 | 衰退期 |
|---|---|---|---|---|
| 营销目标 | 创造产品知名数，提高试用率 | 市场份额最大化 | 保护市场份额，争取最大利润 | 压缩开支，榨取品牌价值 |
| 产品 | 确保产品的基本利益 | 提高质量、增加服务、扩大产品、延伸利益 | 改进工艺、降低成本、扩大用途、品牌型号多样化 | 有计划地淘汰滞销品种 |
| 促销 | 介绍产品，引诱试用 | 宣传品牌 | 突出企业形象，鼓励转换品牌 | 维护声誉 |
| 分销 | 开始建立与中间商的联系 | 选择有利的分销渠道 | 充分利用并扩大分销网 | 处理好淘汰品的存货、保证协调 |
| 价格 | 撇油定价或渗透定价 | 适当调价 | 定价与竞争者抗衡或战胜竞争者 | 削价或大幅度削价 |

### 1. 投入期的营销策略

当企业的某种新产品正式上市，其投入期就开始了。对进入投入期的产品，企业总的策略思想应该是突出一个“快”字，迅速扩大销售量，提高赢利，以尽量缩短投入期，更快地进入成长期。缩短投入期的主要途径就是运用营销组合策略，即产品、价格、分销和促销，并加以适当的组合。由于每个营销组合因素引起有利于扩大销售的变化，都将引起成本和费用的增长，从而导致收益的减少，因而企业可以把四个营销组合因素分别设置高、低两种水平，根据面临的市场具体情况加以适当组合，以尽可能避免发生不必要的费用。如果只考虑价格和促销两个因素，企业营销人员就可以在如下四个可能的营销组合策略中加以选择，如图 6.5 所示。

| 价格 \ 促销费用 | 高 | 低 |
|---|---|---|
| 高 | 快速掠取 | 缓慢掠取 |
| 低 | 快速渗透 | 缓慢渗透 |

图 6.5　投入期四种营销策略

(1) 快速掠取策略。快速掠取策略指以高价格和高促销水平推出新产品的策略。高价格的目的是尽可能获取更多的赢利，而大量的促销费用是为了广泛宣传新产品的优点，以推进销售量的增长。企业采取快速掠取策略必须具备如下条件：潜在市场上的大部分人还不知道该产品；了解该产品的人急于购买，并愿意按卖主的定价支付；企业面临潜在的竞争，必须尽快培养顾客对本产品的品牌偏好。

(2) 缓慢掠取策略。这是以高价格和低促销水平推出新产品的策略，其目标在于获取尽可能多的赢利。因为售价高，所以收入高，而降低促销水平又使成本费用减少。企业采取这种策略的条件是：市场规模有限；大多数顾客已了解该产品；顾客愿意支付高价；没有强烈的潜在竞争。

(3) 快速渗透策略。这是指用低价格和高水平促销费用推出新产品的策略。这种策略的显著作用就是以最快的速度去占领市场，达到最大的市场占有率。采用这种策略应具备如下五个条件：市场规模大；顾客并不了解该项新产品；大部分顾客对价格比较敏感；有强大的潜在竞争力量；随着生产规模的扩大和生产经验的积累，企业的单位生产成本会大幅度下降。

(4) 缓慢渗透策略。这是指以低价和低促销水平推出新产品的策略。低价格将使市场迅速接受该产品，同时，又以低水平的促销成本而实现较多的利润。采用这种策略的条件是：市场规模大；市场上该产品已有较高的知名度；市场对价格敏感；存在一定的潜在竞争对手。

对于通信产品来说，由于产品的无形性特点决定了消费者无法从产品外观或者产品形象产生购买欲望。因此在这阶段通信运营商营销策略的指导思想是：把销售力量直接投向最有可能的购买者，即新产品的创新者和早期采用者，让这两类具有领袖作用的消费者加快新产品的扩散速度，缩短导入期的时间。同时要重视体验营销，让用户免费或者以较低的价格体验新业务、新产品，使用户通过体验得到效用，从而产生对产品的购买欲望。在这一阶段，广告的作用也十分重要。通过形象、生动的宣传片尽力展示产品的特点和优点，大力推销，从而吸引潜在用户的注意和试用，打开市场。

### 2. 成长期的营销策略

这一阶段，产品在市场上推广了一段时间，逐步被广大消费者接受，销量迅速增长，这一阶段的营销策略应该突出一个"好"字，以便抓住市场机会，迅速取得最大的经济效益，同时迅速扩大生产能力。通信运营商在成长期可以采用以下营销策略。

(1) 提高产品质量。通信运营商可以根据顾客的反馈意见，从工艺、质量、性能、式样等方面加以改进，增加产品新的功能，扩大产品用途，以提高产品市场竞争力，满足消费者更广泛的需求，吸引更多的顾客。

(2) 开辟新市场。通过市场细分寻找新的目标市场，以扩大销售额。在新的细分市场要着力建立新的分销渠道，扩大销售网点，并建立好经销制度。

(3) 树立产品形象。在广告宣传上，改变广告内容，从提高产品知名度转变为树立企业良好形象，进一步提高通信产品在社会上的声誉，创立优质品牌。

(4) 适当降低价格。对于投入期价格较高的产品，应在批量生产、降低成本的基础上，选择适当时机降低价位。这样既能够吸引更低层次、对价格敏感的消费群体，又能够防止同行业竞争者成功介入。

对于通信产品来说，在这一阶段应该继续加强产品广告宣传，让更多人知道通信运营商推出了这个产品。同时积极地与各个分销商合作，借助分销商的力量推广产品。另一方面针对电信产品在用户中的反馈情况进行有针对性的调整和改良，比如从价格方面加以调整使其更满足通信用户的需求。

### 3. 成熟期的营销策略

产品进入成熟期后其销售量已达最高点，销售增长速度缓慢甚至徘徊不前，生产能力过剩，市场竞争加剧，利润率呈一定的下降趋势。企业对进入成熟期的产品所应采取的基本策略，就是延长产品的生命周期，使已处于停滞状态的销售增长率和已趋下降的利润率重新得到回升。在这一阶段，通信运营商营销策略的重点应突出"改"字。进入成熟期以后，由于市场竞争异常激烈，通信运营商要防止消极防御，应采取积极进攻的策略，争取稳定的市场份额。

1) 市场改进策略

通过发展产品新的用途、改进营销方式和开辟新的市场等途径扩大产品的销售量。具体来说，可以采取以下三种方式：一是开发产品新用途，把产品引入尚未使用过这种产品的市场，寻求新的细分市场；二是刺激现有顾客增加使用频率和每次使用量；三是重新为产品定位，寻求新的买主。

2) 产品改进策略

通过改进产品来提高其适应需求的能力，增强产品的市场竞争力，扩大产品的销售量。一般来说有以下四种方式。

(1) 品质改进策略。对产品的质量进行改进，注重增加产品的功能特性，提高产品的耐用性、可靠性，如通信运营商不断提高网络运行速度。

(2) 特性改进策略。增加产品新的特性、扩大产品的高效性、安全性或方便性，如手机开发出全球定位、遥控等功能。

(3) 式样改进策略。这主要是基于人们的美学欣赏观念而进行款式、外观的改变。

(4) 服务改进策略。通信运营商适当增加服务内容，提高服务竞争能力。

3) 营销组合改进策略

通过对营销组合因素的综合调整来提高产品适应需求的能力，增强市场竞争力，扩大产品销售量。常用的方法为降价、增加广告、改善销售渠道及提供更完善的售后服务等。

通信产品在成熟期，无论是用户数还是营业收入基本上都达到饱和状态，普及率也处于一个顶点。通信运营商此时应该尽量发掘用户的潜在需求，从产品本身入手提高产品的适用范围，以争取更多的用户。同时通信运营商可以通过使用价格战略和广告宣传提高该产品在市场上的竞争力，争取最后的利润。

**4. 衰退期的营销策略**

在衰退期，通信运营商面临着销售和利润的直线下降、大量竞争者退出市场、消费者消费习惯已发生转变等情况。此时，企业应突出一个"转"字。通信运营商要进行谨慎的分析研究，具体问题具体分析，可以选择的策略一般有以下四种。

(1) 持续策略。持续策略就是继续沿用以往的营销策略，保持原有的目标市场和销售渠道，直到产品完全退出市场为止。

(2) 集中策略。集中策略就是把企业能力和资源集中在最有利的子市场和分销渠道上，从中获取利润。这样有利于产品退出市场的时间，同时又能为企业创造更多的利润。

(3) 榨取策略。榨取策略就是大幅度地降低促销水平，尽量减少各种营销费用，以增加目前的利润。这种策略可能导致产品在市场上的衰退加速，但也能从忠实于企业品牌的客户中得到更多的利润。

(4) 放弃策略。放弃策略就是当企业已准备好替代的新产品，或者该产品的资金可能迅速转移，或者该产品的存在会危害其他有发展前途的产品时，应当机立断，放弃其经营。

通信产品在衰退期最主要的表现就是用户数量的减少。通信运营商在此时应该根据通信产品的不同属性，采取不同的策略。对于一些基础业务，虽然处于衰退期，但对于百姓的日常生活还是必不可少的，通信运营商应该采取维持策略或者改良产品，使其重新在市场上具有竞争力。对于一些增值业务，可以采取绑定套餐的手段延长产品在市场上的时间。如果产品衰退速度较快，通信运营商就应该当机立断放弃经营。

案例分析及思考题

## 【课后习题】

分析通信运营商的 4G 手机目前处于产品生命周期的哪个阶段。通信运营商应该采取什么样的营销策略？

# 任务三　开发通信新产品

## 【问题引入】

产品生命周期理论给我们提供了一个重要的启示：在现代通信技术迅猛发展、通信消费需求变化加快、通信市场竞争日趋激烈的形势下，通信运营商只有不断创新和改进通信产品，才能提高市场竞争力，保持竞争优势。那么，如何理解通信新产品？如何掌握通信产品开发的流程？如何开发通信新产品？

## 【案例导入】

### 北京联通的不限量"冰激凌"套餐

2017 年 8 月，北京联通再次推出加强版"冰激凌"套餐，价格比以前的更加优惠，号称无束缚、无捆绑，流量和语音在全国不限量使用。

在 2017 年初的时候，中国联通就面向中高端用户推出了全新"冰激凌"套餐，分为 398 元和 198 元两款。其中，398 元/月的冰激凌套餐每月包含国内无限通话和无限流量(后明确为：包含 100G 流量和 3000 分钟通话；3 月 31 日前办理可参与预存两年半价活动套餐实际 199 元)；198 元/月的冰激凌套餐每月包含 1500 分钟国内通话和 15GB 的 4G 全国流量。

这次中国联通推出新套餐，显然是看重即将到来的开学季，希望能够获得年轻学生的市场份额。此前的几年，三家电信运营商的新增客户基本都来自这个群体。

实际上，2018 年以来，三家电信运营商在不限流量的套餐上纷纷出招，一个比一个低，一个比一个亏，虽然号称是响应号召，实际上还是在赤膊上阵争抢客户。

就在 2018 年 8 月初，一张中国移动的"广告"在社交媒体上广泛流传。这款全省不限量套餐只需要 49 元，而且还送 100M 宽带，加 1 元可享受 2000 分钟家庭固话。而且在这则"广告"中，中国移动还突出自己的最大优势，那就是用 162 万个 4G 基站建立起来的全覆盖优质网络。

在2018年5月1日，中国移动也推出了"任我用"套餐，其中，针对新客户推出188元和288元两档"任我用"资费，分别包含12GB和20GB流量；针对老客户提供238元15GB流量的"任我用"资费。

2018年8月初，中国电信各地公司纷纷出招。北京本地版天翼不限量套餐的资费由全国版的199元/月降至129元/月，至年底促销期间，用户预存360元还可享受30元话费赠送，相当于用户每月仅需花费99元即可享受无限量的本地流量、3GB的全国流量以及500分钟国内语音通话，并且号称"不限量、不断网"。

中国联通特别积极地率先在不限量套餐上挑战底线，主要原因是其用户发展遭遇困难，不得不用尽全力。另外一方面，中国联通的网络闲置问题严重，有大量的富余资源，即便用户大幅度地提高使用，其网络也能够承受，竞争对手就很难做到。光脚的不怕穿鞋的，用户少、使用少现在反而成为了中国联通的优势。

其实，从全世界来看，不限量的套餐并不是主流。虽然，2018年年初美国四大全国性运营商的"不限量"套餐集体回归，但"不限量"套餐在欧洲等等发达电信市场和其他大多数的市场，都还不是主要方式，中国的电信运营商又一次走在了世界前列。

从三家电信运营商疯狂推广不限量套餐，不计后果地发展用户来看，中国的电信运营企业已经深深被舆论绑架。看似现在老百姓获得了实惠，但从长远来看，电信运营企业集体性的行业亏损可能不久之后就会到来，而5G网络的建设会更加疯狂，即便是中国移动估计也难以承受。

混改的流程已经启动，方案已经落地，中国联通拥有了更大的经营自主权。进行了资本投入的互联网公司也会加大合作力度。不限量套餐只是中国联通的竞争武器，将来会有更创新的套路出现，中国的电信运营市场也将进入到新一轮的混战之中。

**分析提示：**在竞争激烈的通信市场中，为了争夺和吸引通信客户，中国电信、中国移动、中国联通三大通信运营商纷纷推出新产品。北京联通推出的"冰激凌"套餐，以其无束缚、无捆绑，流量和语音在全国不限量使用，获得了客户的青睐。并迫使竞争对手不得不纷纷跟进。可见，只有不断进行产品创新，才能使企业在争夺客户和提高竞争优势方面占据先机。

## 【知识内容】

## 一、通信新产品的概念

对通信新产品的定义可以从企业、市场和技术三个角度进行。对通信运营商而言，第一次生产销售的产品都叫新产品；对市场来讲则不然，只有第一次出现的产品才叫新产品；从技术方面看，在产品的原理、结构、功能和形式上发生了改变的产品叫新产品。市场营销学的新产品包括了前面三者的成分，但更注重消费者的感受与认同，它是从产品整体性概念的角度来定义的。凡是通信产品整体性概念中任何一部分的创新、改进，能给消费者带来某种新的感受、满足和利益的相对新的或绝对新的产品，都叫通信新产品。据此，通信新产品可划分为以下几类：

### 1. 全新产品

它指应用科技新成果，运用新原理、新技术、新工艺和新材料制造的市场上前所未有的产品。例如，程控电话是将计算机技术与通信技术融合而开发出的一种全新电信产品；移动通信是利用新的无线技术而开发出来的全新通信产品。全新产品一般是由于科技进步或为满足市场上出现的新的需求而发明的产品，具有明显的新特征和新性能，甚至能改变用户或消费者的生产方式或消费方式。但全新产品的开发难度大，开发时间长，需大量投入，成率低。一旦成功，用户和消费者也还需要有一个适应接受和普及推广的过程。

### 2. 换代产品

换代产品也称为革新产品，指部分改变市场上已经出现的原有产品的结构和性能而形成的产品。它使原有产品的性能得到改善和提高，具有较大的可见价值。例如，宽带从有线宽带到无线宽带；移动通信业务从 2G 到 3G 再到 4G；长途电话从人工到半自动再到全自动。随着通信技术的迅猛发展，通信产品更新换代的速度越来越快，通信运营商要跟上时代的步伐，就必须加快老产品的更新换代。

### 3. 改进产品

它指对现有产品的质量、特点、外观款式或包装加以全面或局部改进，使之结构更加合理、功能更加齐全、性能更加良好等，使其成为具有新特点和新突破的通信产品。例如，电信翼支付是中国电信的移动支付产品，它是将手机号码与银行卡支付账户绑定，通过www(电脑上网)、WAP(手机上网)、短信、语音 IVR 等方式使用中国电信翼支付账户实现购物支付，完成网上购物、话费缴纳、水电煤费缴纳等功能。这类产品与原有产品差别不大，易于为使用者接受。市场上销售的大部分新产品均属于这种类型。

### 4. 仿制产品

仿制新产品指出于市场竞争的考虑，企业仿制市场上已有的产品而自己首次生产，仿制时可能有局部的改进和创新，但基本原理和结构是仿制的。例如，中国联通推出不限流量"冰激凌"套餐，中国移动随之推出不限流量"任我用"套餐。通常，通信运营商的系列产品都是仿制新产品，是在一种产品基本定型以后，派生出的一系列在规格、型号方面有所改变的变形产品。开发仿制型产品不需要太多的资金和技术，较为容易。

## 二、通信新产品开发的意义

当今时代，创新已成为时代发展的主旋律，大多数企业销售收入的 1/3 来自新产品及新服务。对企业而言，开发新产品具有重要的战略意义，它是企业生存和发展的重要支柱。具体来看，通信新产品开发对通信运营商的重要性主要体现在以下方面。

### 1. 产品生命周期理论要求企业不断开发新产品

通信产品像其他产品一样，具有开发、引入、成长、成熟和衰退四个时期。如果通信运营商在其产品走向衰退期时，仍不开发新的通信产品并推向市场，那么通信运营商也会同样走到生命周期的终点。反之，如果通信运营商能不断开发新产品，就可以在原有的产品退出市场舞台时，利用新的通信产品占领市场，使通信运营商在任何时候都有不同的产品处于生命周期的各个阶段，从而保证通信运营商的长远发展和利润的稳步增长。

### 2. 市场竞争的加剧迫使企业不断开发新产品

随着市场经济的发展和全业务经营的放开，通信用户逐渐趋于饱和，通信市场竞争加剧。如何在日趋激烈的市场竞争中保持企业的用户以及利润不至于下滑并有所回升，是中国电信、中国移动、中国联通三家通信运营商当前面临的急迫任务。唯有不断地进行产品创新才能吸引更多的通信客户使用本企业的产品，提升企业整体实力，保持竞争优势，使企业立于不败之地。激烈的市场竞争需要产品创新。

### 3. 通信客户需求的变化要求不断开发新产品

产品层次理论说明，通信客户购买通信产品的直接目的是产品的核心利益。随着消费经验的不断积累，通信客户的消费需求也在改变。初始阶段，通信客户关心的核心利益只是能够满足远距离语音通信的需求，后来发展成为移动语音通信、宽带上网、移动终端上网等需求。社会的发展使得更多的人生活逐渐紧张，在移动中通信、办公、娱乐、商务、社交等需求呈现在各运营商面前。如何利用新的产品满足用户的新需求成为各运营商未来企业发展、提升竞争实力的任务。

### 4. 通信技术的发展推动通信新产品开发

现代通信技术的迅猛发展推动通信运营商不断开发新产品。通信技术的迅猛发展导致了许多高科技新型通信产品的出现，并加快了通信产品更新换代的速度。例如，光导纤维、固定移动融合 FMC 技术、无源光纤网络 PON 技术的出现，对电话、宽带等信息传输设备的更新换代起了巨大的推动作用。通信运营商只有不断地运用新的通信技术开发新的产品，才能保持市场竞争优势。

## 三、通信新产品开发的原则

通信新产品的研制开发对通信运营商的生存与发展至关重要，然而成功地开发新产品并非易事。为了提高通信新产品开发的成功率，通信运营商在研制和开发新产品时，应该遵循以下原则。

### 1. 创新性原则

产品是企业生存和发展的基础，必须不断更新换代、推陈出新。如果因循守旧，抱着已有的产品不放，就会使企业失去赖以生存的基础。因此，要遵循创新的原则，不断开发新的产品。

### 2. 以客户为导向原则

如今通信业已进入以客户为导向的时代，客户在市场中处于主导的地位，因此要牢固树立这种观念，把客户的需求、客户的建议和客户的投诉置于至高无上的地位，加以满足、采纳和认真解决。只有这样，才能开发出能符合客户需要和受客户欢迎的通信产品。

### 3. 合作共赢、风险共担原则

如今，建立合作联盟已成为众多企业常用的一种经营策略。因此，对于新产品开发来说，也要摒弃单打独斗的做法，要建立起合作联盟，与合作者共担风险，共谋其利。

### 4. 持续性原则

新产品开发是一个动态、持续的过程，不是一次或短期活动就能完成的。因此，应该根据市场环境的变化，不断地调整和优化产品的开发模式，将开发工作旷日持久地开展下去。

### 5. 系统性原则

新产品开发涉及对客户需求的把握、对价值链的整合和对企业运营机制的调整，以及对开发资金、员工的使用等诸多方面，因此要作为系统工程来管理，将各种因素、各个方面的积极性都调动起来，形成良性互动。否则就会贻误此项工作。

### 6. 量力而行原则

通信运营商开发新产品要注重从国情出发，紧密结合通信运营商的企业实际，充分考虑通信运营商的人力、物力、财力，坚持量力而行不做表面文章，不盲目求新求高。

## 四、通信新产品开发的流程

通信新产品开发的成败直接关系到通信运营商市场经营的成败，因此通信新产品的开发应遵循一定的科学程序，才能最大限度地规避风险。通信新产品开发的流程一般由八个阶段构成，即新产品构思、构思的筛选、新产品概念的形成、制定营销规划、商业分析、产品研制、市场试销、批量上市，如图 6.6 所示。

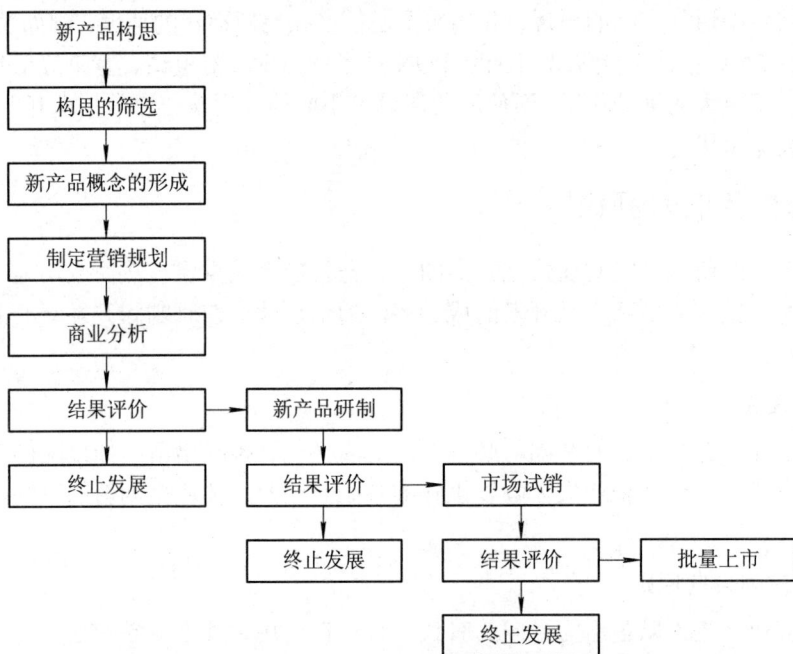

图 6.6　通信新产品开发流程

### 1. 新产品构思

开发新产品首先需要有充沛的创造性构思(也称创意、设想、点子)，搜集的新产品构思越多，则从中选出最合适、最有发展希望的构思的可能性也越大。通信运营商能否搜集到丰富的新产品构思，不在于意外的发现和偶然的机会，关键在于通信运营商是否有鼓励人们提建议、出点子的制度以及是否建立了一种系统化的程序使任何新产品构思都能被产品开发部门所了解。

新产品构思的来源是多方面的，主要包括：

(1) 企业内部人员。这包括通信运营商内部的管理人员、技术人员、营销人员及其他市场一线的工作人员。由于内部人员了解企业的实际情况并熟悉通信产品，因此来源于通信运营商内部的构思不会与企业的实际情况严重脱节。根据统计，通信新产品开发的构思有 55%来自于企业内部人员。

(2) 通信客户。客户是产品的使用者，他们最清楚自己需要的是什么，所以客户是征集构思的主要来源之一。国外的一项不完全统计资料表明，客户提出的新产品创意有 28%被企业采纳。通信运营商可以通过观察和倾听客户需求，分析客户对现有产品提出的批评与建议形成新的产品创意。

(3) 竞争者。竞争产品、竞争者的成败可以为新产品构思提供借鉴，企业应博采众长，为我所用。电信运营商可以搜集竞争者的产品目录、使用说明、广告宣传，调查竞争者的客户，搜集市场对竞争产品的意见，研究竞争产品的成败，从而形成新产品的构思。

(4) 经销商。经销商经常同客户打交道，最了解客户需求。同时，他们处于市场竞争的一线，也最清楚竞争产品的优势和劣势。此外，他们还能提供市场上有关新技术、新工艺、新材料等信息，对帮助通信运营商构思新产品往往会有很大启发。

(5) 其他。通信运营商还可以通过学术会议、通信展会、技术鉴定会等渠道获取一定的新产品创意，或者直接向科研机构、大专院校、市场调研机构和广告公司等征询新产品的构思。

### 2. 构思的筛选

筛选的目的是剔除那些与企业目标或资源不协调的新产品构思。筛选过程应分为两个阶段。第一阶段要求做出迅速和正确的判断，判别新产品构思是否适合通信运营商的发展规划、技术专长和财务能力，以剔除那些明显不合适的建议，从而使宝贵的资源不至于浪费在复审不切实际的提案上。这种判断应由有见识的经理和专家做出。筛选的第二阶段要求进行更细致的审查，常用的方法是对通过第一阶段筛选后剩下来的产品构思，利用评分表评出等级。

### 3. 新产品概念的形成

产品概念是企业从消费者的角度对构思的详尽描述，是把构思、想法具体化的过程。在产品概念的形成阶段，企业必须考虑谁将使用新产品、新产品能满足用户什么需要与欲望以及在什么场合使用等问题；企业还要从销量、盈利与企业研制产品的关系等方面，确定所需的产品概念。一个构思可以形成多个产品概念。新产品概念形成以后，为了判断客户对产品概念中的哪些因素满意，哪些因素不满意，可以对有代表性的目标客户进行测试，以便根据测试结果明确概念的改进、发展或放弃。

### 4. 制定营销规划

新产品主管部门在新产品概念形成和通过测试之后，必须拟定一个把这种产品引入市场的初步市场营销规划，并在未来的发展阶段中不断完善。初拟的营销规划包括三个部分：

(1) 描述目标市场的规模、结构、消费者的购买行为；产品的市场定位以及短期的销售量、市场占有率、利润率预期等；

(2) 概述产品预期价格、分配渠道及第一年的营销预算；

(3) 阐述较长期(如 5 年)的销售额和投资收益率，以及不同时期的市场营销组合策略。

### 5. 商业分析

在初步制定营销规划后，通信新产品进入正式的开发启动阶段之前，还需进行商业分析。这主要是预测未来的销售额、成本和利润，检查它们是否达到企业的预期目标要求。

(1) 销售额预测。通信新产品的销售额预测没有历史资料，企业一般是依据类似产品的销售情况和目标市场的情况、市场竞争情况进行销售额的预测。

(2) 成本和利润预测。在通信新产品的销售额预测之后，继而要估算其成本和利润。这需要研发部门、生产部门、营销部门和财务部门共同讨论分析，采用现金流量表分析和损益表分析等方法进行估算。

### 6. 产品研制

通信新产品研制是将新产品概念转化为现实产品的过程。它是通信新产品的实质性开发阶段，主要包括新产品的设计、试制、测试与鉴定等环节，通常由通信运营商的运行维护等技术部门和市场营销部门承担，其他部门配合完成。通过通信新产品研制，可检验其经济、技术方面的可行性。如果成本经济、技术实现没有困难，则可将样品交客户试用，并注意收集客户反馈。

### 7. 市场试销

试销，实际上是在限定的市场范围内，对新产品的一次市场实验。通过试销，可以实地检查新产品正式投放市场以后，消费者是否愿意购买，制定在市场变化的条件下，新产品进入市场应该采取的决策或措施。一次必要和可行的试销，对新产品开发的作用是很明显的：① 可以比较可靠地测试或掌握新产品销路的各种数据资料，从而对新产品的经营目标作出适当的修正；② 可以根据不同地区进行不同销售因素组合的比较，根据市场变化趋势，选择最佳的组合模式或销售策略；③ 可以根据新产品的市场"试购率"和"再购率"，对新产品正式投产的批量和发展规模做出进一步的决策等等。

### 8. 批量上市

新产品试销成功后，就可以正式批量生产，全面推向市场。这时，通信运营商就要动用大量资金，支付大量费用。而新产品投放市场初期往往利润微小，甚至亏损，因此，通信运营商在此阶段应在以下诸方面慎重决策。

(1) 投放时机。通信运营商必须分析何时是通信新产品推出的最佳时机，如节假日。如果新产品是用来替代本企业其他产品，那么应在原有产品库存较少的情况下投放市场；如果新产品具有较强的季节性，则应在消费旺季到来之前投放市场；如果新产品尚需改进，则应等到产品进一步完善之后再投放，切忌仓促上市。

(2) 投放地区。这指在什么地方首先推出电信新产品。通常通信运营商都是先选择在某个主要地区推出新产品，取得立足点，然后逐步展开到其他地区。因此，通信运营商应选择最有吸引力的或影响力最大的地区作为通信新产品推出的主要地区。例如，中国移动选择杭州、上海、广州、苏州、武汉作为首批 5G 试点城市；而中国电信选择雄安、深圳、上海、苏州、成都、兰州作为首批 5G 试点城市。

(3) 目标市场。目标市场的选择可以依据试销或产品开发以来所收集的资料。最理想的目标市场应是最有潜力的消费者(用户)群，通常具备以下特征：最早采用新产品的市场；大量购买新产品的市场；该市场的购买者具有一定的传播影响力；该市场的购买者对价格比较敏感。

(4) 营销组合策略。企业要在新产品投放前制订尽可能完备的营销组合方案，包括产品策略、价格策略、渠道策略、促销策略、服务策略等的营销组合。新产品营销预算要合理分配到各营销组合因素中，要根据主次轻重有计划地安排各种营销活动。

案例分析及思考题

【课后习题】

分析在通信 5G 时代，5G 手机属于哪一类通信新产品？通信运营商应该怎么开发 5G 新产品？

# 任务四　制订通信品牌策略

## 【问题引入】

品牌是质量和信誉的保证，是企业重要的无形资产。现代企业的竞争往往是品牌之间的竞争。在纷繁的消费品市场竞争中，价格竞争曾经被奉为法宝，但是随着竞争的加剧，通信市场的利润空间越来越小，要想企业可持续、健康、稳定地发展，需要通信运营商们渐渐走出价格漩涡，而塑造特有的企业品牌是摆脱价格竞争的有效手段之一。那么，如何理解通信品牌的内涵？如何设计通信品牌？如何制定通信品牌策略？

## 【案例导入】

### 中国移动的多品牌战略

2018 年 7 月，工信部公布了《2018 年上半年通信业经济运行情况》报告及《2018 年 6 月通信业主要指标完成情况》，三大运营商也相继公布 2018 年 6 月用户数据。移动业务方面，中国移动以 9.06 亿稳坐移动用户数第一的宝座；其累计 4G 用户数达 6.77 亿，这一数字大大领先于另外两家运营商。截止到 2018 年六月份，中国移动客户数量达到 90,580.8 万户，半年增长了 1476.5 万户；中国电信客户数量为 28,162 万户，半年增长 2660 万户；中国联通客户数量为 30,201.8 万户，半年增长 1498.3 万户。

中国移动拥有移动客户数量的绝对优势正是建立在其实施正确的多品牌战略的基础上。中国移动同时拥有"全球通"、"神州行"、"动感地带"三大品牌。"全球通"是中国电信行业颇具影响的品牌，它表现的是覆盖全球、质量可靠、服务上乘的属性，主要针对的是话费量较高的成功人士，为客户提供语音和数据业务，获得稳定的高额的利润。"神州行"是中国移动通信推出的主要品牌之一，普通大众为其目标客户，实惠的资费是其品牌最为重要的驱动力因素。它以限制型、灵活、实惠为核心，通过统一的形象塑造和传播，体现"亲切、大众化"的核心品牌。"动感地带"是中国移动针对年轻、时髦、追求新事物的新新人类而打造的专属客户品牌，它具有特有的时尚、探索、好玩的个性，成功塑造了时尚，因此在青少年消费群体中占有绝对领先的市场地位。"动感地带"有意塑造出非凡的品牌个性，使青少年消费者用户通过"动感地带"来展示他们与上一辈不一样的个性。中国移动采取的是多品牌战略，在全面覆盖市场的同时，提高市场的占有率和竞争力，有助于引起经常换品牌的消费者的注意取得了良好的社会效益。

　　**分析提示**：通信运营商采取多品牌决策的主要原因是：多种不同的品牌可吸引更多顾客，全方位地占领市场，提高市场占有率；发展多种不同的品牌有利于企业在同质化的竞争中深入到各个不同的市场部分，占领更大的市场，获得成功。中国移动成功地运用多品牌战略，使这三大品牌各有特色，符合了不同的细分市场的客户的需要，成功地深入了市场的各个部分，占领市场的各个领域，取得了良好的收益。

## 【知识内容】

## 一、通信品牌的涵义与作用

### 1. 通信品牌的涵义

　　通信品牌是一种名称、术语、标记、符号或设计，或是它们的组合运用。其目的是借以辨认某个销售者，或某群销售者的产品和服务，并使之同竞争者的产品和服务区别开来。通信品牌是一个集合概念，主要包括品牌名称、品牌标志、商标三部分。

　　品牌名称指品牌中可以用语言称呼的部分，如"中国电信"、"中国移动"、"中国联通"等。

　　品牌标志是品牌中可以被辨认，但无法用语言表达的部分，包括符号、图案、颜色或其他特殊的设计等，如中国电信的"牛头"图案和中国联通的中国结图案等。

　　商标指经过注册登记并经有关部门确认，受法律保护并为企业专用的品牌或品牌的一部分。

　　品牌从本质上说，是传递一种信息，一个品牌能表达六层意思。

　　(1) 属性：指通信品牌所代表的产品或企业的品质内涵。它可能代表着某种质量、工艺、服务、效率或市场位置。例如，中国移动"全球通"品牌表现出的覆盖全球、质量可靠、服务上乘的属性，"品味，探索，卓越，掌控"奠定了中国移动国内移动通信第一品牌的成功基础。

　　(2) 利益：从消费者的角度看，他们并不是对通信品牌的属性进行简单地接受，而是从自身的角度去理解各种属性给自身所带来的功能和情感利益，所以通信品牌在消费者的心中往往是不同程度的利益象征，消费者会以通信品牌所代表的利益大小来对品牌做出评价。例如，中国移动"全球通"品牌与其他移动通信品牌区别的关键是其提供的高品质的尊贵服务，从一对一的专属服务到各种 VIP 附加服务，全球通给予了高端客户独享的各种利益。

(3) 价值：通信品牌会因其所代表的产品或企业的品质和声誉而形成不同等级层次，从而在顾客心目中形成不同的价值。同时它也体现了通信运营商在产品设计和推广中的某种特定的价值观。例如，中国移动的核心价值观："正德厚生，臻于至善"。它已深深地融于中国移动"创无限通信世界、做信息社会栋梁"以及"成为卓越品质的创造者"的践行中去。

(4) 文化：通信品牌是一种文化的载体，其所选用的符号本身是一种显性文化。它可使人们产生同文化背景相应的各种联想，从而决定其取舍。例如，中国移动的握手标志。拥抱式的线条组合，寓意着移动通信覆盖广泛、消息传送高效便利、值得用户信任的品牌文化。

(5) 个性：好的品牌应具有鲜明的个性特征。其不仅在表现形式上能使人们感到独一无二、新颖突出，而且会使人们联想到某种具有鲜明个性特征的人或物，这样才能使品牌产生有效的识别功能。例如，中国移动"动感地带"特有的时尚、探索、好玩的个性，成功塑造了时尚，获得了青少年消费者的青睐。

(6) 角色感：品牌还体现了购买或使用这种产品的是哪一类消费者。这一类消费者也代表了一定的年龄、文化、个性，这对于公司细分市场、进行市场定位有很大的帮助。例如，中国移动"全球通"代表了高端商务人士角色、"神州行"代表了普通大众角色，"动感地带"代表了青少年角色。

**2. 通信品牌的作用**

1) 对通信运营商的作用

(1) 存储功能。通信品牌可以帮助通信运营商存储商誉、形象。"通信品牌就是一个创造、存储、再创造、再存储的经营过程。"

(2) 维权功能。通过注册专利和商标，通信品牌可以受到法律的保护，防止他人损害通信品牌的声誉或非法盗用通信品牌。

(3) 增值功能。通信品牌是通信运营商的一种无形资产，它所包含的价值、个性、品质等特征都能给产品带来重要的价值。即使是同样的产品，贴上不同的通信品牌标识，也会产生悬殊价格。

(4) 形象塑造功能。通信品牌是通信运营商塑造形象、知名度和美誉度的基石。在产品同质化的今天，为通信运营商和产品赋予个性、文化等许多特殊的意义。

(5) 降低成本功能。平均而言，赢得一个新客户所花的成本是保持一个既有客户成本的 5 倍，而通信品牌则可以通过与顾客建立通信品牌偏好，有效降低广告宣传和新产品开发的成本。

2) 对消费者的作用

(1) 识别功能。通信品牌可以帮助消费者辨认出通信品牌的制造商、产地等基本要素，从而区别于同类产品。

(2) 导购功能。通信品牌可以帮助消费者迅速找到所需要的产品，从而减少消费者在搜寻过程中花费的时间和精力。

(3) 降低购买风险功能。消费者都希望买到自己称心如意的产品，同时还希望能得到周围人的认同。选择信誉好的通信品牌则可以帮助降低精神风险和金钱风险。

(4) 契约功能。通信品牌是为消费者提供稳定优质产品和服务的保障，消费者则用长期忠诚的购买回报制造商，双方最终通过通信品牌形成一种相互信任的契约关系。

(5) 个性展现功能。通信品牌经过多年的发展，能积累独特的个性和丰富的内涵，而消费者可以通过购买与自己个性气质相吻合的通信品牌来展现自我。

## 二、通信品牌的类型

通信运营商的品牌从不同的角度可以区分为企业品牌、业务品牌、客户品牌和服务品牌等四种类型。其中，企业品牌处于品牌体系的核心位置，客户品牌、业务品牌是企业品牌的支撑，服务品牌犹如一根红线贯穿整个品牌体系之中。各种品牌类型针对不同的市场范围以及市场深度可以互相搭配进行。

### 1. 企业品牌

企业品牌是将企业名称和标识融合形成的品牌，通过它对企业整体形象进行展现和诠释，所以处于品牌体系中的核心地位，如表 6.5 所示。消费者通过对企业品牌的认知和印象来选择该项运营商的通信业务和服务。

表 6.5　各通信运营商企业品牌

| 企业名称 | 企 业 品 牌 | 商　标 |
|---|---|---|
| 中国电信 | 中国电信集团公司以及\*\*省电信公司 | 中国电信 CHINA TELECOM 世界触手可及 |
| 中国移动 | 中国移动集团公司以及\*\*省移动公司 | 中国移动 China Mobile |
| 中国联通 | 中国联合通信有限公司以及中国联通\*\*分公司 | China unicom 中国联通 |

### 2. 业务品牌

业务品牌是通信运营商根据业务的性质特征推出的品牌，它类似实物产品的产品品牌，如表 6.6 所示。一个业务品牌可以针对特定的目标客户群，也可以覆盖多个目标客户群。业务品牌相对稳定。

表 6.6　各通信运营商业务品牌

| 企业名称 | 业 务 品 牌 |
|---|---|
| 中国电信 | 号码百事通、互联星空、小灵通、ChinaNet |
| 中国移动 | 号簿管理、飞信、手机证券 |
| 中国联通 | 彩信、掌中宽带、神奇宝典 |

### 3. 客户品牌

客户品牌是通信运营商按照客户细分理论对客户细分，对具有共同特征的、具有相当规模的人群(客户群)，推出有别于其他客户群的业务和个性化的服务，从而形成的品牌，如表 6.7 所示。客户品牌对其所覆盖的人群具有强大的号召力和凝聚力。通常客户品牌是跨业务的。

**表 6.7 各通信运营商客户品牌**

| 企业名称 | 客户品牌 |
|---|---|
| 中国电信 | 商务领航、我的 e 家、天翼 |
| 中国移动 | 全球通、神州行、动感地带 |
| 中国联通 | 如意通、世界风、新势力 |

### 4. 服务品牌

服务品牌指通信运营商根据企业中某些环节或者流程而推出的品牌，如表 6.8 所示。例如客户服务热线、会员等。服务品牌纵向贯穿于运营商的经营活动之中，对提高客户满意度和建立客户忠诚度，对企业品牌、客户品牌、业务品牌起着支撑作用。

**表 6.8 各通信运营商服务品牌**

| 企业品牌 | 服务品牌 |
|---|---|
| 中国电信 | 10000 |
| 中国移动 | 10086 |
| 中国联通 | 10010 |

企业品牌、业务品牌、客户品牌和服务品牌这四种品牌的关系是相辅相成的，要发挥出通信品牌的集中优势，企业品牌、业务品牌、客户品牌和服务品牌要进行多方位的组合，只有这样才能提升通信运营商的整体形象，增强用户对企业的忠诚度。在竞争日益激烈的通信市场中，以塑造企业品牌为主导并不能达到最佳效果，因为对于用户来说，对国内主要的电信运营商认知度还不足以作为选择业务的决定因素，而一味强调业务品牌消费者又不容易理解。因此，最佳的通信品牌组合推广策略是企业要逐步将以业务为导向的品牌策略转变为以客户为导向的品牌策略。在不同的时期主推不同细分市场的客户品牌，将服务品牌贯穿在整个品牌建设的过程中，作为业务品牌和客户品牌的推动力，而将技术要素在具体的宣传中再去加以强调，将企业品牌的传播作为辅助手段，作为与别的运营商区别的符号。

## 三、通信品牌的设计要求

### 1. 简明醒目、易于识别

通信品牌设计应当简明醒目，好认、好看、好听、好读、好记。品牌名称应该简短、通俗，顺口顺耳，无不良含义；图案应简洁、单纯、醒目，有视觉冲击效果，易于理解；

图、文应美观协调，与产品一致，有象征性、寓意性、启发性和艺术感染力，文化含量高，适应客户的心理和当地的风俗习惯。

### 2. 新颖别致、独具个性

通信品牌设计应与其他同类产品品牌有明显的差别，反映企业产品的特色和个性，切忌模仿。富有美感的通信品牌能够捕捉客户的视觉，从而引起注意，产生兴趣，达到过目不忘的效果。通信品牌的首要作用就是区别于同类产品和企业，因此在一定程度上讲，品牌的个性、特色是品牌的生命。品牌雷同、平庸往往不能引人注目，在市场竞争激烈的情况下，某种产品要创牌子，某个企业要树立形象，不设计独具特色的品牌就很难做到。

### 3. 符合风俗、易于接受

通信品牌设计必须符合国内外市场的风土人情，与目标市场的文化背景相适应。通信品牌的名称、图案、符号和颜色，以及容易令客户产生异议的文字内容和发音等不得与当地的风俗习惯相冲突，应避开其寓意不妥之处。

### 4. 寓意深刻、富有韵味

通信品牌设计应通过直接形象、间接形象或含蓄的文字等恰如其分地反映、表示、隐喻产品风格和特征，有风格就有利于客户的回味和想象。

### 5. 合法合规、公正信义

通信品牌设计的文字、名称、团案、符号必须符合国家有关法律法规的规定；不得同中国或外国的国家名称、国旗、国徽、军旗、勋章相同或相似，不得同国际组织的旗帜、徽记、名称相同或相似，不得同"红十字会"的标志、名称相同或相似；不得带有民族歧视性或带有欺骗性；不得有损社会道德风尚。

## 四、通信品牌策略

### 1. 品牌有无策略

品牌运营的第一个决策就是企业生产经营的产品是否应该有品牌。不言而喻，拥有自己的品牌，必然要付出相应的费用(包括包装费、法律保护费等)。这样会增加企业运营总成本，同时也承担一定的市场风险(若某品牌不受欢迎，损失自负)，但品牌对使用者或营销者的益处更是不可低估的。品牌的有益作用是企业选用有品牌策略的重要原因。通信运营商是否使用品牌，通常是根据产品的性质、用户的购买习惯以及品牌运营成本的投入与收益测算而定。当然，随着市场竞争的加剧和品牌意识的增强，通信运营商品牌化程度不断提高。

### 2. 品牌归属策略

企业决定使用品牌以后，就涉及采用何种品牌，除了采用本企业的品牌，还可以使用中间商的品牌。传统上，品牌是商品制造者的标记，有利于树立企业信誉，扩大产品销售。但是，如果企业资金能力薄弱、市场营销力量相对不足，或者企业要在一个新市场上推销产品，或者在市场上本企业的商誉远远不及中间商的商誉，则适宜采用中间商品牌。例如，一些知名度不高、实力不雄厚的小型互联网内容提供商、互联网服务提供商和通信终端服务商，为使自己的产品更快更好地进入市场，更倾向于使用中间商的品牌。

### 3. 品牌名称策略

通信运营商决定其所有产品是使用一个品牌，还是不同产品分别使用不同品牌的过程，就是品牌名称策略。品牌名称策略有以下四种选择。

1) 统一品牌策略

它即通信运营商对其全部产品使用同一个品牌。这种策略的好处有很多。对于那些享有较高声誉的通信运营商，所有产品采用统一品牌可以充分利用其品牌效应，使通信运营商所有产品都能获得一定的市场优势。它还有助于降低通信运营商宣传介绍新产品的费用开支，有利于新产品进入市场以及显示通信运营商整体实力并塑造通信运营商形象。然而，通信运营商采用统一品牌策略是有条件的：第一，这种品牌必须在市场上获得一定的信誉；第二，采用统一品牌的各种产品具有相同的质量水平。

2) 个别品牌策略

它指不同的产品采用不同的品牌。这种品牌策略的好处是不致将通信运营商声誉过于紧密地与个别产品相联系。如果某一产品经营失败，也不会对通信运营商整体造成不良后果。它也有利于通信运营商产品线延伸，如果通信运营商一向生产某种高档产品，后来推出较低档产品，各自使用不同的品牌名称，不会影响该通信运营商名牌产品的声誉。例如，中国移动针对不同的客户群推出"全球通"、"神州行"、"动感地带"三大客户品牌。个别品牌策略的最大缺点是加大了产品的促销费用，使通信运营商在竞争中处于不利地位；同时，品牌过多，也不利于通信运营商创立统一的市场形象。

3) 分类品牌策略

分类品牌策略是通信运营商对生产经营的各类产品分别命名的一种品牌策略。这种策略考虑到不同用途的商品不宜采取统一品牌策略，否则容易混淆，也难以区分其品牌所代表的产品特色。如果通信运营商所经营的各类产品之间的差别非常大，那么就必须根据产品的不同分类归属来采取多品牌策略，即为各类产品分别命名、一类产品使用一个品牌。此外，通信运营商虽然经营同一类型产品，但为了区别不同层次或质量水平的产品，往往也分别使用不同的品牌名称。

4) 通信运营商名称与个别品牌并用策略

它指通信运营商对其各种不同的产品分别使用不同的品牌名称，而且各种产品的品牌名称前面还冠以通信运营商名称，用通信运营商名称表示由谁生产，用品牌表示各种产品的特点，如中国联通的"联通新时空"品牌。这种策略的优点可以使新产品享受通信运营商的声誉，节省广告促销费用。而各种不同的通信产品分别使用不同的品牌名称，又可以使各通信品牌保持自己的特点和相对独立性。

### 4. 品牌扩展策略

品牌延伸策略指通信运营商利用其成功品牌的名称来推出新产品或改进产品。例如，中国联通"我的 e 家"品牌下又细分出 e6、e8、e9 等子品牌。品牌扩展策略，可以使新产品借助成功品牌的市场信誉在节省促销费用的情况下顺利地进占市场。采用品牌扩展策略，必须具有一定的条件。首先，应考虑原品牌的形象。只有将品牌扩展使用到与其形象、特征相吻合、相接近的产品领域，才有可能取得成功。其次，应考虑原产品与品牌扩展产品之间是否存在资源、技术等方面的关联性，或者是否具有互补性，否则将难以被用户接受。

### 5. 多品牌策略

多品牌策略是指通信运营商在同一类产品中建立两种或几种品牌的策略，目的是建立不同的产品特色以迎合不同的购买动机。这样，通信运营商可以使产品向各个不同的市场部分渗透，促进通信运营商销售总额的增长。例如，中国移动在移动通信市场上同时推出"全球通"、"神州行"和"动感地带"品牌，与之针锋相对，中国联通在移动通信市场上也同时推出"世界风"、"如意通"和"UP新势力"品牌。多品牌策略可以用多个个性鲜明的产品去满足不同消费群体的需要，从而使各个品牌都在消费者心目中留下深刻的印象，进而获得自己应有的市场定位。另外，由于品牌多，易于企业突破竞争对手的包围，有利于提高产品的竞争力，延长每个产品的寿命，也有利于在消费者心目中树立通信运营商的形象，造成通信运营商实力雄厚的感觉。

案例分析及思考题

## 【课后习题】

比较分析中国电信、中国移动、中国联通在采用通信品牌策略上各有什么特点。

# 项目七　制订通信价格策略

## 【知识结构图】

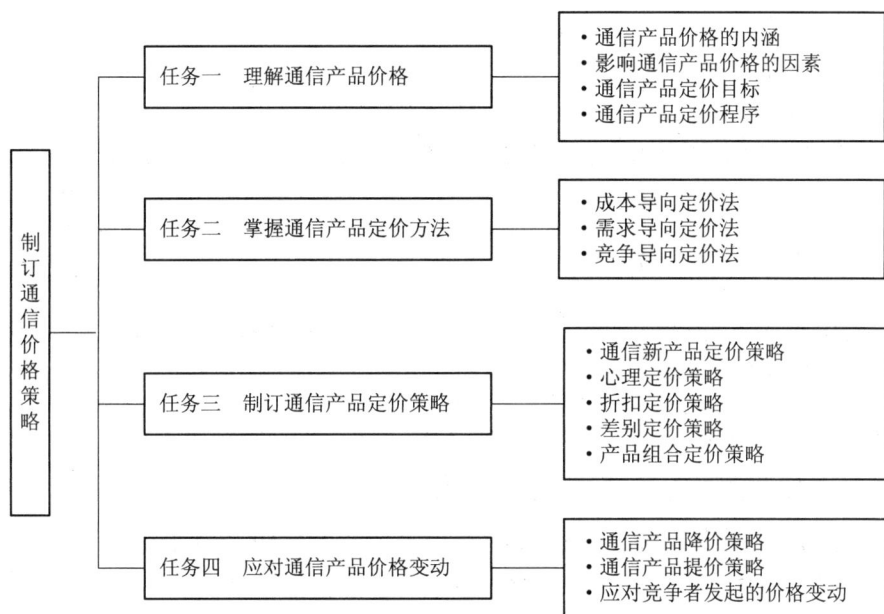

任务一　理解通信产品价格
- 通信产品价格的内涵
- 影响通信产品价格的因素
- 通信产品定价目标
- 通信产品定价程序

任务二　掌握通信产品定价方法
- 成本导向定价法
- 需求导向定价法
- 竞争导向定价法

任务三　制订通信产品定价策略
- 通信新产品定价策略
- 心理定价策略
- 折扣定价策略
- 差别定价策略
- 产品组合定价策略

任务四　应对通信产品价格变动
- 通信产品降价策略
- 通信产品提价策略
- 应对竞争者发起的价格变动

## 【学习目标】

　　通过学习，应该明确价格策略是市场营销组合的一个重要策略。价格直接关系到商品的市场接受程度，影响到市场的供需和企业的利润，涉及生产者、经营者和消费者等多方面的利益。本项目的任务包括理解通信产品价格、掌握通信产品定价方法、制订通信产品定价策略、应对通信产品价格变动。

## 任务一　理解通信产品价格

## 【问题引入】

　　尽管现代市场营销过程中非价格因素的作用越来越突出，但价格依然被看作是最重要的交易条件。价格的高低，直接影响着市场对产品的接受程度，影响着市场的需求和企业利润,是企业进行市场竞争的重要手段。那么,如何理解通信产品价格?影响通信产品价格的因素有哪些?通信运营商定价的目标和程序是怎样的?

## 【案例导入】

### 三大运营商的新生套餐最全对比

2018 年开学季,三大手机运营商的新生套餐推行得如火如荼,移动、联通及电信公司在大学中推出了自 19 元到 39 元不等的新生套餐,结合活动期间充值送话费的活动,套餐每月的费用可降至 9 元,如表 7.1 所示。新生只要在当年 9 月 30 日活动截止前激活新卡并充值 50 元及以上,就能获得不同程度的"每月返话费"优惠。

#### 表 7.1　三大运营商的新生套餐对比

|  | 移动 | 联通 | | 电信 |
|---|---|---|---|---|
| 套餐名称 | 学霸卡 | 沃派 6.0 | 大王卡 | 大王卡 |
| 月费 | 18 元(原为 38 元套餐) | 19 元(原为 39 元套餐) | 19 元 | 9 元(原为 29 元套餐) |
| 充送优惠 | 充 50 送 240(每月返 20) | 充 50 送 240(每月返 20) | 充 50 送 50(即时到账) | 充 50 送 120(每月返 10)激活即送 480 元(每月返 10) |
| 套内流量 | 50GB(含 20GB 全国流量 + 30GB 定向流量) | (含 20GB 市内流量 + 25GB 国内流量 + 1GB 微信定向流量) | 1GB 国内流量;腾讯系列 App 使用免流量 | 6GB 国内流量,部分 App 使用免流量 |
| 通话时长 | 80 分钟全国免费通话,超出后 0.19 元/分钟 | 60 分钟全国免费通话,超出后 0.15 元/分钟 | 全国语音 0.1 元/分钟 | 100 分钟全国免费通话,超出后 0.1 元/分钟 |

其中,移动"学霸卡"、联通"沃派 6.0"用户可享"充 50 元送 240 元"优惠,赠送的话费将分 12 个月返还至用户账户;12 个月后,学生可在 2019 年新生入学季重复参与"充 50 元送 240 元"活动,以继续享受每月 20 元的话费返还,直至学生身份失效;电信"大王卡"在"充 50 元送 120 元"基础上推出"充 50 元送 480 元"限时优惠,用户每月同样可享 20 元话费返还。

经此计算,每月话费减免后,移动"学霸卡"套餐月费仅为 18 元,联通"沃派 6.0"及"大王卡"套餐月费仅为 19 元,电信"大王卡"套餐月费可低至 9 元。

在流量方面,移动的"学霸卡"、联通的"沃派 6.0"新生套餐中都提供了 20GB 或以上的全国流量及针对部分 App 使用的定向流量。虽然电信卡月费很低,但其流量含量也少。其中,"学霸卡"套餐中 30 GB 的定向流量可用于浏览新浪微博、今日头条等数十款 App,还送爱奇艺、芒果 TV 等一年免费视频会员权益;联通"沃派 6.0"套餐内含 45 GB 普通流量(20 GB 市内 + 25 GB 国内流量),1 GB 定向流量可用于使用微信 App;联通"大王卡"用户拥有 1GB 国内流量,以及免流量使用微信、QQ、腾讯视频等 App 的权益;电信则每月免费赠送 6GB 国内流量。

在赠送的通话时间来看,移动学霸卡赠送 80 分钟全国免费通话,超出后 0.19 元/分钟,还送校园短号免费互打;联通的"沃派 6.0"赠送 60 分钟全国免费通话,超出后 0.15 元/

分钟，而且学生卡之间互打免费，还可以设置一个国内联通号码为亲情号码免费互打；电信大王卡则直接赠送 100 分钟全国免费通话，超出后 0.1 元/分钟。

虽然电信的月费最低，赠送通话时间最多，但值得注意的是，无论是移动、联通还是电信卡，定向流量几乎成了新生流量套餐的必备配置，选择一张流量充足资费又实惠的手机卡才是最重要的。

分析提示：目前各大通信运营商均采用产品配套价格策略，也就是将通信业务使用过程中涉及的相关产品，进行组合搭配或者捆绑销售，制定一个打包价格，比起单一购买便宜得多。三大通信运营商针对高校市场的特点分别制定了不同的校园套餐资费，实行差别营销策略，体现了不同运营商的业务特色：中国电信的月费最低、赠送通话时间最多；中国移动的定向流量赠送最多；中国联通的全国流量赠送最多，从而满足了不同学生的业务需求。

## 【知识内容】

## 一、通信产品价格的内涵

价格是表现价值的手段，是商品价值的货币表现形式。一般来说，价格分为商品价格和服务价格。通信资费就是通信服务的商品价格。通信资费与一般有形商品的价格的性质是一样的，只是通信服务这种商品不具有实物形式，是无形的、非实体的。通信产品作为一种特殊性商品，有其独有的特征，这些特征对其定价会产生深远的影响。

通信产品实现其使用价值的消费过程，在空间上与其生产过程不可分割。这一消费过程和生产过程均要涉及有距离阻隔的两个用户，以及两端用户所在地的不同的通信运营商，这就是常说的全程全网。因此，通信产品的价格无法像一般的商品价格那样随行就市，必须带有某种统一性，以防止用户在使用上的单向流动。然而，不同地区的通信运营商在从事通信生产的劳动耗费上却存在着明显的地区级差，可是通信产品价格却又要求基本统一，故在不同地区的通信运营商将出现不同水平的经济效益。

通信产品实现其使用价值的消费过程，在时间上与其生产过程不可分割。虽然通信产业不存在库存待销商品，但由于通信运营商的生产能力基本是一定的，而通信业务量在时间上的分布却是不均匀的，有忙有闲，甚至忙闲悬殊。如果生产能力不能满足繁忙时业务量的需要，将影响通信质量，而在不忙时又会造成生产能力的极大冗余，从而加大了成本。所以国外通信运营商普遍采用在不同时段收取不同资费这一杠杆，来解决业务量在时间分布上的不均匀、传递信息的质量要求以及通信企业自身经济效益三者之间的矛盾。

## 二、影响通信产品价格的因素

成本是影响通信产品价格最基本、最重要的因素。通信产品价格的上限取决于通信产品的市场需求水平，下限取决于通信产品的成本费用。在最高价格和最低价格的范围内，通信运营商能把产品价格定多高，受诸多因素的制约和影响。通信运营商在给通信产品定价时必须对主要因素给予充分的考虑，主要因素有以下五个。

### (一) 成本因素

产品成本是营销定价的基础，是商品价格的最低经济界限。一般来说，商品价格必须能补偿产品生产及市场营销的所有支出，并补偿商品的经营者为其所承担的风险支出，否则就无法经营。因此，通信运营商制定通信产品价格时必须估算成本。而研究成本因素，应区别以下八种成本概念。

**1．固定成本**

固定成本是通信运营商在一定规模内生产经营某一商品支出的固定费用，是不会随着产量的变动而发生变动的成本费用，如固定资产折旧、房地租、办公费用、市场调研、管理人员工资等。不论通信业务量多少，都必须支出。通信运营商固定成本与具体产品销售量不直接发生联系，它是通过分摊的形式计入单位产品价格中的。

**2．变动成本**

变动成本是通信运营商在同一范围内支付变动因素的成本费用，随着产品种类及数量的变化而相应地变动。其主要包括原材料、燃料费用，生产工人工资及直接营销费用等。单位产品的平均变动成本会直接计入通信产品价格中，因此，它对通信产品价格有着直接的影响。

**3．总成本**

总成本即固定成本与变动成本之和。当产量为零时，总成本等于固定成本。

**4．平均固定成本**

平均固定成本即单位产品所包含的固定成本费用的平均分摊额。固定成本不随着产量的变动而变动，但是平均固定成本必然随着产量的增加而减少。

**5．平均变动成本**

平均变动成本即单位产品中所包含的变动成本费用乎均分摊额。它在生产初期水平较高，其后随产量的增加而呈递减趋势，但达到某一限度后，会由于报酬递减率的作用转而上升。

**6．平均成本**

平均成本即总成本费用与总产量之比。因为固定成本和变动成本随生产效率的提高、规模经济效益的逐步形成而下降，单位产品平均成本呈递减趋势。

**7．边际成本**

边际成本即每增加 1 单位产品而引起总成本变动的数值。在一定产量上，最后增加的那个产品所花费的成本引起总成本的增量，这个增量即边际成本。通信运营商可根据边际成本等于边际收益的原则，以寻求利润最大的均衡产量。同时，按边际成本制定产品价格，能使社会资源得到合理利用。

**8．机会成本**

机会成本即通信运营商为从事某项经营活动而放弃另一项经营活动的机会，或利用一定资源获得某种收入时所放弃的另一种收入。另一项经营活动所应取得的收益或另一种收入即为正在从事的经营活动的机会成本。机会成本的分析，要求通信运营商在经营中正确选择经营项目，依据是实际收益必须大于机会成本，从而使有限的资源得到最佳配置。

通信产品除具有商品的一股特性以外，还具有其特殊性质。这些特殊性质决定了在通信产品定价时成本因素的考虑应与众不同。其典型的特征有以下三方面。

(1) 通信产品的边际成本近似为零。通信网络建设需要一次性投入大量资金，网络一旦建成，大部分成本随即成为沉没成本。相比之下，通信产品的边际成本相当低廉，几乎可以忽略不计。因此，业务量越大，单位固定成本就越低。

(2) 通信产品具有不可存储性。出于通信产品的生产和消费同时进行，造成了通信运营商无法像有形商品制造者一样为使用高峰提前储备产品。因此，通信运营商只能按照最大需求量规划网络，组织生产。在需求量较少的时候，大量资源闲置造成的"产品积压"及大量的网络冗余成为能否降低电信产品成本的关键。

(3) 在通信市场，无论是固定业务还是移动业务，其成本内容庞杂(包括核心网络成本、无线网络成本、按入成本、运维成本以及折旧费用等)，所处的角度不同，计算方式也各不相同。因此，通信运营商很难根据沉淀成本或增量成本来进行产品定价，特别是新产品的价格。

### (二) 需求因素

市场需求对企业定价有着重要影响。产品的最高价格往往取决于该产品的市场需求。市场机制像一只无形的手，推动价格和供应量、需求量之间的均衡。当商品的市场需求大于供给时，价格应该高一些；当商品需求小于供给时，价格应该低一些。

与此同时，通信产品的价格变动也影响市场需求总量，从而影响销售量，因此通信运营商在制定价格时，应考虑到价格变动是否会引起市场需求的变化以及如何变化。在实践中企业通常采用需求价格弹性来分析价格和需求的相互变化。弹性产品的需求价格弹性是指因价格变动而相应引起的需求变动比率，它反映了通信产品需求变动对价格变动的敏感程度。需求价格弹性通常用弹性系数$(E_d)$来表示，该系数是服务需求量$(Q)$变化的百分比与价格$(P)$变化的百分比之比值，用公式表示为

$$E_d = \frac{\Delta Q / Q}{\Delta P / P}$$

从公式中可以看出，如果价格上升而需求量下降，则需求价格弹性为负值，即$E_d < 1$；如果价格上升需求量也上升，则价格弹性为正值，即$E_d > 1$。当$|E_d| < 1$时，表示通信产品缺乏弹性，说明用户对这类通信产品的价格敏感度很低；当$|E_d| > 1$时，表示通信产品富有弹性，用户对这类通信产品的价格敏感度很高，也就是说用户很重视产品价格，价格稍微有所变动就会引起需求量的很大变化。

在对通信产品进行定价时，还要考虑各种通信产品的需求价格弹性。通信产品需求弹性主要会受到用户性质、产品质量、选择余地大小等因素的影响。例如，学生客户、农村客户等低消费水平用户对价格的敏感度较高，通信运营商在制定针对这类客户的产品价格时要非常郑重，价格稍贵就可能导致用户换用其他通信产品或干脆不用。而像政企客户这样的大客户，主要看重的是服务质量，对价格的敏感度较低。针对这类用户的产品定价相对来说要轻松得多。此外，一般产品质量越高客户可选择余地越大，需求弹性越大；产品质量越低客户可选择余地越小，需求弹性越小。因此，通信运营商必须了解通信产品的需求弹性状况，然后才能制订合理的价格策略。

### (三) 竞争因素

通信产品价格是在电信市场竞争中形成的。市场营销理论认为，产品的最低价格取决于该产品的成本费用，最高价格取决于产品的市场需求。在最高价格和最低价格的幅度内，企业把产品价格定到多高，则取决于竞争者同种产品价格的水平。同时，不同的市场竞争状况也将对通信产品价格的制定产生不同的影响。

通信运营商必须采取适当方式，了解竞争者所提供的产品质量和价格。通信运营商获得这方面的信息后，就可以与竞争产品比质比价，更准确地制定本企业产品价格。如果两者质量大体一致，则两者价格也应大体一样，否则本企业产品可能卖不出去；如果本企业产品质量较高，则产品价格也可以定得较高。还应看到，竞争者也可能随机应变，针对本企业的产品价格而调整其价格；也可能不调整价格，而调整市场营销组合的其他变量，与其他企业争夺顾客。当然，对竞争者价格的变动，通信运营商也要及时掌握有关信息，并做出明智的反应。

另外，对于通信运营商来说，在市场上除了从竞争对手那里获得价格信息外，还要了解它们的成本状况，这将有助于企业分析评价竞争对手在价格方面的竞争能力。无疑，向竞争对手全面学习，对于任何企业都十分重要。通信运营商借鉴竞争者如何确定其成本、价格和利润率，这将非常有助于本企业制订适宜的价格策略。

### (四) 顾客心理因素

顾客由于心理因素而导致的行为变化，因其随机性较大，是通信运营商制定价格时最不易考察的一个因素，但又是通信运营商定价必须考虑的重要因素之一。顾客一般根据电信产品能为自己提供的效用大小来判断该产品的价格，也就是顾客的期望价格。如果通信运营商定价高于顾客期望价格，就很难被顾客接受；反之，低于期望价格，又会使顾客产生对产品质量的怀疑，甚至拒绝购买。顾客心理存在"便宜无好货，好货不便宜"的价值判断与追求价廉物美的最大利益矛盾。因此，通信运营商在对通信产品定价时，应充分把握顾客这一购买心理的矛盾，制定适宜的价格。

### (五) 政策因素

通信产业是从自然垄断逐渐走向有限制的竞争的，而在垄断条件和市场经济条件下，将会出现两种有本质区别的定价理论和方法。在垄断条件下，通信产品的定价方法上更多受政策因素的影响。在我国社会主义市场经济中，政府制定了一系列的政策和法规对通信市场进行管理，这些政策法规有监督性的，有保护性的，也有限制性的，是通信产品定价时的重要依据，也是通信运营商制订通信产品价格策略不可违背的。

## 三、通信产品定价目标

定价目标是通信运营商通过对通信产品制定特定水平的价格，凭借价格产生的效用达到的预期目的。由于受到资源的约束，企业规模和企业所采用的管理方法的差异，通信运营商可能从不同的角度选择自己的定价目标，而同一通信运营商在不同时期、不同市场条件下也可能有不同的定价目标，通信运营商应根据自身的性质和特点，权衡各种定价目标的利弊而加以取舍。

### 1. 以利润为通信运营商的定价目标

利润是通信运营商从事经营活动的主要目标，也是通信运营商生存和发展的源泉。获取最满意的利润是市场经济中通信运营商从事经营活动的最高展望。但获取最满意的利润或利润最大化不一定就是给单位产品制定最高的价格。有时单位产品的低价，可以通过扩大市场占有率，争取规模经济效益，使企业在一定时期内获得最大的利润。在这种目标下，通信运营商在决定通信产品价格时主要考虑以何种价格可以获得最大的利润，而对市场竞争的效果和价格在社会和顾客中产生何种影响考虑甚少。因此，当通信运营商或产品在市场上享有较高的声誉，或在竞争中处于有利地位或供不应求时，企业可以以此为目标。但市场供求、通信运营商声誉和竞争状况总是不断变化的，通信运营商不可能永久保持竞争优势。因此，利润最大化最好是作为通信运营商的长期定价目标。

### 2. 以扩大市场占有率为定价目标

市场占有率是通信运营商经营状况和产品竞争能力的综合反映，市场占有率的扩大，可以改善企业在市场上的竞争地位，可以了解和掌握消费需求的变化，保证和扩大通信产品销路，实现对市场及其价格的控制，从而有助于通信运营商取得长期利润。事实也证明，市场占有率越高，通信运营商对市场的控制能力就越强，其盈利率就越高。所以某些通信运营商制定尽可能低的价格来追求市场占有率的领先地位。

### 3. 以实现销售增长率为定价目标

以实现销售增长率为定价目标，指通信运营商以巩固和提高市场占有率，维持或扩大市场销量为制定商品价格的基础。一般情况下，销售增长率的提高与市场占有率的扩大是一致的。因此，追求一定的销售增长率也是通信运营商重要的定价目标之一。特别是在通信新产品的试销期和畅销期，通信运营商往往把实现产品一定的销售增长率作为产品定价的主要目标。另外，在市场竞争比较激烈的时期，通信运营商市场占有率的高低更多地取决于本企业与竞争对手的销售额的对比情况。因而通信运营商应结合市场竞争状况和新产品投放市场前的预计市场份额，有选择地实现有利可图的销售增长率。

### 4. 以实现预期投资收益率为定价目标

任何通信运营商都希望其所投入的资金获得预期的报酬水平，而预期投资报酬水平通常是通过投资收益率来表示的。以实现预期投资收益率为定价目标，指通信运营商以获取投资收益为定价基点，加上总成本和合理的利润作为商品销售价格。在产品成本费用不变的情况下，通信产品价格的高低取决于通信运营商所确定的投资报酬率。一般来说，投资报酬率的确定应根据以下原则：投资资金为银行借贷资金时，投资报酬率应高于银行贷款利率；投资资金为企业自有资金时，投资报酬率应高于银行及其他证券利率；投资资金为政府拨调资金时，投资报酬率应高于政府规定的收益指标。另外，投资报酬率的高低还取决于投资回收期的长短。

### 5. 以对付竞争对手为定价目标

大多数通信运营商对于竞争对手的价格非常敏感，在分析通信产品竞争能力和企业所处的市场竞争位置后，以对付竞争对手作为通信运营商的定价目标，通过定价进行价格竞争。当通信运营商具有较强的实力，在通信行业中居于领袖地位时，其定价目标主要是对付竞争者或抑制竞争对手，所以他们经常变动价格。当通信运营商具有一定竞争力量，居于市场竞争的挑战者位置时，定价目标是攻击竞争对手，侵蚀竞争对手的市场占有率，因此其价格就定得相对低一些。而市场竞争力较弱的通信运营商，在竞争中为了防止竞争对手的报复一般不率先变动价格，在定价时主要跟随市场领袖的价格。

### 6. 以维护企业形象为定价目标

良好的企业形象是通信运营商无形的资源与财富，是通信运营商成功地运用市场营销组合取得顾客的信赖，是通信运营商长期积累的结果。为了维护企业的良好形象，通信运营商在定价时必须考虑通信运营商产品的价格水平是否同企业形象相一致，要避免同政府、中间商、顾客的严重摩擦，利用价格来维护企业及其产品在市场上的声望。

### 7. 以维持企业生存为定价目标

以维持企业生存为定价目标通常是通信运营商处于不利的环境之中采用的一种定价目标。通信运营商由于经营不善或其他原因，造成产品销售不畅，资金周转不灵时，为了避免倒闭，企业往往采用大幅度折扣的手段，只要价格能补偿变动成本和部分固定成本，就可以继续生产经营。这种定价目标只能作为通信运营商面临困难时的过渡性目标。

## 四、通信产品定价程序

通信运营商制定价格是一项复杂的工作，必须全面考虑各个方面的因素，采取一系列科学的步骤和措施。一般来说，通信运营商定价采取如下步骤。

### 1. 选择定价目标

通信运营商不能孤立地制定价格，必须按照企业的目标市场策略及市场定位策略的要求，并与其他各项营销组合因素密切配合来制定。首先要选定通信运营商的定价目标，明确定价思路的基本走向。

### 2. 测定需求

测定需求，一要调查目标市场对通信产品的需求数量和需求强度，了解不同价格水平下顾客可能购买的数量。二要分析需求的价格弹性，对价格弹性大的通信产品，可用降价来刺激、扩大需求；而缺乏价格弹性的通信产品，降价就不能达到预期的效果。因此在定价过程中，通信运营商应根据需求弹性理论来测定通信产品的不同价格水平对市场需求数量和需求强度的影响，以便确定市场需求最大时顾客所能接受的价格上限。

### 3. 估算成本

通信产品成本是定价的基础，通信运营商在定价时要估算产品的成本，以价格、需求量、产量和成本之间的关系，作为定价的依据，从而确定通信运营商可参考的最低价格。

### 4. 分析竞争对手

分析竞争对手的目的是为通信运营商的产品确定一个最有竞争力的价格。对竞争对手的分析主要包括：市场竞争格局的分析，主要竞争对手的实力分析，竞争对手应变态度和应变策略的分析。

## 5. 选择适当的定价方法

选择定价方法，主要取决于通信运营商的定价目标和影响价格的主要因素，同时还要根据不同通信产品本身的特点来选定。影响定价的主要因素集中在成本、需求和竞争三个方面，所以定价的具体方法也分为成本导向定价法、需求导向定价法、竞争导向定价法三种。

## 6. 选定最后的价格

通信运营商运用恰当的定价方法制定出通信产品的基本价格后，还要依据其他因素，如政府的政策法令、法律法规的相关规定，顾客的心理，中间商的要求，本企业营销有关人员的意见等，进行综合分析，调整基本价格，从而制定出通信产品的价格。

## 7. 价格调整及修订

在制定出通信产品价格后，通信运营商还要根据市场销售情况来判断产品价格是否被顾客接受，能否达到企业的预期效果，根据反馈信息及时地对价格进行调整或修订。

案例分析及思考题

## 【课后习题】

分析通信产品的特点对其定价的影响。

# 任务二 掌握通信产品定价方法

## 【问题引入】

在影响定价的几种因素中，成本因素、需求因素与竞争因素是影响价格制定与变动的最主要因素。正常情况下，产品成本是通信运营商可接受价格的底线。顾客对该商品有别于其他同类商品的独特功效的评价，限定了该商品可以为市场所接受的最高价格，竞争者及其作用相同或功能类似的竞争商品价格应该作为制定价格的参考。那么，如何分别理解通信产品的成本导向定价法、需求导向定价法和竞争导向定价法？

## 【案例导入】

### 通信产品的印象定价法

某通信运营商在推广某项业务时，通过利用印象价格策略，提供多种"营销套餐"供用户选择，同时确保不同"套餐"之间互不影响，使不同客户群体能够各取所需。以该业务98元包858分钟市话的"商务套餐"为例，扣除月租费给客户的印象价格是每分钟0.09元，实际上每月70%的客户使用量都不到858分钟，实际收费的平均价格是每分钟0.18元，然而客户对此套餐的满意度高达 91%，很好地达到了通过印象定价策略保存激增、增强客户忠诚度的目的。

中国移动"动感地带"的"20 元包 400 条"的短信套餐，给用户的印象价格是 0.05 元/条；实际上，很多的用户都不会用完这 400 条短信，实际的平均资费要高于 0.05 元/条。

中国电信和中国联通打往港澳台的资费标准是中国电信 0.2 元/6 秒，联通 1.5 元/分钟。对用户的印象价格是中国电信 2 元/分钟，比联通贵了 1/3，但是，实际价格却并非如此。例如，某用户打往港澳台，一次用了 42 秒，消费 1.4 元，这要低于联通的 1.5 元。而另一次用了 72 秒，消费 2.4 元，同样低于联通的 3 元。

**分析提示**：通信运营商制定价格要受到顾客需求的影响，其中考虑顾客的印象价格就是一个重要的因素。印象价格之所以重要，关键在于消费者根据印象而非商品本身进行决策。通信运营商在制定通信产品价格时，不能仅仅关注企业和产品自身，更应关注由此带给消费者的需求和感受，因为真正起作用的是消费者的印象，它是产品与购买之间的桥梁。

## 【知识内容】

## 一、成本导向定价法

成本导向定价是通信运营商以产品单位成本为依据，再加上预期利润来确定产品价格的方法，这是通信运营商最基本，最普遍的定价方法。通信运营商在采用成本导向定价法确定定价策略时，根据定价所依据的成本不同，可分为成本加成定价法、目标收益定价法、盈亏平衡定价法和变动成本定价法。

### 1. 成本加成定价法

所谓成本加成定价法指按照单位成本加上一定百分比的加成来制定产品的销售价格。加成的含义就是一定比率的利润，即以单位总成本加企业的预期利润定价，售价与成本之间的差额就是"加成"。所以，成本加成定价公式为

$$P = C \times (1 + R)$$

式中，$P$ 为单位产品价格；$C$ 为单位产品总成本；$R$ 为成本加成率。例如，某手机生产商的成本和预期销售量为：单位可变成本 =2000 元，固定成本 =3000 万元，预期销售量 =50000 台，则该手机生产商的单位成本为：

$$单位成本 = 单位可变成本 + \frac{固定成本}{销售量} = 2000 + \frac{30000000}{50000} = 2600(元)$$

如果手机生产商希望销售收益率为 20%，则加成后的价格为：

$$产品价格 = 单位成本 \times (1 + 加成率) = 2600 \times (1 + 20\%) = 3120(元)$$

采用成本加成定价法，确定合理的成本加成率是一个关键问题。而成本加成率的确定，必须考虑市场环境、行业特点等多种因素。不同通信运营商的某一通信产品在特定市场以相同的价格出售时，成本低的企业能够获得较高的利润率，并且在进行价格竞争时可以拥有更大的回旋空间。

### 2. 目标收益定价法

目标收益定价法也叫投资收益率定价法。它是企业在确定目标利率的条件下，根据事

先估计未来可能达到的销售量和总成本，在保本分析(收支平衡)的基础上，加上预期的目标利润额(或投资报酬额)，然后再计算出具体的价格。其计算公式如下：

$$投资报酬额 = \frac{总投资额}{投资回收期}$$

$$单位产品价格 = \frac{总成本 + 投资报酬额}{预计销售量}$$

例如，某通信运营商总投资额为 1000 万元，投资回收期为 5 年，总成本为 500 万元，产品预计销售量为 100000 个。

$$该通信产品的目标投资报酬额 = \frac{1000}{5} = 200(万元)$$

$$单位产品价格 = \frac{5000000 + 2000000}{100000} = 70(元)$$

目标收益定价法的优点是：比较全面地考虑了通信运营商资本投资的经济效益；有助于确定能获得一定资产报酬而企业又可以接受的最低价格，因此该方法比较适合在选择最佳定价方案和投资方案时采用。其缺点是：它是根据计划产品或销售量来推算价格的，而价格又是影响销售量的一个重要因素。因此，据此而计算出来的价格不一定能保证销售量达到预期目标，从而影响目标收益的实现。

### 3. 盈亏平衡定价法

盈亏平衡定价法也称保本点定价法，或收支均衡定价法，是运用盈亏平衡的原理确定价格的一种方法。它是在假定通信运营商生产的产品全部可销的条件下确定保证企业既不亏损也不盈利的产品最低价格水平。其计算公式如下：

$$P = \frac{F}{N_0} + C_v$$

如果考虑税率，则公式为

$$P = \frac{F + N_0 \times C_v}{N_0(1 - i\%)}$$

式中：$P$ 为单位产品售价；$F$ 为固定成本；$N_0$ 为收支均衡的销售量；$C_v$ 为单位产品变动成本；$i\%$ 为税率。

例如，某通信企业年产量为 4200 件，假定销售率为 100%，固定成本为 420000 元，单位变动成本为 50 元，产品的价格最少应定为多少，企业才不亏损？

根据以上公式，可以得出产品的最低价格：

$$P = \frac{420000}{4200} + 50 = 150(元)$$

假定因市场等因素的影响，每件产品必须降价 25 元，税率为 10%，其他条件不变，则企业生产多少件产品才能保本？

根据以上公式，可以得出保本产量：

$$N_0 = \frac{420000}{(150 - 25)(1 - 10\%) - 50} = 6720(件)$$

也就是说，企业生产 6720 件才不亏损。

盈亏平衡定价法的主要优点是通信企业可以在较大范围内灵活掌握价格水平，且运用较简便。但应用这种定价法时，通信企业生产的该产品应以全部销售出去为前提条件。因此，通信企业应力求在保本点以上定价或扩大销售量来取得盈利。

### 4. 边际成本定价法

该方法以变动成本作为定价基础，只要定价高于变动成本，企业就可以获得边际收益(边际贡献)，用以抵补固定成本，剩余即为盈利。其计算公式为

$$P = \frac{C_V + M}{Q}$$

其中，$P$ 为单位产品价格；$C_V$ 为总的变动成本；$Q$ 为预计销售量；$M$ 为边际贡献($M = S - C_V$；$S$ 为预计销售收入)。

用公式表示为：

$$单位产品价格 = 单位产品变动成本 + 单位产品边际贡献$$

例：某通信企业生成 A 产品的年生成能力为 10000 台，固定成本为 120 万元，国内只接到订货 8000 台，售价为每台 1000 元，经核算刚好保本。现有一外国客商洽谈准备订货 2000 台，要求是把价格降低到 920 元每台，试确定该项订单是否可以接受？如果可以接受，利润有多少？

**解：** (1) 单位变动成本 = 单位产品保本价格 $- \dfrac{固定成本}{订货量} = 1000 - \dfrac{1200000}{8000} = 850(元/台)$

(2) 第二次订货的价格大于单位变动成本，所以是可以接受的。如果接受，可得利润为

$$(920 - 850) \times 2000 = 140000(元)$$

边际成本定价法的原则是：产品单价高于单位变动成本时，就可以考虑接受。因为不管企业是否生产、生产多少，在一定时期内固定成本都是要发生的，而产品单价高于单位变动成本时，销售收入弥补变动成本后的剩余可以补贴固定成本。若坚持以完全成本价格出售，则难以被顾客所接受，会出现滞销、积压，甚至导致停产、减产，不仅固定成本无法补偿，就连变动成本也难以收回。边际成本定价法适用于竞争十分激烈、市场形势严重恶化等情况。因为在企业经营不景气，销售困难时，生存比获取利润更重要，降低售价能扩大销售，采用边际成本定价法可以减少企业的亏损，增加企业的盈利。

## 二、需求导向定价法

需求导向定价法是根据市场需求状况和顾客对产品的感觉差异来确定价格的定价方法。它不是根据产品的成本进行价格的确定，而是随着需求的变化而变化，是根据顾客对产品的需求强度和对产品价值的认识程度来制定产品的价格。这一方法符合现代市场营销中以顾客需求为中心的营销理念，通信运营商的需求导向定价法主要包括客户满意度定价法、客户关系定价法、客户印象定价法、质量与需求匹配定价法和组合定价法。

### 1. 客户满意度定价法

客户满意度定价法的目的在于降低或消除客户使用通信产品的风险顾虑，增强其安全感。客户满意度定价法的关键在于向客户做出服务保证，如果不能履行服务保证，企业要

给予客户部分或全部的经济补偿。这种定价方法适用于高价值的大客户核心业务的推广，其应用前提是企业拥有较强的网络技术能力，较高的客户服务能力和较强的风险管理能力，因此企业必须慎重采用。

### 2. 客户关系定价法

客户关系定价法指根据客户使用通信产品的历史、使用量、支付金额等因素将客户划分为新客户、中期客户、长期客户、高端客户、低端客户等类型，针对不同类型的客户综合运用话务量赠送、新产品优惠销售或赠送、实物奖励、数量折扣等措施。客户关系定价法是应对竞争、提高客户忠诚度，实现量收协调发展的重要方法。企业应用这一方法时必须做好深入、系统的客户细分工作。

### 3. 客户印象定价法

客户印象定价法是企业通过合理设计某种通信产品的价格构成、收费时间单元、收费水平等方式而使客户感知的价格低于实际价格或低于竞争对手的价格。客户印象价格包括两类。第一类是客户对两家以上通信运营商的同种电信产品价格进行比较后的感觉。由于多数通信产品以时间为定价基础，不同公司对于同一电信产品可能采用不同的时间单元定价。所以客户印象价格一般会与实际价格有所差异。第二类是客户对同一通信运营商的某种通信产品的不同价格方案进行比较后的感觉。

### 4. 质量与需求匹配定价法

质量与需求匹配定价法是根据客户的需求特点以及客户对通信产品质量和服务水平的要求而确定价格。例如，对通信产品质量和服务水平有较高要求的大客户可以签订 SLA 协议以保证优质优价，而对一般客户可以在提供标准化服务的同时制定较低的价格。

### 5. 组合定价法

组合定价法是通过对影响通信业务使用的各种因素进行系统的调研、分析，制定出能够促进通信业务使用量及其收入增加的各种促销组合方案，再针对具体方案，综合运用话务量赠送、新产品优惠或赠送、实物奖励、数量折扣等措施来获取存量的稳定和增量的提升，最终实现市场开拓、企业利润最大化的目的。组合定价法的基础是被组合在一起的各种因素具有互补效应或协同效应。通信运营商目前采用的主要组合定价法有产品业务组合、时间组合、客户组合、关系组合、通信产品与非通信产品组合的捆绑定价策略等。

(1) 产品业务组合定价法。它是主要利用产品捆绑的方式，根据客户群的差异性需求和敏感度的不同将固定电话、宽带、IPTV、彩铃等基础业务或增值业务分别组合捆绑起来进行的一种定价策略。这种组合方法有利于客户选择与自身差异性需求相匹配的产品，并能使客户最大限度地获取让渡价值，增加客户的满意度。

(2) 时间组合定价法。它按照不同客户的需求特点，分别将白天与夜晚、工作日与节假日、网络流量的峰谷与低谷等因素组合起来，制定不同的套餐，使闲时套餐与正常套餐相结合，鼓励客户在闲时使用相应的服务，从而有效地提高网络资源利用率，增加企业收入。利用这种方法进行定价时，通信运营商可以通过不同的定价标准采取相应的话务量赠送、通信新产品优惠售卖或赠送、实物奖励、数量折扣等方式来吸引客户使用。

(3) 客户组合定价法。它将具有密切亲情关系和工作关系的客户组合起来，对于这些客户之间的话务量给予话务量赠送、通信新产品优惠售卖或赠送、实物奖励、数量折扣等。

例如，某市通过实施"Family&Friend"组合计划，将每个家庭及相关的朋友纳入目标客户群体，家庭及其朋友集体入网或集体使用本公司某种产品时采用相应的资费套餐标准，并在售后服务上给予特殊的关注。这种定价策略一方面可以较好地形成稳定的客户通信群体，提升企业的收入，另一方面可以很好地通过"随众效应"扩大企业的认知度，增强客户黏性，吸引未使用本公司产品的客户及正使用它网的客户成为本公司的客户，有利于公司市场份额的拓展。

(4) 关系组合定价法。它是利用通信运营商从集团公司到省公司、地市分公司与当地的银行、证券、税务等单位互为大客户的关系及与政府、学校、医院、开发区等单位的业务关系制定相互捆绑的业务组合定价方案。这种定价策略可以通过横向和纵向的组合方式进行相应的渠道拓展，进而达到增强客户忠诚度、留住高质客户、开拓市场的目的。

(5) 通信产品与非通信产品的组合定价法。它是一种通信产品与非通信产品组合定价和营销的方式，这种策略是运营商跨行业捆绑销售的一种可贵尝试，有着良好的市场前景和发展潜力。例如，某省运营商通过与电脑销售商协作，将电脑与运营商的相应产品进行组合捆绑，根据深度市场细分结果进行差异化的定价，并通过相应的优惠政策、资费套餐吸引不同的客户使用本公司的产品。而某公司推出的"吃麦当劳套餐，送免费上网时间"，更是通信产品与非通信产品捆绑定价的一个成功案例。

## 三、竞争导向定价法

在竞争十分激烈的市场上，企业通过研究竞争对手的生产条件、服务状况、价格水平等因素，依据自身的竞争实力，参考成本和供求状况来确定商品价格。这种定价方法就是通常所说的竞争导向定价法。其特点是：价格与商品成本和需求不发生直接关系；商品成本或市场需求变化了，但竞争者的价格未变，就应维持原价；反之，虽然成本或需求都没有变动，但竞争者的价格变动了，则相应地调整其商品价格。当然，为实现企业的定价目标和总体经营战略目标，谋求企业的生存或发展，企业可以在其他营销手段的配合下，将价格定得高于或低于竞争者的价格，并不一定要求和竞争对手的产品价格完全保持一致。我国通信市场早已经进入竞争阶段，现有通信运营商之间市场竞争非常激烈，其中不乏需要根据竞争行动的需要进行定价决策。具体来讲，主要有以下几类定价方法。

### 1. 随行就市定价法

在垄断竞争和完全竞争的市场结构条件下，任何一家企业都无法凭借自己的实力在市场上取得绝对的优势，为了避免竞争特别是价格竞争带来的损失，大多数企业都采用随行就市定价法，即将本企业某产品价格保持在市场平均价格水平上，利用这样的价格来获得平均报酬。此外，采用随行就市定价法，企业就不必去全面了解消费者对不同价差的反应，从而为营销、定价人员节约了很多时间。

采用随行就市定价法，最重要的就是确定目前的"行市"。在实践中，"行市"的形成有两种途径：第一种途径是在完全竞争的环境里，各个企业都无权决定价格，通过对市场的无数次试探，相互之间取得一种默契而将价格保持在一定的水准上；第二种途径是在垄断竞争的市场条件下，某一部门或行业的少数几个大企业首先定价，其他企业参考定价或追随定价。从根本上来说，随行就市定价法是一种防御性的定价方法，它在避免价格竞争的同时，也抛弃了价格这一竞争的"利器"。

### 2. 产品差别定价法

产品差别定价法是指企业通过不同的营销努力，使同种同质的产品在消费者心目中树立起不同的产品形象，进而根据自身特点，选取低于或高于竞争者的价格作为本企业产品价格。因此，产品差别定价法是一种进攻性的定价方法。

产品差别定价法的运用，首先要求通信运营商必须具备一定的实力，在通信行业或某一区域市场占有较大的市场份额，消费者能够将企业产品与企业本身联系起来。其次，在质量大体相同的条件下实行差别定价是有限的，尤其对于定位为"质优价高"形象的企业来说，必须支付较大的广告、包装和售后服务方面的费用。因此，从长远来看，通信运营商只有通过提高产品质量，才能真正赢得消费者的信任，才能在竞争中立于不败之地。

### 3. 密封投标定价法

密封投标定价法通常采用公开招标的办法，即采购机构(买方)在报刊上或网站上登广告或发出函件，说明拟采购商品的品种、规格、数量等具体要求，邀请供应商(卖方)在规定的期限内投标。采购机构在规定的日期内开标，选择报价最低的、最有利的供应商成交，签订采购合同。通信企业如果想做这笔生意，就要在规定的期限内填写标单，上面填明可供应商品的名称、品种、规格、价格、数量、交货日期等，密封送给招标人(采购机构)，这叫作投标。这种价格是供货企业根据对竞争者报价的估计制定的，而不是按照供货企业自己的成本费用或市场需求来制定的。通信企业的目的在于赢得合同，所以它的报价应低于竞争对手的报价。

然而，通信企业不能将其报价定得低于某种水平。确切地讲，它不会将报价定得低于边际成本，以免使其经营状况恶化。如果通信企业报价远远高出边际成本，虽然潜在利润增加了，但减少了取得合同的机会。

案例分析及思考题

### 【课后习题】

分析通信运营商的 IPTV 电视资费定价采用了什么通信产品定价方法？比较分析三家通信运营商的 IPTV 电视资费定价的特点。

# 任务三　制订通信产品定价策略

### 【问题引入】

在激烈的市场竞争中，企业仅凭成本、需求、竞争等因素决定的产品价格，往往并不是产品的最佳价格，而是产品的基本价格。要保证营销活动取得成功，还要针对不同的消费心理、销售条件，采用灵活的定价策略对基本价格进行修正。那么，通信产品的定价策略有哪些？如何制订通信产品定价策略？

## 【案例导入】

### 三大运营商为什么只让新用户办理新套餐？

近来，联通进行了混改，与各大互联网公司推出大量的互联网套餐：蚂蚁宝卡、腾讯王卡、工行、百度、哔哩哔哩等。这些互联网套餐让新老用户们心动不已。但是这些套餐基本上都只有新用户才能够办理，老用户办理不了。顿时一片冷嘲热讽，各种吐槽充斥网络。

不仅联通如此，北京移动最新推出的 1 元/G 的 U 卡业务，也仅限于新用户，"只能办理新号码开通，一般新业务至少半年内都不会对老用户开放，现在暂时也没有文件许可老用户办理这些业务。"

2016 年以来，移动上网流量在三大运营商业务里已经全面超过了其他业务，成为了运营商们的第一收入来源，从此三大运营商之间开启了以流量运营为竞争的时代。

为了吸引到新用户，三大运营商一直推送新的套餐给新用户，而新套餐与老套餐之间不仅价格上有差异，功能上也都存在一定的差异。例如，北京移动 U 卡的新用户本地 1G 流量仅需 1 元，1G 全国流量仅需 4 元；而在老用户的套餐中，1G 流量的 4G 套餐需 128 元/月。

明明老用户们的贡献力度大于新用户，然而老用户不得办理这种歧视几乎成为了运营商们约定俗成的"规定"。为了吸引更多的新用户来办理，运营商们让利新用户，却不让老用户们办理，就为了打一场价格拉锯战。

根据三大运营商发布的 2017 年中期业绩报告，2017 年上半年，三大运营商的日均利润总计约 4.29 亿元，这种疯狂的吸金能力即使是 BAT 都不遑多让。

然而在如今社会，用户市场饱和，几乎达到了人人都有一张手机卡。运营商们要获得更多的利润，就需用从竞争对手那里挖掘新用户，为此运营商们不停推出新套餐，让利于新用户。

中国联通 2016 年底开始与互联网公司合作推出各种流量套餐。以王卡为例，其流量价格为移动集团统一套餐流量价格的 1%~2%。为了避免新增用户流失，电信、移动随后也推出了类似的低价套餐。在目前主流互联网套餐中，流量价格已低至 1 元/G。

2016 年上半年，中国联通以 5952 亿 MB，产生收入 349.1 亿元，流量单价为 58.65 元/GB。如果老用户也被允许转新套餐的话，肯定全面转向互联网套餐，公司营收会急剧下滑。所以运营商为了不让这种情况发生，限制老用户们办理新套餐就成了与竞争对手打价格战的保证。

此外，运营商们又十分笃定，老用户不会轻易换卡。老用户们都很清楚，更换一次手机号码成本可以说是非常巨大的。手机绑定了银行卡、支付宝、微信、各种社交软件、网站等等。更换手机号码不仅需要提早为这些账号更换手机，更有些软件或者论坛只支持手机注册的，直接让用户失去这些账号。所以更换手机号码不仅耗费时间，也可能造成损失。对很多人来说这很难让人接受。所以运营商们一方面让利新用户，加大优惠力度，期望压倒竞争对手，另一方面又限制老用户们办理新套餐。

为此工信部约谈三大运营商，要求运营商们保障用户自主选择权，保证同一归属地用户能够在不变更号码的情况下，自主选择企业所有资费套餐。已经陆续在不同地区传出新老用户可以自由选择资费套餐的消息。

**分析提示：** 在竞争激烈的通信市场中，为了争夺和吸引通信客户，中国电信、中国移动、中国联通三大通信运营商纷纷推出新产品、新套餐。为了吸引新客户，扩大市场占有率，通信运营商纷纷采取不同的价格策略。案例里面的新套餐只能给新用户办理，尽管涉嫌价格歧视，但是对于运营商获取新用户，扩大用户规模是有较大促进作用的。

## 【知识内容】

## 一、通信新产品定价策略

通信新产品的价格影响通信新产品投入市场的效果。如果定价得当，就可能使其顺利进入市场，打开销路；如果定价不当，就很有可能遭遇失败。因此，为通信新产品定价一定要谨慎。常用的通信新产品定价策略有以下三种。

### （一）撇脂定价策略

撇脂定价又称取脂定价、撇油定价。该策略是一种高价格策略，是在新产品上市初期，将新产品价格定得较高，以便在较短的时间内获取丰厚利润，尽快收回投资，减少投资风险。这种定价策略因类似于从牛奶中撇脂奶油而得名。一般而言，对于全新产品、受专利保护的产品、需求价格弹性小的产品、流行产品、未来市场形势难以测定的产品等，都可以采用撇脂定价策略。例如，中国联通、中国电信与苹果公司合作推出的 iPhone 8 合约机套餐，就是利用广告宣传和求新求异心理，以较高的价格推出，虽然很贵，但作为一种新的电信业务，迎合了一些顾客的需要，因此，仍然有许多人争相使用。

撇脂定价的优势非常明显，在顾客求新心理较强的市场上，高价有助于开拓市场；主动性大，产品进入成熟期后，价格可分阶段逐步下降，有利于吸引新的购买者；价格高，限制需求量过于迅速增加，使其与生产能力相适应。

当然，运用这种策略也存在一定的风险，高价虽然获利大，但不利于扩大市场、增加销量，也不利于占领和稳定市场；价格远远高于价值，在某种程度上损害了消费者利益，容易招致消费者的抵制，甚至会被当做暴利来加以取缔，引发公关关系问题，损坏企业形象；容易很快招来竞争者，迫使价格下降，好景不长。因此，从长期观点来看，这种策略是不可取的。

通信新产品采用取脂定价策略应具备以下条件：

① 新产品具有相对优势，拥有相当数量的顾客；
② 新产品的需求价格弹性小，即需求变动程度小于价格变动程度；
③ 市场需求量远远大于供应量，可以用高价限制市场需求；
④ 在高价情况下，仍能在一段时间内独家经营。

### （二）渗透定价策略

与撇脂定价策略相对立的是渗透定价策略，这是一种低价策略，又称薄利多销策略。

它指在新产品投入市场时,利用消费者求廉的消费心理,有意将价格定得很低,以吸引顾客,迅速扩大销量,提高市场占有率。这种定价策略就像倒入泥土的水一样,从缝隙里很快渗透到底。它适用于市场竞争激烈、需求价格弹性较大,没有显著特色、存在规模经济效益或市场潜力大的产品。

渗透定价策略由于价格较低,一方面可以有效刺激通信消费需求,帮助通信运营商迅速打开产品销路,扩大销售量,从薄利多销中增加利润;另一方面,能阻止竞争对手介入,从而保持较高的市场占有率,有利于控制市场。其不足之处是投资回收期较长。如果通信产品不能迅速打开市场,或遇到强有力的竞争对手时,会给通信运营商造成重大损失。

通信新产品采用渗透定价策略应具备以下条件:
① 新产品不具有相当优势,市场存在较大的潜在竞争者;
② 新产品的需求价格弹性大,低价格刺激需求的增长;
③ 大批量销售会使生产成本下降,企业利润增加。

### (三) 满意定价策略

满意定价策略又称温和定价策略,这是一种中价策略。它既不是利用产品的高价格来获取高额利润,也不是实施低价格制约竞争者进而占领市场,而是将价格定在介于高价和低价之间,力求使买卖双方均感满意。当因客户对价格极其敏感不能采取撇脂定价,又因竞争者对市场份额极其敏感不能采用渗透定价的时候,一般采用满意定价策略。

满意定价既可避免撇脂定价因价高而带来的市场风险,又可消除渗透定价因价低而引起的企业生产经营困难,因而既能使企业获取适当的平均利润,又能兼顾消费者利益。这种策略不会引起竞争者对抗;可适当延长产品生命日期;风险小,在正常情况下,盈利目标可按期实现。但是此策略比较保守,不适合需求复杂多变和竞争激烈的市场环境。

## 二、心理定价策略

心理定价策略是通信运营商针对消费者的不同消费心理,制定相应的商品价格,以满足不同类型消费者的需求的策略。常用的心理定价策略一般包括以下几种:

### 1. 尾数定价

尾数定价又称"奇数定价"、"非整数定价",是通信运营商利用消费者求廉、求实的心理,故意将通信产品的价格带有尾数,以促使顾客购买商品。心理学家的研究表明,价格尾数的微小差别,能够明显影响消费者的购买行为。例如,通信运营商将某产品的零售价定为 99 元而不是 101 元。虽然前后仅相差 2 元钱,但会让消费者产生一种前者便宜很多的错觉。有时价格为尾数让消费者觉得真实。例如,某产品定价 98.95 元一个,让消费者觉得其价格是经过企业仔细算出来的,给人以货真价实的感觉。有时候尾数的选择完全是出于满足消费者的某种风俗和偏好。例如,西方国家的消费者对"13"忌讳,我国的消费者则喜欢尾数为"6"和"8",而对尾数为"4"忌讳。又如,某运营商对尾数为 6、8 的手机号码定义为优选号码,也就是客户眼中的靓号,选择这样的号码,用户不仅要充值若干话费,而且限定在网时间和每月最低消费。

## 2. 整数定价

整数定价指针对消费者求名、求方便的心理，将通信产品价格有意定为以"0"结尾的整数。在日常生活中，对于难以辨别好坏的商品，消费者往往喜欢以价论质，而将商品的价格定为整数，使商品显得高档，正好迎合了消费者的这种心理。例如，某移动手机定价为 2000 元而不是 1998 元，尽管实际价格仅相差 2 元钱，给人的感觉却是这个手机上了一个档次，因为它的价格是在 2000 元的范围内，而不是 1900 元的范围内。这样定价的好处，一是可以满足购买者炫耀富有、显示地位、崇尚名牌、购买精品的虚荣心；二是省却了找零钱的麻烦，方便通信企业和顾客的价格结算；三是手机属于价格水平较高的商品，利用产品的高价效应，在顾客心目中树立高档、高价、优质的产品形象。

整数定价策略适用于需求价格弹性小、价格高低不会对需求产生较大影响的中高档电信产品。由于其客户都属于高收入阶层，也甘愿接受较高的价格。因此，整数定价可以大行其道。

## 3. 声望定价

声望定价策略是根据消费者的求名心理，企业有意将名牌产品的价格制定得比市场中同类商品的价格高。由于名牌商品不但可减轻购买者对商品质量的顾虑，还能满足某些消费者的特殊欲望，如地位、身份、财富、名望和自我形象等，因而消费者往往愿意花高价来购买它们。高价显示了商品的优质，也显示了购买者的身份和地位，给予消费者精神上的极大满足。例如，中国移动推出全球通品牌，价格明显高于同类产品，但仍然受到商务人士的追捧。这是因为，全球通针对商务人士，是一种身份的象征，资费相对比较贵，但网络覆盖、通话质量，包括通信服务最好，在机场火车站都有全球通 VIP 用户的专用通道，还有许多通信服务方面的便捷，满足了高端客户的尊贵心理。

## 4. 招徕定价

招徕定价是一种有意将少数商品降价以招徕吸引顾客的定价方式。通信运营商在一定时期将某些商品的价格定得低于市价，一般都能引起消费者的注意，吸引他们前来购物，这是适合消费者"求廉"心理的。顾客在选购这些特价商品时，往往还会光顾通信运营商其他价格正常或偏高的商品，这实际上是以少数商品价格的损失来扩大其他商品的销售，增加通信运营商的总体利润。这种定价策略在电信营业厅、网上营业厅、社区代理店经常采用。

采用这种策略要注意以下几点：商品的降价幅度要大，一般应接近成本或者低于成本。只有这样，才能引起消费者的注意和兴趣，才能激起消费者的购买动机；降价品的数量要适当，太多通信运营商亏损太大，太少容易引起消费者的反感；用于招徕的降价品，应该与低劣、过时商品明显地区别开来。招徕定价的降价品，必须是品种新、质量优的适销产品，而不能是处理品。否则，不仅达不到招徕顾客的目的，反而可能使通信运营商声誉受到影响。

## 5. 习惯定价

有些通信产品在长期的市场交换过程中已经形成了为消费者所适应的价格，称为习惯价格。通信运营商对这类产品定价时要充分考虑消费者的习惯倾向，按消费者习惯价格心理定价。这一类产品价格不应轻易更改，降低价格会使消费者怀疑产品质量有问题；提高价格会使消费者产生不满抵触情绪，导致购买的转移。在不得不需要提价时，通信运营商应采取改换包装或品牌等措施，减少抵触心理，并引导消费者形成新的习惯价格。

## 三、折扣定价策略

这种策略是通信运营商为鼓励客户尽早付清贷款、大量购买、淡季购买或鼓励渠道成员积极推销本企业的产品时，在基本价格的基础上按一定的折扣率给予买方的一种优惠措施。这是通信运营商进行产品促销、发展稳定客户的一种价格策略。折扣定价策略的形式很多，但在现实营销实践中，通信运营商常用的有以下几种。

### 1．现金折扣

现金折扣是为了鼓励顾客尽早付款，加速资金周转，降低销售费用，减少企业风险，而给购买者的一种价格折扣。通信运营商采用现金折扣一般要考虑三个因素：折扣比例；给予折扣的时间限制；付清全部货款的期限。财务上常用的表示方式为"2/10，n/30"，其含义是双方约定的付款期为 30 天，若买方在 10 天内付款，将获得 2%的价格折扣，超过 10 天，在 30 天内付款则没有折扣，超过 30 天要加付利息。

由于现金折扣的前提是商品的销售方式为赊销或分期付款，因此，有些企业采用附加风险费用、管理费用的方式，以避免可能发生的经营风险。同时，为了扩大销售，分期付款条件下买者支付的货款总额不宜高于现款交易价太多，否则就起不到"折扣"促销的效果。

提供现金折扣等于降低价格，所以，通信运营商在运用这种手段时要考虑通信产品是否有足够的需求弹性，保证通过需求量的增加使企业获得足够利润。此外，运用这种手段的通信运营商必须结合宣传手段，使购买者更清楚自己将得到的好处。

### 2．数量折扣

数量折扣是因买方购买数量大而给予的折扣，目的是鼓励顾客购买更多的通信产品。购买数量越大，折扣越多。其实质是将销售费用节约额的一部分，以价格折扣方式分配给买方。其目的是鼓励和吸引顾客长期、大量或集中向通信运营商购买通信产品。数量折扣可以分为累计数量折扣和非累计数量折扣两种形式。累计数量折扣规定顾客在一定时间内购买通信产品若达到一定数量或金额，则按其总量给予一定折扣，其目的是鼓励顾客经常向本企业购买，成为可信赖的长期客户。非累计数量折扣也称一次性数量折扣，该折扣规定一次购买某种通信产品达到一定数量或购买多种通信产品达到一定金额，则给予折扣优惠，其目的是鼓励顾客批量或集中购买，促进通信产品的快速销售，加快资金周转。例如，预存话费 200 元，送话费 100 元，多存多送。

运用数量折扣策略的难点是如何确定合适的折扣标准和折扣比例。如果享受折扣的数量标准定得太高，比例太低，则只有很少的顾客才能获得优待，绝大多数顾客将感到失望；购买数量标准过低，比例不合理，又起不到鼓励顾客购买和促进企业销售的作用。因此，通信运营商应结合产品特点、销售目标、成本水平、资金利润率、需求规模、购买频率、竞争者手段以及传统的商业惯例等因素来制定科学的折扣标准和比例。

### 3．功能折扣

功能折扣又称交易折扣、贸易折扣，是通信运营商根据其中间商在通信产品销售中所承担的功能、责任和风险的不同，而给予的不同价格折扣，以补偿中间商的有关成本和费用。对中间商的主要考虑因素有：在分销渠道中的地位、对通信产品销售的重要性、购买批量、完成的促销功能、承担的风险、服务水平、履行的商业责任以及通信产品在分销中所经历的层次和在通信市场上的最终售价等。功能折扣的结果是形成购销差价。其目的一方面在于鼓励中间商大批量订货，扩大销售，争取顾客，与通信运营商建立长期、稳定、良好的合作关系；另一方面补偿中间商有关成本和费用，并给予一定的利润。例如，某移动公司推出一项政策，社会合作渠道每销售一部4G手机，给予200—400不等的酬金，这极大地刺激了社会合作渠道的积极性。

### 4．季节折扣

有些通信产品的生产是连续的，而其消费却具有明显的季节性。为了调节供需矛盾，通信运营商便采用季节折扣的方式，对在淡季消费通信产品的顾客给予一定的优惠，使通信运营商的生产和销售在一年四季能保持相对稳定。例如，某电信公司推出的假期宽带，价格非常优惠，其使用时间包括寒假(1月1日～2月底)、暑假(6月7日～8月31日)以及国务院通知的法定节假日，假期一到，网络自动开放使用，假期过了又自动关闭。

### 5．价格折让

这是另一种类型的对基本价格的扣减，包括以旧换新折让、促销折让等。以旧换新折让是在顾客购买新产品的同时交回旧产品的一种减价。例如，有的手机制造商推出以旧换新，就是把旧手机折合一定的价格，冲抵新手机的部分费用。促销折让是通信运营商向同意参加其促销活动的中间商给予一定的折扣。如果中间商同意参与通信运营商的促销活动，通信运营商为报答中间商参与广告和支持销售活动所支付的款项，制造商卖给经销商物品时可打折扣。例如，当中间商为通信运营商的通信产品设置样品陈列、悬挂POP广告等在内的各种促销活动，通信运营商会给予中间商一定数额的促销折让。

## 四、差别定价策略

差别定价也叫价格歧视，是通信运营商根据交易对象、交易时间、交易地点等的不同，对同一种通信产品制定两种或两种以上的价格，以满足各种顾客的不同需要，从而达到扩大销售、增加利润的目的。其价格的不同并不是基于成本的不同，而是通信运营商为满足不同消费层次的要求而构建的价格结构。常见的通信产品差别定价包括以下几种方式。

### 1．地理差别定价

地理差别定价即对处于不同地点的同一商品收取不同的价格。即使在不同地点提供的商品的成本是相同的，这样做的目的是调节客户对不同地点的需求和偏好，平衡市场供求。例如，电信宽带产品在城市和农村的价格，移动资费在企业和校园的价格，均是前者的价格要高于后者。

### 2．时间差别定价

同一种通信产品，价格随着季节、日期甚至钟点的变化而变化。通信运营商对于用户按一天的不同时间、周末和平常日子的不同标准来收费。例如，电信公司制定的价格，晚上、清晨的电话费用可能只有白天的一半。这样可以促使通信消费需求均匀化，避免企业资源的闲置或超负荷运转。

### 3．产品差别定价

不同外观、式样、花色、型号、规格的通信产品在价格上的差异不反映成本之间的差异，而是反映通信需求的不同。例如，同一个品牌的手机，款式新的定价高，款式过时的定价低；同为4G业务，电信天翼和联通沃的价格是不同的。

### 4．顾客差别定价

它指通信运营商把同一种通信产品按照不同的价格卖给不同的顾客。例如，通信运营商对新客户和老客户、政企客户和家庭客户、校园客户和企业客户等，分别制定不同的价格。

### 5．用途差别定价

通信运营商根据通信产品的不同用途制定有差别的价格。实行这种策略的目的是通过增加产品的新用途来开拓市场。例如，市话电话通话费与长途电话通话费，企业电话月租费与家庭电话月租费的收费标准往往是不同的。

### 6．流转环节差别定价

以流转环节区别定价，实质上就是按客户功能差别进行定价。例如，通信运营商的电话卡出售给批发商、零售商和最终用户的价格往往不同。

### 7．交易条件差别定价

所谓交易条件主要是指交易量大小、交易方式、购买频率、支付手段等。因为交易条件的不同，通信运营商可能对通信产品制定不同的价格。例如，大批量购买价格低，零星购买价格高。

## 五、产品组合定价策略

对于多品种、多项目生产经营的通信运营商来说，各种通信产品有需求和成本之间的内在联系并受不同程度竞争的影响。通信运营商如何从整体利益的提升出发，为每一种通信产品定价，发挥每一种通信产品的相关作用，就需要通信运营商研究制定出一系列的价格，从而使产品组合的整体利润最大化。这种定价策略被称为产品组合定价策略。

### 1．产品线定价策略

产品线定价策略，指通信运营商就同一系列通信产品的不同规格、型号和质量，按照相近原则，把通信产品划分为若干个档次，不同档次制定不同价格的策略。当通信运营商生产的通信产品大类存在需求和成本的内在关联时，为了充分发挥这种关联的积极效应，企业在定价时，首先确定某种产品的最低价格，以吸引消费者购买通信产品大类的其他产品；其次，确定通信产品大类中的某种产品的最高价格，让它充当品牌形象和投资回报的角色；最后，分别依据其余产品在通信产品大类中的不同角色而制定不同的价格。例如，某通信运营商将某款电信宽带产品的价格定为三种水平：800元、1000元和1500元。消费者可以根据价格判断不同宽带产品的质量，并根据自己的需要做出选择。通信运营商需要向消费者说明系列产品的认知质量差异，以使其接受价格差异。

### 2．任选品定价策略

任选品指那些与主要产品密切关联的可任意选择的产品。现实生活中，通信运营商在提供主要产品的同时，还会附带提供一些可供选择的产品。例如，电信E9套餐，手机和宽带是主要商品，固话、IPTV 是任选品。通信运营商为任选品定价有两种策略可供选择：一种是为任选品定高价，靠它来盈利；另一种策略是定低价，把它作为招揽顾客的项目之一。

### 3．配套定价策略

通信运营商将有关的多种产品，搭配好后一起销售。客户可能并不打算购买其中所有的产品，但组合价格有较大的降幅，通信运营商以此来推动客户购买。例如，中国电信的"我的 e 家"套餐业务、中国联通的"沃 4G"套餐业务、中国移动的"动感地带"学生套餐等。成套的定价，多种产品有赔有赚，但总体上保证企业盈利，而且比单件购买便宜、方便，从而促进销售。

### 4．替代产品价格策略

替代产品指基本用途相同的产品，如有线宽带和无线宽带。替代产品价格策略即通信运营商有意识地安排本企业消费替代性产品间的价格比例，用以实现某种营销目标。具有替代关系的通信产品，降低一种产品的价格，不仅会使该产品的销售量增加，而且会同时降低替代产品的销售量。通信运营商可以利用这种效应调整产品结构。例如，通信运营商为了把需求转移到某些通信产品上去，可以提高那些准备淘汰的产品价格，或者用相对价格诱导需求，以牺牲某一品种来稳定和发展另一些品种。

### 5．分级定价策略

通信运营商将系列产品按等级分为几组，形成相对应的几个价格，而不是提供过多价格策略。例如，根据宽带传输速率的不同，分别按 50M/100M/200M/300M 确定不同的价格，其目的是便于客户选择比较，满足不同类型客户的需求，从而促进销售。

案例分析及思考题

## 【课后习题】

比较分析中国电信、中国移动、中国联通三家通信运营商在校园市场的定价策略。

# 任务四　应对通信产品价格变动

## 【问题引入】

通信运营商为某种通信产品制定出价格以后，并不意味着大功告成。随着市场营销环境的变化，通信运营商必须对现行价格予以调整。适当的价格调整往往可以一举多得，如赢得市场地位、取得财务业绩、刺激需求和影响竞争等，是通信运营商取得市场优势的利器。那么，通信运营商的调价策略有哪些？如何应对通信产品的价格变动？

## 【案例导入】

### 三大运营商将贯彻落实国家"提速降费"政策要求

第十三届全国人大一次会议上中国国务院总理李克强在向大会作政府工作报告时表示，2018年中国将发展壮大新动能，加大网络提速降费力度。对于此，中国电信、中国联通、中国移动随后火速做出了回应，集体表态，将立即行动、全力以赴贯彻落实提速降费。

中国电信火速发表声明称将会全力以赴，确保相关举措全面尽快落地实施。中国电信明确表示，提速降费会提高企业竞争力，降低社会总成本。中国电信将会进一步加快企业转型升级，助力数字化中国建设，让更多的消费者能够用得上、用得起、用得好，为"建设网络强国、打造一流企业、共筑美好生活"努力奋斗。

中国移动则表示，将会大力发展和推进高速宽带城乡全覆盖、降低家庭宽带、企业宽带和专线使用费和取消流量漫游费等。在推进网络提速降费的同时，他们将认真做好客户服务加强产品和业务的创新工作，用实际的行动来降低客户在通信方面的成本，让客户和企业切实受益，为客户、企业和社会创造更大价值。

中国联通也会采取相应的措施，将提速降费作为以后日子的工作重点进行全力推进，将会逐渐深入和落实聚焦创新合作战略，着力推进互联网化管理，打造"五新"联通，建设精品网络、创新营销模式、降低资费水平，以最实在的企业行动让所有消费者享受行业的发展成果。

政府报告提出，2018年将会加大网络降费力度，同时将会扩大公共场所的免费上网范围，降低家庭宽带、企业宽带和专线的使用费用，取消手机流量漫游费，移动网络流量资费年内至少降低30%。

**分析提示：**企业降价的原因很多，有企业外部需求及竞争等因素的变化，也有企业内部的战略转变、成本变化等，还有国家政策、法令的制约和干预等。中国电信、中国联通、中国移动三大运营商响应政府"提速降费"的政策要求，正是通信企业产品降价对国家政策的反应。

## 【知识内容】

## 一、通信产品降价策略

### 1. 通信产品降价的原因

企业降价的原因很多，有企业外部需求及竞争等因素的变化，也有企业内部的战略转变、成本变化等，还有国家政策、法令的制约和干预等。这些原因具体表现在以下几个方面。

(1) 通信运营商急需回笼大量现金。通信运营商对现金产生迫切需求的原因既可能是其他产品销售不畅，也可能是为了筹集资金进行某些新活动，而资金借贷来源中断。此时，通信运营商可以通过对某些需求价格弹性大的产品予以大幅度削价，从而增加销售额，获取现金。

(2) 通信运营商通过降价来开拓新市场。一种通信产品的潜在顾客往往由于其消费水平的限制而阻碍了其转向现实顾客的可行性。在降价不会对原顾客产生影响的前提下，通信运营商可以通过降价方式来扩大市场份额。不过，为了保证这一策略的成功，有时需要以产品改进策略相配合。

(3) 通信运营商决策者决定排斥现有市场的边际生产者。对于某些通信产品来说，各个运营商的生产条件、生产成本不同，最低价格也会有所差异。那些以目前价格销售产品仅能保本的运营商，在别的运营商主动降价以后，会因为价格的被迫降低而得不到利润，只好停止生产。这无疑有利于主动降价的通信运营商。

(4) 通信运营商生产能力过剩。产品供过于求，但是通信运营商又无法通过产品改进和加强促销等工作来扩大销售。在这种情况下，通信运营商必须考虑降价。

(5) 预期降价会扩大销售。企业决策者预计通信产品降价，可望获得更大的生产规模。特别是进入成熟期的产品，降价可以大幅度增进销售，从而在价格和生产规模之间形成良性循环，为通信运营商获取更多的市场份额奠定基础。

(6) 由于成本降低，费用减少，通信运营商降价成为可能。随着科学技术的进步和企业经营管理水平的提高，许多产品的单位产品成本和费用在不断下降，因此，通信运营商拥有条件适当削价。

(7) 通信运营商决策者出于对中间商要求的考虑。以较低的价格购进货物不仅可以减少中间商的资金占用，而且为产品大量销售提供了一定的条件。因此，通信运营商削价有利于同中间商建立较良好的关系。

(8) 政治法律环境及经济形势的变化，迫使通信运营商降价。政府为了实现物价总水平的下调，保护需求，鼓励消费，遏制垄断利润，往往通过政策和法令，采用规定毛利率和最高价格、限制价格变化方式、参与市场竞争等形式，使通信运营商的价格水平下调。在通货紧缩的经济形势下或者在市场疲软、经济萧条时期，由于币值上升，价格总水平下降，通信产品价格也应随之降低，以适应消费者的购买力水平。

### 2. 顾客对降价的反应

不同市场的顾客对降价的反应是不同的，即使处在同一市场的顾客对降价的反应也可能不同。在一定范围内的降价是可以被顾客接受的，但降价幅度如果低于可接受价格的下限，会导致顾客的种种疑虑，对实际购买行为产生抑制作用。在顾客对通信产品质量有明确认识、收入减少、价格连续下跌等条件下，顾客可接受的价格下限会降低。通常可以将顾客对降价的反应归纳如下：

① 通信产品将马上因式样陈旧、质量低劣而被淘汰；

② 通信运营商遇到财务困难，很快将会停产或转产；

③ 通信产品价格还要进一步下降；

④ 通信产品成本降低。

### 3. 竞争者对降价的反应

在竞争市场上，通信运营商降价效果还取决于竞争者的反应。因此，主动降价的企业需要了解竞争者对降价的反应。

(1) 同向反应。面对企业的主动降价，竞争者采取相同的降价策略。这样的同向式反应，并未改变市场竞争的大致格局，不会对运营商造成太大影响，只要运营商实行合理的营销策略，不会失去市场或降低市场份额。

(2) 逆向反应。面对企业的主动降价，竞争者采取相反的提价策略。这种相反方向的市场行为将产生严重影响，竞争者的目的在于乘机挤占市场或树立产品形象。运营商要进行市场调查，掌握竞争者的具体目的，估计竞争者的实力，了解市场竞争格局，制定营销组合策略来应对竞争者的逆向行为。

(3) 交叉反应。面对企业的主动降价，竞争者反应不一，有相向的、有逆向的或维持不变的，情况错综复杂。运营商应在产品、促销、分销渠道上采取有效措施，保证降价取得预期效果。

如果所有的竞争者行为相似，只要对一个典型竞争者做出分析就可以了。如果竞争者在规模、市场份额或政策及经营风格方面有关键性的差异，则各个竞争者将会做出不同的反应。这时，就应该对每位竞争者分别予以分析。在实践中，为了减少因无法确知竞争者对价格变化的反应而带来的风险，运营商在主动调价之前必须明确回答以下问题：① 本行业产品有何特点，本企业在行业中处于何种地位；② 主要竞争者是谁，竞争对手会怎样理解我方的降价措施；③ 针对本企业的价格调整竞争者会采取什么对策，这些对策是价格性的还是非价格性的，他们是否会联合作出反应；④ 针对竞争者可能的反应，企业的对策又是什么，有几种可行的应对方案？

### 4. 降价策略选择

降价策略选择即通信运营商产品具备了必须降价的条件，但由于不同运营商产品所处的地位、环境以及引起降价的原因不同，运营商选择降价的方式也会不同，具体来说有以下几种：

(1) 增加额外费用支出。在价格不变的情况下，运营商增加运输费用支出，实行送货上门，或者免费上门，或者免费安装、调试、维修等。这些费用本应该从价格中扣除，因此实际上降低了通信产品价格。

(2) 馈赠物品。某种通信产品价格不变，但购买此通信产品时，馈赠免费的现金券，或赠送其他物品，如玩具、器皿、工艺品等礼品。赠送物品的支出也应从商品价格中补偿，运营商实际上也降低了通信产品的价格。

(3) 改进通信产品的性能，提高通信产品的质量，增加通信产品功能。在价格不变的情况下，通信产品质量提高、性能改进、功能增加，实际上也就降低了通信产品本身的价格。

(4) 增大各种折扣的比例。在运营商价格策略中往往采用各种折扣策略，如现金折扣、数量折扣、功能折扣等。

## 二、通信产品提价策略

### 1. 通信产品提价的原因

虽然价格上涨会引起消费者、中间商和运营商营销人员的不满，但是一次成功的提价活动可以大大增加企业的利润，所以企业只要有机会．可以适当提升价格。导致运营商提价的原因主要来自以下几个方面：

(1) 应付产品成本增加，减少成本压力。这是所有产品价格上涨的主要原因。由于成本的增加、原材料价格上涨及生产或管理费用提高等，运营商为了保证利润率不致因此而降低，便采取提价策略。

(2) 为了适应通货膨胀，减少运营商损失。在通货膨胀条件下，即使运营商仍能维持原价，但随着时间的推移，其利润的实际价值也呈下降趋势。为了减少损失，企业只好提价，将通货膨胀的压力转嫁给中间商和消费者。

(3) 产品供不应求，遏制过度消费。对于某些产品来说，在需求旺盛而生产规模又不能及时扩大而出现供不应求的情况下，可以通过提价来遏制需求，同时又可以取得高额利润，在缓解市场压力、使供求趋于平衡的同时，为扩大生产准备了条件。

(4) 利用顾客心理，创造优质效应。作为一种策略，运营商可以利用涨价营造名牌形象，使消费者产生价高质优的心理定式，以提高运营商知名度及其通信产品声望。对于那些革新通信产品、名牌通信产品、生产规模受到限制而难以扩大的通信产品，这种效应表现得尤为明显。

为了保证提价策略的顺利实现，提价时机可选择在这样几种情况下：① 通信产品在市场上处于优势地位；② 通信产品进入成长期；③ 季节性通信产品达到销售旺季；④ 竞争对手产品提价。

### 2. 顾客对提价的反应

不同市场的顾客对提价的反应是不同的，即使处在同一市场的顾客对提价的反应也可能不同。在一定范围内的提价是可以被顾客接受的，但提价幅度如果超过可接受价格的上限，则会引起顾客因不满而产生抵触情绪，从而不愿购买运营商产品。在产品知名度因广告而提高、收入增加、通货膨胀等条件下，顾客可接受的价格上限会提高。通常可以将顾客对提价的反应归纳如下：① 这种通信产品很畅销，"我"得赶快购买，以免价格继续上涨；② 提价意味着通信产品质量的改进；③ 运营商想尽量取得更多利润；④ 运营商将高价作为一种策略，以树立名牌形象；⑤ 各种商品价格都在上涨，通信产品提价很正常。

### 3. 竞争者对提价的反应

竞争者对提价的反应，也是企业改变价格时要考虑的重要因素。竞争者对提价的反应主要有以下几种类型：① 相向式反应—你提价，他也提价；② 逆向式反应—你提价，他降价或维持原价不变；③ 交叉式反应—竞争者对运营商提价反应不一，有相向的，有逆向的，有不变的，情况错综复杂。

### 4. 提价策略选择

在方式选择上，通信运营商应尽可能多地采用间接提价，把提价的不利因素减到最低程度，使提价不影响销量和利润，而且能被潜在顾客普通接受。同时，运营商提价时应采取各种渠道向顾客说明提价的原因，配之以产品策略和促销策略，并帮助顾客寻找节约途径，以减少顾客不满，维护企业形象提高消费者信心刺激消费者的需求和购买行为。

(1) 公开真实成本。它指运营商通过公共关系、广告宣传等方式，在顾客认识的范围内，把通信产品的各项成本上涨情况真实地告诉顾客，以获得顾客的理解，使涨价在没有或较少抵触的情况下进行。有的运营商趁成本上涨之机，过分夸大成本上涨幅度，从而过高地提高商品价格，这种做法容易引起顾客的反感。

(2) 提高通信产品质量。为了减少顾客因涨价感受到的压力，运营商在通信产品质量上多下工夫，如改进原通信产品，新设计同类产品，在通信产品性能、规格式样等方面给顾客更多的选择机会，使顾客认识到，运营商在提供更好的通信产品，索取高价是应该的。

(3) 增加产品含量。它指涨价的同时，增加通信产品供应分量，使顾客感到通信产品分量增加了，价格自然要上涨。

(4) 附送赠品或优待。涨价时，以不影响运营商正常的收益为前提，随通信产品赠送一点小礼物，提供某些特殊优待，如买一赠一，有奖销售等。这种方式在营业厅、社区代办点最常见。

## 三、应对竞争者发起的价格变动

竞争对手在实施价格调整策略之前，一般都要长时间去深思得失，仔细权衡调价的利害。但是，一旦调价成为现实，这个过程相当迅速，并且在调价之前大多要采取保密措施，以保证发动价格竞争的突然性。通信运营商在这种情况下，贸然跟进或无动于衷都是不对的，正确的做法是尽快迅速地对以下问题进行调查研究：

(1) 竞争者调价的目的是什么？

(2) 竞争者调价是长期的还是短期的？

(3) 竞争者调价将对本企业的市场占有率、业务量、利润、声誉等方面有何影响？

(4) 同行业的其他运营商对竞争者调价行动有何反应？

(5) 企业有几种反应方案？竞争者对企业每一个可能的反应又会有何反应？

在回答以上问题的基础上，通信运营商还必须结合所经营的通信产品特性确定对策。一般说来，在同质产品市场上，如果竞争者削价，企业必须随之削价，否则大部分顾客将转向价格较低的竞争者。但是，面对竞争者的提价，本企业既可以跟进，也可以暂且观望。如果大多数企业都维持原价，最终迫使竞争者把价格降低，就会使竞争者涨价失败。

在异质产品市场上，由于每个运营商的产品在质量、品牌、服务、包装、消费者偏好等方面有着明显的不同，所以面对竞争者的调价策略，通信运营商有着较大的选择余地：

第一，价格不变，任其自然，任顾客随价格变化而变化，靠顾客对产品的偏爱和忠诚度来抵御竞争者的价格进攻，待市场环境发生变化或出现某种有利时机，企业再做行动。

第二，价格不变，加强非价格竞争。例如，通信运营商加强广告攻势，增加销售网点，强化售后服务，提高通信产品质量，或者在性能、功能、用途等方面对通信产品进行改进。

第三，部分或完全跟随竞争者的价格变动，采取较稳妥的策略，维持原来的市场格局，巩固取得的市场地位，在价格上与竞争对手一较高低。

第四，以优越于竞争者的价格跟进，结合非价格手段进行反击。例如，比竞争者更大的幅度降价，比竞争者更小的幅度提价，强化非价格竞争，形成产品差异，利用较强的经济实力或优越的市场地位，居高临下，给竞争者以毁灭性打击。

案例分析及思考题

【课后习题】

在 5G 时代，三大通信运营商流量经营如何做好提速降费工作？

# 项目八　制订通信渠道策略

## 【知识结构图】

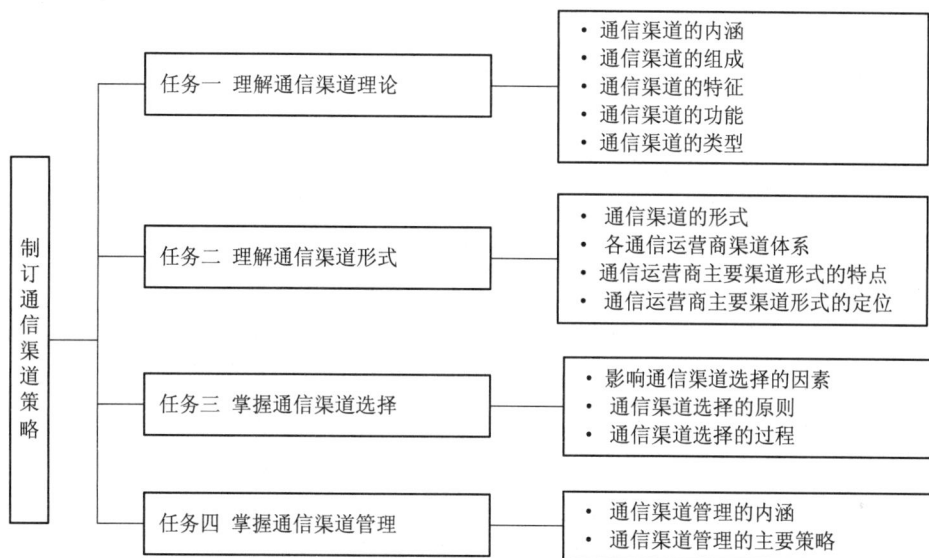

## 【学习目标】

通过学习，应该明确渠道策略是市场营销组合的一个重要策略。渠道是连接生产与消费的桥梁，它对降低企业成本和提高企业竞争力具有重要意义。本项目的任务包括理解通信渠道力量、理解通信渠道形式、掌握通信渠道选择、掌握通信渠道管理。

## 任务一　理解通信渠道理论

## 【问题引入】

渠道是整个通信运营体系中，客户接触最为重要的界面之一。随着各大通信运营商全业务运营速度进一步加快，市场竞争日益激烈，价格空间进一步压缩，产品和服务高度同质化，竞争主题逐步由价格主导型过渡为价值链与营销网主导型。那么，如何理解通信渠道的内涵？如何理解通信渠道的组成和特征？如何理解通信渠道的功能和类型？

## 【案例导入】

### 中国电信渠道运营模式变革

当前，用户需求正在发生深刻变革，运营商的渠道运营模式也随之变化。中国联通主攻线上渠道，中国移动则立足 60 万家实体渠道，打造渠道开放合作平台。面对这种现状，中国电信重点围绕用户需求，将从三大方面入手进行渠道运营模式变革。

据悉，中国电信关注线上销售和线下销售的深度融合。在这部分首先要做大线上销售，补齐短板。有消息称，中国电信的线上销售占比仅为 7.8%，与其他运营商有一定的差距。因此，中国电信必须加快做大线上销售、做大合作资源、做大流量汇聚，推动 2I2C 的规模化发展，补齐线上渠道短板。

另外，中国电信还注重巩固线下销售，提高效能。线下渠道是中国电信目前销量的主力军，销量占比 80%，要继续通过赋能、注智等方式，进一步加强管理，提高效益。当然，还不能忽略线上线下的深度融合，做到线上与线下相互引流、相互协同、相互促进。

中国电信渠道运营模式变革的第二大方面，就是自营+社会生态合作。重点推进 4 大创新，即自有厅智慧升级、打造智慧家庭服务中心、共建新业态门店、合作拓展新零售门店。通过多方面发展泛渠道，扩大渠道触点。中国电信要以生态化思维，积极创新合作渠道，扩大与社会各行业合作，并以低成本、高效能的方式扩大销售触点。

为顺应时代发展趋势，中国电信还打造了平台+触点的智慧运营模式。中国电信把智慧平台作为重要手段，为门店、装维、客服、直销、外呼、线上触点等六大触点全面注智，提供大数据、轻销售、互联网金融三大赋能，提升精准营销和精细服务。相关部门要加快推进渠道发展，加快建立综合渠道体系，实现渠道能力、效率、效益的全面提升。

渠道被认为是运营商拓展和把控市场的利器，此次中国电信打造的线上+线下深度融合、自营+社会生态合作以及平台+触点的智慧运营的三套"组合拳"，可满足用户需求，助力中国电信在竞争中获得优势。

**分析提示**：营销渠道，是连接运营商与市场的桥梁，沟通通信产品与顾客的媒介，是运营商拓展和把控市场的利器。随着互联网经济的发展，通信用户的需求发生了深刻变革，传统的运营商渠道模式必须进行创新，才能提高竞争优势。中国电信围绕用户需求，从"线上+线下深度融合、自营+社会生态合作以及平台+触点的智慧运营"三方面进行渠道创新，必将有效地提升渠道运营效率，从而提升市场竞争力。

## 【知识内容】

## 一、通信渠道的内涵

对于营销渠道的定义，各位学者从不同角度给出了不同的解释。现代营销学之父菲利普·科特勒指出："营销渠道指的是所有与产品生产、分销、消费活动提供配套的销售服务的单位机构组织或者个人"，他注重组织结构。爱德华·肯迪夫则将营销渠道定义为："营销渠道指的是产品由生产领域向消费者和用户传输过程中，直接或间接通过的途径"。它更注重通路，而非组织结构。

通信行业的营销渠道具有特殊的行业特点。通信类产品或服务从提供或生产出来到向用户一端进行转移时，所有进行经营活动，帮助用户实现消费行为的单位组织机构和个人都属于通信的营销渠道。参与通信渠道经营的企业，其利润来源主要在于使用通信服务与产品的用户为其使用活动进行持续消费而提供的费用，通信行业营销渠道的盈利特征在于服务的持续性与用户消费行为的持续性，渠道解决的是通信产品或服务在什么地方提供给顾客以及消费者在什么地方可以找到销售者的问题。

## 二、通信渠道的组成

通信渠道的组成按照产品流通的路径可以划分为三部分：通信运营商、渠道合作伙伴和客户。通信运营商作为产品的提供者，目前的主要特征为在产业链占据主动地位，其工作内容包括顾客细分、市场细分、价值定位、产品开发、市场推广、通信服务开发与提供、渠道成员的选择与管理、渠道体系的建立、客户服务、资金管理等；渠道合作伙伴主要包括特许经营、合作代理、商业伙伴，其工作内容与特征主要包括向客户介绍和宣传通信的主要产品和服务，代表通信运营商向客户签收相关协议，同时受理各种业务、收取相关费用、为客户提供标准化服务、帮助通信运营商维护客户关系等；客户包括个人用户和企业用户，是通信各种产品和服务的最终使用者，向通信运营商缴纳相关使用费用。

## 三、通信渠道的特征

通信运营商属于服务行业，其营销渠道与一般产品的营销渠道有很大的不同，除了具有与其他营销渠道共同所拥有的特点外还具有以下特征：

### 1. 实物分销与业务分销并存

实物分销包括新客户入网、客户换卡等，此种业务需要实体形式的营业厅等办理，存在实物的传递和资金的同期流动；业务分销是为客户办理除入网外的其他业务(包括各种增值业务、数据业务等)，此种分销形式只是运营商与客户之间确立业务使用关系，资金流动可能同期发生(需要开户费或预付费的业务)，也可能是延后发生的。

### 2. 二次市场开发比新客户入网更重要

客户入网只是运营商与客户建立起服务的契约关系，对于运营商来说更重要的是后期的使用，只有客户不断地使用业务，才能为运营商创造利润。因此，客户二次市场的开发比新客户入网更为重要。

### 3. 服务特性要求较少的中间层级

通信业务的特性要求扁平化的渠道结构，原因在于通信运营商是服务性企业，需要与客户扩大接触面，为后期的服务做准备。如果营销渠道的中间层级过多将会阻碍运营商对客户信息的收集和反馈，降低客户的满意程度。因此，通信运营商应当减少其营销渠道的层级，缩短与客户之间的距离。

## 四、通信渠道的功能

在经典的营销 4Ps 组合理论中，渠道作为要素实现着产品实物流、服务流、信息流、资金流的有序流动。通信运营商通过营销渠道可以疏通与客户之间在时间、空间上的障碍，使通信运营商的产品和服务更加贴近客户，使客户能够在最便利的时间和地点享受通信产品和服务。渠道有助于两者之间的信息沟通，有利于产品和服务创新，从而为客户提供多样化、个性化服务，其功能主要是宣传、销售、服务，主要表现为：

**1. 渠道是简化交易、提高效率的重要手段**

通信运营商选择不同的中间商，借助于分销渠道销售产品，从而保证通信产品的顺利流通，既缩短了通信产品的销售时间，简化了交易过程，又提高了效率和效益。如果没有中间商的存在，通信行业的每一个产品都要由自己直接卖给最终客户。那么，通信运营商不仅要有庞大的销售机构和人员队伍，而且销售效率也极其低下。中间商的介入，不仅简化了销售手续，节省了销售费用，而且可以扩大销售范围，提高销售效率。中间商简化交易过程如图 8.1 所示。

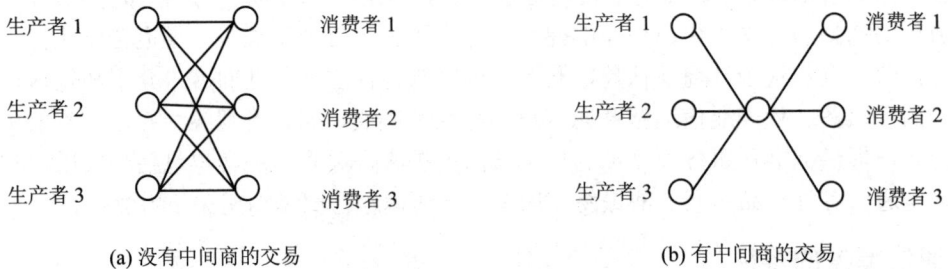

(a) 没有中间商的交易　　　　　　　　　(b) 有中间商的交易

图 8.1　中间商简化交易过程示意图

**2. 渠道是抢占市场、获得相对持久竞争优势的战略资源**

竞争优势指竞争对手无法模仿或不容易模仿的优势，作为高技术服务的通信行业，技术的先进性在一定程度上可以成为持久的竞争优势。但由于通信技术的快速发展，使得通信运营商可以迅速地改进原有的技术状况，网络覆盖和技术的先进性之间的差异基本不复存在，从而使各个通信运营商提供的产品趋于同质化。从价格角度来看，随着通信管制政策的不断完善以及客户需求的不断提高，传统的价格战促销方式难以得到客户的认可，同时竞争对手也很容易模仿，难以长期使用。然而，从营销渠道来看，不论是移动、电信还是联通，只要在渠道上占有优势其市场份额就占优势，这是因为营销渠道对于竞争对手来说很难在短期内模仿。因此，电信运营商可以利用营销渠道来获得相对持久的竞争优势。

**3. 渠道是高效贯彻企业经营和服务策略、保证业务推广的实施平台**

随着通信业务的社会普及，特别是移动通信产品的消费价格大幅下降，移动通信成为了人们日常生活必需的便利品，消费者的购买行为模式也发生了变化，希望随时随地能很方便地购买该产品。而运营商由于人力、物力和财力的限制，不可能依赖自有的直接销售渠道实现产品销售在地域和时间上的密集分布，必须借助渠道资源及其高度专业化的优势扩大自己的市场覆盖率。渠道自然成为高效贯彻企业经营和服务策略、保证业务推广以及通信产品、服务提供的重要实施平台。

**4. 渠道是优化客户体验、满足客户需求的通路体系**

随着 4G 业务的普及，通信产品由简单地提供语音服务向提供移动互联网应用服务转变，产品的多样化促使客户体验消费的需求更加旺盛。渠道作为客户与运营商之间有效的沟通桥梁和纽带，不仅肩负着客户信息的收集反馈作用，更重要的是发挥其业务宣传功能。

4G 时代的业务宣传绝大多数依靠客户体验，渠道将成为满足客户体验需求的通路保障。

## 五、通信渠道的类型

在科技发展的推动下，通信产品不断更新换代，而适应产品特点的营销渠道也在不断发展完善。为了不断适应用户需求和营销服务的需要，电信运营商营销服务渠道也从一元化向合作多元、形式多样、便利快捷、功能丰富的架构发展，可以从以下角度进行细分：

### 1. 按照所有权关系划分

(1) 自有渠道：这种渠道由通信运营商直接投资、规划建设、日常管理，员工由运营商雇用，产品(服务)直接由运营商向客户转移，无中间环节。运营商对渠道的销售行为与活动拥有绝对操控权，其组成形式包括：直销客户经理、自有营业厅、电子商务渠道等。其主要优势为：双向信息传递直接、销售服务计划规定执行到位、运营费用节约、价格控制力强。

(2) 社会渠道：由社会力量出资建设、进行日常管理，通过合作、代理、零售经销等方式，与运营商合作实现产品(服务)的销售，结算相关业务佣金分成。运营商员工不直接面对客户，而是通过社会渠道向客户推销产品(服务)。通信运营商对它不具备绝对的操控权，具体形式包括：分销代理商、卖场、零售代理商、专营店、连锁渠道合作伙伴等。依靠和社会力量联姻，以产品销售和衍生服务的提供，在契约的支撑下可以实现运营商和相关代理商的双赢。通信运营商为代理提供了资源增值的着力点——通信产品和服务，为其支付业务代办的佣金，代理商通过授权代理获得服务区域用户从中获利。代理商提供资金、场地、人力资源和社会关系等资源弥补了运营商营销服务能力的不足，通过产品代理、业务外包实现了供应商特许销售服务资源的优化配置，实现了用户购买服务的便利。社会渠道也有其弊端，主要表现在运营商和客户之间有中间商的介入后，难以直接沟通信息，使运营商更难准确地把握客户的需求，客户获得运营商产品提供和其性能特点的过程加长。

### 2. 按渠道长度划分

通信渠道的长短通常是按照经过的流通环节或中间层次的多少来划分的。通信渠道按照渠道长度分类可以分为长渠道和短渠道。通信运营商通过分销代理、零售店、合作营业厅中间商将其产品和服务与消费者进行对接，我们称该种渠道组织形式为长渠道。运营商通过自设的自用营业厅、直销团队将产品服务直接与消费者进行对接，我们称其为短渠道。渠道的长度与营销费用相关，渠道越长费用会有不同程度的增加，渠道短则运营费用会相对较少。长渠道的组织形式企业扩展性好，反之则拓展性就相对较弱了。

### 3. 按渠道宽度划分

通信渠道的宽度取决于渠道的每个层次或环节中从事同种类型中间商数量的多少。按照渠道宽度，通信渠道可以分为宽渠道和窄渠道。通信运营商经常选择较多的同类型中间商如分销商、零售商来销售移动通信产品，则这种移动通信产品的营销渠道被称为宽渠道。它的主要特点是商品流向末端密集分布，因此扩大市场覆盖广度将有利于方便消费者的选择购买。移动通信企业只选择一个中间商经销其产品，该类营销渠道称为窄渠道。窄渠道的产销供应关系较为明晰，流通过程简便，但通信运营商拥有的市场覆盖广度和占有率都依赖于独家经销商进行销售，此类渠道方式运营商一般不会采用。

案例分析及思考题

## 【课后习题】

我们一般通过什么渠道购买通信运营商的通信产品？通信运营商应该提供给消费者什么样的渠道便利？

# 任务二　理解通信渠道形式

## 【问题引入】

通信渠道就是通信产品从通信运营商生产到消费者消费的基本途径。具体来讲，通信运营商、消费者和渠道商构成完整的分销渠道。通信运营商要想提高经营效益，就必须开辟多种形式的销售渠道。那么，如何理解通信渠道的不同形式？

## 【案例导入】

### 联通阿里新零售合作开启首家体验店

2017年12月15日，中国联通与阿里巴巴共同宣布，两家联合打造的首个联通天猫智慧生活体验店在上海正式开业。这家从上海联通江苏路营业厅脱胎而来的新零售概念店，通过线上线下结合，集场景化、数字化于一体。

此前，中国联通通过混改引入了阿里、腾讯、京东等合作伙伴。在联通天猫智慧生活体验店之前，中国联通和京东已经有了三家智慧生活体验店，广州两家，成都一家。

在联通天猫智慧生活体验馆，消费者可以通过参与互动游戏，参与天猫的"捉猫猫"游戏，收获红包权益，红包既可以用于进店选购，也可以在线上消费。联通营业厅传统的电信办理业务，也在体验馆中得以保留。但它告别了以往传统营业厅冰冷的柜台式结构，采用贵宾式一对一咖吧式设计，拉近与顾客的空间距离，让每个顾客都能感受到全新的VIP级贵宾体验。

支撑联通天猫智慧体验店运营的是阿里"智慧门店"的一整套产品和技术体系。首先，天猫大数据对周边居民的消费喜好进行了精准画像。在这家店里，消费者除了能够买到联通传统营业厅提供的号卡和终端类产品，还精选了与天猫同款同价的数码家电类产品，如网红款的榨汁机、大疆无人机，以及今年天猫"双11"大热的天猫精灵等。用户无论是从线上下单还是在门店购买，都可以选择发货到家或自提商品的取货方式，从而使购买更加便捷。

据介绍，用户在店内可以体验各式高科技的购买方式。互动云货架，是集视觉、听觉、触觉于一体的全新展陈设备，当用户拿起商品时，大屏会跳出相应的视频和图片，全方位展示商品价格、详情、使用方法等，同时支持用户扫码一键购买。与此同时，通过云货架，仅在此家智慧门店内，顾客就能看到和买到全国的商品。

此外，双方还在门店中搭建 AR 扫货购的体验场景。用户通过手机淘宝扫描实物商品即可获得线上评价、商品详情并可以实现在线购买，提高用户与商品的实时交互性。

业内人士认为，阿里与联通的合作，不仅是新零售概念在运营商板块的一次落地，对于三大运营商手中面广量大的传统营业厅来说，也找到了转型契机。

融合网 CEO 吴纯勇分析称，新零售营业厅的意义在于以丰富的业务类型去拓展更宽泛的客户群，年轻人是其中的重点目标。双方的合作更多是建立在大数据的应用之上，通过大数据选品和大数据"圈人"将线下用户行为和线上热销、关注度、用户好评等多维数据进行匹配。

**分析提示：** 实体营业厅是通信运营商接触通信消费者的重要渠道，但随着互联网经济的发展和电子渠道的冲击，不少业务可以通过电子渠道随时随地办理，实体营业厅正在慢慢失去昔日人们办理业务络绎不绝的热闹场面。联通阿里的新零售合作以场景化营销、数字化体验将传统营业厅打造成新型的智慧门店，重新吸引了广大通信客户的注意。这对于其他运营商改造升级实体营业厅具有重要的启发意义。

## 【知识内容】

## 一、通信渠道的形式

目前通信运营商的渠道均属于混合渠道体系，根据所有权和渠道载体形式等可分为自有实体渠道、社会实体渠道、直销渠道以及电子渠道四大类。

### (一) 自有实体渠道

自有实体渠道主要是指实体营业厅，一般为通信运营商的旗舰店和品牌店，主要分布在人流密集的道路、商圈、城镇核心地段等。其主要有两大服务功能：一是营销服务类，包括主动营销、客户挽留、产品宣传、业务演示和客户体验；二是基础服务和提升服务类。其中基础服务主要是指业务受理、业务咨询和投诉处理等。提升服务主要是指"免填单"服务、一台清服务、自助服务、排队叫号服务、VIP 服务、特殊顾客服务以及对退网客户的挽留等。

实体营业厅所有权为运营商，按经营权不同可分为自营和他营。自建自营指通信运营商自主投资建设的营业厅，其运营管理由通信运营商直接负责；自建他营是通信运营商自主投资建设的营业厅，运营主体外包给代理商进行经营。

### (二) 社会实体渠道

社会实体渠道是指与通信运营商签订合作协议的代理商和无直接协议但销售运营商产品的网点，主要指代理商的销售门店。社会实体渠道主要由代理商和通信运营商合作，代理商虽然负责营业厅的经营和发展，但是需接受通信运营商的统一管理。

社会实体渠道主要分为专营店、开放店和代办点三种。其中专营店主要指业务排他、专营电信业务的门店，主要负责销售电信业务，服务功能相对有限，一般仅限于变更核心业务、开通业务、手机充值等业务。开放门店指同时经营两家及以上运营商业务的门店，该类门店业务不排他。代办点则规模较小，没有统一的经营形式，只有1—3节销售柜台，而且，代办点的分布比较零散，只能办理普通的开卡业务和充值缴费业务。

### (三) 直销渠道

直销渠道是通信产品营销渠道的主要类型。由于大部分通信产品具有无形性、不可存储性以及生产与消费在时间上的统一性等特点，通信产品的销售以直销最为普遍。

直销渠道指以面对面、一对一的方式向特定客户群直接提供服务的人员队伍。根据定位和工作重点的不同，直销渠道主要包括客户经理和直销经理两大类。目前电信公司的大客户经理、商业客户经理及公客的社区经理、郊区支局农村统包员就是属于直销渠道。其中大客户经理、商业客户经理是面对一些集团大客户、商业客户提供差异化、个性化服务，以增加集团大客户、商业客户的满意度，使这些客户变成忠诚的高价值客户。公客的社区经理、郊区支局农村统包员是直销经理，主要负责发展、保有客户。

针对不同的通信客户群，通信运营商将直销渠道划分为大客户经理渠道，负责对党政军、大的企事业单位、行业客户、大中专院校等通信产出比高，需求旺盛的单位进行营销服务的；商业客户经理渠道，负责对中小企业、连锁店、大的批发市场和商品集散地等，对通信需求中等，但新业务需求旺盛的单位或个人进行营销服务的；社区经理渠道，以集合小区和住宅楼宇中的个人客户为目标进行营销服务的；农村统包员渠道，以各自然村和行政村的常住人口为目标进行营销服务的。

### (四) 电子渠道

电子渠道指移动公司与客户非面对面、通过信息化方式提供服务和销售产品的自有渠道，是公司整体渠道体系的重要组成部分，与实体渠道互为补充、相互结合，形成多层次、立体化的服务渠道体系。通信运营商的电子渠道可分为电话营业厅、网上营业厅、短信营业厅、掌上营业厅、自助终端五种类型。

电子渠道是为了满足客户实时服务的需求的自助式新型营销服务渠道，是对传统实体渠道的有效补充和延伸。它以互联网技术和通信技术为基础，将产品的销售与服务数字化，让客户借助终端设备，可自助定购产品、获取服务。电子渠道的最大特点在于以客户为主导，客户拥有比过去更大的选择自由，根据自己的个性特点和需求选取商品，并不受时空限制。从某种程度上说是对传统通信渠道的一个颠覆。

#### 1. 电话营业厅

公司所有服务或业务热线，以10000、10086、10010服务热线为主，包括人工台席、自助语音和外呼。

人工台席的特点是：全天提供随时随地服务，操作简便，交互性强，可以承载的业务全面，但人工服务成本高，受接通率限制，服务质量依赖客服代表素质，拨打热线占用网络话务资源。自助语音可以全天提供随时随地服务，操作简便，但受长度限制，承载业务范围有限，服务项目不直观可见，对客户免费。

### 2. 网上营业厅

网上营业厅由集团公司网站和省公司网站组成的二级网站体系，网址是 www.189.cn/www.10086.cn/www.10010.cn。集团公司网负责对分公司网站、品牌网站、业务网站进行整合，统一管理，统一认证，以服务和营销作为主要职能，兼顾企业宣传。

其特点是：覆盖地域广泛，网站可对产品进行多样式展现，信息量大，检索能力强，客户可自主选择需要服务的项目，较好的新业务体验环境，服务质量可控性强，建设和管理的成本较低，可无人值守，全天提供服务。

### 3. 短信营业厅

通过短信向客户提供自有服务(产品)的营销渠道，主要服务类型包括业务查询、办理、咨询等业务类别，以及通过短信群发进行的营销类、调查类、告知类、问候类业务。

其特点为：短信营业厅使用的受限条件少、主动性强、覆盖面广，实际使用的普及率较高，建设和管理成本较低，可全天提供随时随地服务；由于短信的特性，每个短信能够承载的信息量少，所以提供的服务有限，而且受到网关和网络条件等因素影响，短信存在延时现象。

### 4. 掌上营业厅

这是为方便顾客办理通信业务推出的一个便捷随身的、集移动业务和优惠咨询为一体的电子化自助服务渠道。通信用户只要通过手机上网进入 WAP 营业厅，即可 24 小时随时随地查话费、办业务、找优惠。

其特点是：随时随地提供服务，使用方便，建设和维护的成本较低；但通信客户需要支付流量费，手机上网的客户普及率不高，传递的信息量有限，网络速度有待提升。

### 5. 自助终端

它指无需人员值守的服务设备，包括实体营业厅内的自助设备，放置在公共场所的自助设备和自助营业厅，主要有自助查询、打印设备、售卡机、联网计算机等。

其特点是：部分设备可以全天提供服务，服务标准化程度高；场所相对固定，是实体营业厅和网上营业厅的延伸，可提供单据，客户信任度高；有地域限制，需要一定的建设周期，交互性差，客户使用需要有一定的知识；需要固定场所，有一定的建设和管理成本。

## 二、各通信运营商渠道体系

### 1. 中国电信渠道体系

中国电信的渠道管理模式比较完善，形成了"多元化，分层次"的渠道体系。中国电信的渠道体系架构如图 8.2 所示。

中国电信的渠道主要包括直销渠道、实体渠道、电子渠道、社会渠道四大主渠道。其中，直销渠道是中国电信发展最为全面的渠道之一，包括大客户经理渠道、商业客户经理渠道、公众客户经理渠道。公众客户经理渠道又分为社区客户经理渠道、农村统包人员渠道、流动客户经理渠道。实体渠道主要包括合作营业厅、综合营业厅、普通营业厅三种。电子渠道包括电话营业厅渠道、网上营业厅渠道、短信营业厅渠道、掌上营业厅渠道、自助终端渠道。社会渠道则包括普通代理渠道、合作伙伴渠道、资源型渠道三种主要形式。

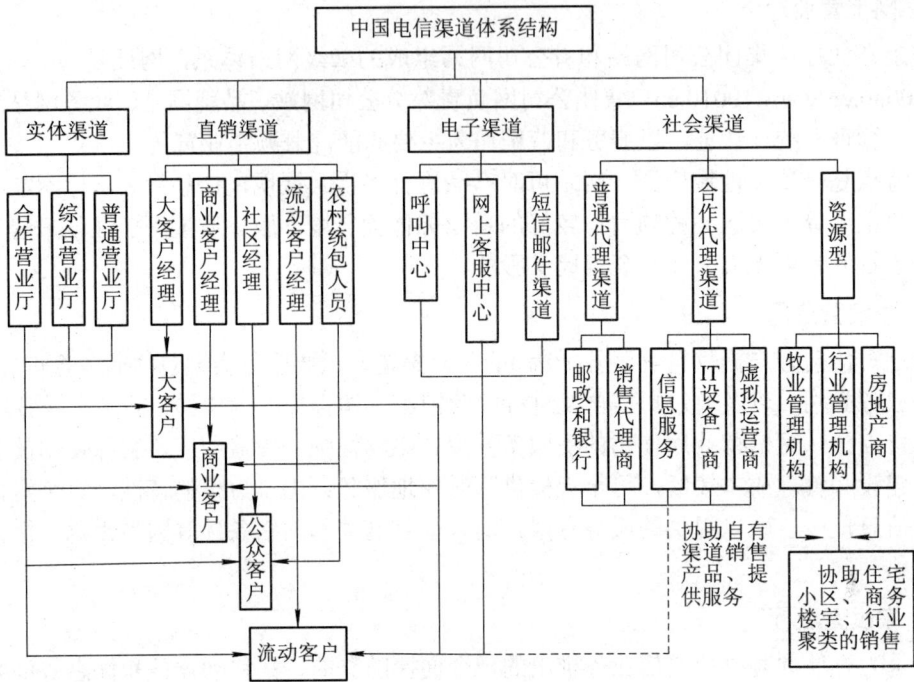

图 8.2　中国电信渠道体系结构图

## 2. 中国移动渠道体系

中国移动的渠道体系由直销渠道、自有实体渠道、电子渠道等五类营销渠道模式，在这些渠道模式下还包括了十一种子渠道模式，分别向三类客户提供服务，具体如图 8.3 所示。

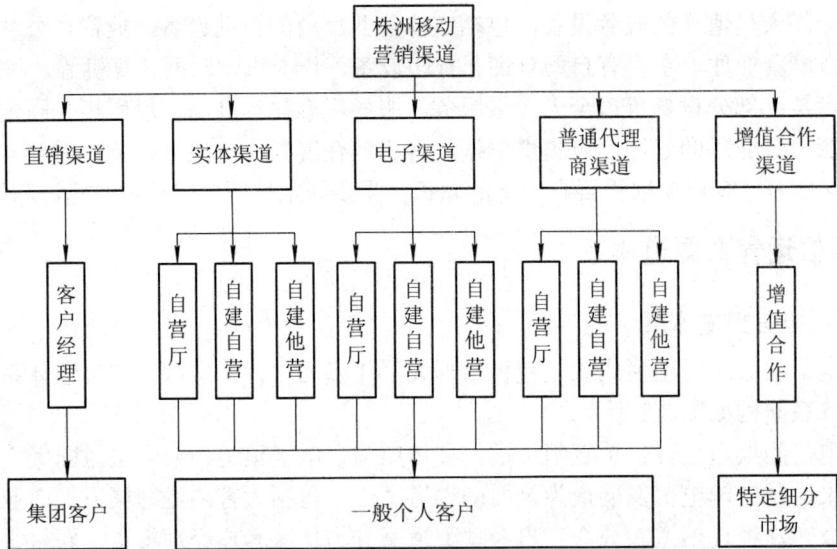

图 8.3　中国移动渠道体系结构图

目前，移动营销渠道体系中，代理商是销售主渠道，营业厅是服务主渠道，大客户直销是针对重要目标群体的辅助渠道。对于集团客户和个人大客户，采用直销与自办营业厅相结合的方式。此外，中国移动在分销渠道的选择上还是非常重视渠道的多样性的，为了满足不同消费者的需求，在选择分销渠道时尽量扩大和各个分销商间的合作，这样才能保证公司产品的销售，赢得市场，提高了市场的竞争力。这一营销模式已经在多年的实践中得到了很好的印证，扩大了公司业务覆盖的范围。

### 3. 中国联通渠道体系

中国联通主要有自有渠道和社会渠道两大主渠道，其中自有渠道又可分为实体渠道、直销渠道和电子渠道，而社会渠道则主要包括合作营业厅、专营店等。中国联通的渠道体系架构如图 8.4 所示。

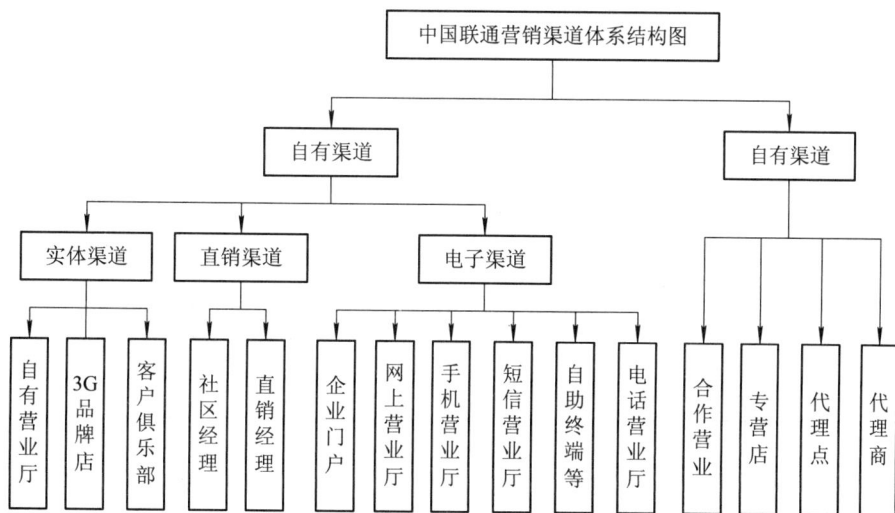

图 8.4　中国联通渠道体系结构图

中国联通的自有实体渠道主要包括自有营业厅、4G 品牌店、客户俱乐部三类，而直销渠道是中国联通的重要营销、服务渠道之一，主要包括社区经理、直销经理等。中国联通总部已独立组建电子渠道中心，现有的电子渠道主要有网上营业厅、短信营业厅、手机营业厅，其"网上营业厅—联通商城"已发展为 4G 终端的销售平台。社会渠道是中国联通的营销渠道体系中的主体渠道，在国内通信运营业内中国联通首创了以代理渠道为主体的业务发展模式，代理渠道在联通多年的发展中，起到了十分重要的作用。

## 三、通信运营商主要渠道形式的特点

可以从客户服务能力、渠道运营成本、业务承载能力和客户界面友好四个维度来分析通信运营商主要渠道形式的特点。渠道的客户服务能力由两个因素决定：一是渠道覆盖能力，即覆盖了多少客户；二是渠道实际服务比率，即客户实际通过该渠道服务的比率。渠道运营可以通过单笔业务成本来衡量。渠道服务成本包括硬件设施、软件、人员、管理、促销、宣传、培训等组成部分。业务承载能力指其适合承载的业务类型。客户界面友好指客户对渠道的认知、接受、使用、习惯到依赖的学习成本，包括渠道界面设计的人性化程度、体验能力、即时交互能力等。根据渠道特点分析的四个维度，对通信运营商的主要渠道类型的特点分析如表 8.1 所示。

### 表 8.1 通信运营商主要渠道形式的特点

| 渠道类型 | | 客户服务能力 | 渠道运营成本 | 业务承载能力 | 客户界面友好 |
|---|---|---|---|---|---|
| 自营实体渠道 | 自营营业厅 | 覆盖主要城镇和县市，在乡镇覆盖不足 | 运营成本较自营营业厅高 | 品牌下所有业务和体验业务 | 良好的即时交互性、较强的体验功能和较低学习成本 |
| | 品牌店体验店 | 仅覆盖核心商业区或者特殊区域 | 运营成本较自营营业厅高 | 品牌下所有业务和体验业务 | 良好的即时交互性、较强的体验功能和较低学习成本 |
| 社会实体渠道 | 指定专营店 | 覆盖主要城镇和县市，在乡镇覆盖不足 | 运营成本较自营营业厅低 | 能够承载30%左右的业务 | 较好的即时交互性、体验程度比营业厅和品牌店稍低、客户学习成本较低 |
| | 特约代理点 | 覆盖了主要城镇、县市以及乡镇地区，覆盖面广 | 在实体渠道中成本最低 | 业务承载范围有限，只能承载标准化的简单、低值业务 | 简单的客户交互，体验程度较低、客户学习成本低 |
| 电子渠道 | 电话营业厅 | 覆盖所有客户，能提供7×24小时服务 | 成本比其他电子渠道高，比实体渠道低 | 无法单独承载具有资金流、物流的业务 | 即时互动性强、体验程度较低、客户学习成本低 |
| | 短信营业厅 | 覆盖所有客户，能提供7×24小时服务 | 渠道运营成本低 | 以小文本的查询、回复式业务办理、通知为主 | 即时互动性较弱、体验程度最低、客户学习成本低 |
| | 网上营业厅 | 覆盖客户中的网民，能提供7×24小时服务 | 渠道运营成本低 | 承载能力很强，能够承载大部分业务 | 被动冷渠道，即时互动性较差、体验能力较强，上网用户学习能力较低，非上网用户门槛较高 |
| 客户经理直销渠道 | | 数量有限，主要面向VIP个人客户和集团客户 | 业务成本在所有渠道中最高 | 具备较强的复杂业务和服务能力 | 专人负责的与客户交流沟通，专业与服务开展具有很强针对性，直接面对客户，有良好的交互性 |

## 四、通信运营商主要渠道形式的定位

各类型渠道在客户服务能力、渠道运营成本、业务承载能力和客户界面友好四个维度上各有特点，这些特点体现出来的是渠道需要在客户、业务和功能上专业化，相应的，渠道定位也包括渠道的客户定位、业务定位和功能定位。结合上述渠道特点，各渠道定位如表8.2。

表8.2　通信运营商主要渠道形式的特点

| 渠道类型 | | 客户定位 | 业务定位 | 功能定位 |
|---|---|---|---|---|
| 自营实体渠道 | 自营营业厅 | 服务所有客户，重点在高端客户 | 有能力受理全部业务和综合性业务，重点是高价值和潜力型业务 | 形象、体验、销售、服务四位一体，强调价值效能提升 |
| | 品牌店体验店 | 品牌店：品牌客户体验店：复杂业务用户 | 品牌的标志性业务体验与销售，复杂业务的体验、培训与宣传 | 体验、培训、销售 |
| 社会实体渠道 | 指定专营店 | 服务所有客户和标准化目标客户 | 以基本业务为主，向新业务和复杂业务体验与销售延伸 | 基本业务销售、复杂业务拓展，客户服务 |
| | 特约代理点 | 面向广大的消费者和普通客户 | 简单销售业务与便利性服务 | 突出销售和服务功能的便利性 |
| 电子渠道 | 电话营业厅 | 服务所有客户，VIP客户的优先，目标客户的主动服务 | 绝大多数业务，以IVR形式承载简单大量服务，外呼 | 面向所有客户的普遍服务，主动营销 |
| | 短信营业厅 | 目标客户群体主动营销，客户互动服务 | 简单大量的查询业务，部分业务的主动营销 | 自主服务功能和主动服务功能 |
| | 网上营业厅 | 网民群体 | 基本涵盖常用业务，突出新颖的自助服务，深度体验的新业务 | 营销和传播功能，突出自主服务，发展新业务营销 |
| 客户经理直销渠道 | | 高端VIP客户、重要集团客户 | VIP客户的高端服务和贴身服务，集团信息化产品推广 | 高端客户维系，重要客户关系管理，整合内外部资源的营销服务 |

根据以上渠道定位，可以看出：

(1) 自营实体渠道是形象传播、客户培训、业务体验、产品销售、客户服务的主渠道，其运营方向一要体现标准化，包括 VI、硬件、产品陈列、流程、人员等的标准化；二要体现统一化，店面形象、陈列界面、硬件布置等统一化；三要体现信息化，店面运营支撑信息化与营销推广的信息化；四要体现价值化，以效益为中心，实施效益评估的目标化、日常化、应用化、案例化。

(2) 社会实体渠道是销售的主要渠道，社会渠道与通信运营商之间是"佣金合作"关系，这决定其运营方向是建立渠道忠诚度体系，深化推进渠道的分层分级与酬金池策略，提升制定专营店的标准信息化产品的销售能力，推进特约代理点的深度覆盖，使其成为便利、低成本的渠道。

(3) 电子渠道具有低成本的特点，其运营方向以加强业务分流为中心，以电话营业厅、短信营业厅、网上营业厅为主体，建设全业务运营的电子渠道，通过触点信息的收集、分析、共享，开展多渠道协同营销。

(4) 客户经理直销渠道是高端客户和集团客户销售和服务的主渠道，其运营方向是网格化管理，做好区域内高价值客户与集团客户关系维护，提供顾问式服务，加强对区域内重点客户的一站式、专家式服务。

案例分析及思考题

## 【课后习题】

比较分析三家通信运营商渠道形式的异同点和侧重点。

# 任务三　掌握通信渠道选择

## 【问题引入】

通信运营商要把通信产品销售到顾客手中，必须通过一定的销售渠道。销售渠道选择是否适当，不仅涉及产品销售效率的高低，而且对通信运营商的经营发展也将产生制约作用。因此，选择最佳的销售渠道，是通信运营商搞好通信产品销售的一个重要保证。那么，如何理解通信渠道选择的影响因素和原则？如何掌握通信渠道选择的过程？

## 【案例导入】

### 社区小店捆绑运营商

电商持续扩大线下布局，社区是重要的场景之一，但要满足社区居民多元化的需求，除了销售日用商品外，还需要有更多的增值服务。2018 年 6 月 6 日，北京苏宁宣布与北京电信达成战略合作，后者将入驻苏宁小店，社区居民可在苏宁小店办理通讯业务。此前，京东新通路也与中国联通达成合作，将后者的多项业务引入京东便利店，在开拓运营商渠道的同时帮助店主引流增收。在社区商业资深电商专家彭成京看来，社区小店与手机运营商的合作可以达到双赢的效果，对于前者来说不仅可以丰富门店服务提高坪效，对于后者来说也可以增加终端网点。

- 苏宁小店联手北京电信

苏宁小店正通过联手北京电信扩充门店服务。据悉，苏宁小店与北京电信达成合作后，后者将入驻前者门店，并在门店内推出手机套餐业务办理、光纤宽带安装、翼支付及金融等服务。同时，苏宁零售集团副总裁卞农向北京商报记者表示，此后苏宁小店还将与北京电信在会员体系方面进一步打通，以此展开更精准的会员营销并提供更多的商品，让消费者可进行积分兑换选择。据了解，北京电信目前已经完成了安贞桥东苏宁小店品牌形象和合作厅的建设，北京苏宁方面称，2018 年随着北京苏宁小店的开发布局落地，将至少有 400 家以上的跨生态网点建设完成。

对于此次苏宁小店与北京电信的合作，卞农称，将电信引进苏宁小店，是对苏宁小店服务能力的进一步提升。同时他表示，苏宁小店当前已成为苏宁线下扩张的核心业态，通过便利店+App 的模式，精准地服务社区市场，形成生鲜+社区+零售的新攻势，不仅可以满足消费者购物、餐饮、服务、快递等全方位的日常服务需求，而且契合了北京市便民经济新趋势。据悉，今年苏宁小店将在北京地区开设 600 家。

根据工信部《2017 年通信业统计公报》显示，2017 年国内手机用户总数达到 14.2 亿户，手机用户普及率达 102.5 部/百人。在中国电信北京公司总经理肖金学看来，手机产品高普及率的背后，是消费者日益增长的移动通信业务需求。他认为，苏宁小店贴近社区用户，且正在完成对线下服务和体验场景的整合，北京电信将借助北京苏宁小店在京的快速开发，实现线下网点的深度布局，从而为消费者提供更便捷的服务。

- 小店借通讯服务笼络客群

社区小店捆绑手机运营商，背后的目的是增强用户黏性。不只是苏宁小店，2018 年 4 月，京东新通路也宣布与中国联通达成合作，将中国联通的多项业务引入京东便利店，店主可以通过京东掌柜宝 App 为消费者办理宽带申请、号卡售卖、缴费续费等业务。京东方面称，随着京东便利店与中国联通的合作加深，此后双方还将开展多种联合营销活动，如推出京东便利店专享电子消费券，以此增加用户黏性。中国联通集团实体渠道部总经理巩颖认为，遍布全国的京东便利店网点将极大地方便中国联通用户办理业务，而双方通过整合权益、共同向用户释放资源及服务，最终可以实现联通、京东及用户的三方共赢。

实际上，苏宁与北京电信的合作早于 2010 年就已经展开。而相较于此前北京电信进驻苏宁易购直营店、苏宁易购门店以及苏宁零售云门店，此次与小店的合作更加贴近社区。在彭成京看来，当前北京社区中存在很多的流动人口，平均 2～3 年就会有一批小区用户存在安装宽带的需求。将运营商服务网点搬到社区门店中，对于运营商来说不仅可以降低开店成本，还可以凭借社区门店的自然客流推广业务。而对于社区小店来说，单纯销售标准化商品的服务太过单一，通过联手手机运营商，不仅可以填充门店服务，同时也可以提升门店坪效。

**分析提示：**社区店是通信运营商贴近社区客户最重要的实体渠道。社区店最大的优势在于其地理便利性，如何利用这一优势最大可能地增加社区店与客户接触的频次是关键，社区店作为渠道触点，如果与客户没有接触，就失去了作为触点的基本价值，只有多接触，才有更多可能的销售机会。考虑到运营商自身业务的低频次特点，为了达到这一目标，有必要引入合作伙伴的高频次、刚需特征业务，如各种便民业务。这种合作对双方来说都是互利共赢的，案例里面北京电信与苏宁小店、中国联通与京东便利店的合作，双方通过整合权益、共同向用户释放资源及服务，实现了通信运营商、合作伙伴、通信用户三方共赢。

## 【知识内容】

## 一、影响通信渠道选择的因素

销售渠道的整个环节，是产品、客户、企业自身、竞争者、社会环境等多种要素的组合。通信运营商在对通信产品进行销售渠道决策时，必须对各种影响因素进行认真的分析和研究，才能做出正确的决策。

### (一) 产品因素

通信产品本身的特点对通信渠道的选择起着决定性作用，主要的产品因素包括产品复杂性、产品生命周期、产品替代性。

#### 1. 影响因素

1) 产品复杂性

根据产品复杂性程度不同，通信运营商业务大致分为三类：

(1) 简单电信业务。这包括各种即买即用型卡类电信业务，如电话卡、充值卡。

(2) 普通电信业务。它指技术较为复杂，应用广泛，需要先受理用户申请再开通使用的电信业务，例如传统语音业务、智能电话业务等。

(3) 复杂电信业务。这指各种技术复杂，售前、售中、售后环节比较复杂的电信业务，例如固定数据专线、PBX 专线、专线上网、宽带接入、VPN 等。

2) 产品生命周期

通信业务的成熟度按照业务的生命周期，可分为四类，即投入期业务、成长期业务、成熟期业务和衰退期业务。例如，4G 业务目前处于成熟期，产品销量趋于饱和并开始缓慢下降，市场竞争非常激烈。而 5G 业务处于投入期前期，2018 年 3 月，国家发改委等有关部门批准联通、电信、移动在北京等部分城市试点建设 5G 网络。

3) 产品替代性

一种产品如果没有难以模仿的优势，就可能出现替代性产品。近年来，通信运营商的业务量增长受阻，就是因为市场上的替代性产品层出不穷，市场竞争相当激烈。例如，传统固网语音业务、卡类业务、互联网接入业务等，受到通信市场上其他企业的相似业务、同类换代型业务或者不同类业务的替代。而数据专线业务、VPN 业务、高速专线接入、IDC 业务、集团解决方案等较为复杂的业务，竞争者难以模仿或尚未形成市场规模，替代性较低。

#### 2. 各类通信产品的特点及其适合的渠道类型

综合考虑上述三种产品特性，我们将通信产品分为新型产品、增长型产品、稳定型产品以及复杂型产品这四类，如表8.3所示。

### 表8.3　通信业务分类及其适用渠道

| 产品类型 | 举例 | 产品特征 | 适用渠道 |
|---|---|---|---|
| 新型产品 | 智能电话业务 | 个性化、功能新颖、技术较复杂、成本较高、需要培训；<br>处于投入期；<br>替代性低 | 低接触性渠道：电子渠道；<br>企业自有渠道：营业厅、员工直销渠道等；<br>渠道务求专业、主动宣传 |
| 增长型产品 | 卡类业务 | 大众化、低成本、专业性较低、培训需求小；<br>处于成长期；<br>替代性高 | 多种渠道：包括营业厅、代办点、分销商渠道、合作渠道(银行、邮局、大卖场)、电子渠道(互联网、电话等)、员工渠道等；<br>渠道务求便捷、覆盖广、销售能力强 |
| 稳定型产品 | 互联网接入(ISDN、ADSL) | 大众化、成本较低、专业性较高、需要培训；<br>处于成熟期；<br>有一定的替代性 | 中等接触性渠道：包括社区经理、营业厅(自办、合营、特约)、代办点、分销商渠道等；<br>渠道务求稳定、提供基本服务 |
| 复杂型产品 | 数据专线业务 | 个性化、高成本、专业性高、需要培训；<br>处于成长期；<br>替代性低 | 高接触性渠道：公司直销队伍渠道；<br>渠道务求专业、提供良好的服务 |

新型产品需要专业性强的渠道，以宣传、扩大产品的知名度和受众面为营销目标，利润较少或毫无利润可言，比较适合采用企业自有渠道；增长型产品注重渠道的销售能力，可以采用大范围的社会渠道以扩大市场占有率；稳定型产品的渠道要兼具销售和服务的功能，应该采用自有渠道和专业性较强的社会渠道并重的方式；而复杂型产品，因为对渠道的专业性和服务要求较高，适合以自有渠道为主进行推广。

### (二) 客户因素

目前通信运营商根据客户价值的高低和消费行为的差异，将客户群划分为：大客户、商业客户(或称企业客户)、公众客户和流动客户，如表8.4所示。大客户是消费水平高、消费需求明显差异型的客户，主要由重要客户、高值客户、集团客户和战略客户组成；商业客户也称为中端价值客户，一般是由一些规模较小的中小企业用户组成；公众客户包括个人用户和住宅客户；流动用户一般指流动性较大或仅有偶发性电信需求的客户。一般情况下，大客户是按照行业进行划分管理，商业客户、公众客户和流动用户则是按照所在地域进行划分管理。

普通的社会分销渠道与公众客户和流动客户的消费行为和渠道偏好比较匹配；而较为专业的社会分销渠道和合作伙伴渠道也能满足大客户和商业客户的需求。鉴于大客户和高端商业客户的经济价值较大，同时能起到行业引领的效果(影响同类用户的购买决策)，对企业而言具有重要的战略意义，是各运营商争夺比较激烈的客户群。因此这类客户需要通过直销队伍提供专业服务，以提高客户满意度，牢牢掌握这一重要的客户资源。

**表 8.4　不同客户的购买行为特点及其适用渠道**

| 购买行为特征 ＼ 客户种类 | 大客户 | 商业客户 | 公众客户 | 流动客户 |
|---|---|---|---|---|
| 购买频次/业务量 | 次数少<br>业务量大 | 次数较少<br>业务量较大 | 次数较多<br>业务量小 | 随机发生<br>业务量小 |
| 渠道偏好 | 服务型渠道 | 稳定型渠道 | 稳定型渠道/<br>便捷型渠道 | 便捷型渠道 |
| 关键购买准则 | 专家咨询<br>产品培训<br>按要求定制<br>快速技术支持<br>7×24 小时服务 | 产品培训<br>现场安装<br>快速技术支持<br>易接触 | 灵活缴费<br>现场安装<br>易接触<br>低价格 | 灵活缴费<br>自我服务<br>低价格<br>易接触<br>7×24 小时服务 |
| 适用渠道 | 直销队伍<br>专业代理商 | 直销队伍<br>零售商店<br>代理商 | 零售商店<br>代理商<br>呼叫中心<br>网上营业厅 | 零售商店<br>代理商<br>呼叫中心 |

### (三) 企业自身因素

通信运营商的财力与信誉、销售管理能力、提供服务能力和控制渠道能力等因素，对通信产品销售渠道有着重要的制约作用。

#### 1. 运营商的财力与信誉

通信运营业作为一种资本密集型产业和面向公众的服务性行业，如果运营商财力资源雄厚，声誉良好，就可以大规模组建营销渠道体系(尤其是自有渠道)，加强渠道激励力度，提高渠道的稳定性与掌控力，改善渠道硬软件支撑能力，创造渠道竞争优势，最终赢得市场；反之，如果运营商产品信誉尚未建立，资金缺乏，则只能通过有限的中间商渠道实现销售，难以获得高效、稳定的渠道优势。

#### 2. 销售能力

如果要组建庞大复杂的营销渠道体系，运营商必须对其进行有效的管理协调，方能避免渠道冲突，发挥多渠道合力，使渠道体系按照运营商的既定意志高效分工运作，实现对不同目标市场的深度覆盖与有效销售。这就对运营商的销售管理能力提出了前所未有的更高要求：运营商必须建立完善高效的渠道管理机构，配备高素质、高能力的销售管理团队，方能充分发挥渠道的效用，提升竞争实力。如果达不到上述要求，运营商只能简单地依赖以一般中间商为代表的一类或少数几类低管理难度渠道进行销售。

#### 3. 提供服务能力

通信运营商可以在人员培训、营销组织、管理制度、信息沟通、售后服务等方面，给予代理、代销商帮助指导。通信运营商的大规模促销活动应尽可能让代理、代销商加入，广告和业务宣传方面保持口径统一，对外形成一个强大的整体，可以起到事半功倍的效果。

### 4. 渠道控制能力

渠道控制能力就是企业运行和管理渠道的能力。它在很大程度上取决于企业对渠道的运行有多大的话语权和自由支配的能力。如果渠道长度过长，可能会使通信运营商对渠道的控制力减弱，导致通信运营商受制于中间商。如果通信运营商对渠道的控制力不够，会导致渠道冲突不断、影响市场的稳定，甚至可能有渠道倾覆的风险。所以通信运营商为了保持对渠道较高的控制力，应该采取短而窄的渠道。

### (四) 中间商因素

每种渠道模式都有其自身固有的特长与不足，每一个渠道个体的信誉情况、资金实力、员工素质、管理能力、网点分布等都不尽相同。通信运营商需要根据自身需要进行甄别选择。另一方面，通信运营商在选择渠道中间商的同时，渠道中间商也在选择运营商，即渠道选择是一个双向选择的过程。渠道中间商会根据自己的资源情况、盈利预期、行业经历等，加入符合自身经济利益及发展需要的运营商阵营。

### (五) 竞争者因素

通信运营商的渠道选择很大程度上会受到竞争对手的影响。首先，由于通信产品的同质性，决定了可供运营商选择渠道模式的有限性。其次，由于竞争双方处于博弈过程之中，竞争对手在渠道规模、模式或数量上有新的选择和调整后，另一方必须及时进行有效的应对，以保证渠道竞争能够保持新的相对均衡。另外，由于渠道资源在一定时空范围内的稀缺性，渠道资源的争夺日益成为竞争双方的一个重点。随着竞争的加剧，双方在渠道投入方面的"军备竞赛"和渠道资源方面的"地盘之争"不断升级，抢代理、抢卖场、抢门店、抢建营业厅的情况比比皆是，早已屡见不鲜。

### (六) 社会环境因素

社会环境因素，主要指社会经济形势以及有关法律政策对通信运营商渠道选择的影响。

(1) 经济形势。整个社会的经济形势好、发展快，分销渠道的选择余地就较大。而出现经济萧条、衰退时，市场需求下降，企业应尽量减少不必要的流通环行，使用较短的分销渠道。

(2) 有关法律政策。在选择销售渠道时，厂家应考虑有关销售的法律政策，如反不公平竞争法、价格法、消费者权益保护法、电信条例、电信服务规范等均会影响通信运营商对分销渠道的选择。通信运营商在选择分销渠道时，必须遵守国家的有关法律和规定，使用合法的中间机构，采用合法的分销手段。

## 二、通信渠道选择的原则

### 1. 畅通高效原则

畅通高效原则是渠道选择的首要原则。任何正确的渠道决策都应符合物畅其流、经济高效的要求。通信产品的流通时间、流通速度、流通费用是衡量通信渠道效率的重要标志。畅通的营销渠道应以客户的需求为导向，将产品尽快、尽好、尽早地通过最短的路线，以尽可能优惠的价格送达客户方便购买的地点。畅通高效的营销渠道模式，不仅要让客户在适当的地点、时间以合理的价格买到满意的商品，而且应努力提高通信运营商的渠道效率，争取最大化地降低渠道费用，以尽可能低的营销成本，获得最大的经济效益，赢得长期竞争优势。

### 2. 覆盖适度原则

通信运营商在选择营销渠道模式时，仅仅考虑加快速度、降低费用是不够的。还应考虑及时准确地送达的通信产品能不能销售出去，是否有较高的市场占有率足以覆盖目标市场。因此，不能一味强调降低营销成本，这样可能导致销售量下降、市场覆盖率不足的后果。成本的降低应是规模效应和速度效应的结果。在通信渠道模式的选择中，也应避免扩张过度、分布范围过宽过广，以免造成沟通和服务的困难，导致无法控制和管理目标市场。

### 3. 稳定可控原则

通信渠道模式一旦选定，就需要花费相应的人力、物力和财力去建立和维护，且整个建立和维护的过程是复杂而缓慢的。因此，通信运营商一般不会轻易更换自己的渠道成员，也不会随意转换渠道模式。事实上，任何企业要想提高渠道的效益，就必须保持渠道的稳定性，否则，企业就很容易在渠道竞争中"翻船"。当然，由于影响营销渠道的各种因素总是在不断变化，一些固有的营销渠道难免会出现某些不合理的问题。这时，就需要营销渠道具有一定的调整功能，以适应市场的新情况、新变化。

### 4. 协调平衡原则

保持与上下游渠道成员之间的协调与合作是保证渠道畅通的关键。因此，通信运营商在确定渠道层次结构时，不能只简单追求自身的利益最大化，忽视乃至损害其他渠道成员的局部利益，这无益于整合渠道的高效运转。通信运营商在选择渠道模式时，应综合考虑各渠道成员之间的利益，使各成员之间的利益达到综合平衡。通信运营商应制定一套科学、合理的分配制度，根据各渠道成员担负的职能、投入的资金与精力，以及取得的绩效，对渠道所能获得的利益进行科学、合理、公平的分配。事实上，渠道成员之间发生渠道冲突的关键原因就在于利益分配不均。

### 5. 客户导向原则

这个原则既是市场经济发展的客观要求，也是企业生产目的的根本所在。随着经济的发展，消费者需求呈现出多元化、多层次的特征。通信运营商在选择通信渠道时，首先要研究消费对象的特点及需求，其次要研究所选择的通信渠道给客户的满足度。这样，才能有针对性地满足客户需求。如果满足不了客户需求，就实现不了通信产品的销售，也就没有经济效益。总之，通信运营商要使渠道能够在服务、质量、业务种类以及渠道的形式等方面让客户满意。

### 6. 时效性原则

在市场竞争日趋激烈的情况下，市场机会稍纵即逝，时间便是财富。通信运营商为客户提供的通信产品，是一种传递信息的服务，客户首先考虑的便是信息的时限。只有快速传递信息，才能占领市场，掌握市场竞争的主动权。通信运营商在选择销售渠道时，便要主动出击，积极争取时间，创造更多的市场机会。一旦作出选择，便要迅速采取行动，确保以最短的时间使新渠道占领市场。

### 7. 创新性原则

通信运营商在选择销售渠道时，应突破传统的渠道模式，不断有所创新，结合自身优势，及时调整渠道结构，适应市场需求。例如，随着新零售的发展，通信运营商纷纷涉猎新零售，以"提升线上渠道销售能力+提升线下渠道智慧体验"为目标，着力打造通信运营商渠道"新零售"模式，进入渠道转型的新时代。

### 8. 服务性原则

通信产品本身不具有实物性，而是一种传递信息的服务。因此，通信运营商对于销售渠道的选择，应坚持"为用户服务、使用户满意"的原则。通信运营商销售渠道的选择是否合理，关键在于能否为用户提供最准确、最便捷的服务。

## 三、通信渠道选择的过程

通信运营商在选择分销渠道时，必须在理想的渠道和实际可能得到的渠道之间做出选择，这一选择过程一般包括分析客户需求、确立渠道目标、识别渠道选择方案、评估渠道方案几个步骤。

### 1. 分析客户需求

通信运营商要了解在目标市场上，客户购买什么商品、在什么地方购买、为何购买和怎样购买，这是分销渠道选择的第一步。客户的需求正是分销渠道设计的目标，通信运营商必须弄清楚客户的这些购买特点对通信渠道成员提出的服务要求。这些要求通常表现在以下4个方面。

(1) 每次购买批量的大小。批量越小，通信渠道需要提供的服务水平越高。

(2) 交货时间的长短。客户对交货时间要求越短，通信渠道需要提供的服务水平越高。

(3) 购买地点的方便程度。客户越是要求方便购买，通信渠道的分销面要越宽。

(4) 通信产品品种的多寡。经由通信渠道提供给消费者的通信产品品种越是复杂，要求提供的渠道服务水平越高。

### 2. 确立渠道目标

渠道目标就是在通信运营商营销目标的总体要求下，选择分销渠道应达成的服务产出目标。该目标一般要求建立的通信渠道达到总体营销规定的服务产出水平，同时使全部的渠道费用减少到最低程度。通信运营商可以根据消费者需求的不同服务和产出要求，细分出若干市场，然后选择目标市场，并为之选择和使用最佳渠道。

### 3. 识别渠道选择方案

渠道选择方案由三种因素构成，即中间商类型、中间商数目、每一渠道参与者的条件和相互责任。

#### 1) 中间商类型选择

中间商类型选择，实质上是对通信渠道的长度进行抉择。通信运营商如果决定利用中间商销售通信产品，就要进一步解决选择什么样的中间商销售通信产品的问题。中间商大致可分为批发商、零售商和代理商。通信运营商制定间接渠道的备选方案，通常首先考虑短渠道方案，即能否直接利用零售商销售产品；然后再考虑长渠道方案，即利用批发商、代理商逐级分销产品。此外，通信运营商还应设法寻找更多创新的渠道分销方案。因而决定这一决策的因素包括以下四个方面：

(1) 市场范围和购买特点；

(2) 中间商是否具备经销通信产品必需的设备；

(3) 中间商是否具有经销通信产品必要的专门经验、市场知识、营销技术和专业人士；

(4) 预期合作程度。

通信运营商在掌握了中间商的各种基本状况后，还应了解选择哪些中间商才能同自己配合得好，以利于销售自己的产品。通信运营商希望中间商能提供更多的销售通信产品方面的条件；而中间商则希望通信运营商进行更多的促进销售的活动，以保证通信产品的销售不断扩大。对于预计与运营商配合不好的中间商，就不要利用他来销售通信产品。

2) 中间商数目选择

中间商数目选择，实质上是对通信渠道的宽度进行抉择。而在宽带抉择上，有三种策略可供选择。

(1) 密集型分销渠道。其也称为广泛型分销渠道，就是指通信运营商在同一渠道层级上选用尽可能多的渠道中间商来分销通信产品的一种渠道类型。这种渠道可以使通信产品在目标市场上形成铺天盖地之势，以达到使自己产品品牌充分显露，实现路人皆知且随处可买，最广泛地占领目标市场的目的。

密集型分销这种销售渠道的优点是：市场覆盖率高，客户购买比较方便。其缺点是：市场价格竞争激烈，导致市场混乱；通信运营商需向中间商提供一定的支持，导致企业的渠道费用增加；由于中间商的数目多，通信运营商无法控制渠道行为，给渠道管理增加一定难度。

(2) 选择型分销渠道。选择性分销渠道指在某一层级上选择少量的中间商进行商品分销的渠道，是介于密集型分销渠道与独家分销两种渠道之间的一种宽度渠道。

选择性分销渠道的优点是：可以节省费用开支，提高营销的效率；通信运营商通过优选中间商，还可维护企业和产品的声誉，对市场加以控制；当通信运营商缺乏国际市场经营的经验时，在进入市场的初期选用几个中间商进行试探性的销售，待企业积累了一定的经验，或其他条件具备以后，再调整市场销售策略，以减少销售风险。其缺点是：通信运营商难以在营销环境宽松的条件下实现多种经营目标；渠道对非选购品缺乏足够的适应性；通信运营商要为他选用的中间商提供较多的服务，并承担一切的市场风险。

(3) 独家分销渠道。独家分销渠道指在特定市场上的一段时间内通信运营商只选择一家中间商，给予其对本企业产品的独家经销或独家代理权。通常产销双方签订经销合同，规定经销商不得再经营其他竞争性产品。这是一种最窄的销售渠道，一般适用于技术性强、价格较高、售前售后服务水平要求比较高的通信产品。

独家专营分销渠道的优点是：有利于通信运营商控制通信渠道，提高中间商的积极性；有利于密切与中间商的合作关系，在推销方面得到大量的协助；提高通信运营商的经营效率，节约费用，降低销售成本；提高中间商对客户的服务质量；排斥竞争产品进入同一市场，提高通信运营商的国际竞争力。其缺点为：通信运营商对中间商的依赖性太强，市场覆盖面窄；这种政策意味着放弃一部分潜在客户；极有限的渠道宽度，使通信运营商适应性较差，销量难以扩大。

3) 规定渠道成员的条件和责任

通信运营商与中间商结成一定关系，共同完成营销任务，必须确定渠道成员的参与条件与应负责任。其中主要有以下几项：

(1) 价格政策，即通信运营商定出价格目录和折扣标准。

(2) 销售条件，指付款条件和运营商保证。

(3) 经销商的区域权利，经销商希望了解运营商将在何处授特许权给其他经销商，他们还希望在本领域实现的全部销售业绩都能得到运营商的承认，运营商应予以明确。

(4) 各方应执行的服务项目。

### 4. 评估主要渠道方案

在这一阶段，需要对几种初拟方案进行评估并选出能满足企业长期目标的最佳方案。评估方案可以从经济性、可控性、适应性等几个方面进行。

(1) 经济性标准。在三项评估标准中，经济性标准最为重要，因为通信运营商追求利润而不是追求渠道的控制性和适应性。经济性标准主要是比较每一方案可能达到的销售水平极其费用水平。一般来说，使用销售代理商的固定费用低于本企业设立销售机构，但随着销售额的增加，其费用上升速度也较快。判别一个方案好坏的标准，不应是其是否导致较高的销售额和较低的成本费用，而是能否取得最大利润。

(2) 可控性标准。通信运营商利用独立的中间商或代理商，可控程度较低。渠道越长，控制问题就越突出。使用代理商尤其会增加控制上的问题。一个不容忽视的事实是代理商是一个独立的企业，所关心的是自己如何取得最大利润。代理商可能不愿与相邻地区同一委托人的代理商合作，它可能只注重访问那些与其推销产品有关的客户，而忽略对委托人很重要的客户。因此代理商的推销员可能不去了解与委托人产品相关的技术细节，也很难认真对待委托人的促销数据和相关资料。

(3) 适应性标准。在评估各渠道选择方案时，还有一项需要考虑的标准，那就是企业是否具有适应环境变化的能力，即应变力如何。在一个渠道当中，每一个成员都必须承诺在一定期间内承担一定的义务。但如果市场环境发生变化，这些承诺将降低通信运营商的适应能力。在迅速、不确定性大的市场上，通信运营商应增强对渠道的控制力，以适应迅速变化的市场营销战略。

案例分析及思考题

### 【课后习题】

随着各种线上渠道的建设，通信运营商的各种实体渠道应该怎么转型？

# 任务四　掌握通信渠道管理

## 【问题引入】

通信渠道管理指通信运营商为实现企业分销的目标而对现有渠道进行管理，以确保渠道成员间，企业和渠道成员间相互协调和合作的一切活动，其意义在于共同谋求最大化的长远利益。那么，如何理解通信渠道管理的内容？如何有效管理通信渠道？

## 【案例导入】

### 取消流量"漫游"，通信运营商如何管理窜卡

2018 年 3 月 5 日，李克强总理在政府工作报告中提出，2018 年取消流量"漫游"费，移动网络流量资费年内至少降低 30%。随后，中国移动、中国电信、中国联通均向媒体发布信息，表示坚决贯彻落实国家"提速降费"政策要求，工信部对外公布流量"漫游"将在 2018 年 7 月 1 日全面取消。

长期以来，运营商的不同区域公司的资费水平差异大，本地流量价低、全国流量价高，形成了通过省际结算来防范区域公司间恶性窜卡的管理机制，流量"漫游"取消，挤压了省际结算价格空间，考验着运营商窜卡管理能力。

中国的三大基础通信运营商均有省际结算机制，曾经的语音漫游费，本地流量和全国流量的价格差，为省际结算机制留下了运转空间。如今，本地流量和全国流量的价格差将不复存在，流量"漫游"也成为历史，运营商必须思考如何在调动区域公司的积极性的同时，防止区域公司之间互相倾轧(恶性窜卡)。

省际漫游结算机制的存在，主要由运营商的分级管理体制、地区间价格差异大的现实环境所决定。首先是分级管理体制，运营商自上而下设置集团公司、省级(直辖市/自治区)公司、地市公司、县区公司、营销服务中心，KPI 指标层层分解，分级核算和考核业绩。然而，通信业务的成本和利润类指标并不能逐层分解、落实，只能将用户数和收入类指标逐层分解到末梢经营单元。层级越低，越只聚焦业务收入和用户数，利润与渠道末梢的直接利益毫无关联。

另一方面，中国地区经济发展极不平衡的现实，直接导致用户通信需求、支付能力和支付意愿差异巨大。如采用全国套餐、统一价格，对消费者也并不"公平"，比如北上广深等一线城市经济好、收入高，套餐价格高点，消费者能接受，但中西部欠发达地区就无法接受了。因而运营商在短时间内难以建立全国统一的价格体系。

在实际的经营活动中，KPI 考核指挥棒和地区间价格差异大的双重作用下，基层经营单元有强烈的异地低价倾销号卡(也就是恶性窜卡)冲动。窜卡与其他行业的窜货类似，省级公司(或同省的市级公司)之间是横向地位均等、利益相对独立，但存在资本、素质和能力的差异，省际(本地网间)窜卡实为水平渠道冲突。

只要有市场分割，就会存在窜货，窜卡也一样，窜卡可分为自然性窜卡和恶性窜卡。

自然性窜卡是用户自身行为。例如，用户从 A 地后迁移 B 地，继续使用在 A 地办理的号卡；用户办理主副卡业务，将副卡给异地的亲属使用等。恶性窜卡则是分公司出于某种目的，蓄意向辖区以外的市场大规模倾销号卡。俗话说"没有窜货的销售是不红火的销售，大量窜货的销售是危险的销售"。自然性窜卡有利于扩大市场份额。例如，打工者回乡后办理了融合套餐，将移动号卡带到工作地使用。但是，大规模、大空间的号卡异地销售，将严重破坏各地的市场秩序，从"外斗"演进为"内斗"。

关于窜卡，运营商内部存在模糊的看法：只是左口袋的钱装进了右口袋，说不定还能调动省公司的积极性。真相可能是：左口袋的钱确实装进了右口袋，但是在转移的过程中，有 80% 的钱不知丢到哪去了，还给用户留下本地资费高、外地资费低的印象和口碑，损坏了企业品牌形象。

现阶段，在地区价格差难以消融、分级管理体制不变的前提下，可以考虑从全国保持价格体系稳定、激励得当的关键举措，发现和堵住销售管理漏洞的关键技术手段，以及引导分公司规范经营行为的管理制度方面对其进行管控。

首先是价格体系，需要抓好销售品上线审批、促销审批，尤其全国统一销售品的促销管控、销售激励管控。三大运营商的现实情况是：各区域公司(省级、本地网)设计区域销售品，或以促销形式降低全国统一销售品的价格，以适应区域市场。显然，当地区间的促销、渠道销售佣金差异大时，全国统一销售品就会出现名义价格统一、实际价格千差万别的状况，从而给窜卡留下了空间。因此，需要做好全国统一的销售品的促销、销售激励管控。这意味着要逐步削弱区域公司的定价权和激励政策配置权，构建全国统一的价格体系，从根本上消除滋生内部价格战的土壤。当然，这将是最艰难的一步。

第二是用好发现和堵住销售管理漏洞的先进技术手段，实现异地销售可查可控。例如，营业受理开通方面，做到营业工号的异地使用可查；号卡异地受理(含异地预受理、本地开通)、激活可查。渠道管理方面做到：跨域代理商可查，即异地代理商可识别；异常的佣金结算可识别；还可通过用户通信行为分析，对号卡的大规模跨域流动进行识别和预警。

第三是建立引导分公司规范经营行为的管理制度。鉴于自有渠道难以完成异地销售(电子渠道有自身的管理机制)，大规模号卡异地销售多为代理商行为，但又难以区分是代理商自主行为还是分公司授意行为。因此，制度层面需要兼顾约束代理商行为、引导分公司良性行为。代理商管理方面主要有：与代理商签订严谨合同，明确辖区范围，增加恶性窜卡的处罚条款，如一经查实，追缴佣金同时处以数倍于佣金的罚金。分公司层面主要有：对窜卡实现的收入从其收入指标中扣除，累犯的加倍扣除；鼓励举报，一经查实，窜卡实现的收入归属窜入地；引导分公司检视渠道激励政策，尤其是季度/年底冲量的激励政策，在对基层经营单元的业绩考核方面，尽量避免单一销量为王的评价模式等统一销售品入手，探索增强全网统一性、凝聚力的管理举措。

**分析提示：** 取消流量漫游费开始后，客观要求运营商做好对内部庞大而繁冗的系统和产品资费体系的更新升级以及改变省际结算规则等工作。更重要的是，运营商如今将面对区域市场壁垒瓦解后的新市场竞争。在这种情况下，如何管理窜卡，就是对运营商渠道管理的重大挑战。随着流量"漫游"的取消、流量价格的不断下降，省际结算价格空间越来越小，运营商应逐步建立全网统一的销售品体系，积极探索更有效的渠道冲突管理机制，激发区域公司的内生动力，迎接本地流量和全国流量一口价时代的到来。

【知识内容】

## 一、通信渠道管理的内涵

通信渠道管理指通信运营商为实现运营商的分销目标而对现有渠道进行管理，以确保渠道成员间、运营商和渠道成员间相互协调和合作的一切活动，其意义在于共同谋求最大化的长远利益。根据上述定义，营销渠道管理的内涵可以从以下几个方面来理解。

(1) 管理的目的：通过渠道成员的职能分工与合作，实现渠道的高效运作，在此基础上对市场需求的变化能够及时、有效地进行响应，为顾客创造价值。

(2) 管理的对象：营销渠道中的所有参与者，既包括运营商内部的员工或销售机构，也包括运营商外部的其他组织或个人，如中间商、消费者、经纪人等。由于管理对象的复杂性，导致了营销渠道管理的复杂性。

(3) 管理的内容：对营销渠道的功能流所进行的所有管理活动以及为了适应外部经营环境所进行的渠道结构规划设计和优化调整，是实现渠道管理目标的重要保证。

(4) 管理所采用的主要措施：计划、组织、协调、激励和控制。渠道管理者通过执行这些管理职能，协调和整合营销渠道中所有参与者的活动以顺利完成企业的分销目标。

## 二、通信渠道管理的主要策略

### (一) 选择渠道成员

在渠道成员中，除自营渠道以外，渠道成员和运营商是长期合作的伙伴。渠道成员的选择有以下几个步骤。

#### 1. 考虑运营商渠道目标和渠道策略

(1) 运营商对中间商是否有需要。如果运营商没有直销能力，那必须发展中间商渠道；运营商如果有直销队伍，那么应该考虑直销队伍是否具备足够的能力完成运营商的营销目标；如果不能，那还是考虑中间商渠道的发展；当然在发展中间商时，也应考虑对中间商的控制能力。

(2) 需要的中间商是何种类型。对于中间商的类型，运营商首先要考虑中间商的性质和渠道目标、渠道策略等因素；其次，在选择零售商时，顾客的购买习惯和购买方式也是重要考量因素；最后，选择的中间商符合企业产品的定位也是需要考虑的。

(3) 需要不同类型和相同类型的中间商的数量是多少。不同类型的中间商的数量主要与渠道的长度有关，渠道长度取决于渠道目标和策略；企业的渠道密度决策决定了相同类型的中间商的数量，由企业的营销战略和渠道的布局决定，企业的渠道密度越小，渠道成员的选择越重要，一旦选错，风险很大；企业的渠道密度越大，企业选择中间商的重要性会相应的下降。

(4) 企业选择中间商的原则是什么？渠道成员选择的原则是：① 目标市场原则，这一原则要求渠道成员选择时考虑渠道成员把产品和服务送达目标市场的方便程度，最终客户便捷地获得产品和服务的能力，企业的渠道成员对最终客户的影响范围、客户类型等因素进行重点考量；② 分工合作原则，在选择渠道成员时，应当注意它们在经营方向和专业能力等方面能否承担执行渠道功能，这需要企业了解渠道成员的经营特点和专业能力；③ 形象原则，对渠道成员的要求不仅是把产品销售出去，还要求渠道成员能通过销售产品，树立和提升企业的形象和品牌形象；④ 效率原则，在渠道成员选择时关注，其是否有利于整个渠道系统效率的提高，也就是投入产出比的提高；互惠互利原则，企业在选择渠道成员时也要考虑渠道成员的价值观，只有成员的相互协同、密切合作、互利共赢，才能建立高效渠道。

### 2．渠道成员的寻找

渠道成员是运营商未来的长期合作伙伴，为了寻找合适的渠道成员，范围越大越好。渠道成员最主要的来源有以下几个：① 自营的销售组织，自营的销售组织和人员会与很多中间商进行业务联系，掌握很多中间商的信息，企业需要新的渠道成员时，他们能提供很多渠道成员的来源；② 行业来源，包括贸易组织、行业协会等；③ 中间商咨询，可以通过向现有的中间商咨询，或直接让其推荐。

### 3．渠道成员的确定

渠道成员确定可分为定量确定和定性确定两种方法。定量确定法可根据对渠道成员的销售量、销售增长率、销售成本进行排序确定。定量法的优点是比较客观，但缺点是很多因素无法量化以及收集数据的时间、人力、财务成本高。定性确定法可通过市场试运营、竞争手段等方式进行确定，定性方法具有比较简单、灵活、节约成本等优点，缺点是比较主观。最好是两种方法综合使用，形成互补。

### 4．渠道任务的分配

渠道成员确定后，就要进行渠道任务的分配，一般通过协商的方式，遵循互利共赢、权利义务相匹配的原则，以协议的形式予以确定。

### 5．渠道成员保持

为了保持渠道成员，作为运营商要提供高质量、高利润的通信产品，对中间商给予广告、销售支持，并根据具体情况对中间商进行管理支持，贯彻公平交易原则。

### (二) 激励渠道成员

通信运营商必须不断地激励渠道成员，了解渠道成员的需要和利益需求，向渠道成员提供必要的支持，使其最大限度地发挥销售积极性，出色地完成销售任务。运营商的渠道激励管理主要是两个方面，一个是对自有营销渠道人员的激励，另一个是对代理商和合作伙伴的激励。

对自有营销渠道人员的激励，运营商可以从以下几点予以考虑：

(1) 应该采用目标激励作为当前主要的激励的方式。设置适当的目标(如销售增长或顾客满意度)，激发员工的动机，达到调动员工的积极性的目的。通过阶段性目标来实现总目标。

(2) 对渠道人员的激励不仅仅要考虑到物质方面的因素，还要考虑到他们的自我价值能否在体系中得到实现，内部各环节能否为之提供及时而有力的支撑，使之能顺利地开展工作等方面。

(3) 整合现有的营销资源，想办法调动包括综合后勤部门在内的所有员工的积极性，但同时激励渠道人员不能以损害其他支撑人员的积极性为代价。

(4) 建立可以科学量化考核和管理的激励机制，结合运营商人力资源管理总体规划，以便做到公平和公正。

对代理商和合作伙伴的激励，运营商要明确地认识到代理商是独立的经营实体，有自己的目标、利益和策略。代理商首先是客户的采购代理，然后才是运营商的销售代理。只有客户愿意消费的通信业务，代理商才有兴趣经营。因此，运营商应根据代理商的这些特点采取必要措施，对其进行合理的渠道激励管理，以使整个营销体系达到最优化：

(1) 帮助代理商和合作伙伴提高自身的发展能力，如为代理商提供信息、技术咨询和定期提供产品培训，帮助代理商提高销售服务能力等。

(2) 根据代理商和合作伙伴在营销体系中所起的作用合理分配利润。为提高代理商的积极性，可以制定便于量化管理的分级返点制度，便于加大对完成业务量较大者的激励。

(3) 运营商应该与代理商保持稳定的长期伙伴关系。对一些业绩良好、市场拓展能力强、忠诚度高、积极贯彻落实运营商政策的代理商加大扶植力度和资源支持，鼓励其向连锁经营发展。激励社会营销渠道努力提高服务水平，形成优胜劣汰的良好的竞争氛围。

### (三) 通信渠道冲突管理

渠道冲突指渠道成员意识到另一个成员正在从事会损害、威胁其利益，或者以牺牲其利益为代价获取稀缺资源的活动，从而引发它们之间的争执、敌对和报复的行为。电信运营商渠道体系包括自有实体渠道、社会实体渠道、直销渠道以及电子渠道四大类。各类渠道在经营范围和功能上既有分工也有合作，部分业务和功能在渠道间可能相互交叉，容易造成渠道冲突。因此，减少渠道冲突，增强渠道协力是发挥渠道整体效应的关键。

#### 1. 通信渠道冲突的类型

对渠道冲突可从同一渠道的不同层次之间、同一渠道的同一层次的不同成员之间以及不同渠道之间的关系协调性与竞争三个角度对渠道中可能出现的矛盾和冲突进行判断。因此，渠道冲突可以按照通信渠道成员之间的关系分为三类，即垂直渠道冲突、水平渠道冲突和多渠道冲突。

##### 1) 垂直型渠道冲突

垂直渠道冲突指同一渠道中不同层级渠道成员之间的冲突，这是最常见的渠道冲突，如运营商、代理商、零售商三者两两之间的垂直冲突。通信渠道垂直渠道冲突经常表现在渠道成员之间争夺业务和客户，运营商与渠道商之间相互不满，渠道成员忠诚度低，甚至出现反水现象等等。这些渠道冲突的肆意滋生对通信运营商的运营效率、服务质量等多方面造成了不利影响。随着虚拟通信运营商在我国的发展，他们与传统网络运营商的分销渠道之间的控制与反控制将会越来越激烈。

##### 2) 水平型渠道冲突

水平渠道冲突指同一渠道中同一层级渠道成员之间的冲突。例如，同级代理商之间的冲突；通信运营商之间争夺同一条渠道及其渠道成员而产生厂商间的冲突；运营商使用不同品牌同时发展一项业务，如果不注意客户市场细分定位也容易造成水平渠道冲突；不同区域的移动产品批发商为追求利润最大化而进行跨区倾销、窜货的行为。这些冲突都会破坏原有竞争机制从而引发冲突。

### 3) 多渠道冲突

多渠道冲突指通信运营商建立的两条或两条以上营销渠道向同一目标市场出售其产品时产生的冲突。例如，校园内的直销渠道与校园周边的实体渠道之间由于面对的市场有交叉而引发的矛盾与冲突。通信运营商为了更有效地满足目标市场需求，往往会使用多种营销渠道来转移所提供的产品和服务。渠道资源的整合，多渠道的协同运营已经开始逐渐被通信运营商重视起来。通信运营商可以选择客户到营业厅办理业务的渠道；也可以选择客户到代办点购买产品的渠道；还可以选择客户在互联网上办理业务或购买产品的渠道等。

### 2. 通信渠道冲突的原因

渠道冲突产生的原因包括以下几种：

#### 1) 价格体系混乱。

随着通信市场目标用户的进一步细分，通信运营商针对不同的客户群、特定的目标用户、特定的竞争区域、特定的销售渠道制定了不同的价格策略和返利措施。四大营销渠道面对目标用户的重叠交叉以及互相渗透，优惠客户群、优惠目标用户、优惠区域、优惠渠道有时管理失控，导致优惠产品范围无限扩大，零售商互相杀价，零售价格崩盘，渠道因无利可图放弃该产品的销售，最终导致产品销售量直线下降。

#### 2) 渠道多头管理与内部竞争引导不善

渠道是共享的，应该为整体客户群提供服务，但各业务部门分别管理一定类型的管理，如实体渠道承接所有渠道营销用户的到厅体验和二次销售。但由于各客户群中心分别管理，角色的对立，目标不一致，容易引发渠道冲突，降低渠道效率。渠道量收与部门的绩效挂钩，不同的渠道业务管理部门既存在不同渠道间的竞争，也存在部门内部的竞争。因此不同部门往往从狭隘的部门利益出发，从自身承担的绩效考核出发指导销售行为，如规定只能销售某种与绩效考核挂钩的产品，排斥或者抵制其他渠道类似产品的销售和服务，甚至有意识地拒绝和拖延业务受理。

#### 3) 渠道考核的失效

为激励销售渠道的积极性，给各渠道管理部门和代理商制定销售任务，实施任务考核和激励。如果激励措施运用得当，可以起到激励作用。但目前各销售渠道承接的年度考核任务往往超过了正常的市场需求总量，达量与年终奖励标准不科学。尤其是员工直销销售考核过重，为了完成考核目标值，烂价、窜货不可避免；或者互相攻击争夺同一客户，怂恿客户退网重办；或者渠道间截单、抢单；或者渠道内违规受理、违规串货；或者违反渠道区隔的要求对用户反复骚扰反复营销。

#### 4) 渠道激励的不足

渠道激励的不足主要表现在两个方面。一是考核过高，变动频繁。由于从集团公司到省级分公司，到地市公司，全年的考核目标值都通过收入预算倒推，用户指标、收入指标等都经常超出市场需求，同时考核重点、考核方向甚至考核值也经常在变，让代理商既感到总量无法完成，又对变化感到无所适从。二是绩效激励总盘子固定，激励性不足。每年的销售绩效激励成本总盘子固定，销量多时反而减少奖励单价，销量少时反而提高奖励单价，造成了代理商和销售人员每月的激励总额都差不多，失去了销售的热情。

5) 信息沟通不善

在相互依赖的渠道成员之间，彼此间存在差异，如果能够顺利进行信息交流，相互理解，那么相互冲突的机会就比较少。但实际情况中，代理商与运营商之间经常由于沟通不善造成很多问题。例如，代理商往往出于自身的利益，只向运营商反馈对自己有利的因素，通过夸大市场疲软程度来掩饰自身销售能力不足的缺点，或将责任归结于产品因素，同时也经常抱怨运营商不重视他们的意见。此外，自有实体渠道之间的沟通也存在问题。同样一个客户，从收到的短信、客服电话咨询、客服电话主动营销、网站以及到厅后营业员咨询等不同方式获取的信息可能都存在较大的不同。

6) 渠道协同的 IT 支撑系统不健全

4G 时代的营销，单靠一个渠道很难完成通信产品整个销售、体验、服务的过程，需要通过整合直销、实体、电子等自有实体渠道(包括社会实体渠道的实体店面)来进行。但随之而来的问题就是，随着接触用户的接触点多了，每个用户都反馈一个信息，累加起来信息庞杂，对于分布在各个渠道各个主管单位下的营销人员来说，不能很好地掌握用户在上一个环节面对营销人员时的表述，同样也不了解上一个环节中用户反馈的信息。目前，通用的 CRM 系统只能记录用户的实际业务受理信息，而用户的营销信息则没有任何的体现，这就迫切需要一个新的 IT 支撑系统对跨部门跨渠道的协同营销予以支撑。

### 3. 通信渠道冲突的管理方法

首先，冲突管理制度化。制定科学合理的价格政策和市场区域划分政策，并严格予以执行。对违反政策的行为要予以坚决的处理。要有专门的机构和人员进行日常管理，以便渠道成员及时进行沟通、交流，消除误会和化解矛盾。制定处理渠道冲突的制度、政策以及冲突处理的程序和方法，以便能够照章办事。

其次，沟通协商公开化。出现渠道冲突问题的双方，不应消极掩盖，应当尽可能地沟通信息，协商解决对策。有的地市成立的渠道商俱乐部，开展不定期的沟通活动，使与会成员都能平等对话，调动了大家互相协调和监督的积极性，不失为一种好的办法。

最后，监管奖惩明确化。加强渠道监管，日常监督和神秘顾客考核相结合，必要时引入第三方协助实施监控。实施有效的奖励措施，注重长期激励，加强非现金激励，形成积极的、双赢的战略合作关系，鼓励渠道成员为着共同目标而努力。对于有恶意冲突动机、或有本质性敌对行为的渠道成员，沟通协商后仍执意妄行的，要坚持宁缺毋滥原则，敢于忍痛割爱，必要时解除合作关系。当然，这样做的前提是有备选方案，有条款清晰的合同。总之，要做到有理有据，该处罚就处罚，决不手软。

### (四) 评估渠道成员

渠道成员评估有三个方面，包括中间商能力、运营商对中间商的控制力和渠道成员的适应性。中间商的能力包括中间商的市场覆盖范围、产品政策、地理区位优势、产品知识、预期的合作程度、财务状况和管理能力、促销政策和技术以及综合服务能力。运营商对中间商的控制能力是不可忽视的因素。运营商根据渠道要求对渠道成员实施不同程度的控制，不仅要控制渠道成员的数量、类型和分布，还要控制销售政策，对渠道成员从控制内容、控制方式、控制程度等方面进行可控性评估。渠道成员适应性评估，主要是评估渠道成员对渠道的适应能力和对环境的应变能力，以通过访谈、实地考察等方式的定性评估为主。

案例分析及思考题

## 【课后习题】

通信运营商如何协同管理自有实体渠道、社会实体渠道、直销渠道以及电子渠道？

# 项目九　制订通信促销策略

**【知识结构图】**

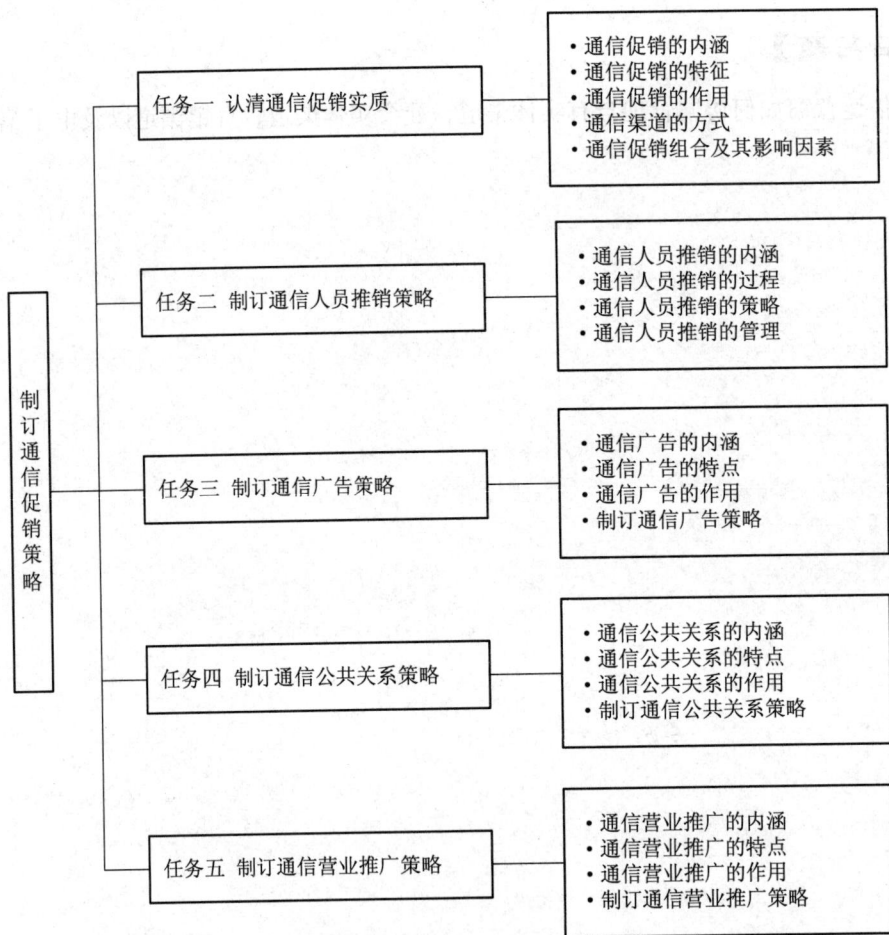

**【学习目标】**

通过学习，应该明确促销策略也是市场营销组合的一个重要策略。促销作为通信运营商连接市场的重要手段，对于企业扩大销售额、提高市场占有率、保持竞争力具有重要意义。本项目的任务包括认清通信促销实质、制订通信人员推销策略、制订通信广告策略、制订通信公共关系策略、制订通信营业推广策略。

# 任务一 认清通信促销实质

## 【问题引入】

促销是现代市场营销组合中的一个重要因素,其主要任务是将有关企业和产品的信息传递给目标市场上的顾客,以达到扩大销售的目的。它与产品策略、定价策略、渠道策略具有同等重要的意义,是通信运营商经营活动成败的关键之一。那么,如何理解通信促销的内涵?如何认清通信促销的实质?如何理解通信促销组合?

## 【案例导入】

### 电信、联通、移动 5.17 电信日促销活动大盘点

一年一度的 5.17 国际电信日,如同某宝界的"双 11",这也是一个运营商扎堆促销的时机,让我们看看 2018 年各运营商放出了哪些大招,盘点一下各运营商的优惠促销活动。

中国电信的超长周期 517 活动:

中国电信 517 活动的周期比较长,5 月 17 日起到 7 月 31 日都有效,而相关的活动则围绕 10 GB 本省超大流量展开。

活动期间只要用户集齐三个兑换码可得 10 G 本省超大流量(四川流量兑换尚未开通)。至于手机方法如下:即日起到 7 月 31 日新入网用户可获得 1 个流量码;天翼 3000 积分可换 1 个流量码。当用户集齐 3 个流量码后即可登录活动界面兑换。

中国移动针对 517 电信节推出了三项活动:

活动 1:套餐大钜惠——即日起到 5 月 22 日期间,在官网活动页面新办 4G 统一套餐或升档 4G 统一套餐,可抢购优惠折扣名额。每日 9:00 开始,限量 5170 个 1 折名额,5 折名额每日限量 5.17 万个。

活动 2:每日半价——即日起到 5 月 22 日期间,每日开放一款实物商品进行限时抢购,数量有限,抢完即止。

活动 3:VoLTE 推广活动——即日起到 5 月 22 日期间,在活动页购买表示支持高清语音(VoLTE)的手机即可获赠 2 G 全国通用流量,在确认收货后次月充入用户下单手机号码。此外,VoLTE 体验师的新客户,在 5、6、7 三个月内当月使用基于 VoLTE 的高清语音通话或高清视频通话,次月获赠 1 GB 流量。

中国联通针对 517 主要开展了三项限时活动:

活动 1:充值优惠——即日起到 5 月 23 日,享受 9.9 折的充值优惠。同时,用户还可选购 15 元包月的视频流量包(应该仅限优酷)。

活动 2:4G 组合套餐——用户可以根据实际需求,分别选择流量和通话的套餐搭配。

活动 3:购机半价——预存话费购买指定机型享受半价优惠。

分析提示:"好好降价,天天促销"是今天中国通信运营业的营销写照。相比多年前的高高在上、等客上门,从"放号"到"促销"的转变意义重大。降价和促销,或以降价为主要手段,辅以捆绑的促销,对通信运营业的长远发展来说,是一大进步。案例里各通信

运营商利用 517 电信日大搞促销，是竞争的需要，是争夺日益挑别的客户的需要，也是各运营商追求业绩的需要。而要搞好促销，需要从促销的时机、目标群体、配套宣传、定价等诸方面精心策划，确保良好的执行。

## 【知识内容】

## 一、通信促销的内涵

### 1. 通信促销的概念

促销就是营销者向消费者传递有关本企业及产品的各种信息，说服或吸引消费者购买其产品，以达到扩大销售量的目的。通信促销指通信运营商通过向客户传递通信产品或服务信息，帮助客户认识通信产品，尤其是通信新产品和服务的存在，引起客户的注意，提高其兴趣并产生好感，激发其购买欲望，以达到最后的购买。通信促销承担着两方面的任务：一是要广泛地搜集客户的需求及偏好的信息；二是根据客户的需求和偏好，将通信产品和服务的信息传递给客户，并提供适销对路的通信产品，达到扩大产品销售的目的。

### 2. 通信促销的实质

通信促销的实质是要达成通信运营商与客户买卖双方的信息沟通。通信运营商作为商品的供应者或卖方，面对广泛的客户，需要把有关企业自身及所生产的产品、服务的信息传达给客户，使他们充分了解企业及其产品、服务的性能、特征、价格等，借以进行判断和选择。这种由卖方向买方的信息传递，是买方得以做出购买行为的基本前提。另外，作为买方的客户，也把对运营商及产品、服务的认识和需求动向反馈到卖方，促使卖方根据市场需求进行生产。这种由买方向卖方的信息传递，是卖方得以适应市场需求的重要前提。可见，促销的实质是卖方与买方的信息沟通，这种沟通不是单项式沟通，而是一种由卖方到买方和由买方到卖方的不断循环的双向式沟通。

### 3. 通信促销的目的

通信促销的目的是引发、刺激客户产生购买行为。在客户可支配收入既定的条件下，是否产生购买行为主要取决于消费者的购买欲望，而购买欲望又与外界的刺激、诱导密不可分。促销针对这一特点，通过各种传播方式把产品或劳务的有关信息传递给消费者，以吸引客户对通信产品、服务的注意和了解，激发其购买欲望，并使其产生购买行为。

## 二、通信促销的特征

通信运营商向社会提供的不是一般的物质产品，而是一种特殊的效用，即缩短公众的交流距离，加快社会活动进程，扩大信息传播量及范围，由此使得通信运营商与一般生产企业相比，在促销过程与促销方式上均表现出不同的特点。

### 1. 促销过程的广泛性

为了满足社会对电信的需求，通信市场的触角遍及全国乃至世界各地，面对的是一个多层次、多元化的消费主体。这些群体既有社会组织的、也有个人的；既有国内的，也有国外的；既有固定的，也有流动的。此外，通信生产需要全程全网、联合作业。在大多数情况下，通信部门传递一个完整的信息，总是要由相关的两个、三个甚至更多的企业共同参与才能完成。对每个企业而言，它所完成的只是整个企业生产和销售过程的一个阶段，这一个阶段同时又是客户使用的一个阶段。为促进销售，使客户得到良好的效用，各个阶段需密切配合协作，确保通信质量。

### 2. 促销方式的专业性

通信生产的成果，不是信息本身，而是因给用户传递信息而对客户产生的一种有益的效用。这种有益效用是通信员工借助通信手段，将客户交给的信息以尽快的时速使其产生预期的空间场所的变更而产生的。例如，电话直接把发话人的声音传递给受话人。电话信息本身并不是电信产品，它是客户交流的，不是通信运营商生产的，这就要求使劳动对象原有形态最终不发生变化，保证信息复制的准确性，必须在限定时间内传递好信息。因此，通信运营商的生产和销售的技术含量较高，由此使得促销方式也必须适应专业性强的特点，不仅要求促销人员具备较强的专业技能，熟悉通信业务，而且在广告制作、渠道设计上也应充分体现出这一特征。

## 三、通信促销的作用

### 1. 沟通信息，密切关系

现代市场营销贯穿着复杂的信息沟通系统。在通信产品、服务进入市场之前，通信运营商必须把有关通信产品、服务的信息传递到目标市场。这样，一方面可以把通信产品、服务的特性与作用等信息传递给客户，引起其注意，刺激其购买欲望；另一方面可以及时了解客户对通信产品、服务的看法和意见，从而使生产者、中间商与消费者之间的关系更加密切，同时加强营销渠道各环节的协作，加速通信产品、服务流通。

### 2. 刺激需求，扩大市场

有效的促销活动不仅能诱导和激发需求，而且能在一定条件下创造需求。它能在需求潜伏时起催化作用；在需求波动时起导向作用；在需求萎缩时起刺激作用。在市场波动增强的情况下，促销有助于树立通信运营商形象，扩大通信运营商及其通信产品、服务的知名度，稳定甚至扩大通信产品、服务的市场占有率。

### 3. 突出特色，提升能力

在经济全球化和科技飞速发展的今天，通信产品、服务越来越同质化，通信运营商之间的竞争也就越来越多地由价格竞争转变为非价格竞争。要想在非价格竞争中胜出，实现通信产品、服务和品牌的差异化是唯一的途径。通信运营商差异化竞争优势的建设，一方面有赖于运营商自身苦练内功，生产出符合客户需求的通信产品、服务价值；另一方面，好的通信产品、服务还必须借助于有效的促销手段，才能不断提升市场竞争力。

### 4. 协调配合，稳定销售

促销是企业市场营销组合的重要组成部分，而且是最灵活的部分，因而具有协调和配合其他营销策略的作用。促销的这种协调配合作用，有助于树立通信运营商及其通信产品、服务的特色，有助于通信运营商整体战略的实施及总体营销目标的实现。

## 四、通信促销的方式

通信促销的基本方式有人员推销和非人员推销两大类。人员推销包括营业员、话务员、线路维护人员及营销人员的促销行为；非人员推销包括广告促销、公关促销和营业推广等多种方式。这四种方式各有其特点，既可以单独使用，也可以组合在一起使用，以达到更好的效果。

### 1．人员推销

人员推销是由通信运营商派出推销人员或委托推销人员，直接与消费者接触，向目标顾客进行产品介绍、推广，促进销售的沟通活动。

### 2．广告促销

广告促销指通信运营商按照一定的预算方式，支付一定数额的费用，通过不同媒体对通信产品、服务进行广泛宣传，促进通信产品、服务销售的传播活动。

### 3．公关促销

公关促销指的是通信运营商通过开展公共关系活动或通过第三方在各种传播媒体上宣传通信运营商形象，促进与内部员工、外部公众良好关系的沟通活动。

### 4．营业推广

营业推广是通信运营商为刺激消费者购买，由一系列具有短期诱导性的营业方法组成的沟通活动。

无论是人员促销，还是广告、公共关系、营业推广等促销方式，均有其优势和不足(参见表 9.1)，在实际业务运用中，应根据通信产品、服务的具体特性，在各自适合的场合加以运用。

**表 9.1　促销方式优、缺点比较**

| 促销方式 | 促销工具 | 优　点 | 缺　点 |
|---|---|---|---|
| 人员推销 | 销售会议、推销展示、交易会 | 信息双向沟通，能及时反馈；信息传递的针对性较强；尤其适用于某些贵重品和特殊产品 | 成本高；受推销人员素质的制约；接触面太窄 |
| 广告 | 报刊媒体、电视媒体、户外广告 | 传播面广，速度快；形象生动，信息艺术化，吸引力强；可选择多种媒体；可重复多次使用 | 说服力较小；购买行为滞后；信息量有限 |
| 公共关系 | 赞助活动、公益活动、捐赠、研讨会 | 可提高企业知名度，美誉度和信赖度；可信度高；绝对成本低 | 见效较慢；难以取得媒体的合作；效果难以控制 |
| 营业推广 | 竞赛、游戏、回扣、有奖销售、发放赠品 | 刺激快，吸引力大；在改变消费行为方面非常有效；与其他促销工具有很好的协同作用 | 只能短期刺激；可能使顾客有顾虑和怀疑；可能损坏品牌形象；竞争对手容易模仿 |

## 五、通信促销组合及其影响因素

通信促销组合指通信运营商在市场营销过程中，有目的、有计划地把人员推销、广告促销、公关促销和营业推广这几种促销方式进行配合和综合运用，形成一个整体促销策略，以便有效地传递商业信息，高效率地促进通信产品、服务的销售。由于通信促销方式各具特点，因而通信运营商应该根据不同的需要和情况来选择、搭配促销方式，制订相应的促销策略。通信运营商在选择最佳促销组合时必须考虑如下因素。

### 1. 促销目标

它是通信运营商从事促销活动所要达到的目的。在运营商营销的不同阶段，为适应市场营销活动的不断变化、要求有不同的促销目标。促销目标对促销方式会产生直接影响，因为相同的促销方式在实现不同的促销目标上，其成本效益是不同的。在提高运营商知名度和声望方面，广告和公共关系远远超过人员推销。在促进顾客对运营商及产品的了解方面，广告和人员推销的成本效益比最佳。在促销订货方面，人员推销的成本效益比最佳，营业推广则起协调辅助作用。

### 2. 促销策略

促销策略从总的指导思想上可以分为推式策略和拉式策略两类，如图 9.1 所示。推式策略是通信运营商运用人员推销的方式，把通信产品推向市场，即从运营商推向中间商，再由中间商报给消费者，故也称人员推销策略。推式策略一般适合于单位价值较高、性能复杂、需要做示范的通信产品，根据客户需求特点设计的通信产品，流通环节较少、流通渠道较短的通信产品，市场比较集中的通信产品等。拉式策略也称非人员推销策略，是运营商运用非人员推销方式把顾客拉过来，使其对本企业的通信产品产生需求，以扩大销售额。对单位价值较低的通信产品，流通环节较多、流通渠道较长的通信产品，市场范围较广、市场需求较大的通信产品，通常采用拉式策略。

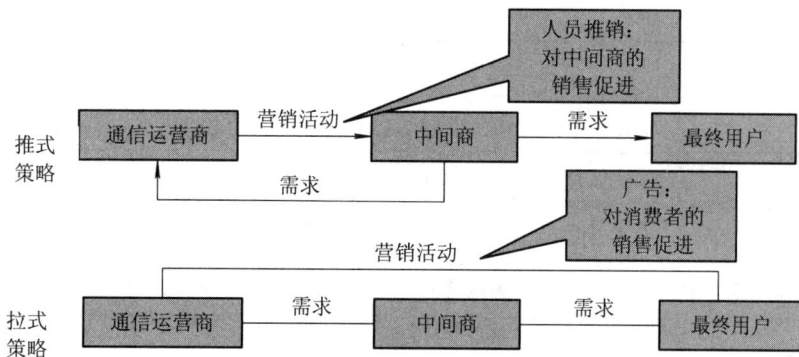

图 9.1　推式策略与拉式策略

### 3. 产品类型

各种促销方式对不同通信产品的促销效果有所不同。以个人消费的通信产品来说，最重要的促销方式一般是广告，其次是营业推广，然后才是人员推销。而对集团消费的通信产品来说，运营商分配促销预算的次序，首先是人员推销，其次是营业推广，然后才是广告。换言之，广告比较适用于价格较低、技术不那么复杂、买主多而分散的个人消费的通信产品；人员推销比较适用于价格较高、技术性强、买主少的集团消费的通信产品。营业推广和公共关系是相对次要的促销方式，在两类产品的适用性方面差异不大。不过，各种沟通方式相互具有补充作用。对较复杂的通信产品，人员推销通常比广告对促成实际销售的效果更佳。但广告传播信息的范围广，在扩大知名度和树立企业形象方面作用很大，因此也是一种不容忽视的促销方式。同样，在消费品的营销过程中，有效的人员推销也能够增强说服力，劝说消费者最终做出购买行为。

### 4. 产品生命周期

不同电信产品所处的生命周期阶段对于促销组合决策会产生不同的影响。因为，对处在生命周期不同阶段的通信产品，促销侧重的目标不同，所采用的促销方式也不同，如表9.2所示。

对引入期的通信产品，需要提高知名度，采用广告和公关宣传方式可以获得最佳效果，营业推广也有一定作用。

对成长期的通信产品，通信运营商的促销目标应有一个战略性转变，促销重点应从一般性的介绍转而着重宣传通信产品的特色，树立品牌形象，使客户逐渐形成对本企业产品的偏好。在这个阶段，广告和公关宣传仍需加强，营业推广相对可以减少。

对成熟期的通信产品，为了与竞争对手相抗衡，保持已有的市场占有率，通信运营商必须增加促销费用。一般会削减广告预算，因为，在此时期大多数目标客户已经对通信产品有了了解。只需比较性和提示性广告，而营业推广手段又逐渐起着重要的作用。

对衰退期的通信产品，通信运营商应把促销规模降到最低限度，以保证足够的利润收入。在这一阶段，广告仅起提示作用，公关宣传活动可以全面停止，人员推销可减至最小规模。然而，营业推广的某些活动可以继续展开。

**表 9.2　通信产品生命周期及其促销策略**

| 产品生命周期 | 促销目标 | 促销主要方式 |
| --- | --- | --- |
| 投入期 | 认识了解产品 | 各种广告 |
| 成长期 | 增进兴趣与偏好 | 改变广告形式 |
| 成熟期 | 增进兴趣与偏好 | 改变广告形式为主，辅之销售促进 |
| 衰退期 | 促成信任购买 | 销售促进，辅之提示性广告 |
| 产品生命周期各阶段 | 消除不满意感 | 改变广告内容，利用公共关系 |

### 5. 市场性质

对不同的市场需求采取不同的促销组合和不同的促销策略，因此应根据市场地理范围的大小，市场的类型，以及不同类市场潜在顾客的数量，分别采用不同的促销策略。

首先，促销组合应随着市场区域范围的不同而变化。如目标市场范围小且相对集中，应以人员推销为主；对于范围广且较分散的市场，则应以广告宣传和公共关系为主。

其次，促销组合应随着市场类型的不同而不同。单位价值较低、性能简单的通信产品市场，其买主多而分散，不可能由推销人员广泛地个别接触，主要靠广告宣传介绍、产品陈列吸引顾客；单位价值较高、性能复杂、需要做示范的通信产品市场，产品性能、质量要求高，技术标准严，应以人员促销为主。

最后，促销组合应视市场上的潜在客户的数量、类型而定。客户数量少而使用业务数量大，如针对通信业务的集团客户，应该用人员促销策略；客户数量多而分散，如针对通信业务的家庭客户，宜采用广告推销等促销方式。

### 6. 促销预算

通信运营商开展促销活动，必然要支付一定的费用。在满足促销目标的前提下，要做到效果好而成本低。通信运营商确定的促销组合成本预算应该是运营商有能力负担的，并且是能够适应竞争需要的。此外，通信运营商还应考虑两个主要问题：一是促销预算费用；二是预算费用在各促销手段中如何分配。也就是说，综合分析各种促销方式的费用与效益，以尽可能低的促销费用取得尽可能高的促销效益。促销方式不同，费用会有很大的差异。在预算费用小的情况下，运营商往往很难制订出满意的促销组合策略。然而，最佳促销组合并不一定费用最高。运营商应全面衡量、综合比较，使促销费用发挥出最大效用。

案例分析及思考题

## 【课后习题】

针对高校大学生市场，三大通信运营商可以采取哪些促销方式搞好高校促销活动？

# 任务二　制订通信人员推销策略

## 【问题引入】

通信人员推销是通信运营商运用推销人员直接向顾客推销电信产品或服务的一种促销活动。这种方法尽管传统但效果却十分显著，在现代市场中仍然有其他方式无法取代的优势，并且发挥着重要的作用，始终是通信运营商开拓市场不可缺少的重要工具。那么，如何理解人员推销？如何制订人员推销策略？

## 【案例导入】

### 主动关怀，持之以恒

YA 实业发展有限公司，是一家集机动车维修、年审和驾驶培训为一体的企业，属传统保守型企业，对电信业务的优惠措施更是知之甚少。该公司有办公电话6台，1条9.2 KB的区间DDN专线，属A类商业客户。在第一季度，我方曾向该客户推介过商务常青套餐，客户以目前话费不太高，享受不了多少优惠为由没有办理。

不久前，在对该客户的走访过程中，该公司的林经理向我客户经理小李诉苦，公司目前业务量有较大提高，现有 DDN 专线速度显得较慢，不知道如何解决。于是小李在对该公司的业务发展情况进行了详细询问后，向客户提出了将专线速率提升到64 KB的建议，并将相关资费向其作了解释。当提到64 KB每月要比现在多付700元时，林经理表示，虽然从目前公司业务的发展来看，提速对公司有比较大的好处，但每个月2000元的专线月租还是感觉有点贵。

　　听了林经理的诉说，小李脑中闪出一个想法：该客户目前使用的电信业务只有固话和 DDN 专线，两业务在资费方面都没有什么优惠，均按标准执行。而此前，在与该客户的多次接触中了解到，该客户一直对电信业务都没有什么要求和意见，也没有提出任何优惠要求，因此小李感觉该客户是一个比较忠实而又保守的客户。利用这一点，小李首先向林经理强调提速对该公司将带来的巨大帮助，多付几百元是值得的。然后小李说，"提速后我们可以有条件地在专线月租方面给予 9 折优惠的，这样就可以每月省下 200 元了"。林经理听了后蛮有兴趣地说："哦，居然有优惠的，我还不知道呢？"

　　小李一听这话，就知道自己的感觉十有八九中了。于是，小李故意给他留了个问题说："有是有，不过，我们公司是有严格规定的。"

　　林经理追问说："什么规定呀？ 你说来听听。"

　　"我们公司规定，如果要享受优惠的话，一方面要对专线签订一个优惠协议并保证使用三年，另一方面要捆绑其他一些业务的。"小李说。

　　"如果可以省 200 元，签协议那方面是不成问题的，但不知道要捆绑什么业务呢？ "

　　"例如办理上次向您提到的那个商务常青话费包月套餐，其实也是一个优惠措施来的，如果您以后的电话用得多的话还为您省不少的话费呢。"

　　"这套餐其实上次我也考虑过，不过觉得没什么优惠就干脆不办，现在既然是这样，我再考虑考虑，过几天我再答复你。"

　　终于，没过两天，林经理就来电通知我，他决定采用小李提出的提速建议，要客户经理拿协议过去签并帮他办理商务常青套餐。

　　**分析提示**：这是一个典型的客户关怀和主动营销成功的人员推销案例。人员推销工作的成功，贵在持之以恒的努力，而且要不断修炼自身的职业化素质和各项专业技能。在本案例中，客户经理一直与客户保持着及时的沟通与接触，建立了客户对客户经理的专业信任；客户经理及时发现并消除了客户对网络使用的困惑，这对他最终成功完成套餐推荐都有很关键的作用。

## 【知识内容】

## 一、通信人员推销的内涵

### (一) 通信人员推销的含义

　　人员推销指通信运营商的推销人员用谈话的方式，直接向可能购买的顾客进行介绍、说服以及解答工作，促使顾客了解、偏爱通信产品或服务，进而采取购买行动的一种促销方式。人员推销是一种最古老的销售方法，通信产品技术性强，质量要求高，人员推销有着其他促销方式不可替代的作用，是实现通信运营商营销目标的一种最直接的销售。尤其在通信运营商对集团客户的促销方面，人员推销是一种最有效的方式。

### (二) 通信人员推销的形式

通信运营商可以采取多种形式开展人员推销。

### 1. 上门推销

上门推销是由推销人员携带产品样品、说明书和订单等走访顾客，推销产品。这种推销形式可以针对顾客的需要提供有效的服务，方便顾客，针对性强，效果显著。

### 2. 营业推销

推销人员在电信营业厅向光顾现场的客户进行推销。营业推销与上门推销正好相反，它是等客上门式的推销方式。由于营业厅里的产品种类齐全，能满足客户多方面的购买要求，为客户提供较多的购买方便，并且可以保证产品完好无损，故客户比较乐于接受这种方式。

### 3. 会议推销

会议推销指利用各种会议向与会人员宣传和介绍通信产品，开展推销活动。譬如，在电信产品展览会、交易会、交流会等会议上推销通信产品。这种推销形式接触面广、推销集中，可以同时向多个推销对象推销通信产品，成交额较大，推销效果较好。

### 4. 电话推销

推销人员通过电话向潜在客户展示通信产品或服务，以达到获取订单、成功销售的目的。这种方法在联系距离较远的顾客或为现有顾客服务方面有一定的优势。因为推销人员可以坐在办公室里开展业务，扩大销售量，减少出差和旅行方面的费用。

### （三）通信人员推销的特点

通信人员推销具有其他促销方式所无法比拟的优势。这些优势主要有：

### 1. 巩固营业关系

通信推销人员在与客户长期反复的交往过程中，往往培养出亲切友好的关系。一方面，在帮助客户选择称心如意的通信产品，解决通信产品使用过程中的种种问题的过程中，客户对推销人员会产生亲切感和信任感；另一方面，客户对通信推销人员的良好行为予以肯定和信任，也会积极宣传企业的产品，帮助推销人员扩展业务，从而形成长期稳定的关系。

### 2. 有效收集信息

由于通信人员推销是双向沟通过程，他们在向客户提供电信产品和服务的同时也帮通信运营商收集到可靠的市场信息。

### 3. 工作灵活性大

通信推销人员与客户当面洽谈，可以通过亲眼观察客户的反应来揣摩其购买心理变化过程，进而采取相应的策略，有的放矢地开展推销，提高销售效果。

### 4. 及时促成购买

通过通信推销人员良好的推销工作，可以及时、有效地激发客户的购买兴趣，并促使其立即采取购买行为，从而缩短客户从了解信息到实施购买行为之间的时间，并可立刻获知客户的反应，据此及时调整自己的推销策略和方法，解答客户的疑问，使客户产生信任感。

### 5. 针对性强

通信推销人员一般携带样品、说明书等直接登门向顾客推销通信产品，对客户提出的疑问能及时回复、解释和澄清。同时，这种当面推销容易培养买卖双方的感情，从而有利于长期合作。

通信人员推销的缺点主要表现在两个方面。一是支出较大，成本较高。由于每个推销员直接接触的客户有限，销售面窄，特别是在市场范围较大的情况下，人员推销的开支较多，这就增加了通信产品的销售成本，一定程度地减弱通信产品的竞争力。二是对通信推销人员要求较高。人员推销的效果直接决定于推销员素质的高低。而且随着通信技术的发展，通信新产品层出不穷，对推销人员的素质要求越来越高。这就要求推销人员必须熟悉通信新产品的特点、功能、使用、保养和维修等知识与技术。要培养和选择出理想的胜任其职的推销人员比较困难，而且耗费也大。

### (四) 通信人员推销的任务

通信人员推销任务不仅仅是面对面地向客户推销通信产品，还包括更多更复杂的任务，其主要任务如下：

#### 1. 寻找客户，发现需求

通信人员推销不仅要提供产品，满足消费者重复购买的要求，更重要的是在市场中寻找机会，挖掘和发现潜在需求，创造新需求，寻找新客户，开拓新市场。

#### 2. 传递信息，收集资料

通信推销人员是通过传递信息来推销通信产品的，即推销人员及时地将通信运营商的通信产品和服务信息传递给客户，为客户提供资料，引起客户的购买欲望，做出相应的购买决策。通信运营商所需的营销信息，很大一部分源于客户，通信推销人员活跃于运营商和顾客之间，在推销通信产品的过程中，应进行调查研究，与客户保持经常联系，了解他们的现实和潜在需求，并及时反馈给运营商，为改进营销措施，进行营销决策提供依据。

#### 3. 推销商品，提供服务

通信推销人员通过与客户的直接接触，运用销售技巧，根据不同情况向他们提供优惠和服务，从物质上和精神上满足对方的需求，诱导其实现购买行为，推销通信产品。并且在推销中积极主动地为客户提供售前、售中、售后服务，及时解决客户在购买和使用通信产品过程中出现的问题，维护客户利益。

## 二、通信人员推销的过程

一般来说，通信推销人员推销通信产品包括这样几个步骤：寻找客户、研究客户、接近客户、展示产品、完成销售、跟踪服务，如图9.2所示。

#### 1. 寻找客户

寻找客户是通信人员推销的首要环节，可以通过多种方法实现，如地毯式访问法、连锁介绍法、个人观察法、广告开拓法、市场咨询法等。寻找客户的目的是找到目标顾客，即一个既能对某种推销的商品产生购买欲望，又有购买能力的个人或组织。

#### 2. 研究客户

在确定目标客户后，通信推销人员应对他们的有关资料进行收集，包括需求状况、收入水平、消费习惯、消费方式等等，由此制订推销方案。

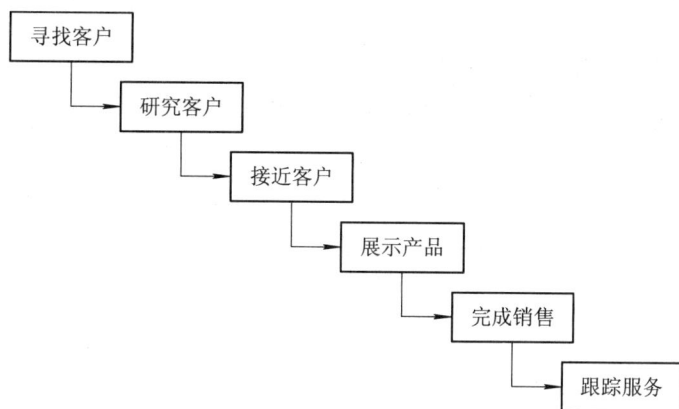

图 9.2　人员推销的过程

### 3. 接近客户

一般来说，人们都不大欢迎推销人员来访。为接近目标客户，通信推销人员可采取下面这些方式：① 产品接近法，即通信推销人员直接利用推销的通信产品引起客户注意，适用于有吸引力、轻巧、质地优良的通信产品；② 利益接近法，即利用给予的实惠引起客户注意和兴趣；③ 问题接近法，即从目标客户感兴趣的问题入手打开话题，根据客户的反应逐步引入关于通信产品的话题；④ 馈赠接近法，即通信推销人员利用赠品引起客户注意和兴趣，然后可以进入面谈进行通信产品的展示。

### 4. 展示产品

展示产品是通信人员推销过程的关键性环节。在这个过程中，通信推销人员经常会遇到顾客各种各样的异议，包括需求异议、购买力异议、决策权异议、产品异议、价格异议等。在这种情况下，通信推销人员必须遵循一条黄金法则，即不与客户争吵，了解异议产生的原因，对症下药。其常用的策略有：

(1) 肯定与否定法，即通信推销人员首先附和对方的意见，承认其见解，然后抓住时机表明自己的看法，否定客户的异议，说服客户购买。

(2) 询问处理法，通信推销人员通过直接询问客户，找出异议根源，并做出相应的答复与处理意见。

(3) 预防处理法，通信推销人员为了防止客户提出异议而主动抢先提出客户可能异议的解释，从而预先解除顾客疑虑，促成交易。

(4) 补偿处理法，通信推销人员利用客户异议以外的产品的其他优点来补偿或抵消客户异议的一种处理方法。

### 5. 完成销售

当客户的各种异议解决后，通信推销人员要注意把握客户的购买意向及时促成交易。其常用的策略有：

(1) 优点汇集成文法。把客户最感兴趣的产品优点或从中可得到的利益汇集起来，在推销结束之前，将其集中再现，促进购买。

(2) 假定成交法，假定客户正准备购买。然后问其所关心的问题，或谈及其使用计划，以此促进成交。

(3) 优惠成交法。利用用户求实惠心理，通过提供优惠条件，促使用户立即购买。

(4) 保证成交法。通过提供成交保证，克服顾客使用的心理障碍，促成购买。

### 6. 跟踪服务

"真正的销售始于售后"。通信产品售出后，并不意味着整个推销过程的终止。跟踪售后服务能加深客户对通信运营商和通信产品的依赖，促使重复购买。同时也可获得各种反馈信息，为通信运营商决策提供依据，也为通信推销人员积累经验，从而为开展新的推销提供广泛的有效途径。

## 三、通信人员推销的策略

### 1. 试探性策略

试探性策略又称"刺激—反应"策略，即通信推销人员利用刺激性较强的方法引发客户购买行为的一种推销策略。在通信推销人员不十分了解客户需求的情况下，事先设计好能引起客户兴趣、刺激客户购买欲望的推销语言，投石问路，对客户进行试探，观察反应，然后根据其反应采取具体推销措施。例如，重点提示产品的特色和优点，进行示范操作，出示图片资料，赠送产品说明书等，激起客户的进一步关注，并及时有效地处理客户异议，排除成交障碍，促使客户采取购买行动。

### 2. 针对性策略

针对性策略又称"配方—成交"策略，即通信推销人员利用针对性较强的说明方法，促使客户发生购买行为的一种推销策略。推销人员在已经基本了解客户有关需求的前提下，事先设计好针对性较强、投其所好的推销语言和措施，有的放矢地宣传、展示和介绍通信产品，说服客户购买。在运用这一策略时，要使客户感到通信推销人员的确是自己的好参谋，是真心为自己服务的，从而产生强烈的信任感，愉快地成交。

### 3. 诱导性策略

诱导性策略又称"诱发—满足"策略，即通信推销人员运用能刺激客户某种需求的说服方法，诱导客户采取购买行动的一种推销策略。这种策略要求通信推销人员能唤起客户的潜在需求，要先设计出鼓动性、诱惑性强的购货建议，诱发客户产生某方面的需求，并激起客户迫切要求实现这种需求的强烈动机，然后抓住时机向客户介绍通信产品的效用，说明所推销的通信产品正好能满足这种需求，从而诱导客户购买。采用这种策略，要求通信推销人员具有较高的推销艺术，设身处地为客户着想，恰如其分地介绍通信产品，真正起到诱导作用。

## 四、通信人员推销的管理

### (一) 通信推销人员的素质与培训

### 1. 通信推销人员的素质

随着通信市场竞争的加剧和消费者需求的日益多样化、复杂化，通信推销人员在企业中的地位也越来越显得重要。不少企业的实践证明，优秀的推销人员是企业的生命线。现代通信运营商的推销人员不仅对外代表通信，而且还要成为客户的顾问，企业要通过更好地满足客户的需要得到更多的盈利，从而使企业和消费者双方有利，双方满意。这就要求通信推销人员具有较高的思想素质、文化素质、业务素质和身体素质。

1) 思想素质

首先，通信推销人员要牢固树立"人民通信为人民"的正确经营思想，培育吃苦耐劳精神、敬业精神和奉献精神，文明推销，不断提高自己的道德修养；其次，在具体的推销过程中，要真心实意为客户着想，全心全意为客户服务；第三，加强组织纪律性，严格执行国家制定的各项方针、政策和法规，遵守企业各项规章制度和劳动纪律。

2) 文化素质

通信推销人员必须具有一定的文化水平，不仅应掌握一定的社会学、经济学、管理学、心理学、地理学、会计学、公共关系等多方面知识，还应具有较深的市场学、推销学、通信新技术等专业知识，并能够有效地将这些知识应用于实践中。

3) 业务素质

通信推销人员不仅要做到知识面广，而且要精通业务，学习并掌握丰富的业务技能和推销经验，能够排除种种推销障碍，善于说服客户采取实际购买行为。这就要求推销人员做到：

(1) 熟悉业务。掌握通信运营商、产品、客户和市场等方面的情况，尤其是有关通信新技术、新业务方面的情况。其中，通信运营商情况包括运营商的历史、现状及发展战略、运营商在同行业中所处的地位、运营商生产经营的通信产品及其定价、渠道、销售方式、服务项目等；通信产品情况包括通信产品的性能、用途、用法、规格、包装、维修等；客户情况包括客户的购买心理与购买行为、购买习惯、购买决策权、购买条件、购买方式和购买时间等；通信市场情况包括市场竞争状况、市场需求情况、潜在市场需求情况等。

(2) 熟悉行情，精通生意经。通信推销人员应当思维敏捷，善于捕捉通信市场上各种有关的信息，并能及时从中识别出有价值的市场信息，然后进行有效的利用。通信市场信息源十分广泛，推销人员必须在这方面做有心人，时时留心，处处注意，不断向运营商提供具有价值的市场信息。

(3) 善于察言观色，具有较强的应变能力和较好的表达能力。因为通信推销人员几乎每天都要与客户打交道，所接触的众多客户在性格、爱好等方面均有差异。而通信推销人员的主要任务是说服客户购买通信产品，这就要求通信推销人员具有较强的应变能力和较好的表达能力，使运营商产生好的营销效益。

4) 身体素质

通信推销人员一般工作任务较为繁重，所以必须具有良好的身体素质，才能在工作中保持精力充沛，充满朝气与活力，才能真正打动并说服客户购买自己的产品。如果推销员身体状况欠佳，不但完不成推销任务，还会给企业的形象造成不良影响。另外，推销员只有具备良好的身体素质，才能有健康的心理素质，才能承受住在推销过程中的心理压力，使推销成功。

**2. 通信推销人员的培训**

通信运营商是技术密集型企业，通信技术日新月异，通信推销人员只有不断地学习，及时了解通信的最新技术，才能有的放矢地进行推销。因此，通信运营商必须经常地对通信推销人员进行培训。

1) 培训内容

(1) 企业知识。它指要求通信推销人员了解通信运营商的历史、生产过程、技术能力、组织结构、产品特点、经营方针、规章制度等，掌握通信运营商的总体情况。

(2) 通信产品技术知识。这是一个熟练的推销人员必须具备的最重要条件。通信推销人员应当掌握通信产品的品种、使用范围、价格、包装特点、使用方法、操作维修、生产过程等各种知识。

(3) 市场知识。通信推销人员应当对市场特点、市场行情、竞争程度、需求分布、国家政策等有较深的了解，才能预见将来的变化趋势。

(4) 顾客知识。这包括顾客的购买动机、购买习惯、需求情况等，掌握顾客消费心理，抓住推销的关键。

(5) 推销技巧。通信推销人员的熟练程度取决于其推销技巧。这包括如何发现客户并主动地接近他们；如何处理好人际关系，与客户打交道；如何克服心理和技术障碍，顺利达成交易；如何与客户保持联系、沟通感情。

2) 培训方式

合理的培训方式是提高培训效率的决定因素。一般来说，根据不同的要求和条件，通信运营商可以采用短期集中培训、专项实习、岗位传授、委托培训等多种方式。

(1) 短期集中培训。抽调一定力量，在专门的时间内对通信推销人员进行集中培训。培训内容以理论讲授、模拟示范、现场操作为主。这种方式对于企业知识、产品知识、业务程序等的培训尤其有效。

(2) 专项实习。专项实习是针对通信推销人员的工作特点，进行特殊知识的专门培训，其目的是提高推销人员某一方面的知识和技能。

(3) 委托培训。如果通信运营商一时不具备培训的条件和经验，也可以委托其他单位培训通信推销人员。委托培训的长处是能够系统地学习有关知识，吸取他人的经验。

**(二) 通信推销人员的报酬**

通信推销人员的报酬有 3 种形式：

(1) 薪金制，即同定工资制，适用于非推销工作占很大比重的情况。这种形式的优点是便于管理，给通信推销人员以安全感，情况发生变化时，容易根据企业需要调整推销人员的工作。其缺点是激励作用差，容易导致效率低下，能人离开。

(2) 佣金制，即通信推销人员按销售额或利润额的一定比例获得佣金。佣金制可最大限度地调动通信推销人员的工作积极性，形成竞争机制。其缺点是可能造成推销员只顾追求高销售额，忽视各种销售服务等短期行为，以致损害了企业声誉。

(3) 薪金与佣金结合制，此形式将薪金制和佣金制结合起来，力图避免两者的缺点而兼有两者的优点。至于两者各占多大比例，则依具体情况而定。

### （三）通信推销人员的评价

通信运营商可从以下方面督促通信推销人员的工作：

（1）规定对客户访问次数的标准。一般说来，销售量的增长与访问客户的次数成正比，通信运营商可根据购买潜力给客户分类，然后规定一定时期内对各类客户的访问次数。

（2）规定访问新客户的定额。企业只有不断发展新客户才能有效地增加销售。若听其自然，通信推销人员可能会把大部分时间用于访问老客户，因此有必要规定发展新客户的任务。

（3）制定访问客户和组织专门活动的时间表，督促通信推销人员提高时间利用率。对通信推销人员的报酬要建立在对其工作实绩做出正确评估的基础上，为此，需建立有效的评价标准。对推销人员的定量考核主要有销售定额完成率、用户访问次数、新客户增加量等指标，公式如下：

$$销售定额完成率 = \frac{实际销售量（额）}{推销定额} \times 100\%$$

$$访销次数完成率 = \frac{实际访销次数}{计划访销次数} \times 100\%$$

$$新客户销售率 = \frac{新客户销售量}{总销售量} \times 100\%$$

$$新客户访问率 = \frac{对新客户的访问时间}{总访问时间} \times 100\%$$

案例分析及思考题

### 【课后习题】

自拟角色，完成一次通信产品的模拟推销。

# 任务三　制订通信广告策略

### 【问题引入】

广告是企业营销策划中一个重要的组成部分。随着产品同质性、无差异性趋势的进一步发展，企业营销战略中更应强调广告战略，把产品定位、企业定位、市场定位等重要信息传达给消费者，让消费者在众多的产品中认识本企业的产品，喜欢并购买本企业的产品，忠诚于本企业的产品。要实现这一目标，通信运营商必须制订有效的广告策略。那么，如何理解通信广告内涵？如何选择通信广告媒体？如何制订通信广告策略？

## 【案例导入】

### "动感地带"——我的地盘听我的

中国移动公司推出的"动感地带"业务早已深入广大青少年的心中，已经融入青少年生活的一部分，成为一种年轻的时尚，也成为年轻人不可或缺的特殊文化。"动感地带"(M-Zone)专为年轻时尚人群量身定做的客户服务被广大青年受众所欢迎和接受，成功地深入富有新时代动感、时尚、个性、富有活力的年轻受众心里，将亚文化精髓成功地融入其中。其广告语"我的地盘听我的"完美地体现出它与年轻目标受众的契合，从而使年轻受众接受这一品牌。这也让其成为针对青少年广告的一个成功的经典案例。

为何这一则"动感地带"——"我的地盘听我的"广告能取得成功？这其中的奥秘首先要说的就是中国移动公司对亚洲青少年的自我满足欲和个性化的心理需求事先做的充分的调查与研究。

首先，"动感地带"这一品牌的打出是为了迎合青少年的消费心理，针对此情况公司做了很细致的市场细分。在 21 世纪的社会大浪潮中，在消费主义与个性化主义盛行的时代，年轻大众异质化愈来愈高，要求得到的是一种与众不同的心理满足感，更需要获得某种意义上的自我满足的归属感。他(她)们追求的是一种"新奇、时尚、好玩、探索、潮流不同"的新型流行文化，也就是以短信文化为代表的亚文化内涵之中。"动感地带"所代表的个性化短信文化表现已契合了时尚一族的某种亚文化的特征，而富有个性的服务有力地支持了这一感性诉求。"动感地带"资费灵活，同时提供给年轻消费者以创新的个性化服务，以及各种时尚、好玩、新颖、丰富的定制服务，可以容纳更多的时尚娱乐功能。为年轻一族提供了一种新型的、即时的、方便的、快乐的生活方式，也旨在为年轻人营造一个个性化、充满创新、新奇和趣味的家园。从心沟通，也是中国移动公司一向的精神所在。正因如此，才能满足个性十足的年轻受众，使其获得满足感，产生自抑不住的冲动而激发其潜在需求，接受此项业务，这就让"动感地带"业务获得了广大青年受众的青睐，业绩节节高升。

其次，是中国移动公司适当的广告创意和营销策略。"动感地带"业务是针对年轻时尚一族而做的业务，要表现的是某种亚文化的特征信息的。而中国移动公司以时尚小天王周杰伦够酷的形象代言，以及广告中极富 hip-pop 特色的背景更赚得了广大目标受众的足够关注和认可，这也是"动感地带"广告获得成功的秘诀之一。

分析提示："动感地带"——我的地盘听我的，这则广告之所以成功，是其契合了广大青年受众的自我满足感及欲望，同时也因其"时尚、好玩、探索"的品牌特征正好符合了青年时尚一族的文化特点，很好地融入了亚文化之中。这则广告的成功，也取决于中国移动公司极富创新的创意以及运用了适当的广告策略，使其成为针对青少年广告的一个成功的经典案例。

## 【知识内容】

## 一、通信广告的内涵

广告作为一种信息传递方式，随着市场经济的发展而发展。如今，广告已成为通信运营商市场营销活动的重要手段，许多通信新产品、新服务都是首先通过通信广告而被客户知晓，通信广告已成为通信产品及服务进入市场的入场券。

通信广告是通信运营商通过各种广告媒体向目标市场和社会公众传播企业及其通信产品信息，宣传产品品牌，树立企业形象的宣传方式。通信广告具有特别的内涵，其概念包含了五个方面的含义：通信广告的对象是广大消费者；通信广告的手段是借助于大众化传播的"广而告之"；通信广告的内容是有计划地传递通信产品及其服务信息；通信广告的传播媒介是通过报纸、杂志、电台、电视台和网站等宣传载体进行的；通信广告的目的在于促进通信产品或服务的销售，取得利润。

## 二、通信广告的特点

### 1. 以信息传递为主要手段

通信广告的基本功能是通过信息沟通生产者、销售者与消费者之间的联系。由于传播媒体能大量地复制信息并广泛地进行传播，所以通信广告的信息覆盖面相当大，可以使通信运营商及其通信产品在短期内迅速扩大影响。对于当今处在互联网时代的通信运营商来说，谁能够通过通信广告更多地吸引顾客的注意力，谁就能够在市场上争取主动。

### 2. 以劝说为诱导方式

通信广告是一种诱导性的劝说行为，通信广告的最终目的是为了销售通信产品，但通信广告并不能强求消费者来购买通信产品，因此，必须采取相应的方式、策略、手段及技巧来影响、打动客户。如何才能影响客户呢？最具体的方法就是劝说，通过劝说使客户接受通信广告宣传的通信产品，产生购买行为。所以，劝说就成为所有通信广告创意者应当把握的一个基本点，无论是什么通信广告，"劝说"始终是核心。

### 3. 侧重于长期沟通

通信广告的促销效果具有滞后性。它并不要求对"唤起购买"有立竿见影的效果，而是注重通信运营商与客户的长期联系与沟通，促使客户长期购买和重复购买。中国移动在新世纪初针对校园产品，首先以"我的地盘听我的"的口号进行面市介绍，劝说年轻人加入 M-Zone(动感地带)计划。对许多年轻人而言与其说他们是加入中国移动，还不如说是在潜移默化中体验一种展现自我，个性独特的潮流文化。"我的地盘听我的"的运动持续了很多年，尽管期间广告片的创意翻新过很多次，但口号一直未变。它成了许多人津津乐道的经典广告。

## 三、通信广告的作用

传递信息和创造需求是现代广告的两大功能。通信广告的作用主要表现在以下四个方面。

### 1. 传递信息，沟通产需

传递信息是通信广告最基本的作用。通过各种广告媒体，通信广告帮助客户了解通信产品的特点，诱导客户的兴趣和情感，引起客户购买通信产品的欲望，直至促进客户的购买行动。通过广告，通信运营商还可以沟通企业和客户的联系，促进营销部门的销售活动。

### 2. 改善服务，加强竞争

在激烈的竞争中，各通信运营商都希望突出自己的通信产品，在市场上争夺购买者，扩大市场占有率，展开了激烈的通信广告战。因此，通信运营商应当树立全方位竞争观念，加强广告宣传，争取社会各界对通信发展的理解和支持，在业务竞争中改善通信服务。

### 3. 介绍知识，指导消费

由于通信经济的发展，通信产品种类日益增多，新产品层出不穷，客户很难及时地认识和分辩各种通信产品。例如，通信运营商的通信新技术、新业务很多，但许多客户对其并不了解。通过通信广告，通信运营商就能够向客户介绍通信产品的特性、功能和用途，引导消费，使客户在消费过程中学习和掌握通信新技术和新业务。

### 4. 树立信誉，打造形象

通信广告除了具有推销通信产品的功能之外，还具有树立企业信誉和产品形象的功能。通信运营商们已经意识到，现代竞争不仅是产品、质量、服务的竞争，更是企业信誉和产品形象的竞争。因此，通信运营商都想通过通信广告提高企业的知名度，扩大通信产品的影响，打造通信运营商的成功形象。

## 四、制订通信广告策略

通信广告策略是通信运营商在总体营销战略的指导下，对企业的广告活动进行的一系列的规划与控制，主要包括确定广告目标、确定广告预算、进行广告设计、广告媒体决策和评价广告效果等五个方面。

### 1. 确定广告目标

广告目标是在一定时期内，通信运营商广告活动所要完成的特定传播任务。确定广告目标是制订广告促销策略的第一步。通信广告的最终目标无疑是要增加通信产品的销量和运营商利润，但它们不能笼统地被确定为运营商每一具体广告计划的目标。通信广告目标取决于通信运营商的整个营销目标，由于通信运营商营销任务的多样性和复杂性，通信广告的目标也是多元化的。根据通信产品生命周期不同阶段中广告的作用和目标的不同，一般可以把通信广告目标大致分为告知、劝说和提示三大类。

#### 1) 告知广告

告知广告主要用于通信新业务生命周期中的投入期，诸如告诉目标市场将有一种通信新业务上市行销，介绍某种业务的新用途或新用法，介绍本企业所提供的与新业务相配套的各种服务，说明通信产品如何使用，减少消费者的顾虑，建立企业信誉等。在新业务生命周期开始之际，要尽可能保持告知广告的投入，集中力量在社会上进行大规模的宣传，有必要追求一种"轰动效应"。

#### 2) 劝说广告

劝说广告主要用于通信新业务生命周期中的成长期和成熟期。通信运营商通过广告活动建立本企业的品牌偏好，改变客户对本企业产品的态度，鼓励客户放弃竞争者品牌转而购买本企业品牌，劝说客户接受推销访问，诱导客户立即购买。这种广告的目的在于建立选择性需求，促使目标沟通对象从需要竞争对手的品牌转向需要本企业的品牌。例如，劝说客户自己企业的产品或服务性能稳定、价格公道、售后服务好等，促使客户形成品牌偏好。

### 3) 提示广告

提示性广告是一种加强客户对通信产品的认识和理解的强化性广告。它是在通信产品的衰退期使用的主要广告形式，着重宣传通信产品的市场定位，其目的是保持客户对该通信产品的记忆，从而使客户在需要的时候，关于这个通信产品的信息能在脑海中出现，或者即使在淡季，也能促使消费者记住它，以保持较高的知名度。例如，提醒消费者购买本产品的地点、提醒人们在面对众多新产品时不要忘了继续购买本产品等。

### 2. 确定广告预算

广告目标确定后，通信运营商必须确定广告预算。广告预算是否合理对通信运营商来说是一个至关重要的问题，广告预算从财务上决定了企业广告宣传的规模和进程。广告预算大，通信运营商可以选择许多种类的广告，也可选择一些花费高昂的广告；反之，则只可能进行有限的选择。影响广告预算的因素主要有：产品新颖程度、产品差别的可能性、产品生命周期、目标市场的大小和竞争对手的强弱等。当然，最根本的是企业自身的实力如何。通信运营商的实力雄厚、财务状况良好，预算的额度就可能大一些。确定广告预算的主要方法有以下几种。

### 1) 量力而行法

在企业实力雄厚的情况下，通信运营商采取能支付多少广告费用就定多少的办法。这种方法的优点是有利于通信运营商的通信产品的大力宣传，易于迅速扩大企业产品的知名度。其缺点是广告费用的支出不一定符合市场开发的需要，可能出现浪费。

### 2) 销售百分比法

销售百分比法指通信运营商按照销售额或单位产品售价的一定百分比计算和决定广告开支的方法。这种方法的优点在于简便易行，能促使企业管理人员正确把握售价、成本和利润之间的关系，并有利于保持竞争的相对稳定。其缺点是实际操作过于呆板，造成销售收入和广告成本的因果倒置，不能适应市场变化。

### 3) 竞争对等法

竞争对等法就是根据竞争对手的广告宣传情况来决定自己的广告费用支出，以保持竞争优势的方法。这种方法在实践中经常被企业采纳，但其运用必须以能获得竞争对手广告预算的可靠信息为前提。事实上这是很困难的。

### 4) 目标任务法

在确定广告预算时主要考虑通信运营商广告所要达到的目标。首先，尽可能地明确广告的目标；其次，确定实现这些目标所要从事的工作；最后，估计每项工作所需的成本，各项成本相加即广告预算。这种方法的优点是逻辑上合理，使企业的特定目标与广告努力联系起来。其缺点是广告目标不易确定，预算也就不易控制。

### 3. 进行广告设计

#### 1) 广告设计的内容要素

广告设计的内容要素主要包括主题、创意、概念、形象四大要素。主题是广告的中心思想，统帅整个广告设计。主题的选择，必须根据广告目际、信息特点与消费者心理三个方面来决定。创意是表现广告主题的构思，是主题形象化、艺术化和具体化的体现。概念是要传达给广告对象的信息重点。形象是广告意图给广告受众留下的特殊印象。这四大要素是广告创作人员在构思广告内容时必须考虑的因素。例如，中国电信天翼 4G 品牌广告，突出"更快更好　为你而来"主题，天翼 4G 微笑宝宝一时之间占据百余城市核心区域，将"美好即将开始"传递给大众，这种美好将带给我们更自由奔放的生活，更激情绽放的自我，这就是天翼 4G "更快更好"的美好开始！此外，中国电信"天翼"的 LOGO 是一朵由 e 变形而成的祥云。整个 LOGO 以 e 为主，与翼字谐音，充分体现与互联网及信息应用的相关性；变形的 e 字形似云彩，很好地诠释了"天翼"的寓意，代表"天翼"将人们带入自由自在的移动互联网新时代；图案既有传统特色，加上 4G，又富含未来感和科技感。

2) 广告设计的表达形式

一则广告信息的效果不仅取决于"说什么"，而且依赖于"怎么说"，即信息表达的方式。特别是对于差异性不大、技术含量高的通信产品来说，广告信息的表达方式更为重要，能在很大程度上决定广告效果。设计信息的表达形式，就是选择最有效的信息符号来表达信息内容和信息结构。广告信息的表达形式往往受到媒体特性的制约。首先，不同媒体所能传播的信息符号有所不同，如印刷媒体不能传递声音，广播媒体不能传播"文字"或"图像"。其次，广告媒体制约着信息表达的时间与空间。例如，广播、电视有时间限制，报纸、杂志有版面限制。因此，在设计信息的表达形式时，必须采用与媒体相适应的信息符号，选择与一定时间和空间条件相适应的信息表达形式。同时，要注意表达形式的个性化和艺术化，增强广告的特色和审美价值，从而增强广告信息的吸引力和传播效果。

### 4. 广告媒体决策

1) 通信广告媒体形式

所谓广告媒体，指广告者与广告宣传对象之间起媒介作用的物质。广告媒体是通信广告的物质承担和载体。在进行营销宣传时，必须了解有关广告媒体的内容和特点。以便选择合适的广告媒体，使通信广告收到最佳的经济效果和艺术效果。现代广告媒体举不胜举，一般可以分为以下几类。

(1) 印刷媒体。印刷媒体指在广告的制作、宣传中利用印刷技术的媒体，如报纸、杂志、信函、传单、说明书及其他各种印刷品。

(2) 电子媒体。电子媒体是利用电子技术进行广告宣传的媒体，如广播、电视、电影、网络等。这一类媒体在近年来的发展变化尤其突出。

(3) 户外媒体。户外媒体是在户外公共场所，使用广告牌、霓虹灯、气球、灯箱及电话亭等公共设施进行广告宣传的媒体，如招贴、路牌广告和灯箱广告等。

(4) 交通媒体。交通媒体是利用汽车、火车、轮船等交通设施进行广告宣传，因其目标较大，容易引起受众的注意，被誉为城市中"流动的美术"。

(5) 实物媒体。实物媒体包括产品样品、模型、包装装潢、礼品和标识徽章等。

(6) 其他媒体。其他媒体包括烟雾、空中飞机、服装媒体、岩石、海滩等，也都可被用作广告媒体。

在以上各类媒体中，报纸、杂志、广播、电视是四大传统广告媒体，而以数字技术和网络技术为基础发展起来的网络、手机、微信、微博等为介质的广告媒体，被称为新媒体。

(1) 报纸。报纸在广告媒体中占有主要地位，是传播信息的主要工具。报纸广告的优点是制作简单，方便灵活，费用低廉，宣传覆盖面广。报纸作为广告媒体也有一定的缺陷：其时效性短，只能当日阅读，过后则往往无人问津；内容复杂，广告版面小，表现形式单调；阅读仓促，难以形象地表现产品外观与特征。

(2) 杂志。杂志作为广告媒体，其优越性是专业领域分布广泛，各种杂志本身特征明显，每一种杂志都有特定的读者群，因而广告的对象明确，宣传针对性强、效果好，而且保存时间长，信息利用充分。另外，杂志广告制作精良，画面生动鲜艳，能逼真地表现出商品的特性，有极大的吸引力。杂志广告的局限性是读者面较窄、传播范围小。专业杂志只适应于专业性的广告，出版周期长，时效性差，制作比较复杂，成本费高。

(3) 广播。广播是传播信息最迅速、覆盖面最广的一种媒体。通过电台向消费者介绍产品特点及选购方法，是听觉广告。其优点是语言和音响效果的传播不受时空限制，传播速度快，传播的对象也很广泛，空间范围大，可以在最短时间内把信息传到千家万户，灵活性极强。广播可以多次重复，加深人们的印象。其局限性是只依靠声音传递信息有声无形，印象不深，盲目性较大，选强性较差，无法查阅研究，很难保存。

(4) 电视。电视集图像、色彩、声音和话语于一身，是现代生活中不可缺少的信息交流工具，是现代化广告媒体。其具有覆盖面广，收视率高，画面形象生动，表现手法丰富，感染力强，宣传效果好，促销作用明显等特点。其局限性是制作、播出费用较高，中小企业难以承受；电视信息不易保留，一晃即逝，目标观众不易选择，针对性差。

(5) 新媒体。新媒体是利用数字技术和网络技术，通过互联网、宽带局域网、无线通信网、卫星等渠道，以及电脑、手机、数字电视机等终端，向用户提供信息和娱乐服务的传播形态。相对于传统的四大媒体，新媒体被形象地称为"第五媒体"。新媒体的优势是发布速度快、信息传播更便捷、内容形式更丰富、互动性和参与性强。其中它的互动性和参与性最为突出。例如，网络电视和手机电视媒体，充分调动了受众的积极性，实现了一对一传播的模式，让受众在这种互动体验中获得更深刻的品牌和产品认知。新媒体的局限性是质量参差不齐、重复内容多、网络语言泛滥、虚假信息不少。

2) 通信广告媒体的选择

各种广告媒体都有它的优缺点，企业在选择广告媒体时，主要应考虑以下几方面因素：

(1) 目标市场。广告媒体不同，传播的区域和影响的范围也不同。能够使信息达到目标市场的媒体就是最有效的媒体。当产品只销售给专门对象时，应选择相应的广告媒体。例如，通信产品适宜于在通信类报刊上或在电视上做广告；少数企业专用的设备采用信函广告较好；使用范围很广的商品，可选用报纸、广播、电视、新媒体做广告。因此，选择广告媒体时不能只从传播范围大小来判断它的优劣，而应从媒体接近这种商品的用户的程度来考虑。

(2) 产品特点。具有不同特点的产品应选择相应的广告媒体。如高技术的通信产品，可采用样本、现场展览、演示做广告，也可以通过专业性杂志做广告。

(3) 广告内容和广告时间。有些通信产品如需表达动态形象，以采用电视媒体和新媒体为宜。如广告要求静态形象，需用文字表述，则应选择报纸和杂志。如果广告需要及时快速传播，宜选择新媒体、广播、电视、报纸。如果时间要求不是很急，则可选择专业杂志。

(4) 媒体的影响范围及影响力。如果通信产品销往全国，宜在全国性报纸、广播、电视台和新媒体上做广告。如果通信产品只适合在一定区域内销售，应选择地方性报纸、广播、电视台和新媒体做广告。媒体的影响力应达到目标市场的各个角落，但越出目标市场将会造成浪费。广告媒体不同，其影响力也不同。如果广告信息只要求听到，就可以选择广播为媒体。如果既要听到，又要看到，还要有表演，就应选择电视和新媒体作为媒体。如果既要看到又要保留较长时间，可以选择广告牌、霓虹灯、柜窗陈列等作为媒体。

(5) 广告费用。在选择广告媒体时，要考虑费用开支和企业的负担能力。一般来说，电视费用较高。全国性的报纸、广播、电视、新媒体费用高于地方性的报纸、广播、电视、新媒体费用。企业在考虑选择广告媒体时，要力求在一定的预算范围内达到最佳的广告效果。

### 5. 广告效果评估

良好的广告计划和控制在很大的程度取决于对广告效果的衡量。广告效果是广告通过广告媒体传播之后所产生的影响。这种影响可以分为：对客户的影响——广告的沟通效果；对企业经营的影响——广告的销售效果。

广告沟通效果主要指广告在客户心理上的反应程度，产品所树立的品牌印象，最终能否促成购买。广告沟通效果以广告的接收率、产品知名度等因素作为衡量标准，具体包括注意度测定、记忆度测定、理解度测定和购买动机形成的测定等项内容。换言之，只要能够引起消费者兴趣，对商品留下深刻印象，激起购买欲望，就说明广告效果好。

广告销售效果指广告活动促进通信产品或服务销售和利润增加的程度，是把广告费用的增加和销售额的增加进行比较，通信运营商销售额即为业务收入，其计算公式是：

$$销售效果 = \frac{销售额增加率}{广告费增加率} \times 100\%$$

一般来说，广告的销售效果较之沟通效果更难评估，因为除了广告因素以外，销售还受到价格或竞争者等许多因素的影响。影响因素越少，效果越能控制，广告对销售的影响也就越容易评估。采用邮寄广告时，销售效果最易评估；而在建立企业形象时，销售效果最难评估。

案例分析及思考题

## 【课后习题】

为某通信运营商宽带产品开拓某高校市场设计广告策略。

# 任务四　制订通信公关关系策略

## 【问题引入】

任何一个企业都不可避免地要与社会各界发生各种各样的交往关系。企业要在纷繁复杂的社会环境中求得生存和发展，就必须采用有计划的政策和行动，处理好这些纵横交错的关系，树立良好的社会形象，以赢得社会公众的理解、好感和喜爱。那么，如何理解通信公共关系的内涵？如何制订通信公共关系策略？

## 【案例导入】

### 中国联通护航北京 2022 冬奥会冬残奥会
### "点亮行动"助威奥运

为助威 2022 年北京冬奥会和冬残奥会，2017 年 12 月 26 日，中国联通与北京 2022 年冬奥会和冬残奥会组织委员会举行签约仪式。签约当晚，全国多座城市地标建筑大屏上同时亮起"智慧奥运 联通未来"的奥运宣传语，中国联通以启动"点亮行动"这一互联网社交方式，传递出中国联通作为此次冬奥会官方合作伙伴的品牌实力。

由中国联通发起的"点亮行动"，"点亮"了全国多座城市地标大屏幕，如北京西单君太百货、上海淮海路兰生大厦、深圳深南大道中电大厦、重庆解放碑重庆百货、南京新街口天时大厦、杭州延安路杭州百货大厦、哈尔滨南岗区红博广场 567 漫天地、沈阳府大路恒盟商厦、张家口桥东区工业东街 35 号联通大厦等。

2008 年北京奥运会时，中国联通就已是重要的通信服务合作伙伴，时隔 9 年，联通再度成为备受全球瞩目的北京 2022 年冬奥会和冬残奥会官方通信服务合作伙伴。中国联通"点亮行动"助威冬奥会，呼吁全民积极参与，在通过点亮灯笼、点亮黑夜、点亮长城等不同方式助威冬奥会的过程中，传递社会正能量，彰显品牌自信心。

中国联通标志性红色"中国结"与北京 2022 年冬奥会会徽和冬残奥会会徽的组合标志，见证了中国联通为护航冬奥会，力挫竞争对手，优中选优成为北京冬奥组委市场开发计划最高级别赞助企业之一所付出的努力。早在 2016 年 4 月，中国联通集团高层到河北省张家口崇礼县考察 2022 冬奥会规划筹备情况时，就对联通自身提出了"发挥经验优势、信息技术优势、智慧城市建设优势"的要求，同时大力支持张家口崇礼区建设，这一切的努力，都是为了最终能够在 2022 年冬奥会发挥更大的作用。目前，除中国联通外，北京 2022 年冬奥会和冬残奥会官方合作伙伴还有四家名企，分别是中国银行、中国国航、伊利集团和安踏集团。

中国联通曾肩负 2008 年北京奥运会的通信保障工作，用科技创新精神打造"科技奥运"理念，践行多达 11 项奥运通信历史上的首次探索，得到了全世界对中国发展通信事业与中国办奥运同样精彩的高度认可。如今，中国联通再次护航北京 2022 年冬奥会和冬残奥会。对此，中国联通董事长王晓初强调，中国联通围绕"智慧冬奥、联通未来"这一主题，以智慧的网络、极致的速率保障奥运，以智慧的应用、丰富的产品保障奥运，以智慧的技术、专业的队伍保障奥运，为冬奥会的成功举办、为中国力量的再次彰显，注入强劲新动能。

本次签约仪式上，中国联通还正式宣布启用 166 新号段，在全国投入百万个号码，以优质的网络、产品与服务持续助力中国通信事业和中国奥运事业。

**分析提示：** 中国联通借助北京举办冬奥会和冬残奥会的东风，利用冬奥会这个强大的平台，通过制定有效的公共关系活动——"点亮行动"助威冬奥会，呼吁全民积极参与，在通过点亮灯笼、点亮黑夜、点亮长城等不同方式助威冬奥会的过程中，传递社会正能量，充分彰显了企业品牌自信的形象，展示了中国联通自身企业文化，实现了冬奥会和赞助企业的互利共赢。

## 【知识内容】

## 一、通信公共关系的内涵

通信公共关系指通信运营商在进行市场营销活动中正确处理企业与社会公众的关系，以便创造有利的营销环境，树立企业的良好形象，赢得公众对企业的信任与支持，从而促进产品销售的一种重要传播活动。根据上述定义，通信公共关系的内涵可以从以下几个方面来理解。

(1) 通信运营商与社会公众的相互关系。这些社会公众主要包括供应商、中间商、客户、竞争者、信贷机构、政府部门、新闻传媒等。通信运营商不是孤立的经济组织，而是相互联系的社会大家庭中的一分子，每时每刻都在和与其相关的社会公众发生着经济联系和社会联系。

(2) 企业形象是通信公共关系的核心。通信公共关系的一切措施，都是围绕着建立良好的企业形象来进行的。企业形象一般指社会公众对企业的综合评价，表明企业在社会公众心目中的印象和价值。在激烈的市场竞争中，一旦企业建立了良好的形象，就拥有不凡的商誉，从而使企业在竞争中占据有利地位。

(3) 通信公共关系的最终目的是促进产品销售，提高市场占有率。表面上看，通信公共关系仅是为了建立良好的形象。同其他促销方式相比，通信公共关系活动的促销性似乎并不存在。但从本质上看，通信运营商作为社会经济生活基本的经济组织形式，盈利性是它的基本准则。正因为如此，通信公共关系才成为促销的一种重要方式，只不过它是一种隐性的特殊促销方式。

## 二、通信公共关系的特点

### 1. 从公关目标考察，通信公共关系注重长期效应

通信公共关系要达到的目标是树立企业良好的社会形象，创造良好的社会关系环境，实现这一目标并不强调即刻见效，而是注重长期效应。通信运营商通过各种公关策略的应用，树立良好的企业形象和产品形象，从而长时间地促进销售，占领市场。

### 2. 从公关对象看，通信公共关系注重双向沟通

通信公共关系的工作对象是各种社会关系，包括企业内部和外部公众两大方面。它是全方位主体化的关系网络，强调企业与公众之间的真情传播与沟通。在企业内部和外部的

各种关系中，如果有一种关系处理不当，就可能带来许多责难和纠葛，如果处理得当，企业定会左右逢源，获得良好的发展环境。

### 3．从公关手段看，通信公共关系注重间接促销

通信公共关系的手段是有效的信息传播，而这种信息传播并不是直接介绍和推销商品，而是通过积极参与各种社会活动，宣传企业营销宗旨，联络感信，扩大知名度，从而加深社会各界对企业的了解和信任，达到促进销售的目的。

## 三、通信公共关系的作用

### 1．有助于企业树立良好的形象

现代经济条件下，企业形象逐渐成为企业竞争战略的核心内容。良好的企业形象既可以提高新产品的市场认知率，又可以使企业赢得更多的公众理解和信任，扩大市场影响力。通信公共关系是通信运营商树立良好形象的重要手段，它不仅能向公众介绍自己的产品、服务、方针、政策和行为，还能通过传播、沟通等手段影响公众，增加公众对通信运营商的好感，促进和谐的关系。

### 2．有助于创造和谐的企业内外部环境

一个企业要顺利地发展，企业内部要充满生机和活力，而企业活力的源泉来自于全体员工的智慧。良好的通信公共关系有利于通信员工积极性、智慧性和创造性的发挥。同时，通信运营商还要与外界公众不断联络和协调，为企业创造良好的外部环境。只有这样，通信运营商才能顺利地发展。而良好的通信公共关系有利于通信运营商取得外界公众的理解与协作，与外界环境平衡发展。

### 3．有助于收集信息

通信公共关系活动收集到的信息主要有两大类，即通信产品形象信息与通信企业形象信息。通信产品形象信息包括公众特别是客户对于通信产品价格、质量、性能、用途等方面的反应，对于该通信产品优缺点的评价以及如何改进等方面的建议。企业形象信息则包括公众对通信运营商组织机构的评价，如机构是否健全，设置是否合理，人员是否精简，运转是否灵活，办事效率如何等；公众对通信运营商管理水平的评价，如经营决策的评价、生产管理的评价、市场营销管理的评价、人事管理的评价等；公众对于通信运营商人员素质的评价，如对决策者的战略眼光、决策能力、创新精神等方面的评价；公众对于通信运营商服务质量的评价，包括服务态度、对顾客的责任感等。

## 四、制订通信公共关系策略

通信公共关系策略是通信运营商在总体营销战略的指导下，对企业的公共关系活动进行的一系列规划与控制。其主要包括调查研究、确定公共关系目标、选择公关内容和方式、实施公关计划、评估公关效果等五个方面。

### (一) 调查研究

调查研究是通信运营商开展公共关系活动之先导，是整个公共关系活动之"轴心"。

作为运营商营销人员，要充分认识到开展企业公共关系调查研究的重要性。调查研究的内容应主要了解与运营商有关的公众意见和反应，如企业形象、地位、环境、公众舆论调查等，将有关信息反馈给企业的决策层。在充分调查的基础上，发现问题，找出企业自我形象的目标与公众评定的现实社会形象之间的"形象差距"。找出"形象差距"后，就可以进一步了解公众对通信运营商形象的期望，发现通信运营商存在的公共关系问题，为通信运营商进一步制订公关促销策划打下基础。

### （二）确定公共关系目标

根据调查研究发现的问题，着手确立公共关系目标。公共关系目标，就是企业通过公共关系活动的策划或实施所希望达到的结果，它既是指导和协调公共关系工作的依据，也是评价公共关系实施效果的标准。企业的公共关系目标包括能控制公关活动全过程的总目标和指导实施方案的各个分目标。公共关系目标的内容一般包括：

(1) 传播信息。这包括向公众传播信息以及向本企业反馈和提供信息。还可通过各种方式，把本企业产品、业务在市场上的地位和信誉等传达给职工，鼓励职工为提高企业形象和声誉而努力工作。

(2) 联络感情。社会公众与企业的感情越深，就越会关心、支持帮助企业。因此，公关人员要重视感情投资，与公众建立坚实的感情基础，利用各种宣传媒介，加深与公众的感情交流，这是企业公共关系的长期目标。此外，公关人员还要制定近期的公共关系目标，以便在短期内取得一定的效果。

(3) 改变态度。公众对企业形象、产品质量、服务水平等，在长期的社会熏陶和实践中有一种倾向性和偏爱。要改变他们对本企业的看法，让他们接受企业新的观念，做出新的评价，产生一种偏爱，公关人员应经常不断地与公众取得联系，建立感情，始终保持热情的态度。

(4) 引起行为。这是公共关系的最高目标。它的效果最容易检验，但却不容易达到。传播信息，是为了达到公众与企业之间的相互了解；企业与公众加强信息交流，是为了引起公众对企业的关心、支持和合作。如果通过公共关系活动，公众接受了企业的新观念，改变了行为，提高了企业的声誉，推动了企业的产品销售及相关业务收入的增长，这样公共关系就成功了。

### （三）选择公共关系内容和方式

#### 1. 公共关系的主要内容

公共关系的主要任务是沟通和协调企业与社会公众之间的关系，以争取公众的理解、认可与合作，实现扩大销售的目的。这一任务决定了其工作的主要内容是企业要正确处理与公关对象的关系，企业公关对象的特点与要求不同，公共关系工作的内容也有差异。

1) 处理通信运营商与客户之间的关系

客户对通信运营商的印象和评价，决定着企业的生存和发展。所以通信运营商要树立以消费者为中心的观念，处理好以下几个方面的关系。

(1) 作好需求调查，加强与客户的沟通。通信运营商应主动地搜集用户需求的信息，积极把企业经营、通信新产品的情况传递给客户，与客户保持沟通。

(2) 在售后服务中推进公共关系，如在上门维修、传授使用保养知识等售后服务中，及时了解客户的反馈信息，并树立良好的服务形象。

(3) 重视客户的投诉。通信运营商公关人员无论遇到任何投诉，都应认真对待和处理。重视客户投诉，不仅有助于通信运营商提高服务质量，而且能消除运营商与客户之间的误会和摩擦，增进相互了解，建立持久的合作关系。

2) 处理通信运营商与相关企业的关系

现代企业市场营销，无时无刻不与相关企业发生联系。这些相关企业一般可分为两大类：与本企业竞争的同类企业以及与本企业有着业务往来的协作单位(包括材料供应单位、银行、铁路、交通、民航等)。通信运营行业竞争趋于激烈，正确处理与竞争企业的各种关系，有利于企业自身形象和信誉的提高。在处理与协作单位的关系时，应当加强单位之间的联系，互通信息、相互协商和体谅，合理分利，共同发展。

3) 处理通信运营商与政府的关系

政府不仅是国家权力的执行机关，而且是引导企业适应宏观经济发展要求的宏观调控者，企业的一切活动应服从政府的监督。因此，通信运营商公共关系工作必须正确处理与政府的关系。在遵守国家法令，自觉接受政府有关部门的指导和监督的同时，通信运营商应主动与政府有关部门沟通信息，赢得政府的信赖与支持。

4) 处理通信运营商与新闻媒介的关系

新闻媒介对企业的影响极大，报纸、杂志、广播、电视、新媒体等新闻媒介可以创造社会舆论，影响民意，间接而有力地影响企业行为。因此，它是通信运营商公关人员争取社会公众，实现公关目标的重要对象。通信运营商公关人员应当同新闻界保持经常的、广泛的联系，通过主动合作，打开市场局面，提高企业知名度，建立良好的社会形象。

5) 处理通信运营商与社区公众的关系

社区关系指企业与其所在城镇、街道、政府、非政府组织及居民的关系。企业与社区之间存在着千丝万缕的联系，只有建立融洽的社区关系，企业才能立脚扎根。因此，通信运营商必须满足社区对自己的正当要求，搞好安全生产和环境保护，应提供优良服务和必备的公益赞助，积极、主动地担负起社会责任，造福于社区。

6) 处理通信运营商内部公众关系

企业内部公众关系指企业内部职工关系，部门间关系等的总称。企业内部职工关系及部门间关系是否融洽直接关系到企业经营目标的实现。为此，通信运营商公关工作要做到：加强企业内部各方面的纵向和横向的信息交流，增进相互了解，协调各方面利益关系，解决各种矛盾，培养集体精神和协作精神，保证企业整体的正常运转；合理安排和满足职工的物质文化、生活需要，改善职工的生活条件，使职工在企业里感到温暖和畅快，从而加强企业的凝聚力；提高职工的责任心，培养职工的参政意识和民主管理意识，激发职工的工作潜能，使职工养成主动、积极进取的精神，充分调动职工的想象力和创造力，为通信运营商的不断发展培养生机。

### 2. 公共关系的方式

**1) 通过新闻媒介传播企业信息**

这是通信运营商公共关系最重要的活动方式。通过新闻媒介向社会公众介绍企业和产品,不仅可以节约广告费用,而且由于新闻媒介的权威性和广泛性,使得它比广告更为有效。这方面的活动包括撰写各种新闻稿件,如企业介绍、人物专访、特写等,以及举行记者招待会,邀请记者参观企业等。

**2) 加强与企业外部公众的联系**

同政府机构、社会团体以及供应商、中间商等建立公开的信息联络,争取他们的理解和支持。企业可以赠送企业产品或服务项目的介绍和说明,企业月报、季报和年报资料等,通过他们的宣传,加强通信运营商及其通信产品的信誉和形象。

**3) 借助公共关系广告**

通过公共关系广告介绍宣传通信运营商,树立企业形象。公关广告的形式和内容可概括为三种类型:致意性广告,即向公众表示节日致庆、感谢或道歉等;倡导性广告,即企业率先发起某种社会活动或提倡某种新观念;解释性广告,即就某方面情况向公众介绍、宣传或解释。

**4) 举办专题活动**

通过举办各种专题活动,扩大企业的影响。这方面的活动主要包括举办各种庆祝活动,如企业庆典、开业典礼等;开展各种竞赛活动,如知识竞赛、劳动竞赛、有奖评优等。

**5) 参与公益活动**

通过参与各种公益活动和社会福利活动,协调通信运营商与社会公众的关系,树立良好形象。这方面的活动包括安全生产和环境保护、赞助文体等社会公益事业、为社会慈善机构募捐等。

### (四) 实施公关计划

公共关系的目标、内容、方式一经确定,一系列的传播活动就开始了。要及时,准确、充分地把信息传递给公众,包括所有可能受到影响和能够提供重要支持的解释与宣传所选定的方针、计划。通过公关活动把企业与公众之间的意见、看法、态度甚至情感进行沟通和交流,以期达到相互理解、支持舆论的配合过程。在公关活动实施过程中,有关人员要根据环境变化及一些突发事件,对原有的公关活动策划的内容、计划进行修订,协调各方面关系,对计划的实施加以控制。

### (五) 评估公关效果

公关促销的评估标准包括接受、了解信息的目标公众数量;改变观点、态度的公众数量;发生期望行为,重复期望行为的公众数量等等。比较特殊的评估标准主要是消费者的惠顾率和具体购买动机。惠顾率可以反映重复购买本企业产品的人次。而重复购买能在一定程度上反映公关促销的效果,即企业信誉的吸引力。具体购买动机是复杂的,如果消费者购买本企业产品是因为企业信誉卓著,或是为了回报本企业的优良服务,也反映了公关促销的效果。

案例分析及思考题

## 【课后习题】

为通信运营商开展社区公共活动设计公共关系策略。

# 任务五　制订通信营业推广策略

## 【问题引入】

营业推广是一种适宜于短期推销的促销方法，是企业为鼓励购买、销售商品和劳务而采取的除广告、公关和人员推销之外的所有企业营销活动的总称，它能够迅速刺激客户需求，鼓励客户购买。在市场竞争日趋激烈，消费者对实惠让利越发重视的市场环境中，通信运营商在平常促销中越来越重视营业推广工具的使用。那么，如何理解通信营业推广的内涵？如何制订通信营业推广策略？

## 【案例导入】

### "2018 中国电信新春返乡专车"活动

"2018 中国电信新春返乡专车"活动面向春节期间有返乡或返深需求(限广东省以下 8 个地市：韶关、茂名、阳江、云浮、梅州、潮州、揭阳、汕头)的中国电信用户推出。活动期间，成功参与活动可获得返乡或返深车票一张。活动车票共 300 张，先到先得。

1. 活动时间

自 2018 年 1 月 23 日至 2018 年 2 月 8 日。

2. 适用客户

适用于春节期间有返乡或返深需求(限广东省以下 8 个地市：韶关、茂名、阳江、云浮、梅州、潮州、揭阳、汕头)的中国电信用户。

3. 活动内容

"2018 中国电信新春返乡专车"活动分为 3 个子活动。

(1) 集福卡抢车票活动：活动期间，用户通过微信公众号"深圳电信"进入活动页面，参与活动获得 1 张福卡，剩下 4 张福卡邀请好友助力集福卡，集齐 5 张福卡后获得免费乘车车票 1 张。

(2) 办套餐抢车票活动：活动期间，用户通过微信公众号"深圳电信"进入活动页面，办理 79 元不限流量春节特惠套餐且在活动期间预存 200 元话费，并完成实名认证可获得免费乘车车票 1 张。

(3) 微博转发抽车票活动：活动期间，用户转发深圳电信微博活动图文并@5 个好友即可参与抽奖,有机会获得免费乘车车票 1 张。

4. 奖品/礼品

300 张车票。

注:由深圳开往广东省内八个城市(云浮、茂名、阳江、梅州、潮州、揭阳、汕头、韶关),由云浮、汕头开至深圳,每趟车次 30 张票,共 300 张。

5. 参与方式

(1) 集福卡送车票活动:用户通过微信公众号"深圳电信"(微信号:szdxwsyyt)菜单栏"我要福利"→"抢回家车票"进入活动页面,选择"前往集福卡",并邀请好友助力集福卡,集齐 5 张福卡后获得识别码即可获得车票。

(2) 办套餐送车票活动:可以通过微信公众号"深圳电信"(微信号:szdxwsyyt)菜单栏"我要福利"→"抢回家车票"进入活动页面,选择"前往办套餐",进入套餐办理页面按照指示操作参与。

(3) 微博转发抽车票活动:可以通过转发深圳电信微博活动图文并@5 个好友参与。

6. 活动规则

1) 奖品/礼品发放

(1) 集福卡送车票活动:集齐 5 张福卡后,可在活动页面"我的奖品"点击兑换,扫描二维码填写返乡信息并领取车票。办套餐送车票活动:在实名认证后的页面填写返乡信息即可领取车票。

(2) 微博转发抽车票活动:中奖后,乘车信息及凭证深圳电信微博以私信的形式立即发给中奖用户。

2) 业务规则

(1) 如在乘车前注销 79 元不限流量春节特惠套餐手机卡,则视为放弃乘车资格。

(2) 座位有限,先到先得,结束后不再提供其他补偿。

7. 活动说明

(1) 转赠说明:获得领取车票资格的用户,若需要转赠车票,在乘车信息页面填写转赠人的信息即可。

(2) 乘车说明:活动发车时间为 2018 年 2 月 9 日,返深发车时间为 2018 年 2 月 28 日。请抓紧时间参与活动赢取车票。

活动中获得车票的用户,车票成功领取后,将于发车前通过微信公众号"深圳电信"推送乘车相关信息到用户的手机上。

例如:2018 年 2 月 9 日 9:30 分前,凭推送消息与乘车人身份证前往深圳市福田区深南大道 6038 号香蜜湖度假村内 A 区停车场集中乘车。

8. 活动解释权

在法律允许的范围内,中国电信股份有限公司深圳分公司保留对本活动的最终解释权。

**分析提示:**营业推广指的是企业运用广告、人员推销、公共关系以外的各种短期诱因,在特定的市场范围内,刺激需求和鼓励购买的沟通活动。营业推广具有产品与市场针对性强、短期促销效果明显、可供选择的沟通手段灵活多样等优点,是通信运营商节假日经常采取的促销策略。案例中,深圳电信为参与促销的返乡电信客户赠送车票这一促销策略,成功地利用了返乡客户这一客户源,达到了推广和促销电信套餐的目的,取得了双赢的效果，树立了中国电信关爱农民工，承担社会责任的品牌形象。

## 【知识内容】

## 一、通信营业推广的内涵

通信营业推广指通信运营商为刺激需求和扩大销售而采取的鼓励客户迅速购买通信产品的各种短期营业性促销措施。营业推广也是构成促销组合的一个重要促销形式。由于市场竞争的激烈程度加剧、客户对交易中的实惠的日益重视、广告媒体费用上升、通信运营商经常面临短期销售压力等原因，营业推广受到通信运营商越来越多的青睐。

## 二、通信营业推广的特点

### 1. 短期促销效果显著

在开展营业推广活动时，通信运营商可选用的方式多种多样。一般来说，只要能选择合适的营业推广方式，就会很快地收到明显的增销效果，而不像广告和公共关系那样需要一个较长的时期才能见效。因此，营业推广适合于在一定时期内、一定任务下的短期性的促销活动中使用。

### 2. 是一种辅助性促销方式

人员推销、广告和公共关系都是常规性的促销方式，而多数营业推广方式则是非经常性的。正因为营业推广有贬低通信产品或品牌之意，使得它只能是一种辅助促销方式、补充方式。也就是说，通信运营商使用营业推广方式开展促销活动，虽能在短期内取得明显的效果，但它一般不能经常使用，也不宜单独使用，常常配合其他促销方式使用。营业推广方式的运用能使与其配合的促销方式更好地发挥作用。

### 3. 具有两个互相矛盾的特征

一方面是强烈的呈现，似乎告诉客户："机会难得、时不再来"，进而能打破客户需求动机的衰变和购买行为的惰性。另一方面是产品或品牌贬低，营业推广的一些做法常使客户认为卖者急于抛售，如果频繁使用或使用不当，顾客会怀疑通信产品的质量、价格，进而折损品牌形象。

## 三、通信营业推广的作用

通信营业推广的作用主要表现在以下方面：

(1) 通过向通信客户提供优惠条件，短时间内实现市场销售额的增加，通信营业推广较易引起客户的兴趣，激起他们的消费欲望，尽快作出购买决策。

(2) 通过对中间商的优待，促使其扩大经销，有助于事业稳固的经销关系，保持销售渠道畅通无阻。

(3) 通过对通信推销人员的激励措施，促使通信推销人员更加积极主动地进行促销工作。

## 四、制订通信营业推广策略

通信营业推广策略是通信运营商在总体营销战略的指导下，对企业的营业推广活动进行一系列的规划与控制。其主要包括确定营业推广促销的目标、选择营业推广促销的方式、制订营业推广促销的方案、实施营业推广促销的方案、评估营业推广促销的效果等五个方面。

### (一) 确定营业推广促销的目标

通信运营商在进行营业推广活动之前，必须确定明确的推广目标。推广目标因不同的推广对象而不同。对客户来说，推广目标主要是促使他们更多地购买和消费通信产品、吸引客户试用通信产品，吸引竞争品牌的客户等。对中间商而言，推广目标主要是吸引中间商经销本企业的通信产品，进一步调动中间商经销通信产品的积极性，巩固中间商对本企业的忠诚度等。对推销人员来说，推广目标就是激发推销人员的推销热情，激励其寻找更多的潜在客户。

### (二) 选择营业推广促销的方式

所谓选择营业推广的方式是对不同的促销对象所采用的激励购买和鼓励销售的方法的选择。

#### 1. 针对客户的营业推广

可以鼓励老客户继续使用，促进新客户使用，动员客户购买新产品。引导客户改变购买习惯，培养客户对本企业的偏爱行为等。其方式可以采用：

(1) 赠送样品。通信运营商将一部分通信产品免费赠予目标市场的客户，让其免费使用。样品可直接赠送，也可在销售其他通信产品时附送。这种方式对通信新产品的介绍和推广最为有效。通过向客户免费赠送样品来获取信息，了解使用效果，也是扩大销售量的做法。这种方式能让客户真实感觉到通信新产品的特性所在。但这种促销方式所花的代价较大，赠送的时机也要恰当，应与广告宣传同步。

(2) 附赠赠品。当客户购买某种通信产品时，通信运营商赠送某种纪念品或廉价品，以刺激顾客的购买欲望。例如，购买手机赠送手机壳，安装 IPTV 赠送光猫，办理无线宽带赠送上网卡等。

(3) 优惠券。优惠券是通信运营商给持有人一个证明，证明他在购买某种通信产品时可以免付一定的金额。优惠券是最能引起客户兴趣的营业推广方式，其发放一般可以有以下几种方法：一是通信运营商直接向客户邮寄；二是由通信运营商员工内部以优惠券的形式向客户赠送；三是将优惠券印在报纸或杂志上，与报纸杂志一起发行；四是印在其他业务宣传品上发行；五是结合通信市场调查问卷赠送优惠券。

(4) 业务演示。通信运营商将各种通信产品在销售现场当场进行使用示范表演，把一些技术性较强的通信产品的使用方法介绍给客户。例如，在电信营业厅设置 4G 业务体验区，使客户可以切身感受到 4G 高速上网所带来的体验。在现场演示的过程中甚至可以请顾客亲自动手，亲身感受电信产品的使用效果。这对电信新产品的促销效果更为显著。

(5) 积分奖励。通过参与通信运营商举办的活动可获得不同的积分，而通过积分可换取话费或礼品。例如，中国电信积分奖励。客户的积分由消费积分与奖励积分两部分构成：消费积分是由客户消费产生的积分，每实际消费 1 元钱的电信业务积 1 分，1 积分相当于人民币 1 分；奖励积分是额外赠送给客户的积分，分为移动和融合业务奖励、在网时长奖励、活动奖励。其中，移动和融合业务双倍积分，在网越长奖励积分越多。

(6) 抽奖促销。顾客购买一定的通信产品之后可获得抽奖券，凭券进行抽奖获得奖品或奖金，抽奖可以有各种形式。某移动"送 e 币抽大奖"活动，只要上移动网上营业厅，轻点鼠标，即可查询账单、缴纳话费、开通各类新业务。登录网上营业厅或邀请好友一同参与，可获赠更多 e 币，还有机会赢得手机、MP4 等丰厚奖品。

(7) 联合推广。通信运营商与其他企业联合推广，强强联手，互利共赢，达到促销的目的。例如，2016 年 3 月中国联通发起的 4K 超清产业联盟在济南成立。联盟聚集了中国联通、乐视、华为、央视网等国内主要 4K 设备制造商、服务商及内容商，通过优势互补，实现产业联盟内部资源共享，联合进行 V 超清视频和手机视频等业务的推广。

(8) 消费信贷。消费信贷是通过赊销、分期付款等方式向客户推销通信产品，客户不用支付现金或只支付部分现金即可先期拥有通信产品使用权。对手机、网络等高价格的通信产品，消费信贷有明显的促销作用。

(9) 产品展销。通过参与和举办各种形式的通信产品展销，将一些能显示通信运营商优势和特征的通信产品集中陈列，边展边销。由于展销可使客户在同时同地看到大量的优质通信产品，有充分挑选的余地，所以对客户吸引力很强。若能对某些展销活动赋予一定的主题，并同广告宣传活动配合起来，则促销效果会更佳。

(10) 参与促销。通过客户参与各种促销活动，如技能竞赛、知识比赛等活动，能获取通信运营商的奖励。例如，中国电信面向社会推出"我与移动互联网时代的生活"为主题的有奖征文活动，征文作品(文稿类、微电影、摄影类视作品质量和数量)设一等奖、二等奖、三等奖、纪念奖若干名，奖品价值分别为 1000 元、600 元、300 元以上的电信应用产品，纪念奖为 100 元电话充值卡。

**2. 针对中间商的营业推广**

对中间商的营业推广，主要是为了使中间商树立信心，促使他们积极参与促销，并使他们的盈利与促销实绩成正比。

(1) 产品展销。同对客户的营业推广一样，通信运营商可以通过举办或参加各种商品展览会的方式来向中间商展示其产品，并进行操作示范表演。这种推广手段可以集中展示大量优质产品，并能形成对促销有利的现场环境效应，对中间商有很大的吸引力，所以也是对中间商进行营业推广的一种好形式。展览会中的营业推广如果配以广告和公关措施，则会取得更好的促销效果。

(2) 批发折扣。通信运营商为争取中间商更多购进自己的产品，在某一时期内可按中间商购买通信产品的数量给予一定的折扣，以鼓励中间商大量购买通信产品。批发折扣可吸引中间商增加对通信产品的进货量，尤其是促使他们购进原先不愿经营的新产品。中间商可以利用这种批发折扣，得到立即实现的利润，以及广告或价格上的补偿，从而可以提高中间商销售通信产品的积极性。

(3) 经销津贴。通信运营商为促进中间商增购本企业产品，鼓励其对购进通信产品开展促销活动，并帮助企业推销通信产品，可支付给中间商一定的推广津贴，以鼓励和酬谢中间商在推销本企业通信产品方面所做的努力。推广津贴对激励中间商的推销热情是很有效的。经销津贴主要包括新产品津贴、清贷津贴、广告津贴和降价津贴等。

(4) 销售竞赛。通信运营商如果在同一个市场上通过多家中间商来销售通信产品，就可以发起由这些中间商所参加的销售竞赛活动。根据各个中间商销售通信产品的实际业绩，分别给优胜者以不同的奖励，如现金奖、实物奖，或是给予较大的批发回扣。这种竞赛活动可鼓励中间商超额完成其推销任务，从而使通信运营商通信产品的销售量大增。

(5) 代销。通信运营商还可以采用代销方式，其中对通信新产品、进行市场渗透的通信产品和滞销的通信产品开展代销业务对企业利益最大。代销基本形式有两种：一是通信运营商寻找合适的代理商，达成交易后，付给代理商一定手续费或租金；二是通信运营商委托代理商开展通信产品销售的代理业务，通信产品销售之后，按商定比例留给中间商一定的手续费。

### 3. 针对通信推销人员的营业推广

这主要是针对通信运营商内部的推销人员，鼓励他们积极推销通信产品或处理某些老产品，或促使他们积极开拓新市场。

(1) 推销奖金。为调动通信推销人员的工作积极性，除固定报酬外，通信运营商可以对那些推销努力、业绩突出的推销员给予一定的奖励。例如，为推销员规定应完成的销售量，对于超额部分，另外发给一定比例的奖金或佣金。

(2) 销售竞赛。目的在于刺激通信推销人员在一定时期内增加销售量。销售竞赛的内容主要包括推销数额、推销费用、市场渗透和推销服务等。通信运营商明确规定奖励的级别、比例与奖金的数额，成绩优异的优胜者可以获得一定的现金、实物等物质奖励和称号、度假、进修、深造、晋升等精神奖励，以激发通信推销人员的工作热情。

(3) 业务培训。把通信推销人员的工作与培训相结合，将成绩优异者派送到邮电院校或培训机构培训，向其提供免费的业务培训和技术指导，使这种培训机会成为一种奖励形式和晋升条件。

### (三) 制订营业推广促销的方案

通信营业推广方案是营业推广的实际操作步骤和方法，在制订时应考虑如下因素。

#### 1. 刺激规模

刺激规模大小必须结合目标市场和实际情况。刺激规模太大，企业的促销成本就高；刺激规模太小，对客户又缺少足够的吸引力，所以刺激规模的大小应根据推广收入与刺激费用之间的效应关系来确定。

#### 2. 参加者的条件

哪些客户可以参与营业推广活动并获得奖励，要根据客户或中间商的具体特点，选择能产生最佳推广效果的被刺激的对象。

#### 3. 推广时间

推广时间过短，会使一部分潜在客户来不及购买。时间过长，成本增大，也会失去刺激购买的某些作用，甚至影响企业声誉。因此合理安排推广时间，能使企业获得理想效益。

### 4. 推广时机的选择

并非任何时候都能采用营业推广，推广时机选择得好，能起到事半功倍的效果，否则适得其反。通信运营商应综合考虑通信产品市场寿命周期、客户收入状况及购买心理、市场竞争状况等，不失时机地制订营业推广策略。

### 5. 推广费用预算

这也是要考虑的重要因素，预算目的是比较推广的成本与效益。一般有两种方式确定预算：一种是全面分析法，即运营商对各个推广方式进行选择，然后估算它们的总费用；一种是总促销预算百分比法，即先确定企业促销的总费用，然后按一定百分比来对各个推广方式费用进行分配。

### (四) 实施营业推广促销的方案

通信运营商在实施营业推广方案前应试行方案，有必要在小范围内进行有效性和可行性测试，以便明确计划方案是否恰当、刺激规模是否最佳、顾客反应是否足够、实施效率如何等。发现不恰当的部分，要及时调整。在具体实施中，一是要把握好时间因素，即实施方案之前所需的准备时间和正式推广至结束的时间；二是要对推广程序进行把控，以求符合既定方案的思路；三是要对一些不测事件的控制和必要调整，以求最大限度排除意外干扰的负面影响。

### (五) 评估营业推广促销的效果

评价营业推广效果是营业推广管理的重要内容。准确的评价有利于通信运营商总结经验教训，为今后的营业推广决策提供依据。常用的营业推广评价方法有两种：一是阶段比较法，即把推广前、中、后三期的业务量进行比较，根据业务量的升降情况去分析营业推广产生的效果；二是跟踪调查法，即在推广结束后，了解多少参与者能回忆此次营业推广活动，其看法如何，多少参与者从中受益，以及此次推广对参与者今后使用通信产品的影响程度等。

案例分析及思考题

【课后习题】

除了文中讲到的促销方式，通信运营商针对促销对象还可以采取哪些营业推广方式？

# 项目十　制订通信服务营销策略

## 【知识结构图】

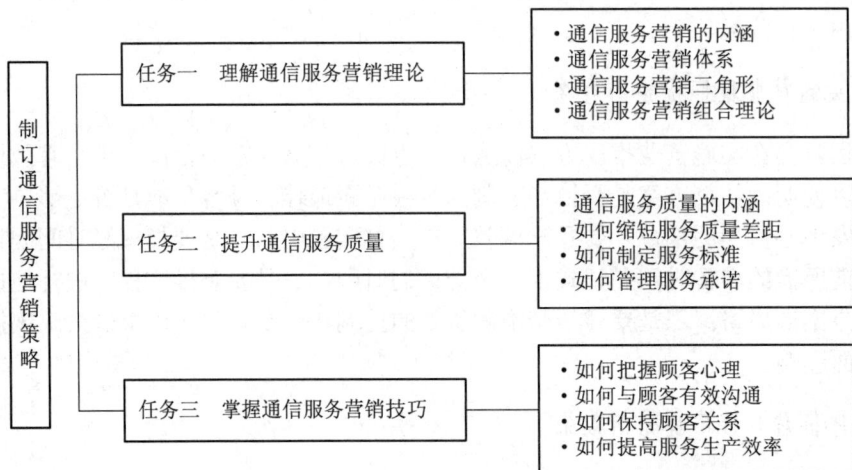

## 【学习目标】

通过学习，应该明确通信服务营销是通信运营商为了满足客户对通信服务产品和服务所带来的服务效用的需求，实现企业预定的目标，通过采取一系列整合的营销策略而达成服务交易的商务活动过程。通信服务营销的核心理念是客户满意和客户忠诚，通过取得客户的满意和忠诚来促进相互有利的交换，最终实现营销绩效的改进和企业的长期成长。本项目的任务包括理解通信服务营销理论、提升通信服务质量、掌握通信服务营销技巧。

## 任务一　理解通信服务营销理论

## 【问题引入】

通信行业是典型的服务行业，服务问题事关通信运营商的全局，是通信运营商各项工作中整体性最强、涉及面最广而又最关键的一个方面。它既关系到客户的直接利益又决定着通信运营商的兴衰成败，通信市场营销实际上就是通信服务营销。那么通信服务营销的内涵是什么？通信服务体系是怎样的？如何理解通信市场服务营销三角形？如何理解通信服务营销组合理论？

## 【案例导入】

### 通信运营商的精细化服务营销

对于通信行业来说，服务具有不可估量的重要性。如何做好和改进服务，成为通信运营商努力探索的核心问题。随着中国移动的"全球通 VIP 俱乐部"，以及中国电信和中国联通的客户俱乐部相继成立，通信运营进入了精细化服务时代。

通信运营商在以二八原则对客户进行研究的基础上，还对高中端客户做全面了解，包括公众用户从事的行业、个性化需求、家庭情况和个人爱好等；对商企客户研究其行业背景、企业规模等。在此基础上，深入挖掘客户需求，通过俱乐部的形式，对客户采取"个性化服务"，对商业客户提供"专业化"服务，对公众客户提供"标准化"服务。通过不同的服务向客户表达对其"特殊"地位的重视，为双方建立牢固的伙伴关系打下基础。

运营商在增强基础服务能力的同时，还以增值服务和延伸服务来吸引客户，以此提高用户满意度，提升品牌价值。增值服务体现在运营商为高中端用户提供的更加便捷的"绿色服务通道"；延伸服务体现在运营商注重与餐饮、娱乐、购物、文化、休闲等其他行业的联盟合作，通过与广大商家共同打造友好的合作联盟，为高端用户提供全方位服务，让其享受贵宾式服务及更多消费优惠。

通信服务能力的提高需要通信运营商不断拓宽服务渠道，以体验式销售为主导，在强化营业厅等自有渠道服务能力的同时，与其他服务行业进行广泛合作，充分利用机场、超市、商场、影院、彩印店、报纸杂志等服务平台，将通信业务以普通消费品的推销方式传递给客户。同时，服务渠道精细化还体现在通过研究客户行为，为客户提供更加贴身的服务。例如，为大客户配备训练有素的客户经理，实行"一对一"的服务。

未来的通信运营商将提供一站式的服务，包括电视服务、流媒体服务、通信服务、非通信服务，真正体现客户需求的融合。

分析提示：通信行业是典型的服务行业，通信运营商开展服务营销的目的是在提升客户满意度的基础上有效满足客户对通信服务产品和服务的需求。案例里通信运营商纷纷实施精细化服务营销，面对各类客户的不同需求，通过不同的服务向客户表达对其"特殊"地位的重视；在增强基础服务能力的同时，还以增值服务和延伸服务来吸引用户，以此提高用户满意度，提升品牌价值；不断拓宽服务渠道，以体验式销售为主导，在强化营业厅等自有渠道服务能力的同时，与其他服务行业进行广泛合作；通过研究用户行为，为用户提供更加贴身的服务。

## 【知识内容】

## 一、通信服务营销的内涵

通信市场营销是根据市场需求创造和提供使客户满意的通信产品和服务，并在使客户获得通信有益效用的同时，实现通信企业经营目标的一切经营活动。通信行业是典型的服务行业，通信市场营销实际上就是通信服务营销。通信企业的生产过程与客户的消费过程统一，与业务收入的形成过程统一。因此，通信企业的服务工作贯穿于通信企业的售前、售中、售后工作的整个过程，贯穿于通信企业的整个收入形成过程。

## 二、通信服务营销体系

消费者对通信企业的整体评价，除了可视部分的服务操作体系之外，还有一些其他因素。这些因素包括通信企业的广告部、公关部、营销部的市场沟通活动，服务人员与消费者之间的电话交谈、电子邮件和信件往来，财会部门寄给消费者的账单，大众传媒的宣传报道，消费者的口口相传，消费者所能看到的有形证据和服务人员等。这些因素与服务操作体系共同构成服务营销体系(见图 10.1)。服务营销体系实际是消费者接触或了解通信企业的各种途径。服务营销体系中的各个组成部分都向消费者表明服务的性质和服务的质量。服务营销体系由以下几个部分组成：

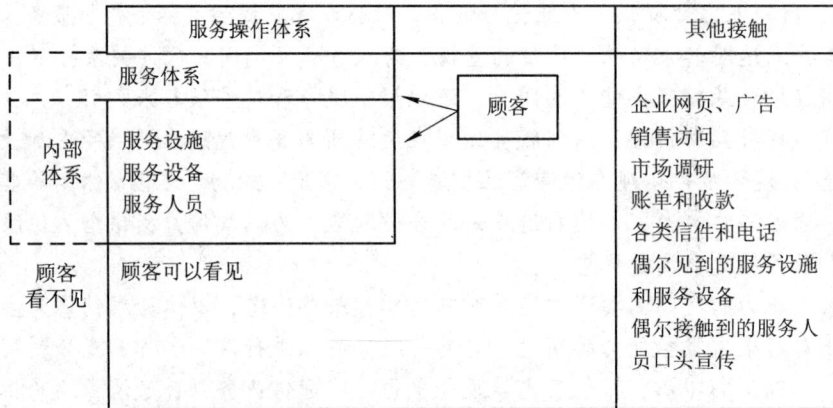

| 服务操作体系 | | 其他接触 |
|---|---|---|
| 服务体系 | | 企业网页、广告 |
| | 顾客 | 销售访问 |
| 内部 体系　服务设施 服务设备 服务人员 | | 市场调研 账单和收款 各类信件和电话 偶尔见到的服务设施 和服务设备 |
| 顾客 看不见　顾客可以看见 | | 偶尔接触到的服务人 员口头宣传 |

图 10.1　通信服务营销体系

### 1. 服务人员

服务人员是服务企业的核心，其言谈举止在一定程度上代表着服务企业的服务质量与水准。服务人员在服务营销体系中起重要作用。消费者可通过面对面接触、通信设备(电话、电传、电报、传真、电子邮件等)等方式与服务人员联系。服务企业的服务人员主要包括销售代表、客户服务人员、收银员和财会人员、售后服务人员、企业保安人员以及与消费者非直接接触人员(仓库保管员、设备检修人员等)、分销商等。

### 2. 服务设施和服务设备

服务设施和服务设备是服务企业有形展示的重要内容，消费者往往从这些有形展示证据中认识服务企业，得出自己对服务企业的"第一印象"。服务设施和服务设备主要包括企业的标识、建筑物的外观、停车场、园林绿化、建筑物内部装饰和室内陈设、自助服务设施、车辆和其他服务设备。

### 3. 其他接触

服务企业与消费者的沟通，除了服务人员与消费者沟通以外，还必须搞好非人员促销，通过各种媒介搞好非人员沟通。非人员沟通可采用以下媒介：企业网页、印刷函件、广告、宣传册、产品目录册、操作手册、企业形象标志图样、大众传播媒介的宣传报道等。除此之外，其他人员也是营销体系的组成部分。其他人员主要指消费者在消费过程中及在日常生活工作中所接触的其他消费者，如亲友、同事和其他人的口头宣传。

## 三、通信服务营销三角形

在服务过程中，由于人员的过多参与，结果使得服务过程多种多样。在服务开始之前，企业无法预知客户的需要与期望(即使有了客户数据库，也未必能够确切地了解客户当时的特殊需求)；在服务过程中，各类人员对服务结果的影响也是未知的；在服务结束后，企业可能也无法准确了解客户的感知服务质量和感知价值。因此，面对这一系列的不可知因素，格罗斯将员工、技术、知识、客户时间和客户作为企业的资源纳入到服务营销中来，形成了服务营销三角形，由外部市场营销、内部市场营销和互动市场营销三个核心部分构成，如图 10.2 所示。

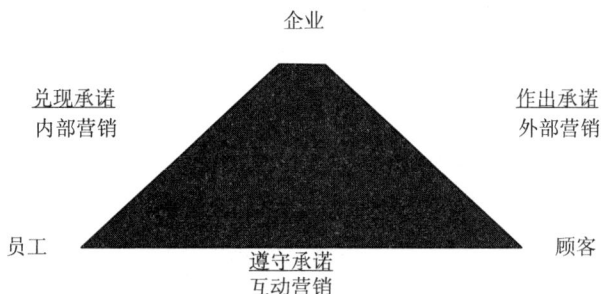

图 10.2  通信服务营销三角形

服务营销三角形表明了服务营销的关键组合要素：企业、一线员工(直接与客户接触的人员)与客户之间的关系。它们必须紧密联系，为促进服务的生产与交付而协同动作。当然，其共同目的就是为了建立企业与客户之间的长期关系和提升客户忠诚度。

### 1．外部市场营销——建立关系

外部市场营销是企业根据客户期望向客户作出承诺的过程。外部市场营销不但包括传统的市场营销活动，如广告、人员推销和有形展示等，而且也包括服务营销特有的要素组合，如服务人员和服务过程等。例如，航空公司把那些经常乘坐本公司飞机的客户称为"最具价值的客户"，并发给贵宾卡，为他们提供有别于其他客户的贵宾式服务(如所谓的"常客"计划)。在外部市场营销的过程中，企业需要做出一致的、现实的且能兑现的承诺。

### 2．互动市场营销——维持关系

在服务营销三角形中，企业的员工都是市场营销人员，他们都承担着为客户创造价值的职责。无论是专职的市场营销人员，还是兼职的营销人员，他们与客户之间的接触都是为了更好地获得客户信息、为客户提供更个性化的服务。具体来说，互动市场营销就是在服务人员与客户接触的过程中，将客户、员工和设备都视为市场营销资源，使他们都参与到市场营销活动中来，以便于达到交换和实现承诺的一种市场营销手段。由此可见，互动市场营销不但是企业遵守承诺的过程，而且也是企业保持与客户的持久关系、保留忠诚客户的关键所在。

### 3．内部市场营销——支持关系

企业的一切活动都需要员工来实现。企业要兑现对客户的承诺，就必须利用一切资源与沟通方式，使员工能够利用企业资源和信息来建立、维持与客户之间的关系。内部市场营销活动包括为服务人员提供培训、建立内部激励机制和定期的企业文化沟通等。

## 四、通信服务营销组合理论

### (一) 服务营销组合 7P 理论

20 世纪 80 年代初，市场营销学家布姆斯(Booms)和比纳(Bitner)将服务业营销组合修改和扩充成为七个要素，即产品(Product)、价格(Price)、地点或渠道(Place)、促销(Promotion)、人员(People)、有形展示(Physical Evidence)和过程(Process)，简称 7Ps。在制定营销组合战略时，服务营销人员需要考虑这些组合要素间的关系，如图 10.3 所示。

修正后的服务营销组合包括三项添加的要素(人员、有形展示和过程)，这七项要素可以说是许多服务营销方案的核心，忽略了其中的任何一项要素都会关系到整体方案的

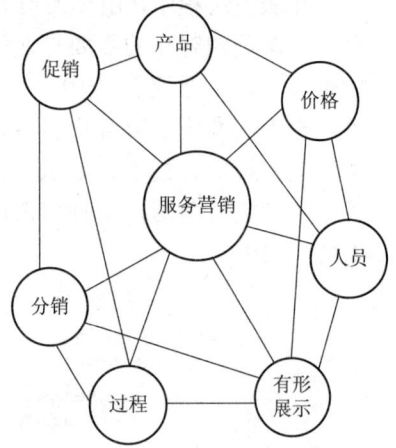

图 10.3　扩展的服务营销组合

成败。在服务营销中，传统的 4P 也发生了相应的变化和调整。表 10.1 对产品市场营销和服务营销中 4P 进行了比较。

表 10.1　服务营销组合与产品市场营销组合比较

| 营销组合 | 产品 | 价格 | 渠道 | 促销 | 人员 | 有形展示 | 过程 |
|---|---|---|---|---|---|---|---|
| 服务 | 服务范围<br>服务质量<br>服务水准<br>服务品牌<br>包装<br>保证 | 灵活性<br>区别定价<br>折扣<br>认知价值<br>付款条件 | 渠道设计<br>店面位置<br>可用的网络仓储<br>运输 | 媒介类型<br>广告<br>宣传<br>公共关系<br>个性服务<br>营业推广<br>人员推销 | 员工招聘<br>员工培训<br>内部营销<br>客户参与<br>程度<br>客户教育<br>客户行为 | 员工服装<br>设施设置<br>色彩<br>声音<br>招牌<br>招贴画 | 活动流程<br>标准化<br>定制化<br>员工授权<br>客户参与 |
| 有形产品 | 产品线<br>产品组合<br>包装<br>品牌<br>质量<br>售后服务 | 折扣<br>付款条件<br>价格变动<br>贸易折扣 | 渠道选择<br>渠道设计<br>运输<br>仓储<br>递送服务 | 广告<br>人员推销<br>媒体选择<br>公共关系<br>营业推广 | | | |

### 1. 产品(Product)

产品要素强调的是企业要设计和生产符合客户需求的实体商品和服务。在服务产品策略中，企业还必须特别考虑提供服务的范围、服务的质量、服务的水准以及服务的品牌等因素。

### 2. 价格(Price)

价格要素强调企业应该为能够满足客户需求的产品与服务制定具有竞争力的价格。在

服务产品策略营销中，价格不仅是与客户支付能力相关的重要因素，而且也是客户判断服务质量的重要依据，他们根据自己对认知价值的理解来评判服务的价值。因此，服务价格策略应该更注重定价的灵活性、价格与服务定位的匹配性以及服务产品的区别定价等因素。

### 3. 渠道(Place)

渠道要素指的是企业为了将产品交付到目标市场上而建立有效的分销渠道。服务场所指店面位置、仓储及运输的可达性及其覆盖的地理范围等因素，在服务营销的渠道策略中显得至关重要。而且，时至今日，对于许多服务产品，特别是对于新兴的网络通信服务来说，互联网络都成为重要的渠道之一。

### 4. 促销(Promotion)

促销强调企业为促进产品销售而从事特定的信息传播活动。在服务营销中，促销更注重向不同客户传递不同的信息。为了塑造和提升客户的忠诚度，企业往往要为他们提供个性化的服务和信息。因此，企业应该向存在不同需求的客户传递不同的服务信息、采取不同的促销策略。

### 5. 人员(People)

确切地说，人员要素应该是参与者，指参与到服务过程中并对服务结果产生影响的所有人员，可能包括企业的员工、客户和处于服务环境中的其他人员。企业员工的着装、仪表、态度和行为等因素，都会影响到客户对服务的感知。实际上，对于某些服务，如顾问、咨询服务和教练以及其他基于关系的专业服务，提供者本身就是一种服务。同时，员工也担当着企业兼职营销人员的责任，他们代表着企业的形象。因此，企业必须对员工进行培训、指导和激励，并通过竞争来保证员工能够按照企业的承诺向客户提供服务和有效地处理各种突发事件。同时，由于服务的过程性(不可分割性)，客户自身也会参与到服务过程中来，他们也会对服务质量与服务感知产生重要影响，他们的态度也会影响其他客户对服务质量与服务过程的感知。例如，在网络优化服务中，客户自身需求对服务提供者制定的网络优化方案的影响非常大，而且其合作与否的态度也会对服务质量的结果产生巨大影响。此外，处于服务环境中的其他人员也影响着服务生产与服务消费过程。例如，通信企业 VIP 客户，能够享受到特殊服务，往往会因为其他人的羡慕而提高对服务质量的感知和服务价值的认同。

### 6. 有形展示(Physical Evidence)

服务有形展示包括服务环境(如装潢、音乐和员工服饰等)、服务过程中的实物设施(如营业厅的各种设备展台)以及其他有助于服务的生产、消费和沟通的有形要素。需要强调的是，有形展示的存在，一定要使服务变得更加便利或者能够提高服务质量生产率。例如，服务地点(服务场所)应该有便利的交通、方便的停车场、醒目的店面标志以及令人感到舒适的外部环境等；内部设施对于连锁服务机构来说，应该拥有一致的装潢(如色调、外观和照明等)，而且柜台和展台等都应考虑到客户的需要、偏好和便利性。

### 7. 过程(Process)

过程因素指的是服务交付的流程和运营系统。服务过程是客户对服务质量产生感知的关键所在，构成了客户对服务质量的评价过程。其中，过程要素主要包括服务任务流程、服务时间进度、标准化和定制化等因素。在向客户提供之前，服务一般都是一样的。不同的人在不同的时间、不同地点的参与，才使服务过程呈现出不同的结果。因此，服务设计要考虑到服务的生产与交付过程性以及客户的真正需求。值得指出的是，具有不同市场定位的企业，往往在服务过程的设计上呈现较大的差异，因此无法简单地判断孰优孰劣。例如，有的企业以提供高度标准化的服务过程为主，如麦当劳、肯德基；有的企业则以提供个性化服务过程为主，如健身馆。事实证明，它们在市场上都有可能获得成功。

### (二) 扩展的 7P+3R 服务营销组合理论

关系营销的兴起和关系营销所带来的收益，促使人们开始关注营销中的客户满意和客户忠诚问题。以客户忠诚为标志的"客户份额"的质量因为会对利润产生更大的影响而备受关注，而且所受的关注程度甚至远远超出了对市场份额的关注程度。在这种情况下，不少学者和企业重新界定了服务营销组合，提出了 7P +3R 服务营销组合策略。其中，7P 仍然是传统的服务营销组合：产品、价格、渠道、促销、人员、有形展示和过程，3R 则是指客户挽留、相关销售和客户推荐。下面就对 3R 加以诠释。

#### 1. 客户挽留(Retention)

客户挽留指通过持续地、积极地做出与客户建立长期关系的努力，以便维持与保留现有客户，并取得稳定的收入。不少研究和企业实例已经表明：老客户往往可以比新客户更能给企业带来利润。一般而言，随着老客户对企业越来越熟悉，企业对这些客户的市场营销费用也越来越低，对客户的服务费用也会下降；同时，由于存在着一定的转移成本，老客户不会轻易转向其他企业，对价格的敏感程度也不会太高。因此，长期与客户保持联系能为企业带来持续的利润增长。例如，莱希赫尔德(Reichheld)的研究表明：如果企业的客户挽留率维持在每年增加 5 个百分点，则企业的客户基础每 14 年就会翻一番，倘若每年维持 10% 的增长优势，那么每 7 年即可以实现成倍增长。

#### 2. 相关销售(Related Sales)

所谓相关销售，指企业将新产品销售给老客户。由于与企业保持联系的老客户对企业产品建立了消费信心，因此不但新产品的推广费用可以大大降低，而且推广时间也会缩短。同时，老客户在购买新产品的时候，对价格也不是很敏感。因此，相关销售的利润率通常会较高。另外，企业也可以根据对老客户的了解而围绕原产品设计开发出新产品，这类产品更能满足消费者的需求，从而为企业带来新的利润增长点。实际上，现在人们常说的交叉销售和升级购买行为行等都是相关销售的具体表现形式。

#### 3. 客户推荐(Referral)

提高客户满意度和忠诚度的最大好处之一，就是忠诚客户对其他潜在客户的"推荐"。客户往往要面对大量的广告信息或宣传信息，因此更倾向于重视朋友与亲人的推荐，尤其是拥有产品使用经验的人的推荐。根据美国消费者协会近几年的一项调查研究，结果显示：一般而言，高度满意与忠诚的客户至少会向 5 个人推荐自己的所使用的产品，而对产品不满意的客户而会告诉 10 个人。由此可见，客户的满意程度将会对企业形象和企业声誉产生积极的或消极的影响，从而影响企业的获利能力。

案例分析及思考题

## 【课后习题】

为某一通信运营商营业厅设计 7P+3R 服务营销组合策略。

# 任务二　提升通信服务质量

## 【问题引入】

　　服务质量是服务营销的核心。无论是有形产品的生产企业还是服务业，服务质量都是企业在竞争中制胜的法宝。对于通信企业来说，完善的服务质量管理有助于建立核心竞争力，并且有助于通信企业实现经济和社会价值。那么通信服务质量的内涵是什么？如何缩短服务质量差距？如何制定服务标准？如何管理服务承诺？

## 【案例导入】

### 某联通公司的纠风服务计划

　　某联通公司为降低服务质量风险，于 2018 年推出了纠风服务计划。

　　1. 纠风服务指标

　　(1) 客户感知指标：客户满意度提升；固话业务提升 0.2 分，移动业务与竞争对手缩小 0.2 分。

　　(2) 服务质量指标：县以上自有营业厅、合作营业厅、客服呼叫中心、VIP 客户俱乐部的 22 项服务规范指标的达标率为 100%。

　　(3) 服务管控指标：万户投诉率，每月移动业务低于 20 起，宽度业务低于 10 起。

　　2. 具体措施

　　1) 整合服务资源，建立统一的纠风服务体系，为全业务发展提供保障

　　(1) 加快服务渠道整合，提高全业务服务能力。

　　(2) 推进窗口服务管理标准的整合。

　　(3) 做好客户服务支撑系统整合。

　　2) 深化五大服务品牌建设，持续开展服务创新，组织开展"新企业、新形象、新价值"服务创新活动

　　提升五大服务品牌建设是新公司的战略部署，各单位要着眼全业务带来的新情况新问题，提出各品牌的整合方案。每一个品牌整合过程中的核心部分是着眼企业重组和全业务的新情况，充实品牌的新内容，使五大服务品牌适应新企业，适应全业务，适应日益增长的客户需求和期望。为了扎实有效地深化五大服务品牌建设，要建立五大服务品牌的效益

评价体系，既使五大服务品牌成为新企业的金字招牌，同时又使之成为改进和提升纠风服务管理水平的法宝。

3) 完善纠风服务监督体制，强化监督考核机制，确保各项工作落到实处

按照现代管理理论，企业管理的 50%是检查与监督。为此，我们把服务工作的检查监督放到突出的位置。

(1) 认真落实服务工作纵横连锁责任制，形成全程联动、全员互动的大服务格局。根据新企业的新情况，重新确定各部门在服务提供过程中应承担的服务职责，明确支撑保障标准及考核办法，完善服务工作纵横连锁责任制。

(2) 实施全过程的纠风服务管控，打造顺畅的服务链。在服务提供过程中，市场部门、服务质量管理部门和法律与风险控制部门要加强沟通协作，密切配合，加强售前、售中、售后过程中的服务风险管理和控制。服务部门要做到事前参与，控制风险；事中检查，保证服务提供过程的规范性和及时性；事后补救，快速向相关部门反馈信息，完善管理办法或业务流程，防止同类问题重复出现。

(3) 强化纠风服务质量监督检查，循序提高和改进服务质量。严格执行上级制定的纠风服务质量检查标准，加大服务质量监督检查力度；拓宽检查渠道，利用电话回访、交叉检查、神秘客户暗访、营业厅视频监控系统等方式和手段进行检查；加大对各单位二、三级情况的检查，注重检查的"有效性"；加强对郊、县公司及市内非繁华地区、代理商营业厅的服务质量检查。实行服务质量精细化管控，注重"前瞻性"：继续加强客户投诉管理，通过落实服务质量"日监控、周分析、月通报"制度，及时掌握倾向性问题苗头，完善重大服务质量问题预警机制，体现服务质量管理的"前瞻性"，重点监控违规发展业务、工单超时、越级投诉、服务态度、SP 等合作商违规发展业务等重大问题和不良指标；在客户回访方面，结合不同时期的工作重点，设计科学的回访内容，找准回访对象，对回访出的问题进行分析、考核，切实做到"发现问题，解决问题"。

(4) 加强重大问题管控，解决热点纠风服务问题。压缩固话障碍修复时限，提高障碍修复质量。完善宽带业务管理，加强系统支撑能力，提高宽带网络质量，提升售后服务水平，降低宽带客户投诉。

**分析提示：** 服务质量是服务营销的核心。对于通信运营商来说，完善的服务质量管理有助于建立核心竞争力，有助于提升客户满意度和忠诚度，有助于企业实现经济和社会价值。案例里某联通公司紧紧围绕其生产经营中心任务，以提升客户感知、提升服务效能、降低客户投诉为目标，建立了这个服务体系，从而有效地提高了企业的服务质量，打造了企业优质服务的市场形象。

## 【知识内容】

## 一、通信服务质量的内涵

### (一) 通信服务质量概念

通信服务质量是通信客户对通信运营商所提供的产品或服务所达到持续满意程度的综合效果。客户对通信运营商满意度的高低在很大程度上取决于其对服务质量的评价。预期

服务质量与感知服务质量的比较是其中的关键。

鉴于通信服务交易过程的客户参与性和生产与消费的不可分离性，服务质量必须经客户认可，并被客户所识别。通信服务质量的内涵应包括以下内容：

(1) 服务质量是通信客户感知的对象；

(2) 服务质量既要有客观方法加以衡量，又要更多地按通信客户主观的认识加以衡量；

(3) 服务质量发生在服务生产和交易过程之中；

(4) 服务质量是在通信企业与客户交易的真实瞬间实现的；

(5) 服务质量的提高需要内部形成有效管理和支持系统。

### (二) 通信服务质量的构成

通信服务质量既是服务本身的特性与特征的总和，也是客户感知的反应，因而通信服务质量由服务的技术质量、职能质量、形象质量和真实瞬间构成，也由感知质量与预期质量的差距所体现。

#### 1. 技术质量

技术质量指服务过程的产出，即通信客户从服务过程中所得到的东西。例如，通信企业为客户通话或上网提供的电路等机线设备，高铁为旅客提供的座席，电影院为影迷提供的视听设备和观影眼镜等。对于技术质量，客户更容易感知，也便于评价。

#### 2. 职能质量

职能质量指服务推广的过程中通信客户所感受到的服务营销人员在履行职责时的行为、态度、穿着、仪表等给客户带来的利益和享受。职能质量完全取决于客户的主观评价，难以进行客观评价。技术质量与职能质量构成了服务质量的基本内容。

#### 3. 形象质量

形象质量指通信企业在社会公众心目中形成的总体印象。它包括企业的整体形象和企业所在地区的形象两个层次。企业形象通过视觉识别系统、理念识别系统和行为识别系统多层次地体现。通信客户可从企业的资源、组织结构、市场运作和企业行为方式等多个侧面认识企业形象。企业形象质量是客户感知服务质量的过滤器。如果企业拥有良好的形象质量，些许的失误会得到消费者的谅解；如果失误频繁发生，则必然会破坏企业形象；倘若企业形象不佳，则企业任何细微的失误都会给客户造成很坏的印象。

#### 4. 真实瞬间

真实瞬间是服务过程中客户与通信企业进行服务接触的过程。这个过程是一个特定的时间和地点，这是通信客户向客户展示自己服务质量的时机。真实瞬间是服务质量展示的有限时机。一旦时机过去，服务交易结束，通信企业也就无法改变客户对服务质量的感知。如果在这一瞬间服务质量出了问题也无法补救。真实瞬间是服务质量构成的特殊因素，这是有形产品质量所不包含的因素。

### (三) 评价通信服务质量的标准

(1) 可感知性：通信服务的有形部分，如服务设施、服务营销人员的外貌等。它们一方面为客户认知企业的无形服务提供了有形线索，另一方面其本身又构成客户服务的内容，直接影响到客户对通信服务质量的感知。

(2) 可靠性：通信运营商独立准确地完成所承诺服务的能力。可靠性实际上是要求通信运营商在服务过程中信守承诺，避免出现差距。这是服务质量的核心，也是有效服务营销的基础。

(3) 反应性：通信运营商随时愿意帮助客户并提供快捷、有效的服务。研究表明，在服务过程中客户等候服务的时间是关系到客户对服务的感知、企业形象和客户满意度的一个重要因素。

(4) 保证性：通信服务营销人员的知识、友好态度以及激发客户对企业的信心和信任感的能力。当客户同一位友好、知识丰富的通信服务营销人员打交道时，他会认为自己找对了企业，从而获得信心和安全感。

(5) 移情性：通信运营商站在客户立场给予客户关心和个人化服务，使整个服务过程更富有"人情味"。

## 二、如何缩短通信服务质量差距

客户满意理论认为客户满意状态取决于客户对服务的期望和客户对服务的实际感知之间的差距。当客户感知高于客户期望时，客户就会满意；反之，客户则会不满意。美国服务营销学家 Parasuraman，Zeithaml 和 Berry 为了研究客户感知和客户期望之间的差距的形成原因，提出了服务质量差距分析模型，如图 10.4 所示。

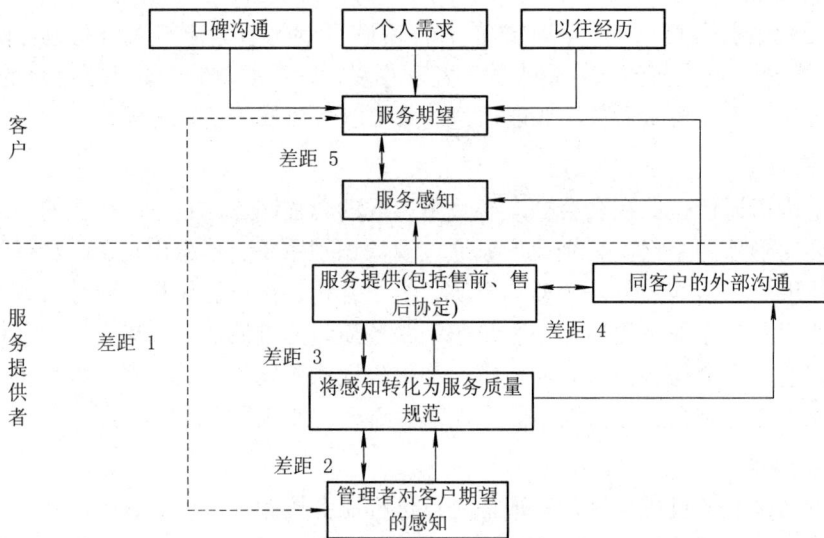

图 10.4　服务质量差距分析模型

### (一) 管理者认识的差距(差距 1)

这个差距指管理者对期望质量的感觉不明确。其产生的原因有：

(1) 对市场研究和需求分析的信息不准确；

(2) 对期望的解释信息不准确；

(3) 没有需求分析；

(4) 从企业与客户联系的层次向管理者传递的信息失真或丧失；

(5) 臃肿的组织层次阻碍或改变了在客户联系中所产生的信息。

其治疗措施各不相同。如果问题是由管理引起，显然不是改变管理就是改变对服务竞争特点的认识。不过后者一般更合适一些。因为正常情况下没有竞争也就不会产生什么问题，但管理者一旦缺乏对服务竞争本质和需求的理解，则会导致严重的后果。

### (二) 质量标准差距(差距 2)

这一差距指服务质量标准与管理者对质量期望的认识不一致。其原因如下：

(1) 计划失误或计划过程不够充分；

(2) 计划管理混乱；

(3) 组织无明确目标；

(4) 服务质量的计划得不到最高管理层的支持。

第一个差距的大小决定计划的成功与否。但是，即使在客户期望的信息充分和正确的情况下，质量标准的实施计划也会失败。出现这种情况的原因是最高管理层没有保证服务质量的实现，质量没有被赋予最高优先权。其治疗的措施自然是改变优先权的排列。今天，在服务竞争中，客户感知的服务质量是成功的关键因素，因此在管理清单上把质量排在前列是非常必要的。总之，服务生产者和管理者对服务质量达成共识，缩小质量标准差距，远要比任何严格的目标和计划过程重要得多。

### (三) 服务交易差距(差距 3)

这一差距指在服务生产和交易过程中，员工的行为不符合质量标准，它是因为：

(1) 标准太复杂或太苛刻；

(2) 员工对标准有不同意见，如一流服务质量可以有不同的行为；

(3) 标准与现有的企业文化发生冲突；

(4) 服务生产管理混乱；

(5) 内部营销不充分或根本不开展内部营销；

(6) 技术和系统没有按照标准为工作提供便利。

可能出现的问题是多种多样的，通常引起服务交易差距的原因是错综复杂的，很少只有一个原因在单独起作用，因此其治疗措施不是那么简单。差距原因粗略分为三类：管理和监督；职员对标准规则的认识和对客户需要的认识；缺少生产系统和技术的支持。

### (四) 营销沟通的差距(差距 4)

这一差距指营销沟通行为所做出的承诺与实际提供的服务不一致。它产生的原因是：

(1) 营销沟通计划与服务生产没统一；

(2) 传统的市场营销和服务生产之间缺乏协作；

(3) 营销沟通活动提出一些标准，但组织却不能按照这些标准完成工作；

(4) 有故意夸大其辞，承诺太多的倾向。

引起这一差距的原因可分为两类：一是外部营销沟通的计划与执行没有和服务生产统一起来；二是在广告等营销沟通过程中往往存在承诺过多的倾向。在第一种情况下，其治疗措施是建立一种使外部营销沟通活动的计划和执行与服务生产统一起来的制度。例如，至少每个重大活动应该与服务生产行为协调起来，达到两个目标：① 市场沟通中的承诺要更加准确和符合实际；② 外部营销活动中做出的承诺能够做到言出必行，避免夸夸其谈所产生的副作用。在第二种情况下，由于营销沟通存在滥用"最高级的毛病"，所以只能通过完善营销沟通的计划加以解决。其治疗措施可能是更加完善的计划程序，不过管理上严密监督也很有帮助。

### (五) 感知服务质量差距(差距5)

这一差距指感知或经历的服务与期望的服务不一样，它会导致以下后果：

(1) 消极的质量评价(劣质)和质量问题；

(2) 口碑不佳；

(3) 对公司形象的消极影响；

(4) 丧失业务。

第五个差距也有可能产生积极的结果，它可能导致相符的质量或过高的质量。感知服务差距产生的原因可能是本部分讨论的众多原因中的一个或者是它们的组合。当然，也有可能是其他未被提到的因素。

对于服务质量差距及解决的办法，也可参见服务质量差距管理一览表(如表10.2所示)。

表10.2 服务质量差距管理一览表

| 差距 | 解决方法 | 具体管理建议 |
|---|---|---|
| 差距1 | 努力了解消费者对服务的期望 | 1. 通过研究，投诉分析、消费者的小组讨论等途径更好地了解消费者；<br>2. 让服务人员和管理层的上行沟通更加顺畅，依据得到的信息和观点，尽快采取行动 |
| 差距2 | 建立正确的服务质量规范 | 1. 最高管理层要不断努力从消费者的观点去定义质量；<br>2. 管理者要为工作单位设计出以消费者为导向的服务规范；<br>3. 对管理人员进行培训，以加强领导服务人员传递服务的技能；<br>4. 将重复性较大的服务标准化、程序化；<br>5. 进行绩效评估并定期反馈 |
| 差距3 | 要使服务的具体实施达到规范的标准 | 1. 使服务人员明确自己的角色；<br>2. 选用最合适、最可靠的技术提高员工绩效；<br>3. 通过学习，让员工知道消费者的期望、认知和问题；<br>4. 提高员工人际交往的技巧；<br>5. 让员工参与标准的制定，以便消除员工之间的角色冲突；<br>6. 赋予管理人员和员工在工作现场作出决策的权力；<br>7. 加强员工的团队合作精神，进行团队奖励，将激励因素与优秀服务的传递联系起来 |
| 差距4 | 要使服务的传递与承诺互相匹配 | 1. 在作广告等策划时，最好能有生产人员来参与；<br>2. 可以考虑使用真正的员工做广告的主演；<br>3. 展开有销售人员和生产人员参与的消费者交流会；<br>4. 不同地点的服务标准统一性要有保证；<br>5. 服务中出现差错要给出确定的和合理的不可控的理由 |

## 三、如何制定服务标准

每个企业在一定程度上都会存在不规范执行服务标准的问题，而这个标准的严密性与落实程度是各企业对自身管理水平与服务水平的关键考评因素。因此剖析服务标准不够严密、执行不到位的原因是十分迫切的，希望通过"追根溯源"，找到解决办法，将服务标准完善和贯彻下去。

### (一) 服务标准的概念

服务标准是为满足客户的各种要求，规范相关部门所提供的特定服务，并确保服务方案的适用性和达到客户满意的标准。通信企业的服务标准主要涉及服务组织的质量管理、服务交付能力、服务行为以及围绕服务提供的设施、服务交付的硬件环境要求等方面制定的标准。根据 Sirilli 和 Evangelista 的研究，服务具有以下特点：生产和消费之间紧密地交互影响；服务产出的高信息含量和无形属性；客户是至关重要的外部因素；在服务提供中，人力资本起到关键性作用；对公司绩效而言，组织因素发挥着关键作用。因此，服务和服务过程以高度个性化为特征，为消费者偏好而提供服务定制化是通信企业发展的趋向。

### (二) 制定服务标准的原则

#### 1. 具体化原则

所定的标准能难确地告诉职员被期望做的是什么，不需要去猜测企业的期望或去编造一些事实。

#### 2. 简明原则

服务标准不用说明行动背后的原理，相反，它们直接谈及要点并详尽说明谁应该在何时做什么。制定服务标准，应在结构、内容和叙述上，力求在恰当和准确的基础上精练，即简化和消除那些不准确、不科学的方法，并剔除多余的、不必要的成分。简化不是单纯减少内容，而是要在科学、准确、完备的基础上求精练。

#### 3. 可测定原则

因为符合某一服务标准的行为都是具体的准则，因其直观而易于量化。这些是显而易见的和客观的、可量化的。

#### 4. 建立在客户的要求之上的原则

服务标准应建立在客户的要求之上，不能仅仅建立在企业标准之上。满足客户的期望能给企业一个战胜竞争者的有利条件。服务标准经过简化、协调这两项制定原则，制定出最佳的服务标准，实现服务标准的整体优化，使标准的各组成部分、各层、各环节，都达到最优状态。与有形产品不同，服务具有无形性的特点，在购买前，很难被客户所感知，客户往往无法预知结果。通过制定明确的、具体的服务标准，可以消除客户的"模糊预期"，使服务具有可衡量性。如果服务达不到既定的标准，企业可以从中发现服务缺陷。

#### 5. 写进工作说明和实施评价中的原则

如果想让职员坚持这些标准，那么把它们写下来，使之成为每位职员的工作说明和实施评价的一部分。用这些准则作为一种管理工具，让其具有较高的可信度。

### 6. 和职员共同制定的原则

最好的服务标准是管理者和职员在理解客户需要的基础上共同制定的。在经营过程中，客户服务是一种无形的软性工作，需因人而异，服务的提供者总会出于心情、身体状况等这样那样的原因影响服务时的质量，也会由于每个服务人员的个人素质、经验、训练程度的差异造成服务水平差异。基于这一情况，有人认为，服务无法有一个统一的标准来测量，或认为标准化的服务是缺乏人情味的，不能适应客户的需要。这种观点是错误的。但是，实际上许多服务工作是常规性的工作，管理人员很容易确定这类服务的具体质量标准和行为准则，而消除服务水平差异的方法也只有建立规范化的服务标准。

### 7. 公平实施原则

服务标准要有人实施。公司范围的标准要求每一个人遵从。部门的具体标准适用于部门所有的人，包括主管经理在内。

### 8. 补充弥补原则

执行服务标准还能使企业在客户投诉之前就对服务缺陷进行一定程度的弥补。例如，美国的西特尔饭店规定，当客户等候的时间比他预订的要晚 10 分钟但不超过 20 分钟时，为客户提供免费饮料；如果等候时间超过 20 分钟，客户的餐费由饭店支付。

### (三) 制定服务标准的步骤

制定服务标准是一个不断循环的过程，有四个步骤：

### 1. 分解服务过程

制定服务标准的第一步就是要分解服务过程，也就是把客户在公司所经历的服务过程化、再细化、放大、再放大，从而找出会影响客户服务体验的每一个要素。服务圈就是一个分解服务过程的工具。一个服务圈就是一张客户经历某种服务的各个步骤的图。每当客户光顾一次，服务圈就运转一次。

### 2. 确立可衡量的标准

可以衡量的标准在上一节已经阐述，这里强调：在开始确立服务标准时，还应该考虑几个因素：

(1) 你的竞争对手是怎么做的。不是说你的竞争对手做什么，你就做什么，但你应该知道他们的做法。他们的做法是否已在客户中构成了影响？为了与对手竞争，你应该做些什么？

(2) 观察客户的行为。客户在调查表中也许并没有抱怨你的干洗店的环境，但当他进来等着拿衣服的时候，皱着眉头，这时你就应该注意了。客户也许并没有抱怨菜的味道不好，但是 4 个客户中有 3 个要了这道菜却没吃，这时你就应该注意了。

(3) 行业以外其他公司的好的做法。应该了解当时社会的总的服务水平，并不是总是要达到那种水平，但是应该尽可能地接近那个水平，以便使服务能被客户接受。另外，革新通常来自于注意观察行业以外的其他行业的惯常做法。

### 3. 定期对服务标准进行检查

只有变化才是永恒不变的。定期检查可以使服务标准紧跟市场的变化，紧贴客户的要求，否则，服务标准很快就变成一般服务标准。标准制定出来后，这个标准是否合理，按照这个标准是否能达到提供服务的初衷，不是由个人说了算，也不是由老板说了算，最有发言权的是客户。所以，要根据客户的需求来对标准重新评估和修改。而且，客户的需求也是在不断变化着的。这方面有很多例子。比如，以前看房子要自己搭车去，后来有一家房地产公司提供了看楼专线巴士，引起了轰动，也引来同行的竞相效仿，结果是"看楼专线巴士"这一服务变成了房地产业的基本服务标准。又如，"小区穿梭巴士"这一服务，在开始推出的时候，受到了业主的高度赞赏，在这一服务被普遍推广之后，就变成了基础服务标准，也就是说，如果没有这一项服务的话，业主就不会感到满意，或者说，这个小区给人的感觉是档次不够高。服务标准最常见的形式是各种服务承诺。例如，中国建设银行推出的"三项承诺"服务中规定，银行为储户办理金额为1000元以下的人民币活期存、取款业务的时限为30秒，如果超时，储户有权要求赔偿。

### 4. 制定新的服务标准

根据检查的结果，定期修改或制定新的服务标准，不要拘泥于一套标准，要保持标准应有的活力。

## 四、如何管理服务承诺

为了增强营销效果，通信企业都向客户进行了服务承诺。服务承诺是对客户的保证，是对员工的激励，是通信企业扩大市场占有率，促进利润持续增长的重要途径。

### (一) 服务承诺的内涵

服务承诺(Service Promise)，指通信企业通过广告、人员推销和公共宣传等沟通方式向客户预示服务质量或服务效果，并对服务质量或服务效果予以一定的保证。在服务承诺中，有的承诺是明示的，有的承诺是暗示的。在服务承诺中，仅仅预示服务质量或服务效果的承诺是不完全承诺，而不仅预示服务质量或效果而且予以保证的承诺是完全承诺。服务企业的广告、人员推销和公关宣传等沟通活动，实质上都是对自己服务质量的承诺。

服务承诺的形式有：
(1) 以企业的经营目标和宗旨表现出来；
(2) 通过传播媒介，树立良好的企业形象；
(3) 以海报、公告等形式向客户提供服务承诺；
(4) 以规定的形式向客户保证；
(5) 通过服务人员与客户的直接接触，向客户表达企业和服务人员的具体承诺。

### (二) 服务承诺的特性

#### 1. 服务承诺的彻底性

服务承诺的彻底性就是无条件性。强而有力的服务承诺，一般是无条件的承诺，不应留有向客户"还价"的余地。彻底的、无条件的承诺，显示了服务质量的可靠性和保证性，也显示了服务企业对自己质量的信心，对客户有很大的吸引力，也不会让客户怀疑服务企业提供的服务承诺的诚意。相反，有些承诺之所以缺乏吸引力，因为它留有一定的"还价"余地。执行服务承诺的条件太多，除让客户怀疑服务企业的诚意外，也让他们感到获取服务承诺的成本太高。对某些条件的理解不足，更可能是日后客户与服务企业产生矛盾的导火索。

### 2. 服务承诺的明确性

有力的服务承诺应当是明确、不含糊、不引起误解的。例如，肯德基在美国的服务承诺是："客户在任何一家肯德基快餐店付款后必须在 2 分钟内上餐，否则可免费用餐。"这里的"2 分钟内上餐"是明确的承诺。而如果快餐店承诺"保证尽快用餐"，那就是含糊的、不明确的承诺。不明确的承诺，难以真正兑现，从某种意义讲，等于没有承诺。明确的服务承诺一般是对服务"硬"标准的承诺。

### 3. 服务承诺的利益性

有吸引力的服务承诺，应当针对客户迫切的期望和要求，给客户带来实实在在的利益。承诺所涉及的赔偿或奖励，必须能让客户清楚感受所伴随的利益。例如，江西省婺源县推出的"游客损失预赔制度"，是针对旅游治安环境的一项承诺，这项承诺针对游客最关心的治安问题，提出"游人在婺源游玩期间，遭受失窃、抢劫等不可预测的事件，游客财产损失，在公安机关破案之前，由婺源县财政拨款对游客先行照价赔偿"。这项承诺是利益性的承诺，利益性体现在对游客财产损失"照价赔偿"。又如，杭州大众出租汽车公司的一项承诺是：凡气温在 30 度以上的时候，大众出租一律打开空调接客；如发现擅自不开空调的，投诉乘客可退回所有乘车费，并获得面值 30 元的乘车证一张，违纪司机则视情节轻重予以处罚。这项承诺也是利益性承诺：一是针对了夏天乘客最迫切的一项期望和要求——空调；二是明确提出赔偿金额是 30 元。

### 4. 服务承诺的可靠性

有力的服务承诺应当是可靠的，能实现的。不能兑现的承诺或过头的承诺，是不可靠的承诺。服务承诺应当如实地反映服务企业的服务质量和服务效果。服务承诺的可靠性或真实性，要求与服务的广告之间必须吻合。广告作为一种艺术，容易流于夸张，而可靠的承诺不能有半点夸张，因此，使用服务广告表达服务承诺讯息时，服务企业不能误导客户，不能破坏服务承诺的可靠性或真实性。这也是优秀的服务广告难产的一个原因。过头的承诺容易发生在服务创新的推广上。服务创新在推广初期可能不成熟，还存在一些不足，但营销人员为了推广服务创新常常容易夸大其优点并提出过头的承诺。过头的承诺也容易发生在竞争激烈的情况下。例如，为了说服和争夺客户，营销人员也容易提出过头的、实际上难以完全做到的承诺，埋下日后可能与客户产生不必要矛盾的伏线。

### 5. 服务承诺的真诚性

有力的服务承诺应当是真诚的或坦诚的。例如，美国花旗银行所属的旅行社提出"最低价"承诺，客户如果提出疑问，旅行社立即运用计算机进行价格行情搜寻，并在屏幕上显示出所有同行对手的价格。如果客户的怀疑是对的，就立即兑现承诺，给予赔偿。这是一项比较真诚的承诺。相反，美国另一家旅行社也承诺"最低价"，但是客户申诉时，不能光凭自己所见，必须叫另一家价格更低的旅行社出面作证才认账。这让客户感到是缺乏诚意的承诺。服务承诺的真诚性还应表现在承诺的兑现上，即兑现要简便、爽快。如果服务承诺不兑现，或者手续非常繁琐，那么这样的承诺显然是虚假的，没有诚意的。

### 6. 服务承诺的规范性

服务企业的服务承诺还应与行业规范和标准即行业服务承诺接轨，增强承诺的社会规范性和合理性。例如，中国移动公司公布有 6 项服务承诺：① 资费优惠，关爱民生；② 资费明晰，量身优选；③ 精品网络，全心保障；④ 收费误差，双倍返还；⑤ 有诉必复，响应及时；⑥ 业务订退，清晰透明。

中国移动公司的服务承诺替各省市移动分公司订下标准。各移动分公司在涉及服务承诺时应与总公司的服务承诺接轨，保持一致。若某分公司的服务承诺体系低于此标准，不仅缺乏吸引力，对顾客的消费心理更会产生负面的影响。

### (三) 制定服务承诺的措施

#### 1. 制定高标准

制定的高标准可以是无条件的满意保证，也可以针对单项服务提供标准保证。无条件保证的好处是，不论时间如何变化，消费者所期待的与实际得到的服务都能保持一致。

#### 2. 不惜付出相当的赔偿代价

不管提出什么保证，赔偿代价都要有相当的意义，才能吸引心存不满的消费者主动前来抱怨，有效地挽回失望的消费者，刺激企业吸取失败的教训。不痛不痒的保证，等于没有保证。

#### 3. 特别情况特别处理

如果遇到较特殊的情况，应随时通知较高层次的主管出面处理，他们一方面可采取适当的措施，同时更可以借此机会，实际了解客户所遭受的不便或更糟的状况。

#### 4. 提供简洁的保证

企业的服务保证，必须言简意赅。

#### 5. 简化客户申诉的程序

提供服务要多花一些心思与代价，从申诉中去学习改善的机会。申诉的程序要让客户一看便知。尽量减少申诉过程的不便，才不致既流失消费者，又失去从申诉客户中学习改善的机会。

#### 6. 将服务满意列入企业发展的经济指标

在现代服务营销活动中，由于人们的价值观、时间观念的进步，企业推行服务承诺的必要性更强烈，客户对企业推行服务承诺的期待也更强烈，服务承诺成为企业提高服务质量不可分割的组成部分。

### (四) 服务承诺的履行

#### 1. 加强运行部门与营销部门的协调

在服务承诺的问题上，营销部门与运行部门之间沟通不够，会影响服务承诺的履行和造成服务承诺与服务实绩之间的差距。因为营销部门是承诺者,运行部门是承诺履行者,承诺者与履行者之间缺乏沟通和协调,就容易造成服务实绩与服务承诺之间的脱节。加强运行部门与营销部门协调的管理策略是:

(1) 加强横向沟通,如利用工作会议促进运行部门与营销部门的交流;

(2) 利用项目(团队)管理加强运行部门与营销部门的协调;

(3) 将运行部门与营销部门的办公地点安排在同一办公室里。

采用项目(团队)管理的服务企业,可以利用项目组(团队)加强运行部门与营销部门的协调。例如,广告公司通常采用项目管理。在广告项目组(团队)里,有营销人员(即客户联系人或广告业务人员),也有艺术设计、拷贝写作、广告制作、媒体联系等运行人员。广告公司可以在广告项目组里促进运行人员(部门)与营销人员(部门)之间的交流和合作。通信企业可有意安排运行部门与营销部门在同一地点办公,这有利于两个部门之间的协调。

### 2. 加强二线人员的配合

服务承诺的履行,需要二线或后勤支撑人员的配合。二线人员指办公室人员和支撑服务人员。二线人员较少直接接触客户,对客户的期望或要求以及相关的服务承诺了解得不如一线人员多,这可能影响他们在服务过程中的履行服务承诺的责任心及反应。改善二线人员配合的管理策略包括:

(1) 为二线人员创造直接接触客户的机会;

(2) 建立二线人员的服务承诺制度;

(3) 二线人员的业绩考核增加履行服务承诺方面的考核。

### 3. 加强客户的配合

客户在参与服务过程时,其行为会影响服务质量和效果。客户有效的参与行为是保证服务质量和满意度的必要条件和重要条件,因此,服务企业对自己承诺的履行,离不开客户的有效参与和配合。客户不配合,通信企业承诺的服务效果就难以达到,服务承诺就难以履行。客户予以配合,通信企业的承诺就比较容易履行。加强客户配合的管理策略主要是:

(1) 加强对客户的指导和教育;

(2) 加强与客户的沟通和协调。

通信运营商对客户进行服务指导和教育,可以帮助客户理解其在服务过程中的角色要求和期望,其中包括客户的配合活动和责任。因此,越是加强对客户的指导和教育,客户对服务的配合责任就越强。

案例分析及思考题

【课后习题】

为某一通信运营商营业厅设计服务质量改进方案。

# 任务三 掌握通信服务营销技巧

## 【问题引入】

在产品差异性越来越小，促销手段已经用尽，竞争对手愈来愈多，而客户的要求开始千变万化的今天，通信运营商要想在激烈的市场竞争中掌握主动，建立优势，必须关注客户的需要，掌握相关的服务营销技巧。那么如何把握客户心理？如何与客户有效沟通？如何保持客户关系？如何提高服务生产效率？

## 【案例导入】

### 怒气冲冲的客户

某日，在中国移动某营业厅里，只见一个中年女子情绪激动，冲着营业厅大堂经理兰经理大声地叫嚷着，引来了大厅内一些不明真相的顾客的围观。

中年女子一边叫嚷，一边不时拍着柜台，兰经理几次想请她坐下来心平气和地谈一谈，都被情绪激动的中年女子所打断。兰经理只好一边好言相劝，一边耐心等待。约10分钟过后，中年女子的情绪稍微平静，兰经理这才陆陆续续地了解到事情的经过。

这位姓周的客户在半年前把全球通更改成为了神州行，当时她的积分有3000多，因为积分在更改套餐后只会保留一个月，由于各种因素，客户没有很好地理解这个积分只会保留一个月。而现在移动公司正好有积分兑换奖品的活动，所以客户现在来营业厅质问为什么自己的积分不翼而飞了。

在听了客户的表述后，兰经理已经明白了个大概，于是她先安抚客户的情绪，让客户能静心地听她的解释。考虑到客户讲的是本地方言，如果用普通话跟客户沟通，是很有障碍的，所以兰经理赶紧转为用本地方言跟客户解释。首先兰经理代表当时给客户办理套餐更改的营业员向客户道歉，因为不管是什么原因，导致客户有这样的困扰，都应该先向客户表示歉意，然后针对客户提出的积分是不是被移动公司吃掉或是被别人兑完的情况，兰经理很肯定地告知客户，积分兑换是一定要本人持身份证才能办理的，并且积分在套餐更改后的一个月会清零，所以现在时隔半年移动公司也无法帮客户找回积分，希望客户理解。在客户抱怨的这段时间兰经理做了各种解释，期间唯一没变的是脸上的笑容。经兰经理苦口婆心地解释劝解，周女士这才露出了笑脸。

**分析提示：** 在通信服务营销的实践过程中，我们会遇到各种不同心理类型的客户，这就需要我们掌握不同的服务营销技巧，以赢得顾客的好感和满意。案例里的周女士属于心理激动型客户，此类客户由于具有强烈的兴奋过程和较弱的抑制过程，因而情绪易于激动、暴躁，在言谈举止上和表情神态上都有狂热的表现，对客服人员的服务态度和服务质量要求极高。针对这类客户，客服人员一定要耐心、细致、热情、周到，集中精力接待，务必避免与其发生冲突，尊重客户，以情动人，以理服人。

## 【知识内容】

## 一、如何把握客户心理

客户的类型多种多样，其消费心理也不尽相同，想要为各类客户提供标准化的服务是很困难的。因此，在服务过程中，把握好客户心理非常必要。通过洞察客户心理，因人而异，及时调整服务策略，为客户提供个性化的服务，才能获得客户的满意。

### (一) 客户心理的概念

客户在市场活动中，受诸多心理因素影响而产生消费行为，其中最重要、最直接的心理因素是需要和动机。在工作和生活中，人们由于各种物质的、精神的因素，产生了心理需要，为满足这种心理需要而指向某种具体的商品或服务，就产生了购买动机，进一步发展就可能产生购买行为。

从理论上说，客户心理是客户根据自身的需要与性格偏好，选择、评价、比较、决定是否购买商品或服务的心理活动。它对消费行为起着支配作用，并通过消费行为表现出来。

### (二) 客户心理的类型

客户心理是十分复杂的，其原因首先在于客户的复杂性。例如，中国十几亿的消费者，按地域划分，有城市居民、农民；按年龄划分，有老年、中年、青年、少儿；按收入水平划分，有高收入、中等收入和低收入群体；按职业划分，有管理者、专业人员、工人、服务业员工等。

按照客户购买时心理活动类型，可以分为理性的、有意识的和非理性的、下意识的两种心理。

#### 1. 理性的、有意识的消费心理

此种心理具有合乎逻辑的特点，如比较、选择、戒备等。一般客户购买商品和服务时，常常能仔细地对商品和服务的品牌、质量、性能、价格进行比较，有目的地收集信息，认识商品和服务的特性，借助经验对商品或服务进行选择。戒备是客户为保护自身权益，自觉、有意识地防备选择或使用不当的心理。例如，购买商品或服务时，客户会索取各种凭证、说明书、发票等，以防出现问题时能有力地保护自身权益。

#### 2. 非理性的、下意识的消费心理

此种心理主要是客户在购买活动中，被不自觉的、内在的、下意识的心理所支配而产生的消费行为。这些心理包括好奇、攀比、好胜、显示地位和身份等。客户在购买中，有时并非有明确的购买目的，而是见到某种商品或服务新奇、有特点，一时冲动而购买；或是见到同学、同事、朋友使用某种商品或服务，互相攀比而决定购买；还有的是为显示社会地位、身份而对某些商品或服务盲目购买。

### (三) 客户心理的内容

#### 1. 客户的价值心理

客户之所以喜欢某种产品或服务，是因为他相信这种产品或服务会给他带来比同类产品更大的价值，也就是说具有更大的潜在价值。潜在价值取决于产品的潜在质量。所谓潜在质量，不是指质量监管部门检测出的质量，而是指客户心中感受到的质量，是客户主观上对一种品牌的评价。潜在价值在实际中的表现就是名牌效应。正如名人效应一样，它就是一种观念，已深深根植于客户的心目中。

#### 2. 客户的规范心理

规范指人们共同遵守的全部道德行为规则的总和，包括原则、理智、义务、礼貌、友谊、忠诚、谅解等多种因素。在现实生活中，它左右着客户的思想，制约着客户的言行，影响着我们生活的方方面面。在许多情况下，规范可以成为诱发消费行为的动机。据营销专家的长期调查与研究，客户之所以喜爱某种品牌常常是为了避免或消除一种与其规范和价值相矛盾的内心冲突。客户在做出购买或不购买某一品牌的产品和服务时，规范是一个重要的影响因素。

#### 3. 客户的习惯心理

习惯是长期养成而一时间难以改变的行为。不同的人、不同的民族有各不相同的习惯。习惯常常是无法抗拒的，它甚至比价值心理对人的决定作用还要大。客户一般都有特定的消费习惯，这是客户在日常生活中长期的消费行为中形成的。消费习惯一旦形成，一般不会轻易改变。培养客户的消费习惯，有利于提高客户的品牌忠诚度。

#### 4. 客户的身份心理

每个人都有一定的身份，人们也在不知不觉中显露着自己的身份。尤其是那些有了一定名誉、权力和地位的人，更是无时无刻不在注重自己的身份，显示自己的身份，尽可能地使自己的言谈举止与社交活动同自己的身份相符。而最能表现人的身份的是衣食住行用，譬如某人穿的是名牌高档服装，乘的是劳斯莱斯轿车，住的是五星级豪华酒店。当这一信息传递给外界后，那么这个人的身份就会很自然地显露出来。

### (四) 把握客户心理的原则

#### 1. 尊重客户

"客户就是上帝"，其本质就是要尊重客户，以客户的需求为关注焦点。客户希望在选购产品和服务过程中受到关心、重视、赞扬和平等的对待。这样可以增强客户对服务企业的信任，可以提高其满意度和忠诚度。同时中国人是好面子的，客户在接受服务过程中难免犯错，客服人员应委婉地提出改进建议，千万不要指责客户，触及客户的自尊。同时在服务用语方面，也要多说礼貌用语，给客户足够的贴心服务。

#### 2. 超越客户期望

客户期望指客户在接受服务之前对于服务的一种预期，这种预期不仅包括对服务结果的预期，还包括对服务过程的预期，是客户理想的、称心如意的、渴望的期望。客户对服务的满意程度正取决于客户期望与企业实际提供服务之间的比较，如果实际结果超越客户期望，那么客户就会感到很满意，并有可能转为企业的忠诚客户，如果低于客户期望，客户就会很失望，可能会选择别的竞争对手。同时，也可以给予客户一些增值服务和优惠便利，来超越客户的期望。

### 3. 有效寻找客户购买的关键点

每个客户都有一个"Key Buying Point"，也就是他会购买企业产品和服务的主要关键点。也许产品和服务的特点有很多，但可能只有一项对他来说是最重要的，那个最重要的关键点，如果没有掌握住，很可能会导致服务失败。通过耐心、有策略地询问和积极地倾听，以及敏锐的观察，将有助于我们了解客户的购买关键点，并有效地展开应对，满足客户的真正需要。

### 4. 给予客户安全感

在服务过程中，客服人员应通过真诚交流，获得客户的理解和支持。同时，客服人员应不断提出证明给客户看，让客户百分之百地相信你。每个客户在做出购买产品或服务的决定时，都会有恐惧感，害怕做错决定，生怕他花的钱买来的是劣质的产品或服务。所以客服人员必须给他安全感，给出企业的服务承诺，消除客户的紧张感。此外，客服人员应保持对客户的热心和关怀，从客户角度来提出问题和解决问题，使客户在服务过程中有被保护感，从而获得客户的信任。

### 5. 保持客户的良好心情

在整个服务过程中，能否使客户始终保持良好的心理状态和情绪，是衡量企业服务质量高低和优劣的一项重要指标，同样需要服务企业的硬件环境和软件氛围来做保证。一流的硬件环境包括明亮的大堂，整洁的桌椅，干净的地面，舒适的环境、高效运转的办公设备等。一流的软件环境包括训练有素、仪表整洁、声音和蔼、满面笑容的客服人员等。这些一流的硬件环境和软件环境给予客户视觉、听觉、触觉的良好刺激，使其在整个服务过程中都能保持良好的情绪。

### (五) 把握客户心理的方法和技巧

不同类型的客户，其心理特征表现不同，把握客户心理的方法和技巧也各有差异。按照客户在服务现场的情感反应，可以将客户分成沉实型、温顺型、健谈型、反抗型、激动型。

### 1. 沉实型

此类客户由于神经活动平衡而灵活性低，反应比较缓慢而沉着，外界环境刺激对其影响不大。他们对所选购产品和服务的性能、价格心中有数，购买时往往不动声色，态度持重，交际适度，不愿和客服人员多谈与产品和服务相关的问题。只要客服人员介绍的情况符合自己的购买意向，他们就会当即买下；反之，他们也不做争论便悄然离去。

针对此类客户，客服人员要按程序办，态度既要严肃，又要礼貌，展示不卑不亢的气度。在向客户推荐服务时，要沉着冷静，切不可急吼吼地征求客人意见。即使征询意见，也只能提一次，决不可催问再三，以免引起客户反感。

### 2. 温顺型

此类客户由于神经活动比较薄弱，在生理上不能忍受神经紧张，对外界的刺激很少在外面表现出来，但内心体验较持久。此类客户购买商品时往往缺乏主见，愿意遵从客服人员对产品和服务的推荐和介绍，比较注重服务态度和热情，易受广告宣传的影响。

这类客户虽然感情温顺，态度随和，容易沟通，但客服人员更要以诚恳的态度来对待客户，尊重客户，关心客户，热情有加。

### 3. 健谈型

此类客户由于神经活动平衡而灵活性高，能很快接受新事物，适应新的环境，但情感易变，兴趣广泛，活泼好动。这类客户在选购产品或服务时，愿意与客服人员侃侃而谈，开开玩笑，甚至海阔天空，忘乎所以。

针对这类客户，客服人员要注意抓住促销机会，在融洽的气氛中提醒客户的购买目的，推销相应的商品和服务。客服人员要表现谦虚，时不时地顺势向其请教一些一般性的产品或服务知识，为其展示"渊博才能"提供条件，使其表现欲得到充分满足。

### 4. 反抗型

此类客户在个性心理特征上具有高度的情绪易感性，对于外界环境的细小变化都能有所察觉，性格怪僻、多愁善感。此类客户在选购商品和服务时，对客服人员的介绍和推荐特别小心和警惕，以怀疑的态度去对待客服人员，想方设法挑毛病，寻找一些与客服人员介绍不相符的地方，不容易接受他人和广告的介绍。

针对这类客户，客服人员要十分小心谨慎，注意每一个环节的严谨周密，尽可能地避免出现失误。如有差错出现，或客人"鸡蛋里挑骨头"，要表现出有错必改，无错注意的诚意，切忌与客人争辩，免得节外生枝，出现不应有的冲突。

### 5. 激动型

此类客户由于具有强烈的兴奋过程和较弱的抑制过程，因而情绪易于激动、暴躁，在言谈举止上和表情神态上都有狂热的表现。此类客户在购买产品和服务时傲气十足，自以为自己经济上富有，对产品和服务品质认识深刻，掌握知识全面，于是对客服人员的服务态度和服务质量要求极高，容不得客服人员的不同观点和意见，甚至说话都是命令式的，稍有不合意，就与客服人员发生争吵，影响极大。

针对这类客户，客服人员一定要耐心、细致、热情、周到，集中精力接待，务必避免与其发生冲突。万一发生不愉快，要受辱而不怒，忍为上策，用妙语婉言缓解矛盾，切不可与客人讲"理"，遇到这样的客人，你有理也讲不清。

## 二、如何与客户有效沟通

在现实生活和实际工作中，沟通无处不在、无时不在。沟通是客户服务的基础，只有有效的沟通，才能了解不同客户对服务的差异化需求，从而提供差异化服务，获得客户满意。

### (一) 有效沟通的概念

沟通是人类社会交往的基本行为过程，人们具体沟通的方式、形式也多种多样。关于沟通的定义，更是多达一两百种。其中，最权威的定义是：用任何方法或形式，在两个或两个以上的主体(如人或电脑)之间传递、交换或分享任何种类的信息的任何过程，就叫做沟通，即为了一个设定的目标，把信息、思想和情感在个人或群体间传递，并且达成共同协议的过程。如果传递、交换、分享成功，则沟通成功，该沟通是有效沟通；如果传递、交换、分享失败，则沟通失败，该沟通是无效沟通。

有效沟通与一般对话既有相同之处，又有本质的区别。它们的相同点是都是双向的，都是表达个人的某种意愿，并且能使对方所接受；它们的区别是有效沟通往往具有明显的目标，目的是要通过与对方交流达到使对方理解、接受的目标并取得共识。

### (二) 有效沟通的本质

有效沟通的本质是通过双方坦诚、广泛、细致的沟通，在关键点上达成共识。关于"沟"，每个人都有体验，也有自己的风格；关键是"通"，"通"一方面是传达信息内容本身，另外一方面还要让对方认可你，这种认可，可能是赞赏、夸奖、鼓励、理解等，达到了这一点，才是沟通共识的全面达成。

有效的沟通必须符合三个条件：

(1) 明确的目标。真正的沟通要从内心开始的，只有你懂得了为什么来沟通，并带着目的真诚地与客户沟通，才能获得成功的沟通。

(2) 共同的协议。沟通就是一个通过创造一种和谐的人际关系，相互理解、相互信任以达成共同认识的过程。

(3) 主要的内容：信息、思想和感情。与客户是否能达成有效的沟通，关键在于营销服务人员能否真正了解客户在理性和感性方面的需求。人的基本特征首先在于关注自己的利益，期待对方关注自己，因此我们与客户沟通时应当基于为客户提供利益和价值的出发点，找准客户利益点。

### (三) 有效沟通的三大要素

人与人面对面沟通时的三大要素是语言、声音及肢体动作。经过行为科学家六十年来的研究，面对面沟通时，三大要素影响力的比率是肢体动作55%，声音38%，语言7%。

(1) 肢体动作占 55%：身势、手势、视线的接触，以及整体的仪态与行为举止等都有助于立即产生印象。因为一举一动和脸部表情比所使用的词语威力要强八倍，所以必须意识到它们的力量，并予以重视。

(2) 声音占 38%：使用不同的语调、音高和语速，对于别人怎样理解你所说的话是差别很大的。因为沟通所产生的影响有三分之一是来自声音的表述的，所以必须保证自己的声音使自己想要沟通的内容增色。

(3) 语言占 7%：语言在你所施加的影响中所占的比例也许不高，但须记住，当视觉和声音的效果消减时，剩下的就只有传达的信息了。

一般人常强调讲话的内容，却忽略了声音和肢体动作的重要性。其实，沟通便是要达到一致性以及进入别人的频道，亦即你的声音和肢体动作要让对方感觉到你所讲和所想十分一致，否则，对方将无法接收到正确讯息。因此，要与客户有效沟通，应不断练习内容、声音、肢体动作的一致性。

### (四) 与客户有效沟通的原则

#### 1. 勿逞一时的口舌之能

与客户沟通最忌讳的就是逞一时的口舌之能。逞一时的口舌之能，虽然会获得短暂的胜利的快感，但绝对不可能说服客户，只会给以后的工作增加难度。在与客户沟通时，不要摆出一副教训人的样子，不要好像若无其事的样子，这样都会引起客户的反感。真正的沟通技巧，不是与客户争辩，而是引导客户接受你的观点或向你的观点"倾斜"，晓之以理，动之以情。

#### 2. 顾全客户的面子

要想说服客户，就应该顾全他的面子，要给客户有下台阶的机会。顾全客户的面子，客户才能会给你面子；顾全客户的面子并不是一件难事，只要稍微注意一下态度和措辞。

#### 3. 不要太"卖弄"专业术语

千万要记住，平时接触的人当中，很多人可能对我们的专业根本不懂；在与客户沟通时，不要老以为自己高人一等、什么都知道，摆出一副愿为人师的姿态。在向客户说明专业性用语时，最好的办法就是用简单的例子和浅显的方法来说明，让客户容易了解和接受。解释时还要不厌其烦，否则客户会失去听你解释的耐心，使得你根本达不到目的。

#### 4. 维护企业的利益

维护企业的合法利益是每一位员工应该做的，也是与客户沟通的出发点和基本原则。在与客户沟通时，不能以损失企业的利益为代价，博取客户的欢心，更不能以损失企业或他人的利益，来换取客户对个人的感谢或谋取私利。

### (五) 与客户有效沟通的方法和技巧

#### 1. 抓住客户的心

摸透对方的心理，是与人良好沟通的前提。只有了解掌握对方心理和需求，才可以在沟通过程中有的放矢。可以适当地投其所好，对方可能会视你为知己，那问题可能会得到较好的解决或起码已成功一半。

#### 2. 记住客人的名字

记住客人的名字，可以让客人感到愉快且能有一种受重视的满足感，这在沟通交往中是一项非常有用的法宝。记住客人的名字，比任何亲切的言语都起作用，更能打动对方的心。

#### 3. 不要吝啬你的"赞美的语言"

人性最深切的渴望就是拥有他人的赞赏，这就是人类有别于其他动物的地方。经常给客人戴一戴"高帽"，也许就会改变他的态度。用这种办法，可以进一步发挥人的潜能，使戴"高帽"的人有被重视的感觉。

#### 4. 学会倾听与询问

在沟通中你要充分重视"听"的重要性。能善于表达出自己的观点与看法，抓住客户的心并使客人接受，这只是沟通成功的一半；那成功的另一半就是善于聆听客人的倾诉。

会不会听是一个人会不会与人沟通，能不能与人达到真正沟通的重要标志。做一名忠实的听众，同时，让客人知道你在听。不管是赞扬还是抱怨，你都得认真对待，客户在倾诉的过程中，会因为你认真倾听的态度所感动，会对你的人格加以认同，这才会为你下一步的解释工作奠定良好的基础。当然，只会倾听还是远远不够的，还必须学会巧妙询问。询问时应注意客户的态度和忌讳等等，同时最好能够学会利用一些巧妙的问话，从客户口中探出自己想要得到的信息或把自己的一些想法和意见表达出来。尤其是在对方行为退缩，默不作声或欲言又止的时候，可用询问行为引出对方真正的想法，了解对方的立场以及对方的需求、愿望、意见与感受，并且运用积极倾听的方式，来诱导对方发表意见，进而对自己产生好感。

### 5. 付出真诚与热情

人总是以心换心的，只有对客户真诚，客户才可能对你真诚。在真诚对待客户的同时，还要拥有热情，只有拿出你的真诚与热情，沟通才有可能成功。"真诚"是沟通能否取得成功的必要条件。人与人之间都是平等的、相互的，只有先尊敬别人，才能得到别人的尊敬，也只有这样我们才能获得与他人沟通、交流的机会，也是客人以礼相待的基础。在与客户交往过程中要注意自己的言谈举止，要让客户觉得我们是非常有礼貌的人，这样他们才会愿意与我们交往、合作。

### 6. "看人下菜碟"

奋斗在一线的客户经理面对的是上百名的客户，每一个客户都有其不同的性格和办事风格。客户经理如何在与形态各异的客户打交道时表现得游刃有余，是与客户有效沟通的一个难点。为此，客户经理要学会根据客户的不同特点区别对待，力求顺应对方的特点，选择有共同点的话题。有了共同性，彼此间的冷漠就会渐渐地消退，逐渐亲密起来。

### 7. 学会换位思考问题

在与客户进行沟通的过程中，客户经常会提出各种各样的要求，有些要求在客服人员眼里看来是无理取闹。可是，当你把自己作为一名客户时，就会发觉他们的要求都是相当有理有据的。这就是所处位置的职责不同造成的。与客户沟通时，应学会以客户利益为出发点去考虑问题，多想想如果自己就是客户是否能接受公司的一些经营策略和政策，是否能接受客户经理这样的服务方式等。经过这一系列换位思考的假设，相信许多客户的想法和反应也大都能被预测到，也就能够适当调整自己的沟通方式和方法，与客户进行更容易的沟通。同样，换位思考也能使营销服务人员在工作方式和方法上获得不断改进，更容易开展各方面的客户工作，更加深入客户的心。

## 三、如何保持客户关系

在日趋激烈的市场竞争中，企业营销的重点开始由交易转变为关系。客户保持率成为衡量企业市场竞争力的关键因素。与客户保持长期关系不仅可以为企业节省成本、增加利润，而且能为企业带来长期效益，因此保持客户关系对于企业意义重大。

### (一) 客户保持的内涵

客户保持是建立企业与客户良好关系的重要策略。客户关系指企业为达到其经营目标，主动与客户建立起的某种联系。这种联系可能是单纯的交易关系，可能是通讯联系，也可能是为客户提供一种特殊的接触机会，还可能是为双方利益而形成某种买卖合同或联盟关系。客户保持指企业维持已建立的客户关系，使客户不断重复购买产品或服务的过程。

### （二）客户保持模型

图 10.5 是客户保持模型图，其中：

(1) 客户满意是客户对企业总的服务评价。

(2) 客户认知价值指客户对企业提供产品或服务相对价值的主观评价。

(3) 转移成本是客户对结束与现服务供应商的关系和建立新的替代关系所涉及的相关成本的主观认知。

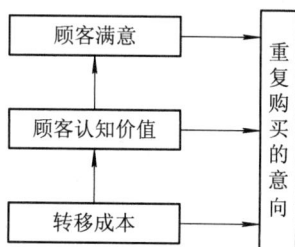

图 10.5　客户保持模型

客户保持模型的内在逻辑是：企业通过优质服务，增强客户的认知价值。客户认知价值增加会大大提升客户满意度，并增加客户的转移成本。良好的客户认知价值、客户满意度及不断增加的转移成本都会导致客户产生重复购买的意向。

### （三）客户保持的影响因素

在客户关系的建立中，影响客户保持的因素主要体现在：

(1) 从客户购买行为要受到来自文化、社会环境、个人特性、心理等方面的影响。

(2) 客户满意与客户保持有着非线性的正相关关系。

(3) 客户在考虑是否转向其他企业时必须要考虑的转移成本。

(4) 客户关系具有明显的生命周期的特征，在不同的生命周期阶段中，客户保持具有不同的任务。

### （四）保持客户关系的原则

#### 1. 用心待客

用心去了解客户的需求并加以解决，清楚客户的一切。例如，客户的亲人是谁？生日是多少？结婚周年纪念日是几号？创业历史的过程是怎样等等！

#### 2. 坚持待客

当决定用心去维护客户关系的时候就要学会坚持。例如，每周给客户发一次短信问候或给客户一些有纪念意义的小礼品等。有些人发短信只是短时间付出，发一段时间就不发了，或是觉得花钱太浪费了。其结果就是导致客户认为你是三分钟的热度没诚意。为什么说要坚持呢？当你决定要做一件"傻事"的时候，那么就请做一辈子吧。要不就别做，否则就不叫用心了！其实所做的一切就是让客户感动，让客户相信，并且对你付出！

### 3. 真诚待客

真诚地站在客户的角度上去思考问题。思考客户的需求在哪里。当客户不明白或是不了解时，要耐心地去讲解，要很真诚地说出自己能做到什么不能做到什么，把利与弊说清楚，让客户自己去挑选。我们只做建议而不是逼迫客户非达成协议不可；我们所做的一切都要让客户知道我们是为了他好，并且要很用心，够坚持，非常真诚地做事情。其实当你做人做事真诚的时候，客户是能感觉到的，他也会被你的行为所感动，并且行动。

### (五) 保持客户关系的方法和技巧

现在，各企业对关系营销越来越重视，"客户就是上帝"已经是共识。下面的 10 条建议将会帮助我们成功地保持客户关系。

#### 1. 找出客户对我们的产品或服务的真实感觉

仔细研究客户反馈和以往的市场调查报告，并与公司内负责客户服务的部门联系，注意每一个，特别是反面批评的意见。虽然那些反面的、批评的意见会很让人不快乐，但我们将会从那些不愿看到的材料中知道用户为什么不满意，并且在以后的发展中将这些因素去除掉。

#### 2. 要在一周内给联系过的客户反馈

产品促销后对客户的态度和行为体现了你怎么对待公司的业务。这不仅仅指对客户的要求要给予快速反应，而且要对那些投诉说"谢谢"。行动比语言更有说服力。

#### 3. 要切合客户的实际情况与他们讨论他们的具体需求

先听一听客户的声音，真诚地与他们沟通，交换双方的观点，就可以与客户建立真正的真诚关系。全神贯注于客户的需求，分析找到客户最真实的需求，并从正在进行的沟通交流中学习。

#### 4. 选择专业的客户交流人员

选择一个专门负责客户交流的人员，最好是目标客户群体关注的刊物或媒体上发表文章/评论并有一定影响的人。该文章要在适当的程度上去宣扬公司、介绍公司，去影响那些目标客户。客户交流人员要提供翔实的经过证实的材料，并确定涉及的内容是新颖的、独特的。

#### 5. 设立范围较广、多样化的客户关系发展计划

赋予你的客户忠诚，设立多样化的客户关系发展计划，仔细建立包括产品和产品使用的多样化的长期沟通平台。但这些计划不应是独立的自我服务的系统，而是应该相辅相成的。

#### 6. 确信不断学习到新的东西，而不是只停留在口头上

有些营销人员已经厌倦了那些重复的、千篇一律的客户沟通行为。但我们生活在生产并推销的产品或服务中，回顾那些有关的市场计划时，如果学到了以前不知道的东西，那

么客户将学到更多并将为营销人员带来很多机会。此外，营销人员保持不断学习的态度还可以提高客户对品牌的忠诚度。

**7. 避免导致麻烦的无谓的讨论，过多的讨论只会影响公司的声誉和形象**

拒绝那些关于销售价格、有形展示、突发事件或广告等方面的无休止的讨论。太多的市场行为将会破坏本来已建立的与客户的良好关系，或导致这种关系停滞不前。

**8. 如果要做广告，就要让它引人注意，并且要与众不同**

要让客户知道，你和你的竞争对手是不一样的，他们将从你这里获得更多更好的。要让每次广告都造成不同程度的冲击和影响。

**9. 逐字地推敲给客户的信件，要引起客户注意**

来自其他客户的信通常是企业市场活动的一部分，如果对客户的反应和回复非常令客户满意的话，将对你的产品或服务的发展起到有利的促进作用。

**10. 给予客户独特的待遇**

这里的独特待遇包括客户在其他地方不能获得的特殊待遇，或者提供特别的信息和服务，让他们感到只有你能为他们做到这些。

## 四、如何提高服务生产效率

由于通信市场竞争的加剧，服务被认为是获得竞争优势和形成产品差异化的关键手段。而服务生产效率是衡量企业服务水平的根本标志，是竞争优势的根本，通信企业只有通过提高服务生产效率，才能增强本身的竞争能力。

### (一) 服务生产效率的定义

在传统的制造业中，生产效率的度量通常可以简单地用产出和投入比来反映。如果在生产中应用的资源或资源结构在变动后产出与投入的比率增加，生产效率就提高了。

效率是一个非常复杂的概念，它至少牵涉到两个方面——内部效率和外部效率。前者与企业的运营方式、劳动力和资本的生产率有关，可以用单位产品成本来衡量。而后者则是客户对企业效率的一种感知。

生产率的狭义定义只考虑投入和产出，忽略了质量对这个转变过程的影响。服务生产率概念显然不是一个狭义的生产率概念。因此，如果仅将传统的封闭系统中的制造业内部效率纳入考虑范畴，显然是不完整的。在开放系统中的生产服务与传统制造业不同，因为质量不恒定，服务生产过程中的投入会影响质量，因此在假定质量恒定的前提下使用生产率概念是没有意义的。

在制造业中，客户所感知的只是生产过程的外在表现，即有形产品。但是在服务业中，客户对服务的消费是一种过程消费，而且客户要亲自参与到服务的生产过程中，而不仅仅是消费服务生产过程产生的结果。所以，服务生产效率就是在服务过程中将投入的资源转化成客户价值的效率。

### (二) 服务生产效率模型

由于服务业的产出具有非同质性、非实物性、无形性、非贮存性等特征，服务业产出统计比较困难。服务往往是被表现而非被产出的,而且服务产出是一个过程,生产、分配和消费同步进行,消费者往往参与生产过程,其在生产过程中的投入质量也会影响到生产效率。

如果单纯基于内部效率和产出质量来界定服务生产效率概念是毫无意义的,因为服务和服务过程的特性决定了对产出质量的外部效率(客户感知服务质量)的管理应该是服务生产效率管理的一个组成部分。管理外部效率和客户感知服务质量属于收益效率管理的范畴,因为好的质量一般意味着销售额更多和收入增加,反之亦然。服务生产效率模型的第三个要素是管理需求或能力效率。这是因为服务提供者不能通过将服务储存起来的方式来处理过剩的能力或需求,但产品制造商却可以这样做。

总之,资源应用的内部效率只是服务生产效率的一个方面,服务生产效率还包括资源的外部效率。同时,资源的有效利用可以使需求和供给尽可能对服务生产率有积极影响。

通过上述描述,我们了解服务生产效率是一个包含内部效率、外部效率和能力效率的函数:

$$服务生产效率 = f(内部效率、外部效率、能力效率)$$

从生产率的角度来看,服务过程可以分成三个独立的过程:

(1) 服务提供者在独立的情况下提供服务(后台服务);

(2) 服务提供者和客户在彼此交往中提供服务(服务接触);

(3) 客户在没有服务提供者的情况下生产服务(自助服务)。

在图 10.6 的服务生产效率模型中可以看出,服务提供者的投入和客户的投入共同构成了服务的投入部分,服务组织越能有效地利用自身的资源作为过程的投入,组织就越能更好地教育和指引客户提供支持过程所需的投入并以此生产一定量的产出。产出数量由需求决定,如果需求和供给相符,能力效率就是最佳的。通过一定的投入,生产的感知服务质量越高,外部效率就越高,服务生产效率就越高。

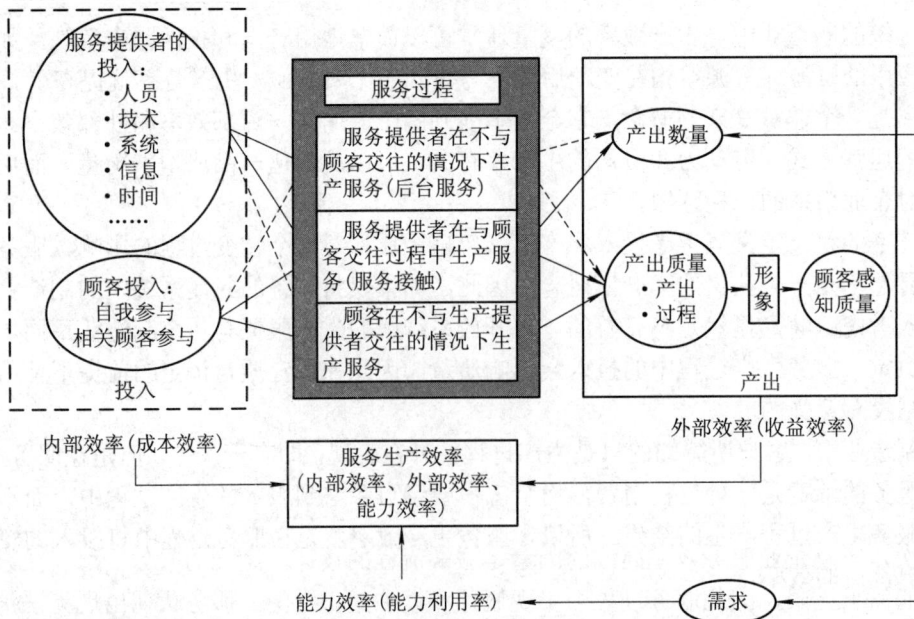

(说明:图中实线为直接影响,虚线为间接影响)

图 10.6　服务生产效率模型

服务过程中的服务提供者的投入(人员、技术、系统、信息、时间的运用等)直接影响前两个过程并间接影响第三个过程(用直线和虚线箭头表示)。客户投入(客户自身参与和相关客户参与)直接影响第二个和第三个过程，并间接影响第一个过程。

总而言之，资源应用的内部效率只是服务生产效率的一个方面。服务生产效率还包括资源的外部效率和能力效率。较高的服务生产效率要求三个方面的因素以最佳方式组合在一起。

### (三) 服务生产效率的度量

通过以上分析，服务企业的生产效率应该包括内部效率和外部效率，并在很大程度上取决于外部效率。因为，服务的生产和消费过程具有同步性，其产出需要客户的参与。这使得客户能够看见整个或部分生产过程，其见闻和感受就会自觉不自觉地支配他对所购买和消费的服务的评价，而客户参与和投入的质量也会影响服务产出的数量和质量。

服务业中客户对服务质量的评价，不依据于单个的服务动作完成得如何，而是依据总的服务效果和服务感受。比如，客户对餐馆的服务不满意，原因可能不在服务人员服务的时间少了，也可能不在于餐饮收费太高，而是仅对服务人员的服务态度和方法有异议。而这种异议的产生，多半与餐馆老板只重视搞好饮食内容，忽视服务态度和服务精神的培养有关。但是客户需要的不仅是饮食内容，还需要服务人员的友好、尊重和服务过程享受。与此相一致，客户对服务质量的评价，就不仅包括服务生产过程的结果，还包括其所经历的整个服务生产过程。这是一种综合性的、总体性的评价。因此，衡量服务企业生产率的方法也应该是一种整体性的、综合性的方法。它应包括服务企业内部效率和外部效率，包括数量和质量两个层次。

此外，从产出上看，一种直观的和容易衡量的服务产出还应当是服务收入。服务企业提供了服务就应当获得相应的报酬，这是维持企业生存和发展所必需的。因此，服务生产效率可用以下公式来衡量：

$$服务生产效率 = \frac{服务收入}{(基本系统资源投入 + 互动过程成本)} \times \frac{满意顾客}{顾客资源投入量}$$

### (四) 影响服务生产效率提高的因素

影响企业服务效率高低的因素首先是服务部门与相关部门的接口。企业服务部门不能向客户收费，因此会被视为企业的辅助部门，得不到足够的重视和应有的地位。但是，服务绝不只是服务部门自己的事情，而是整个企业的事情，在大多数时候需要其他部门的支持。比如，饭店大堂服务员在面对客户对菜的味道的质疑的时候，或者电信企业接待投诉的部门在接待涉及技术通信问题投诉时，服务部门本身并不能解决提问，必须依赖其他部门的解决方案。如果企业内部服务接口效率低，企业的服务效率也不可能高。

其次，影响企业服务效率高低的因素是服务流程的设计。企业的服务资源有限，客户对服务的需求无限，因此服务过程中出现瓶颈和繁忙是正常的。服务长期出现无法消除的瓶颈时，企业的服务能力不足是一种可能，这时候就要增加服务资源配置。但有许多的瓶颈并不是由于服务能力不足，而是服务流程不合理造成的。服务流程不合理的原因可能有两方面：某一服务环节设计不合理或方法落后，导致效率低；由服务环节合成的总的服务流程不合理，形成了服务效率上限。

导致企业服务效率不高的另一类因素可能是企业服务界面的问题。企业的服务最终是在服务界面上完成的，服务界面与客户直接接触，是企业服务交锋的场所。服务界面的效率决定了客户对企业服务效率的主观评价，如果在服务界面失败，任何服务效率都将无法体现。服务界面在设计中需要解决两方面的问题：一方面是人的问题，即如何通过服务工具和考核制度两方面的设计来提高服务界面人员的工作效率；另一方面是技术上的问题，空间上讲包括服务界面选址与布局，时间上讲则主要是服务速度与排队问题。

影响企业服务效率的具体因素还有许多，如企业管理人员的管理技能，企业对一些管理工具的熟练掌握和具体实施，企业内部人与人之间的沟通和合作，企业的信息化水平等。

### (五) 从内部效率提高服务生产效率的方法

#### 1. 提高员工的技能

员工具有良好的素质是提高服务生产效率的关键，而良好的素质包括良好的服务意识和服务技能。如果员工的服务技能低，服务过程所产出的技术质量也随之降低。客户可能付出更长的等待时间，被迫接受忍耐底线的服务，导致客户对功能质量的感知水平的降低。所以，提高企业员工的技能是同时提高质量和内部生产效率的一种方式。

#### 2. 改进服务态度和行为举止

员工粗鲁和冷漠的服务态度和行为举止对感知服务质量中的功能质量方面有着严重的负面影响。被员工的行为激怒的客户会给员工制造麻烦，使服务过程放慢。不满的客户要抱怨，这会给服务企业带来额外的投入，因而降低了生产效率。相反，员工提高客户感知质量，也就提高了生产效率。

#### 3. 让组织文化带来更高的服务生产效率

学习型组织文化是提高服务生产效率的一种方式，它可以使员工意识到高效使用资源的必要性。同时员工必须理解他们在服务过程中的行动与内部效率(成本)和外部效率(收益)之间的相互作用。

#### 4. 采用系统化和科技化管理

服务企业系统化和科技化管理的应用，有三种方式可以采用：第一，硬件技术和工具取代人力 (如自动取款机、机场 X 光检验设备、自动停车场、自动销售设备等)；第二，软件设备，指预先计划系统，这种系统通常包括一些高技术手段的利用；第三，混合式技术，指硬件技术和软件技术相结合，以使服务过程更合理、更迅速、更有效率(如限额服务、快速汽车轮胎修理设备等)。这些技术可以让服务提供者在服务过程中以较少的资源生产较高的客户感知服务质量，从而提高服务生产效率。

#### 5. 应用信息技术

信息技术提供了许多机会，它们可以让服务提供者在服务过程中以较少的资源生产较高的客户感知服务质量。网上购物、电子商务就是应用信息技术的典范。

### (六) 从外部效率提高服务生产效率的方法

#### 1. 使系统和技术更加支持员工及客户参与

引进简易的运营系统和高科技自动化装置对服务质量和生产效率都有积极影响。如果运营系统和操作很复杂，难以控制或不易理解，就可能给员工和客户都带来麻烦。如果操作规程复杂，会给客户服务带来障碍，无法给客户足够的关注。对客户来说，需要用更长的时间来理解操作，服务生产率和服务质量就会受损。

#### 2. 引导客户参与服务过程

引导客户参与服务过程可以有效提高服务生产效率，原则上有两种方式。第一种方式是导入自助服务要素。但是，不要仅仅只为了提高内部的效率才这么做。客户需要看到自己参与到自助服务过程中的收益。如果他们无法看到收益的话，其感知服务质量就会下降。要引导客户参与服务过程，让他们受到激励后继续自己的行为。另一种方式是提高客户的参与技巧。有时客户并不确切知道他们要做什么，如怎样填写文件等。这对功能质量会有负面影响，会影响产出的技术质量。有经验的客户不需要员工的密切关注，他们会对服务相当满意。同时，这对服务有双重影响：客户对服务过程的投入加速了服务生产，同时员工可以为更多的客户服务。

案例分析及思考题

## 【课后习题】

假若你是某通信公司的社区经理，你将采取什么措施来保持客户关系？

# 参 考 文 献

[1]　曹庆丰. 通信市场营销学. 北京：宇航出版社，1995.

[2]　常大年，钱永伟. 电信企业市场营销. 北京：人民邮电出版社，1995.

[3]　中国邮电电信总局. 电信市场与营销. 北京：人民邮电出版社，1998.

[4]　中国邮电电信总局. 电信营销 ABC. 北京：人民邮电出版社，1998.

[5]　菲利普·科特勒，洪瑞云，梁绍明，等. 市场营销管理(亚洲版). 梅清豪，译. 北京：中国人民大学出版社，2001.

[6]　杨瑞桢. 现代通信企业市场营销管理. 北京：人民邮电出版社，2002.

[7]　杨瑞桢，黄传武. 电信市场营销基本理论与实务. 北京：北京邮电大学出版社，2003.

[8]　刘立. 电信市场营销. 北京：人民邮电出版社，2003.

[9]　匡斌. 电信营销理论精要. 北京：北京邮电大学出版社，2005.

[10]　沈阿强. 电信营销制胜为客户创造价值. 北京：人民邮电出版社，2005.

[11]　胡春，赵保国，王立新. 通信市场营销案例研究. 北京：北京邮电大学出版社，2007.

[12]　王永贵. 服务营销. 北京：北京师范大学出版社，2007.

[13]　张永红. 电信大客户营销. 北京：人民邮电出版社，2008.

[14]　胥学跃. 电信服务营销技巧. 北京：北京邮电大学出版社，2008.

[15]　李霓虹. 电信市场营销. 2 版. 北京：人民邮电出版社，2011.

[16]　胥学跃. 电信营销管理. 3 版. 北京：北京邮电大学出版社，2011.

[17]　教育部，财政部组编. 电信营销实务. 北京：电子工业出版社，2012.

[18]　王永学，董月秋，程敏娟. 通信营销概论与实训. 西安：西安电子科技大学出版社，2012.

[19]　潘金龙，任滨. 市场营销学. 北京：教育科学出版社，2013.

[20]　吴健安，聂元坤，郭国庆. 市场营销学. 5 版. 北京：高等教育出版社，2014.

[21]　胡春. 通信市场营销学. 北京：人民邮电出版社，2015.

[22]　嵇静婵. 电信市场营销. 大连：大连理工大学出版社，2015.

[23]　李丽，何亮. 电信业务应用与客户服务. 北京：人民邮电出版社，2015.

[24]　任滨. 服务管理. 北京：北京理工大学出版社，2017.

[25]　范波勇. 电信营销与渠道建设. 北京：人民邮电出版社，2018.